鸦鹊水村志

《鸦鹊水村志》编纂委员会 编

方志出版社
Publishing House of Local Records

图书在版编目(CIP)数据

鸦鹊水村志/《鸦鹊水村志》编纂委员会编. -- 北京:方志出版社,2018.9

ISBN 978-7-5144-3296-1

Ⅰ. ①鸦… Ⅱ. ①鸦… Ⅲ. ①村史—恩施 Ⅳ. ①K296.35

中国版本图书馆 CIP 数据核字(2018)第 220139 号

鸦鹊水村志

编　　者:《鸦鹊水村志》编纂委员会
责任编辑:朱　姝

出 版 人:冀祥德
出 版 者:方志出版社
　　地址　北京市朝阳区潘家园东里 9 号(国家方志馆 4 层)
　　邮编　100021
　　网址　http://www.fzph.org
发　　行:方志出版社图书经销中心
　　电话　(010)67110500
经　　销:各地新华书店
印　　刷:恩施州献华印务有限公司

开　　本:889×1194　　1/16
印　　张:21.75
字　　数:468 千字
版　　次:2018 年 9 月第 1 版　　2018 年 9 月第 1 次印刷
印　　数:001~800 册

ISBN　978-7-5144-3296-1　　定价:180.00 元

序　一

张献宏

《高拱桥村志》《鸦鹊水村志》历时三载编纂，付梓问世，值得庆贺。编著者们遵循实事求是的科学态度，搜炼史籍文献，寻访遗迹，全面记述了明代以来所在区域的自然地理、建置沿革、乡土风情，以及政治、经济、文化等方面的发展变革，对历史发展演变中的经验教训进行了客观总结。两部村志不仅生动刻画了两村历史变迁的情形，同样也是恩施市农村兴衰起伏、曲折发展的一个缩影，也为人们认识和了解恩施农村提供了一扇窗口。

恩施市地处湖北省西南部，系恩施土家族苗族自治州首府，拥有悠久灿烂的农耕文明。新中国成立后，恩施市相继经过土地改革、农业合作化、人民公社、家庭联产承包责任制、新农村建设等不同发展阶段，极大改变了农村落后的面貌，政治、经济、教育、卫生、文化、社会保障等各项事业也在发展中不断变革前进。近年来，恩施市根据农村建设发展的新蓝图，提出了新目标、新任务，制定了全市社会经济发展的"十三五"规划。通过积极推进农村精准扶贫事业、提升新农村建设质量、实施全域旅游战略等一些列重大举措，力争到2020年恩施市整体脱贫，实现小康。存史资政，继往开来，乃修志宗旨，在全市农村进入社会主义建设新时代的当下，《高拱桥村志》《鸦鹊水村志》出版面世，正当其时。相信两本志书的出版，定能在全市创新农村管理、建设社会主义新农村的进程中，发挥点滴渗透、潜移默化的作用。

《高拱桥村志》《鸦鹊水村志》编著者们博采广征，勾沉搜罗，案牍劳形，孜孜撰著，终成卷帙，实属不易。借此机会，谨向付出艰辛劳动的全体编著者们致以崇高的敬意，也祝愿勤劳智慧的高拱桥村和鸦鹊水村人将在这片肥沃富饶的土地上不断地耕耘与收获，用辛勤的劳动创造出更加美好的生活。

付梓之时，抚卷沉吟，伏案数言，谨为序。

二〇一八年十一月五日

（作者系恩施市人民政府副市长，市地方志编纂委员会副主任）

序　二

钟迎松

《鸦鹊水村志》在恩施州、市史志部门和中共崔家坝镇委、人民政府关怀下，经编纂者潜心笔耕，付梓面世。村志的编修，填补了鸦鹊水村有史以来的空白，是服务当代，惠及后世的千秋大事，给子孙留下一件传世之宝。编纂工作者爱鸦鹊之心，怀旧望新之情，实属可敬可佩。

《鸦鹊水村志》客观全面地记述全村政治、经济、文化、风俗等方面的演变，突出记述新中国建立以后机构变革、经济发展、自然风貌、风土人情、文化教育的深刻变化。编著者以“薄古厚今，古为今用”的态度，引经据典，广采博录，拾零整合，漫笔纵横，终使成卷。《鸦鹊水村志》的编修，对于人们热爱家乡、总结经验教训，探索社会发展规律，学习历史优秀人物，吸收历史文化精华等均有俾益。对子孙后代了解、建设鸦鹊、发展鸦鹊，无疑会产生积极作用。

历代先民历尽苍桑，为求生计改造自然，开荒垦土谋求安居，历尽无数坎坷，饱受万般艰辛。在苦难和奋斗中踯躅前行，繁衍子孙。几百年艰辛卓越的创业史，为后人留下宝贵精神文化遗产，厚重的历史文化积淀与升华，鸦鹊水村民风村风淳朴，忠孝仁义，崇尚文化，诚信善良，尊老爱幼，乐善好施，热情待客，蔚然成风，中华民族的传统美德在鸦鹊水村得以传承，发扬光大，代代相续。《鸦鹊水村志》内容丰富，语言流畅，图文并茂，雅俗共赏，融思想性、资料性、知识性于一体，展示鸦鹊水村的历史面貌，揭示发展延续、荣枯变迁的历史规律，为今人乃至后人提供可靠的依据和借鉴。

古人云：以人为鉴可以明得失，该村志的问世相信一定能够发挥“存史、资政、育人”等功能，清本源、培根基，克振家声，德传万古。时代大潮激发我们不断向前，愿家乡人民继承和发扬先辈优良传统，精诚团结，奋发进取，把鸦鹊建设得更加富庶繁荣。

《鸦鹊水村志》付梓之际，应嘱作序，深感荣幸，拙书数语，谨以为序，聊表对家乡的情怀与美好祝愿。

祝鸦鹊水村更加繁荣昌盛，乡亲幸福安康。

二〇一八年十一月五日

（作者系中共崔家坝镇委员会书记）

省、州领导与村委会负责人交谈，了解指导村务工作

市委书记向前进（右一）到鸦鹊水村调研

市、镇领导到滚龙坝狮子屋场调研

市、镇领导与村委会干部交谈，指导产业发展、扶贫帮困等工作

市档案局局长张思楚（左）检查村级档案工作

崔家坝镇领导（前中）检查卖铧沟公路建设

山羊养殖

肉牛养殖

露天养鸡场

领导、专家调研白肋烟烟苗生长情况

外国专家考察白肋烟长势

白肋烟大棚晾晒

烟农踊跃交售白肋烟

养殖场一角

村办企业车间内景

村务活动

常务村务公开会

计生专干入户宣传计生政策，了解育龄妇女避孕情况

现场办公

察看村民房舍屋后建设中的问题

召开村民大会

鸦鹊水老街下水道建设

修建中的村组公路

宽敞平坦的入户道路

标志性建筑——拱桥

村委会办公大楼前的健身器械

滚龙坝新修河堤

卖铧沟麻坑农田排水沟

村委会办公大楼

村舍远眺

永 进
YongJin

盛开的油菜花

长势喜人的白肋烟

山峦环绕的田畴

白虎图腾

风　车

铜茶壶

马 鞍

斗

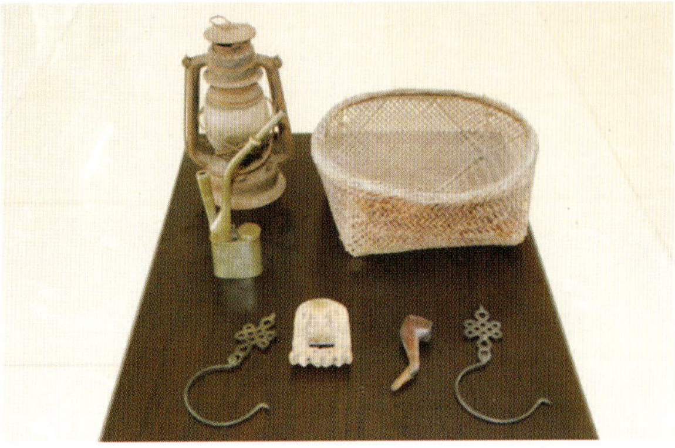
马灯、竹筛、水烟具、纹帐勾

中国历史文化名村滚龙坝村授牌仪式

日本专家（右三）考察滚动龙坝村

鸦鹊水小学开学典礼

荣誉集锦

文明村
中共恩施自治州委员会
恩施自治州人民政府
二〇〇三年三月

先进基层党组织
中共恩施市委
二〇〇四年六月

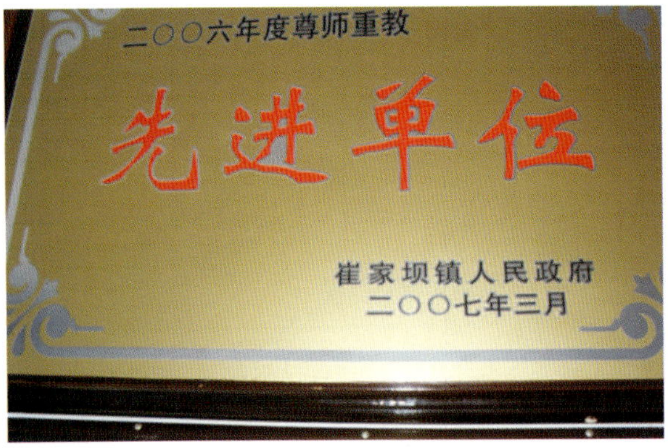
二〇〇六年度尊师重教
先进单位
崔家坝镇人民政府
二〇〇七年三月

先进基层党组织
中共崔家坝镇委员会
二〇〇七年七月

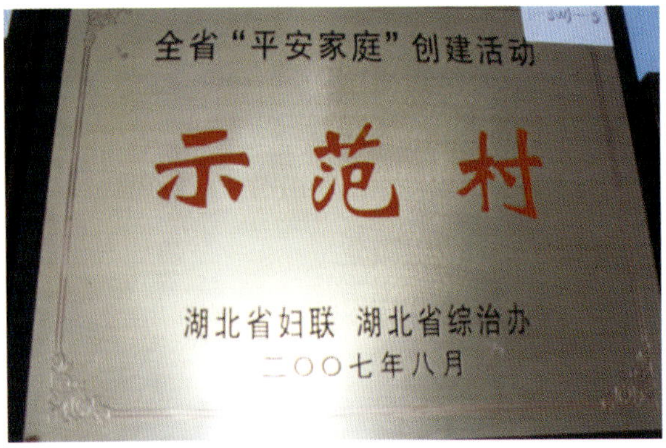
全省“平安家庭”创建活动
示范村
湖北省妇联 湖北省综治办
二〇〇七年八月

奖给：
优秀基层党组织
中共崔家坝镇委员
二〇〇八年七

先进基层党组织
中共崔家坝镇委员会
二〇〇九年六月

2009年度综合目标考核
先进单位
中共崔家坝镇委员会
崔家坝镇人民政府
二〇一〇年三月

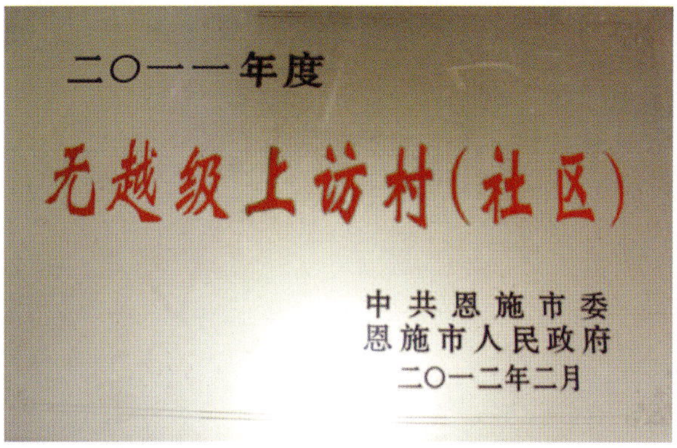
二〇一一年度
无越级上访村(社区)
中共恩施市委
恩施市人民政府
二〇一二年二月

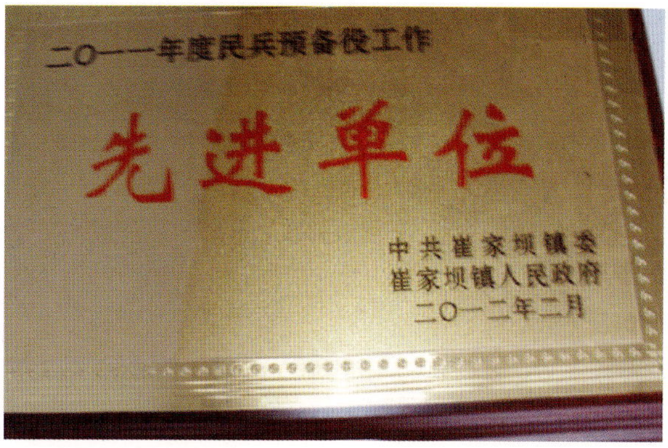
二〇一一年度民兵预备役工作
先进单位
中共崔家坝镇委
崔家坝镇人民政府
二〇一二年二月

二〇一一年度综合目标考核
先进单位
中共崔家坝镇委
崔家坝镇人民政府
二〇一二年二月

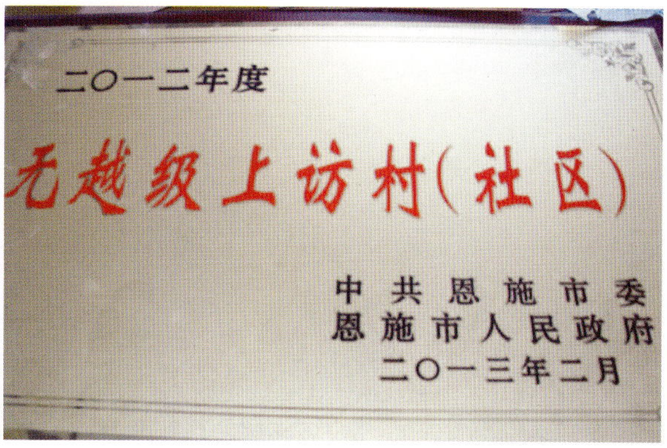
二〇一二年度
无越级上访村(社区)
中共恩施市委
恩施市人民政府
二〇一三年二月

二〇一二年度综合目标考核
优胜村
中共崔家坝镇委
崔家坝镇人民政府
二〇一三年三月

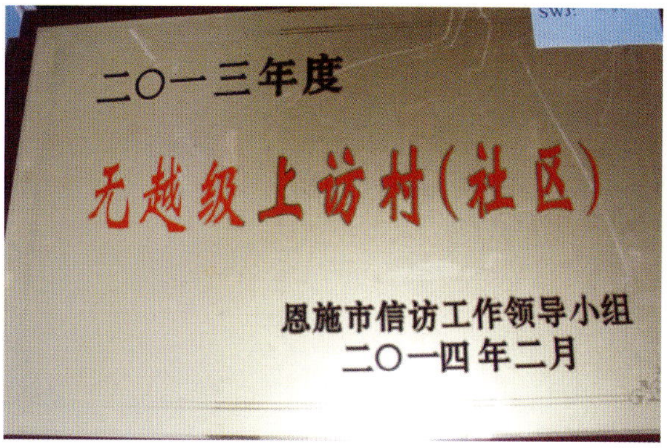
二〇一三年度
无越级上访村(社区)
恩施市信访工作领导小组
二〇一四年二月

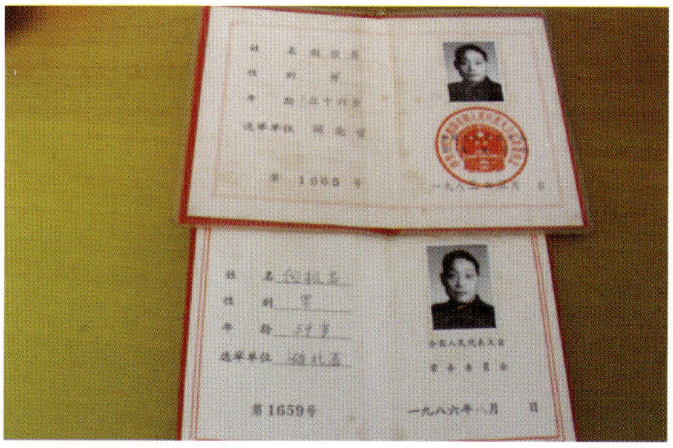
第1659号
一九八六年八月

荣誉证书
向极昌 阁下:
鉴于您在科技学术领域所取得的杰出成就，特授予您“成功中国人”优秀人才称号，您的个人成就及业绩登录“成功中国人”国际互联网络。
特颁此证。
2000.9

编辑掠影

编委会全体成员

评委会全体成员

2017年6月，《鸦鹊水村志》评审会在崔家坝镇政府会议室召开

州史志办公室副主任张树松(中)出席评审会

市史志办公室主任张远虑(中)主持评审会，全面介绍《鸦鹊水村志》编纂情况

市史志办公室副主任兰远辉(左)宣读评审意见

评委点评

评委点评

恩施市地方志编纂委员会

恩市办文〔2013〕62号

监　　修　向前进

主　　任　李国庆

副 主 任　郑晓斌　胡平江　万雪峰　黄秀武　黎昔品　邵永政
　　　　　张献宏（女）　崔显琦　刘道远　张思楚

委　　员　肖极峰　周海枝　陈光平　王金传　吴建宇　刘　斌
　　　　　邱　凌　李雪明　邓辉建　王荣华　郎艳辉　戴　平
　　　　　何克伦　兰远辉　赵明权　尤连才　吴志伟　李晓玲（女）
　　　　　蒋世文　谭大会　李在寅　杨昌福　吴先锋　张　云
　　　　　黄　兴　官伟立　万亨东　陈　宁　沈维珩　李胜荣
　　　　　黄世吉　杨　穆　朱诗星　赵树锋　滕松柏　李拔权
　　　　　雷友科　魏顺军　汪业民　段海涛　舒业树　丁　娟（女）
　　　　　徐贵尧（女）　洪　云　袁芹武　田天龙　胡祖华　易发斌
　　　　　荣万福　李世斌　周　勇　尹国民　丁清传　覃登春
　　　　　冉景钊　伍功勋　周庆丰　朱显龙　于祥楷　查忠铭
　　　　　李　琼　朱诗斌　杨　帆　李文静（女）　崔　谊（女）
　　　　　王胜江　刘纪兴　王永照　潘贤勇　黎在彦

办公室主任　张思楚（兼）

副　主　任　戴　平　何克伦　兰远辉　赵明权

恩施市地方志编纂委员会（调整）

恩市办文〔2016〕11号

监　修　向前进

主　任　苏　勇

副主任　郑晓斌　张渊平　李　君　杨局成　黎昔品　董　高　邵永政
　　　　张献宏（女）　崔显琦

委　员　刘天宝　徐　卫　李明国　吴　萍（女）　肖极峰　陈立辉　刘　斌
　　　　邱　凌　陈　斌　张　云　石国伟　王玉玲（女）　李正文
　　　　向极怀　李晓玲（女）　张思楚　陈启富　谭大会　李在寅
　　　　杨昌福　周燕飞（女）　黄　兴　胡　兵　万亨东　陈　宁
　　　　沈维珩　刘　彬　汪业民　黄贵森　胡祖华　赵树峰　滕松柏
　　　　张　玲　魏顺军　官伟立　龙世俊　杨　帆　丁　娟（女）
　　　　徐贵尧（女）　刘永坤　田天龙　周　勇　陈光平　荣万福
　　　　吴秀忠　曾　伟　吴先锋　尹国民　冉景钊　伍功勋　潘　超
　　　　朱显龙　唐洪波　查忠铭　李　琼　朱诗斌　谭　贤　丁清传
　　　　陈轶丹　崔　谊（女）　王胜江　覃登春　明　渊　王永照
　　　　潘贤勇　张泽武

办公室主任　张思楚（兼）

副　主　任　戴　平（兼）　何克伦（兼）　兰远辉（兼）　赵明权（兼）

恩施市地方志编纂委员会（调整）

恩市办文〔2017〕14号

监　修　向前进

主　任　苏　勇

副主任　吴卫平　黄　波　谢　奎　董　高　金德钧　张献宏（女）
　　　　蔡万高　曹　云

委　员　周海枝　赵树峰　冉景钊　吴　萍（女）　肖极峰　吕祖贵　邱　凌
　　　　陈　斌　袁芹武　章云峰　王玉玲（女）　徐志刚　潘贤勇
　　　　向文政　胡　咏　张远虑　刘　斌　陈　凯　赵书拉　张　玲
　　　　周燕飞（女）　黄　兴　胡　兵　易发斌　陈启富　沈维珩　刘　彬
　　　　蒲　武　廖平玥　董晓明　胡祖华　刘建林　丁　娟（女）
　　　　李晓玲（女）　魏顺军　官伟立　龙世俊　刘世怀　徐贵尧（女）
　　　　汪　涛　滕松柏　田天龙　周　勇　陈光平　朱胜武　吴秀忠
　　　　曾　伟　刘永昆　尹国民　张　凤（女）　李　琼　覃登春
　　　　潘　超　朱显龙　唐洪波　陈轶丹　甘　艳（女）　刘迪海
　　　　李华武　明　渊　翟朝庆　甘志明　伍功勋　胡　琳　朱诗斌
　　　　刘伯韬　林　忠

办公室主任　张远虑（兼）

副　主　任　何克伦（兼）　兰远辉（兼）　赵明权（兼）

《鸦鹊水村志》编纂委员会

（2015 年至 2016 年）

主　　任　易发斌
常务副主任　钟迎松
副 主 任　李贵菊（女）　向成林

《鸦鹊水村志》编纂委员会（调整）

（2017 年至 2018 年）

主　　任　钟迎松
常务副主任　薛成功
副 主 任　李贵菊（女）　张　斌
成　　员　向天明　李玉兰（女）　李胜权　冉瑞林　陈　卓
向　瑞　杨　铸　祝方胜　朱　力　冯德勇
崔显实　王本杰

《鸦鹊水村志》编辑部成员

（2015 年至 2018 年）

主　　编　向成林

执行主编　王本杰

副 主 编　张　斌

成　　员　范中清　李玉兰（女）　向极泽　司马子荣　汤吉炳
　　　　　向极荣　向忠极　向洁琼

终　　审　张思楚　唐春温

图片整理　王本杰

终校定稿　魏雪夫

《鸦鹊水村志》评审委员会

主　　任　向新坤

副 主 任　张树松　张远虑　薛成功

成　　员　张思楚　兰远辉　黄泽桃（女）　汤吉炳　向兴俊　向成和
　　　　　熊　璞（女）

凡 例

一、本志以马克思列宁主义、毛泽东思想、邓小平理论、“三个代表”重要思想和科学发展观、习近平新时代中国特色社会主义思想为指导，坚持辩证唯物主义和历史唯物主义的立场、观点和方法，力求思想性、资料性、科学性于一体，突出本村特点和时代特色。

二、本志上限为事因发端，下限至 2013 年 12 月 31 日。

三、本志采用述、记、志、传、图、表、录体裁，大事记采用编年体。收录反映历史事件、重要活动和时代风貌的图片，置正文之前。

四、本志坚持“事以类分”原则和章节体结构，以时为序，横排竖写，力求横不缺要项，纵不断主线。

五、本志采用语体文、记述体，所用汉字以国家语言文字工作委员会 1986 年公布的《简化字总表》、GB/T15834-2011《标点符号用法》为依据，力求语言朴实，文风严谨，简明流畅。

六、本志人物，分人物传略、人物简介、人物名录(表)三个部分。人物略传坚持“生不立传”的原则，入志人物以卒年为序，卒年不明者排后；人物简介以姓氏笔画为序，入志人物以本籍人士为主，兼及在本地工作有一定影响的外籍人士。

七、本志采用历史纪年法和公元纪年法。历史纪年括注公元纪年，1949 年 9 月 30 日(含 9 月 30 日)以前称新中国成立前，10 月 1 日以后称新中国成立后。“解放前”“解放后”，以该村解放日为界。

八、本志资料主要源自档案、统计、史志、社会调查、访问座谈、碑刻文献等，均经考证，限于篇幅，不注明出处。

九、本志数字遵循 GB/T15835-2001《出版物上数字用法》、计量单位按《国务院关于在我国统一实行法定计量单位的命令》，考虑到社会使用习惯，全书中亩不统一换算。

目　录

概　述

鸦鹊水，地名，为施（恩施）宜（昌）古道驿栈名，亦为清同治年间官方命名的集镇名，现为村名。

鸦鹊水村位于湖北省恩施市崔家坝镇，地理坐标北纬30°5′5″，东经109°8′57″。面积约为27平方千米，人口密度为151人/平方千米。村东以茅田山峰为界，南与沙地水坪接壤，西与南里渡、铺子房两个村相邻，北面与斑竹园连界。村委会驻鸦鹊水集镇，距崔家坝镇人民政府机关驻地11千米，距恩施市主城区67千米。村辖区范围为明清时期的鸦鹊水乡（联保）第一保、第七保、第八保。2013年12月，行政区划为向家湾、魏家湾、鸦鹊水、大垭门、老屋场、茅坎山、洞扑猪（曾用名洞母猪）、尖龙坪、野猫洞、卖铧沟村民小组10个。辖鸦鹊水、滚龙坝、尖龙坪、向家湾、卖铧沟自然村5个。常住居民户1169户，4138人。耕地面积3889亩，以旱地居多。最高海拔为卖铧沟东面中梁山峰，共1350米，最低海拔为魏家湾杨家埫，共850米。按历史习惯分属恩施市二高山地区。

一

鸦鹊水村地域总趋势东高西低，村东面有洋鱼沟、黑沟、卖铧沟等，多条东西走向沟谷，自古有“七沟八梁一面坡”之说。暗河溪流时隐时现，小河水在瓦屋桥与源自麦埫要龙坝河相汇后，进入落水洞形成伏流，在尖龙坪复出，经数里后于滚龙坝再次落入地下潜流，至南里渡小河湾复出。境内天坑较多，仅魏家湾组杨家埫不过百十丈品列天坑3个，下有地下阴沟，天旱可取水人畜饮用。槽坝台地高低无序，窝坑淌地错落其间，比较大的卖铧沟槽，从黑沟头至麻坑，耕地面积140亩，其次是洞扑猪槽，耕地面积近百亩。其他槽坝大小不等，宽窄有别，长短不一，耕地面积少则几亩，多则几十亩。槽多为村民当家田，土层深厚肥沃。域境内无工业污染，无水源污染，为优良的生态田园。比较明显的山间台地，大多坐落于山腰，如白果淌、二台坪、桂淌湾、五峰山、彭家大山等。

鸦鹊水街地貌奇特。附近有洪家窝坑、陈家窝坑、大窝坑、卧龙岗双坑、姚窝坑、深窝坑，7个窝坑形成8个垭口，鸦鹊水的“七窝八垭”独特地貌，封建时期江湖术士将“七窝”称为“七星点灯”，从七窝坑的位置平面看，与天上七星相似。滚龙坝素称风水宝地，四面环山，林木葱茂，古树参天，山峰独秀，四周山势形成东看青龙是瞻（青龙山）、西有天马辔鞍（马鞍山）、北有猛虎下山（黄家岩）、南有五凤朝阳（五峰山）、中有文笔调砚（宝塔山），构成独特而美丽的环境。

域内地质构造属于云贵高原东延部分，喀斯特发育，灰岩广布、漏斗天坑、落水洞、溶洞到处可见，尖龙坪出水洞，洞中生物繁多，并有珍贵中草药材，洞中流水清澈。六洞坡的六洞，洞中有洞，深广无人探究。卖铧沟龙洞，洞中水源甘甜，洞阔数亩。鸦鹊街后大岩洞，洞中可作小型工矿厂房，诸多资源可开发旅游景点，得天独厚。

二

鸦鹊水村始为土家族聚居之所，黄、向二姓定居早于其他姓氏。据 1996 年 8 月湖北省文物考古专家在邻近杨柳池发掘商周遗址证实，春秋初年（公元前 770）前后，就有人类活动，碑刻家谱显示，域内形成村庄在元、明时期。此前人类活动，属散居野住。黄姓为较早定居于滚龙坝一带的姓氏，传说向氏来此定居后，黄姓迁移外境。五峰山有黄姓碑迹遗存。

尖龙坪向氏先祖向大元，定居本地在明永乐八年（1410），其父向肇荣（一妻多妾）四川宣抚使，膝下八子，长子大垭、次子大元、三子大亨、四子大利、五子大贞、六子大坤、七子大乾、八子大潮。向肇荣年迈身退，接土司职官制度，长子大垭袭宣抚使职。自元代末始，朝廷苛政，川湖苗地反抗，明永乐初，向大垭奉旨剿荡，同察防使赵兴罣，通天侯唐起鹏率向大元等北路及进剿官军，架竹筏从四川成都顺长江而下，至巫山剿除，经数年平息，官兵驻扎巴东龙潭坪，向大潮扎寨闲暇，铸八耳古鼎，弟兄八人分执一片以便日后莫辨，以此为据，齐议分走各地。向大垭回守故里靖安，其余弟兄各自东西，向大元行至崔坝向家岭暂住后到滚龙坝，发展开发尖龙坪一带。

滚龙坝向氏先祖向大旺，字云峰。随父抽衙，明皇赐军饷膳食职，携眷征战，兵败后遂率子孙家眷至滚龙坝落籍定居。膝下四子，于滚龙坝分支创业，长子向儒林落籍建始县撒鱼口，次子向琼林世居滚龙坝，三子向春林定居社埫坪，四子向宧林定居杨柳池。自此向氏家族繁衍生息，成为域内大家族，村境自有人烟始，经过历代变迁，村中人口迁进搬出，变动无常，至 2013 年 12 月，村中尚有姓氏 96 个，总人口 4138 人。村内人口发展分三个时期，第一个时期为明代，明洪武年间（1368—1398）朝廷为使各地人口平衡，进行地区性大转移，迁徙过程中，途经此地落籍，增加村域人口。第二个时期为清代和民国时期，清代中叶，荆州等地水患不断，举家逃荒避难，这部分姓氏至村境后，多选择村中高岗山坡居住，惧怕水患。民国时期迁村后，姓氏渐杂，多与战争和灾荒相关。第三个人口发展时期为中华人民共和国成立后，医疗事业发展，科技进步，人民生活水平提升，生育率提高，死亡率下降，村中姓氏发生变化，随着人口增加而增加。20 世纪 90 年代后，单身青年男女在外务工时选择配偶成家，出县跨省，姓氏和民族在村中变化较大。

三

域内各个家族，自古注重文化教育，人才辈出。明成化年间（1465—1487），向国宾，贡生，官至崇宁里里长。至中华民国时期，本地地方官基本上由向氏子孙担任。团总、团首、联保主任、乡长、区长、乡约、保长、甲长等。明崇祯七年(1634)，向霖龙、向云龙、向霈龙同胞三兄弟投义勇以功授官。向霖龙、卫诸生，先授守备职。崇祯九年(1636)，剿安陆池太光，固勒黄等地处，擢都督指挥。崇祯十二年(1639)，虏犯阙，奉旨勤王，加升为副总兵。向云龙以功授村旗鼓游击。向霈龙以功授游击，后向霖龙官至五省总兵。向云龙官至南直安庆协理剿寇军门游击，向霈龙封凤卫伯爵。至清代，出生于乾隆年间尖龙坪人向云新，字如龙，因川湖教匪滋事，贝子福督题剿贼，向云新屡建殊功，朝廷授宜镇右营千总职。道光、咸丰年间，滚龙坝向存道、向发道、向致道同胞三兄弟经科考步入仕途。向存道为清道光己酉(1825)科武举第二十四名，官至施南府千总职，因弟向发道贵，诰封昭武将军。向发道为壬午(1822)科武举第四名，道光己丑(1829)武进士，官至直隶正定镇守备，天津泰宁镇白石口都阃府蓝翎都司。向致道，字奎文，为清咸丰己未年(1859)文科进士，官致侯选学正堂。向发道曾立三次功，品衔加升三级，祖父向德新、父亲向正书、兄向存道朝廷赠封为昭武都尉，均属武官正四品，享受朝廷俸禄。

村中向日葵为明代副府，向必正为清乾隆贡生，向夔龙为清嘉庆卫政大夫，向万杰为清洞治广东盐运使司经历，候选知府(妻崔氏为诰命夫人)，向允柱，庠生，字维松，授戊部府例赠截止德佑骑。向子美为清末秀才留学日本。周伟堂在清道光年间(1821—1850)曾在尖龙坪任教私塾，教出72个秀才。向悟道，字文炳，为周教出的第一批秀才之一，周伟堂亲书学匾“积厚流光”挂悟道府堂。碑刻记载向奎文(派致道)、向明斋(派兴科)、向应儒、向应长、向允魁、向子鸿、向应鱻、向碧新文秀才，向殿甲(派若石)、向传道(字瀛)、向清(字纯道)、向友道等进士以及向大新、向朝新、向著道等武秀才。

1950年—2013年12月，全村大学以上文化程度310人，其中博士生导师2人、硕士研究生12人、研究生11人、大学生285人。高秉江，鸦鹊水上街人，曾为华中科技大学教授、博士生导师、中华全国哲学史学会理事、美国天主教大学访问学者。宋平，女，向家湾人，1987年7月毕业于湖北民族学院，1996年获硕士学位，任职于武汉理工大学经济学院教授、硕士生导师、博士生导师、国家自然科学基金项目评议专家、教育部优秀学位论文评审专家。主持国家自然科学基金项目2项，教育部人文社科基金项目1项。向极昌，中医，1983年当选为第六届全国人民代表大会代表，同年，中华人民共和国民族事务委员会、中华人民共和国劳动人事部、中国科学技术协会联合授予其“科技工作者”称号。1990年，被编入《中国高级医师咨询辞典》，推举为中国国际名医名药联合会会员。1993年，向极昌被录入《中国当代高级医师大全》。1999年，中国国际名医名药联合会聘请向极昌为主任医师。2000年，《世界科技专家与人才》编委会授予向极昌“成功中国人”称号。其个人成就与业绩登录《成功中国人》国际互联网。

四

鸦鹊水村种植业，由古老的刀耕火种发展到科学种田，走向高效农业、观光农业、产业化农业,经历由刀耕、耜耕、犁耕到机耕4个发展历程。

1950—1952年,实行土地改革,逐丘逐块丈量登记造册,始有耕地面积登记,实地丈量总面积4168亩(其中,水田149亩)。其中,鸦鹊水607亩、向家湾922亩、滚龙坝857亩、尖龙坪965亩、卖铧沟817亩。“农业学大寨”群众运动中,实施坡改梯,改造旱涝保收基本农田,耕地面积增加到4284亩。20世纪80年代末,村内退耕还林及建设用地,耕地面积略减。2013年,有耕地面积4100亩。

清代以前,种植主要农作物以粟、荞、豆为主。明代末期,大量汉人迁入,先后引入玉米、红薯、马铃薯等农作物。这些作物适应性强,产量较高,得以广泛种植,农作物种植始有布局。村民开始区分主粮和辅助粮,一年一熟制。清嘉庆年间(1796—1820),村中低海拔区域,收获后种菜种麦,一年两熟自此始。

1966年,开始用碳铵和磷肥。1979年,烟叶生产施用钾肥和复合肥。同时,硼肥、硫酸亚铁等微量元素肥料面世。1980年,农作物播种采用营养钵、营养杯、营养块,坚持沿用的为营养块,运用营养块苗齐、苗壮、稳产、增产。20世纪80年代初期,塑料薄膜运用于农业生产,海拔较高地区地膜覆盖广泛,高低山农作物育苗普遍采用农膜。

经济作物种植起源于明末,芝麻种植较早,五倍子、棕片皆为野生,漆树普遍生长,有大木小木之分。清代鸦片种植普遍,后朝廷禁止种植。烟叶种植为村内历史悠久的经济作物,村域农业经济支柱产业。二高山气候土壤适应叶子烟生长和晾晒。清代开始,村民即种植晒烟,亦称土烟或叶子烟,生产的烟叶远近闻名,1949年前大部分由烟贩收购后销售到秭归、枝江等长江沿线,少部分加工成烟丝。20世纪60年代前,鸦鹊水街烟丝加工作坊两处,香味浓,劲道好,远近皆知,烟丝生意常年不衰。1972年国家调整产业结构,党在农村的基本政策是“发展经济,保障供给,以粮为纲,全面发展”方针。20世纪80年代,尖龙坪、滚龙坝、卖铧沟、向家湾等自然村,成为重点种植生产区。20世纪末,由崔家坝镇人民政府规划为白肋烟种植专业村、英美烟叶生产合作基地,部分优质烟叶销往美国。烟叶种植为村经济发展的支柱产业。

五

滚龙坝为鸦鹊水村的自然村落,地形构造为四面环山的山间小盆地。尖龙河、洋鱼沟两条溪流从南北两侧穿坝而过,尖龙河水黄被称为黄龙,洋鱼沟水清,被称为青龙,两条溪流汇流入天坑成为伏流,故有滚龙坝称谓。滚龙坝四周为青龙、笔包、纱帽、马鞍、尖银、五峰、外坡、马环、宝塔、老虎诸山拱卫,村中民谚有“东有青龙是瞻(青龙山)、西有天马辔鞍(马鞍山)、南有五峰朝阳(五峰山)、北有猛虎下山(黄家岩)”和“左有五峰朝阳,右有猛虎下山,后有犀牛望月(犀牛沟),前有悬岩挂榜”的赞誉。

滚龙坝民俗文化以其独特的古民居、古名人、古树木、古墓葬群而闻名遐迩。2007年5

月，被建设部、国家文物局评选为中国历史文化名村。古民居主要分布在茅坎山、中村和老虎山脚，明清时期古建筑及有保存价值的近代民族建筑13处、房屋200余间，建筑总面积3万余平方米，大部分保存完好。主要类型有木构、砖石混合而建的四合院或天井屋，大多数由封火砖墙、石砌天井、抱柱冲楼、书房绣阁、正房偏屋、火炕杂间、牛圈牛栏等组成。

村中其他民居大多为独立式，一般住一个家庭，早期为茅房或杉木皮，高山少数农舍盖石板。清末年间渐改为陶质布瓦，畜舍仍为茅房。房柱、梁、檩、壁、楼、门、窗均为木料。房屋横阔以开间计算，分三、五、七间不等，均为单数，先修正房，一正一厢称“钥匙头”，一正两厢称“撮箕口”，亦为三合院。厢房多修吊脚楼，楼下未畜舍栏圈。民国至20世纪60年代，墙体用泥土或石块浆，砂浆采用“三合泥”，即用白石灰和泥土、水调和。水泥建筑材料的运用从20世纪80年代开始，村中新修房屋改为楼房。

2000年，倡导文明新村建设，由恩施市人民政府成立专门机构规划指导，乡村组织实施，市直部门提供支持的机制，域内率先纳入的是滚龙坝，以“五改”（改水、改路、改厨、改厕、改圈）、“三建”（建家、建园、建池）、“两提高”（提高村级组织战斗力、提高农村文明程度）为载体。2003年，鸦鹊水纳入恩施市试点村之一，市直单位定点帮扶，恩施市法院帮扶鸦鹊水，恩施市政法委帮扶滚龙坝，新农村建设不仅是民居改造，更主要是农民致富为重点，以农户为单位实施“七个一工程”，即一个致富园、一口沼气池、一套舒适的民居、一处安全卫生饮用水、一套比较完备的文化通信设施、一口垃圾池、一条硬化主行道。村中通过几年的新农村建设，全村产业结构明显优化，基础设施明显改善，村民收入明显增加，文明程度明显提高。

六

清咸丰元年（1851），域内施宜人行古道经鸦鹊水、崔家坝过建始至宜昌，大道为官道，十五里设亭，三十里设店，六十里设栈，鸦鹊水即设店又以栈。大道主要为民间运输，用于人畜驮运。

从1956年开始村中公路建设，首条公路为鸦（鹊）崔（坝）公路，由鸦鹊区委于1956年冬组织民众修建，历史3个月，年底通车，为境内较早的公路，鸦鹊水街的货物运输由人力运输改为马拉车运输。1964年7月，恩施县人民政府统一安排鸦（鹊）沙（地）公路破土动工修建，经两年时间鸦沙公路碎石路竣工通车。1977年10月，鸦（鹊）铺（子房）公路动工，于1979年竣工通车。1985年7月，鸦（鹊）茅（田坪）公路动工修建，该公路贯穿滚龙坝、尖龙坪，历时3年，于1988年10月通车。2013年，全村村组公路全部建成，自然村组主公路硬化为水泥路面，公路入户化为98.7%。

村组公路入户率提高。村民们告别数百年来肩挑背驮的历史。田间机耕路逐步完善，大部分农户均用机动车辆运输，到2013年年底，全村拥有大小货运车辆81台，小货车52台，二轮三轮车445辆，登记注册578辆，全村每1.9户拥有一辆机动车。

七

新中国成立后，中共鸦鹊区委领导并组织开展清匪反霸斗争，实行人民民主专政，镇压反共头目10余人。土地改革顺利完成，实现耕者有其田，人民劳动生产积极性空前高涨，粮食产量增加，人们生活水平上升，全村组织互助组，进入初级社转为高级社，过渡到人民公社。1959年，伏秋连旱83天，粮食失收，人们生活出现暂时困难，当地政府帮助村民渡过困难。1961年，贯彻执行"调整、巩固，充实、提高"的八字方针，实行以生产队为核算单位，村民生活得到改善。1964年，全村普遍开展"清政治、清思想、清组织、清经济"的四清运动。1966年，域内成立多个"造反司令部"，鸦鹊水小学学生组织串联、停课闹革命。1968年，5个大队先后成立大队革命委员会，开展"抓革命、促生产"运动。

1978年中共中央十一届三中全会召开后，经济发展加快，先后涌现出养猪专业户、养羊专业户、白肋烟种植专业户。2013年，鸦鹊水村在全市208个村和社区中，经济和社会发展指标均排列在前。

大事记

明清时期

明洪武二十三年(1390)

废州存卫,宜昌通施州驿传因隶属关系改变,改由宜昌至巴东传入,施州至巴东至宜昌,称施宜大路。大路经鸦鹊水,为鄂西连接荆楚,远至京(北京)、洛(洛阳)、汴(开封)等地陆路通道,亦为入川必经之路,通称中大路。

明永乐元年(1403)

川湖苗地反抗苛政,六路宣抚使向大垭奉旨进剿,带领察防使赵兴罡及弟向大元、向大利、向大亨、向大贞、向大坤、向大乾、向大潮等,由四川成都架竹筏,顺长江而下,至巫山进剿平息,驻扎巴东龙潭坪。此间,八弟向大潮铸八耳古鼎,兄弟各执一片,自此各赴一地,以便日后莫辩,以此为据。向大元宦游至崔家坝向家岭暂停,后到滚龙坝挽草为记,落籍繁衍,开发尖龙坪,为尖龙坪一带向氏先祖。

明崇祯七年(1634)

向霖龙投义勇,以功授守备,剿安庐池太光、固勒黄等处,擢都督指挥。崇祯十二年(1639)东虏犯阙,奉旨擒王,加升为副总兵,胞弟向云龙,以功授标旗鼓游击,向霈龙以功授游击。向霖龙官至五省总兵,向云龙官至南直安庆协助剿寇军门游击,向霈龙因功封凤卫伯爵,同胞三兄弟均为五品以上官员。

明崇祯九年(1636)

明皇赐军饷膳食官向大发(字八斗),携眷征战,兵败四川葫芦寨,领其子孙、士卒弃戈奔走,昼宿密林,夜行小道,经数月奔波鸦鹊水滚龙坝落户。为免祸患,改名向大旺,为滚龙坝一带向氏起祖。

清乾隆元年(1736)

施南府在崔坝设“巡检司署”,同时设施南东乡七集,即七里坪、莲花池、丫沐浴、三里荒、响板溪、鸦鹊水、崔家坝等,自此鸦鹊水集镇为官方命名集市。

是年,崔坝巡查为把总分防驻汛处,施南协中营、崔家坝把总所辖五塘,即丫沐浴塘、一桶水塘、南里渡塘、滚龙坝塘、三岔口塘,先在滚龙坝塘驻兵,后兵分五处驻防。

清道光九年(1829)

滚龙坝向发道,又名向元魁、向博,中武进士,官至直隶正定守备,天津太守镇白石口都阃府蓝翎都司,清代抗倭英雄。

清道光二十年(1840)

滚龙坝向氏族人公立“瑞善刑典碑”,石碑由4块组成,分道德、伦理、教育、森林等内容。

清道光二十五年(1845)

滚龙坝向正书,字玉璘,诰封诏武都尉。

清道光二十九年(1849)

向存道中武举第二十四名,后官至施南府千总。

清道光年间(1821—1850)

向存道、向发道、向致道同胞三兄弟,皆经科考步入仕途。

滚龙坝向氏修建石狮子屋场,三门九排间多厅进,采用砖木结构建筑,分左、中、右三屋,门两边墙上各饰一石狮头,门外踞立道光十八年(1838)打造石狮一对,故称石狮子屋场,中左屋为清进士候选学正堂向致道居住,右屋为清武进士蓝翎都司向发道修建。

清咸丰元年(1851)

设滚龙坝铺递,铺司3人,驻地鸦鹊水集镇。

清同治八年(1869)

鸦鹊设团总,辖保10个,有兵丁20人、火枪10支,维护地方治安,第一任团总向奎文(派致道),科员候选训导,任团总职务二十五年,至清光绪二十年(1894)。向应长接任团总职,在任十七年,至清宣统三年(1911)。

清光绪四年(1878)

施南知府王庭桢主持整修施宜大道,将由莲花池—丫沐浴——桶水—响板溪—南里渡—鸦鹊水改道为走向家村—鸡心笼—熊家岩—南里渡—鸦鹊水。

清光绪十四年(1888)

比利时神甫戈氏到鸦鹊水传播天主教。

清光绪三十年(1904)

向天钟(字子美)考取官费留学日本东京早稻田大学法科,毕业后回国加入中国同盟会,任湖北省长公署咨仪,后任夏口、安陆等地方审判行推事,武昌、恩施执行律师业务,恩施县参议会议员。

清宣统三年(1911)

辛亥革命武昌首义,向明斋(向兴科)参事内务,加入革命秘密团体共进会,在武昌首义立功,升任湖北省议会议员。民国十二年(1923),回恩施组织共和党,任来凤县知事等职。

中华民国时期

民国初年(1912)

四川人胡春廷,白杨人余焕章到鸦鹊水串联向博泉,向咸之等组建汉流组织,称“汉民宫”,向博泉、向咸之、胡春廷为龙头大哥,余焕章任红旗管事,在鸦鹊水开山设堂,吸收兄弟伙,自此,鸦鹊水即有“仁字堂”汉流组织。

民国七年(1918)

【二月】 比利时传教士于鸦鹊水街后天主堂办教会学校一所。

民国十二年(1923)

联保保长向晋三创公立学校,名联保小学,又称第一区立小学。

民国十七年(1928)

【十一月二十五日】 贺龙领导的革命军,从鹤峰梅坪出发,突袭建始城后,途经汪家寨、崔家坝、滚龙坝返回鹤峰。

民国二十一年(1932)

基层政权实行区、保、甲编制法。十户为甲、设甲长,十甲为保,设保长,数保为联保,设联保长(又称联保主任)。鸦鹊水设联保办公处,首任联保主任向兴钧,又名向子平,鸦鹊水小学随之易名为“鸦鹊水联保小学”,杨洪兴任校长。

民国二十五年(1936)

滚龙坝预备合作社建立。共有社员90人,职员5人。

民国二十六年(1937)

【是年】 恩施县政府强化推行四年制义务教育,鸦鹊水联保小学更名为“县立联保短期小学”,校长刘必光。

【是年】 废联保改设乡镇,设鸦鹊水乡,联保主任向兴钧(字子平)继任乡长。

民国二十七年(1938)

【十月】 向兴钧病逝,向宗臣接任乡长。

【是年】 鸦鹊水县立联保短期小学实行编班定级,小学为六年制,亦称完全小学。

【是年】 向金斋在滚龙坝办鸦鹊水第二小学,将周边几个保的私塾先生整合,有名的“三大先生”(向发若、向时若、向银若)任教,向金斋任校长。

【是年】 向宗臣为扩充势力,联合邓濂溪改变鸦鹊水汉流组织,将“仁字”旗汉流组织整合并命名“中华民族御悔社”,由向博泉出任龙头大哥,设“四正”“八副”“四正”为向甲三、向子平、邓濂溪、向宗臣,即历史上的甲、子、濂、宗,为御悔社4个大哥,下设副龙头8个,由刘梅斋拟写御悔社规章,规章核心为“山、堂、水、香”诗句,即“五岳朝中山,保国正中堂。护民千秋水,万载一炉香”。四句诗亦为御悔社联络暗语,并附动作(扯歪子)。

民国二十八年(1939)

实行政教合一,乡长向宗臣兼任小学校长,鸦鹊联保学校更名为“鸦鹊水中心小学”,教员由恩施县教育局派任。

民国二十九年(1940)

实行新县制,裁区设乡,鸦鹊水为甲种乡,辖保12个,地图为东齐腰牌,南至麦堉,西齐熊家乡,北即建始县界。一保鸦鹊水、滚龙坝,二保大地龙、施家梁子,三保公龙、白果坝,四保洋伞坝,五保焦庄、南里渡,六保九步梯、严家坪,七保尖龙坪、向家湾,八保卖铧沟、九保车河、茅田坪,十保龙塘、尖山,十一保云台观,十二保社堉坪、斑竹园。

民国三十四年(1945)

【九月十六日】 由鸦鹊水乡代表会选举,向子美为恩施县参议会参议员,向兴辅为候补委员。

民国三十七年(1948)

【冬】 反共自卫绥靖旅副旅长邓濂溪,在鸦鹊成立恩施东北乡绥靖营,营长向宗臣,副营长谭宅三、候济舟,事务长邓学渊,文书张德明,警卫连长向兴大,鸦鹊连连长向锐斋,崔家坝连连长崔登凯,沙地连连长李文甫,麦塃连连长廖奎,熊家岩连连长黄开元,各保置建制排1个,兵丁由各保抽调壮丁充当。

中华人民共和国时期

1949年

【农历六月】 绥靖军副团长刘天培到鸦鹊水检阅恩施东北乡反共绥靖营,在鸦鹊街周围进行军事演习,以吹号筒(木制土号筒)调动或指挥,老百姓称之为号筒兵。检阅时营长向宗臣登台训话,其言论主要是防御共产党,保护国民党政权。

【11月5日】 鸦鹊水解放,中国人民解放军中原军区干部队恩施地方行政大队恩施中队(第三中队)第六小队进驻鸦鹊水街。队长赵德三。在宜昌学习后,干部队伍进行组编分配,由宜昌向恩施进发。第六小队直接进入鸦鹊水街伪乡公所驻地,伪乡公所机关人员闻讯四散,第六小队接管地方政权。

【11月12日】 恩施县人民政府确定设置鸦鹊区,区驻地鸦鹊街,辖熊家、白杨、鸦鹊、崔家坝、沙地、麦塃6个乡、48个村(保更名为村)。赵德三任区委书记兼区长,李东正任副书记,工作人员有谢邦恭、李启发、熊应召、张慎德、陆鹤松、李炎林、李茂松、赵鸿昌、李祥云、王圣泉、周金光、田仁让等。

1950年

【1月】 工作组进村,以村为区域(旧制保的范围)开展清匪反霸、镇压反革命运动。同时成立民兵大队部,大队长杨岳如,大队部驻地鸦鹊水街。

【6月1日】 鸦鹊邮电所成立,驻鸦鹊水街,留用民国时旧邮政代办人员,开办新中国电信业务。鸦鹊区公所组织力量修复开通遭到破坏的有线电话。

【秋】 鸦鹊水小学改为公立完全小学,向家湾、滚龙坝、尖龙坪单设公立小学。

1952年

【6月】 土地改革工作基本结束,工作队在各村建立农会组织和乡村政权机构。尖龙坪设置现龙乡,首任乡长冉士民,副乡长赵先美,辖尖龙坪、卖铧沟、车河自然村3个;滚龙坝设置滚龙乡,首任乡长向兴科,副乡长李正科,驻地滚龙坝,下辖滚龙坝、鸦鹊水、向家湾自然村3个。

【8月】 随着恩施县境内乡级政权完善,县政府调整区划,鸦鹊区为第八区,驻地迁往崔家坝,程先锋任区委书记。

1953年

【秋】 鸦鹊水小学易名为鸦鹊水重点小学,向兴介任校长。

1954年

【7月】 暴雨成灾,滚龙坝水淹,滚龙、现龙两个乡冲毁农田500亩,冰暴灾、风灾造成无收面积近千亩。

1955年

【是年】 鸦鹊区公所组织工作组,结合新建立的乡政权和农会组织,引导农民走合作化道路,农民土地、耕牛、农具及山林入社,年底实行分红。

【是年】 初级合作社升级为高级合作社,改村名为社名,鸦鹊水更名为中心社,177户、560人入社;滚龙坝更名为红日社,125户、488人入社,向家湾更名为永进社,147户、573人入社,尖龙坪更名为春景社,122户、566人入社,卖铧钩更名为高照社,83户、379人入社。滚龙乡54户、249人单干未入社,现龙乡9户、27人单干未入社。

1956年

【1月】 杨菊芳任滚龙乡书记,后由向顺极、周国棋先后接任。

【4月】 鸦鹊区委驻地复迁鸦鹊水街。

【是年】 农民合作化后,针对大规模农业生产运动,滚龙乡政府制定农业生产和生活规划:1955年,农业生产平均单户131千克,要求1956年达到亩产350千克,措施为积极备肥增肥,实行品种改良和农田水利建设。成立滚龙技术指导站,指导冬季农田水利建设。

1957年

【2月3日】 鸦鹊区委在鸦鹊水街组织文艺会演。各乡代表队参加演出,观众近万人。龙灯、狮灯、莲香、彩龙船等传统节目争相竞技。天鹅(麦埫)代表队演出话剧《茶香莲》,揭

露旧社会穷人受剥削的悲惨遭遇。

【11 月】 各地组织猎枪队，开展深山除害运动，捕杀猛兽害鸟，保卫农业生产。

【是年】 以民办公助形式，对施宜古大道进行维修，路基加宽为 2 米，路面宽 1.5 米。

1958 年

【10 月】 人民公社成立，鸦鹊区更名为鸦鹊人民公社，滚龙坝乡更名为滚龙管理区。原农业合作社更名为生产大队，互助组更名为生产小队。滚龙管理区设党委，周国棋任党委书记，杨菊芳、尹学汉任副书记，管理区驻地滚龙坝，辖中心、红日、永进、春景、高照、东升（大地龙）生产大队 6 个。

【11 月】 鸦鹊水重点小学开展勤工俭学活动，修建石木结构教学用房 1 栋，面积为 320 平方米。

【秋】 各生产小队办集体伙食堂，社员生活实行供给制，为节俭劳动力小队办托儿所，磨面采用一马拉四磨。

1959 年

【11 月】 鸦鹊公社供销合作社被国务院授予“先进单位”称号。

【是年】 伏秋连旱 83 天，粮食无收。

1961 年

【1 月】 鸦鹊人民公社更名为鸦鹊区，滚龙管理区更名为滚龙人民公社，杨菊芳任公社党委书记，李明德、冉仕明任副书记，向竹云任妇联主任。

1962 年

【8 月 1 日】 郭芳玉接任鸦鹊区委书记，罗宗臣、周国棋任副书记。贺恩任区长，向顺极任副区长，驻地鸦鹊水。

1963 年

【8 月 20 日】 24 时至次日上午，连续 10 余个小时大雨，雨量大且集中，洪水暴涨，泛滥成灾，滚龙坝遭水淹。

1964 年

【是年】 鸦鹊至沙地公路破土修建，1966 年 7 月竣工通车。

1965年

【3月】 滚龙人民公社贫下中农协会成立,各生产大队成立贫下中农协会委员会,各生产小队一名贫协组长为委员会成员,推选出红日大队向兴绪、王福英,中心大队向子六,永进大队程胜希,高照大队向兴义,春景大队冉仕忠为代表,参加恩施县首届贫下中农代表大会。

【是年】 滚龙人民公社团委书记向尚极到恩施县政府开会,将一把重75千克大刀上交县文化馆。

1966年

【是年】 阶级成分全面复查,滚龙人民公社(除东升大队外)总人口2976人,其中贫农成分1693人、下中农167人、中农386人、上中农266人、其他劳动者154人、地主富农子女206人、富农分子21人、地主分子74人、坏分子5人、反革命分子4人。

【是年】 鸦鹊水小学红卫兵组织相继成立,学校停课闹革命。

1968年

【3月】 鸦鹊区革命委员会成立,革委会主任为李绍森(1971年8月方先寿接任主任),副主任为黄在斌、陈家兴、向顺极、陈光远、谌德政、刘思文、杨乾之、黄金瓶、黄以章、许江崇、吴华侨、罗世炳。

1969年

【4月12日】 鸦鹊街失火,烧毁房屋数十间,灾后政府给受灾居民发放救济款,迅速组织灾后重建。

【是年】 红日大队接收"五七"干校26户、73人的安置。接受安置前,大队、小队召开动员会,统一思想,提高认识,发动群众,社员自觉为被安置人员提供居家用具,给予生活照顾。

【是年】 鸦鹊水小学增设初中班,汤吉炳任校长。

1970年

【是年】 恩施地区、恩施县直部分干部及家属、知识青年插队落户红日、永进、中心3个大队,接受贫下中农再教育。

1971年

【8月】 方先寿接任鸦鹊区委书记,谌德政、杨乾之、陈远光、许江崇、吴华侨等任副书记。

1972 年

【秋】 洋鱼沟水利工程动工修建。该工程为引水工程,将红日一级电站发电尾水开渠引至鸦鹊水后街蓄水池,供人畜饮用。工程主要由引水渠道、渡槽、倒虹吸、鸦鹊水街头天桥、蓄水池组成。工程设计引用流量 1 公升/秒,工程建成后,解决鸦鹊、蕉庄、铺房人畜饮水困难,为滚龙坝分洪及红日二级电站发电用水。

1974 年

【9 月 18 日】 中心大队革委会成立,由向兴仲、冉从培、谢作福、向正极、高贵清、向子六、王宗恩 7 人组成,向兴仲任主任,冉从培、谢作福任副主任。

【9 月 27 日】 红日大队革委会成立,向兴龙任主任,崔焕章、曾以春任副主任,谭大菊任妇联主任,向纯极任民兵连长,向均极、向若轩、崔显宏、向成述任委员。

【11 月 2 日】 永进大队革委会由魏国元、李炳三(民兵连长)、张克玉、刘春香(妇联主任)、黄廷贵、朱祥武、汤迪俊 7 人组成,魏国元任主任,李炳三、张克玉任副主任。

1975 年

【8 月】 鸦鹊区更名为鸦鹊人民公社,杨乾之任公社党委书记,谌德政、吴华侨、尹学汉、何文福、黄树兰等任副主任。滚龙人民公社更名为滚龙管理区。熊传贵任管理区书记。

【秋】 鸦鹊人民公社在红日大队茅坎山小学开办共产主义劳动大学,向德英任校长,崔显清任副校长,贺才高、崔显菊任教导主任。当年招收高中毕业生 50 人,学校实行半耕半读,晚上负责农村扫盲。学校于 1976 年年底合并到恩施第七中学。

1976 年

【8 月】 全县教育工作现场会在鸦鹊召开,会后掀起“育红班”政治夜校高潮,各大队负责组织,以小队或几个小队联合开展活动。

【9 月 7 日】 洋鱼沟水渠建成通水,鸦鹊水告别“走到鸦鹊水,真是活见鬼,吃碗玉米饭,没得漱口水”几千年遗留下来的历史。

【11 月 11 日】 永进大队革委会成员调整,黄廷贵任革委会主任,张克玉为副主任,民兵连长李炳三,妇联主任刘春香,委员汤迪俊、肖世轩、魏国元。

1977 年

【秋】 鸦鹊水初中附设高中班 2 个,招学生 100 名。

【10 月】 尖龙坪修建春景水电站。电站由春景大队组织修建,利用尖龙河水引水发电,翌年 8 月竣工,装机 1 台,容量 26 千瓦。竣工后采用直供方式,供尖龙坪一带居民照明用

电。建设总投资 3 万元

【是年】 完成畜牧派购任务获得上级表彰，完成生猪 490 头、山羊 84 只。其中中心大队生猪 97 头、山羊 24 只；红日大队生猪 120 头、山羊 15 只；春景大队生猪 120 头、山羊 24 只；高照大队生猪 72 头、山羊 15 只；永进大队生猪 84 头、山羊 18 只。

1978 年

【3 月 19 日】 冰雹灾害袭击滚龙、鸦鹊一带，春季作物受损，颗粒无收面积达到 40%，部分房屋受损，高照大队队部，瓦房被打成碎片，不及躲避的行人多被冰雹所伤。

1979 年

【7 月】 开展计划生育工作，人口控制出生率为总人口的 14%，中心大队当年出生人口 9 人，红日大队 12 人，永进大队 9 人，春景大队 13 人，高照大队 8 人。

【是月】 鸦（鹊）铺（房）公路建成通车。

1981 年

【2 月 14 日】 恩施县第一届农民代表大会召开。红日大队向若煊、春景大队彭玉廷为正式代表参加会议。

【5 月】 组织农民参加农会，滚龙管理区共登记参加农会 1764 人，其中中心大队 347 人，永进大队 275 人，红日大队 298 人，春景大队 569 人，高照大队 275 人。

【7 月 24 日】 中心大队更名为鸦鹊水大队，驻地鸦鹊水街；红日大队更名为滚龙坝大队，驻地茅坎山；永进大队更名为向家湾大队，驻地向家湾；春景大队更名为尖龙坪大队，驻地尖龙坪；高照大队更名为卖铧沟大队，驻地长槽。

【是月】 鸦鹊人民公社更名为崔家坝人民公社。

1982 年

【春】 红日一级水电站破土动工修建，设计电站为引水式，拦河坝建在龙潭电站发电尾水处，洋鱼沟峡谷尽头，修渠引水发电，设计装机 1 台，容量 125 千瓦。

【是年】 推行农村联产承包责任制。

1983 年

【5 月】 鸦鹊籍中医向极昌当选为第六届全国人民代表大会代表。

【7 月】 国家民族事务委员会、劳动人事部、中国科学技术协会授予向极昌“少数民族地区科技工作者”称号。

【11 月】 为计划生育突击月，当月累计采取节育措施 134 人。

【12 月】 中医向极昌自制的“劳宁药酒”获恩施县人民政府科技成果奖。

1984 年

【2 月】 滚龙乡妇女联合委员会成立,主任潘红,委员崔菊远、崔彩远、邵后秀。

【农历五月初四】 暴雨成灾,春景电站机组及设备被浸泡洪水中,电站报废。

【8 月 15 日】 尖龙坪向小云(女)作为养鸡专业户代表参加恩施市专业户协会联合会第一次会议。

【是月】 红日一级水电站建成投入运行,装机容量 125 千瓦,投产后由崔家坝水电管理站经营管理。

【10 月 24 日】 选举第一届乡人民代表大会代表,鸦鹊水村向协成、陈茂学、罗吉胜、向兴仲、崔菊远(女)5 人当选;滚龙坝村向杰清、燕明春(女)、向极社、向礼极、吕宗顺、崔显权 6 人当选;尖龙坪村崔辉林、向极荣、郑兴元(女)、马立新、黄树英、冉仕明、向兴国、胡义社 8 人当选;卖铧沟刘世安、朱明钊、杨荣泮、杨廷选、向成林 5 人当选;向家湾苏良权、刘春香(女)、汤迪德、程合权、朱祥福、向成新 6 人当选。

【是月】 改生产大队为村。

【是年】 恢复区建制,一区一镇,崔家坝镇驻地崔坝街,鸦鹊区驻地鸦鹊水街。

1985 年

区镇合并,鸦鹊区并入崔家坝镇。鸦鹊水区、乡机关撤出鸦鹊水街驻地。

1986 年

【1 月 19 日】 滚龙坝二组谭仕珍、朱以菊荣获全市“科学养殖能手”称号。

【7 月】 鸦鹊水向子六,滚龙坝王福英(女)、向朋极,向家湾谭光玉(女),卖铧沟杨云泮,尖龙坪谭清章,冉仕明作为代表参加恩施市第二次贫下中农代表大会。滚龙坝四组被评为“模范单位”。

1987 年

【2 月】 向成义、魏传海、向会极、向极胜、向极社、汤克银等人被中共崔家坝镇委、崔家坝镇人民政府表彰为“1986 年度两个文明先进个人”。

【9 月】 鸦鹊水下马台至白果坝公路竣工通车。

【是年】 在共青团崔家坝镇委组织开展的“十小”工程竞富活动中,尖龙坪三组共青团员崔应俊根据地理条件发展种植经济林木,滚龙坝八组共青团员向春艳利用家庭办酒厂发展养殖业做出成绩,受到共青团崔家坝镇委通报表彰。

1988 年

【1 月 20 日】 崔菊远(女)、向成标、向会极、马立新、崔辉明、向玉梅(女)、黄述英、刘世安、向极荣、谭翠武(女)、王世美、向成春、向礼极、张昌德、程和权、黄树斌、向极涛、向协成等被市委、市政府表彰为 1987 年度"双文明户"。

【8 月 28 日】 恩施市人民政府、崔家坝镇人民政府组成工作组到村,开展学习《中华人民共和国村委会组织法》(以下简称《村委会组织法》),历时 3 天。采用多种形式演讲和组织学习,对村民进行普法教育。

【10 月】 鸦(鹊)茅(田)公路修建竣工通车,该公路贯穿滚龙坝、尖龙坪两个自然村。

【是年】 完善土地承包责任制。按照上级人民政府决定,在一轮承包基础上,实行二轮承包,俗称"两田制",即"口粮田"和"责任田"。

1989 年

【是年】 尖龙坪 8 件优质白肋烟,经恩施州、恩施市烟草机构质量检测后,运往美国。

1990 年

【1 月 20 日】 中医向极昌被编入《中国高级医师咨询辞典》,由中国大百科全书出版社出版。是年,向极昌成为中国国际名医联合会会员。

【7 月 14 日】 崔家坝镇人民政府就鸦鹊水集镇建设及管理行文通知,纳入城镇建设统一规划。规划范围:南齐谭家坝下水井,北齐水管子,东边离老街后 500 米南北拉直,西沿 318 国道线退 20 米两头延伸。并规定在规划区各项建设严格执行"一书两证"制度,即选址意见书,建设用地规划许可证、建设工程许可证。

1991 年

【1 月】 尖龙坪蔡俊贵热爱烟叶生产,配合烟叶技术员进行优质白肋烟技术推广,1990 年种植 4.5 亩白肋烟,总产量 1039.5 公斤,上等烟占 72%,为推广优质烟叶生产起到带头作用,受到恩施市人民政府表彰。

【9 月】 中共崔家坝镇委、崔家坝镇人民政府组织指导小组到村指导村支两委换届选举。10 月 18 日被确定为村民委员会法定选举日。

【10 月 13 日】 暴雨成灾,雨量大且降雨集中,鸦鹊水、滚龙坝、尖龙坪、卖铧沟、向家湾普遍受灾,滚龙坝冲毁河堤 2 处,总长 40 米。

【是年】 进一步完善家庭联产承包责任制,全面推行"三田制"(口粮田、责任田、经济田)。

1992 年

【3 月 15 日】 崔家坝镇人民政府拟定整修鸦鹊水老街计划。将老街建成混凝土路面1000 米(从鸦鹊水小学至 318 国道),设下水道。工程概算投资 5 万元,当年实施完毕。

1993 年

【10 月 6 日】 中医向极昌被录入《中国当代高级医师大全》,由《中国当代高级医师大全》编委会颁发证书。

1994 年

【2 月 27 日】 尖龙坪村向极胜被崔家坝镇人民政府表彰为 1993 年度“烟叶生产专业户”。

【10 月 10 日】 谭建明为滚龙乡科技副乡长,卖铧沟村朱申友、尖龙坪村马立新、鸦鹊水村向建华、滚龙坝村向爱极,向家湾村贺声安为村科技负责人。

【10 月 18 日】 滚龙坝村党支部向礼极、卖铧沟村党支部刘世安、尖龙坪村党支部向极荣、鸦鹊水村党支部崔菊远(女)经崔家坝镇组织的专班验收后,确定为全镇“合格党员科技示范户”。

1995 年

【2 月 12 日】 崔菊远(女)、向兴仲、向极荣、蔡俊贵、刘世安、向兴美、向礼极、崔显权、程和权、向义极等获全镇 1994 年度“双文明户”称号。

【3 月 2 日】 崔家坝镇人民政府及镇直各单位组织干部职工 645 人在滚龙坝开展植树造林活动,人平种植防护林 15 株。

【6 月 15 日】 滚龙乡建立计划生育理事会,会长崔显国,副会长吴尊贵,秘书长向珍青(女)。向家湾村计划生育理事会会长潘相富,秘书贺声安,理事张昌敏、汤克荣、张昌银、汪本轩、魏传明;滚龙坝村计划生育理事会会长向极社,秘书李顺珍、理事向爱极、向成然、向现极、吕家柱、向轩极、崔远宏、吴宗顺、向成香;鸦鹊水村计划生育理事会会长崔菊远、秘书向兴仲、理事向建华、谭光照、高安胜、向书极、王汉明、王明松、向极涛。

【9 月 1 日】 滚龙乡政府和鸦鹊水村有线电话开通。

1996 年

【1 月 13 日】 滚龙坝村向义极获恩施市“劳动模范”称号。

【1 月 23 日】 尖龙坪村被恩施市人民政府授予“1995 年烟叶种植专业村”称号,该村汤克兵被授予“1995 年烟叶种植大户”称号。

【2月6日】 中共崔家坝镇委表彰1995年度“明星杯”竞赛活动中涌现的先进单位和个人,鸦鹊水村小学获“双文明单位”称号,尖龙坪村为“崔家坝十强村”,向家湾村为“先进单位”,滚龙坝村为计划生育先进村。向远鹏、刘世安、蔡俊贵、汤克兵、鲁和青、向极胜、谭光超、徐世银、谭明顺、向义极、向东极、向礼极、向协成等获“双文明户”称号。

【7月4日】 明确鸦鹊水村治保主任为向礼极、副主任向爱极、委员李顺珍(女);向家湾村治保主任潘相富、副主任贺声安、委员张丽(女);尖龙坪治保主任向极荣、副主任胡义杜、委员郑兴元(女);卖锌沟村治保主任向成林、副主任朱升友、委员黄树兰(女)。

1997年

【3月8日】 卖锌沟村黄树兰、滚龙坝村朱以菊荣被崔家坝镇妇女联合会授予“十佳妇女”称号。

【4月3日】 卖锌沟村级公路破土动工。崔家坝镇人民政府申请州交通局解决“三材费”10万元。

【4月19日】 汪普英、谭光清、向仪平、向礼极、向义极、方友品、朱平仲、苏良松等被镇政府表彰为“全镇先进个体工商户”。

【7月14日】 凌晨1时突降暴雨,持续至16日。滚龙坝一、二、三、四、八共5个小组212户受重灾,冲毁旱地380亩、淹没水田120亩,水位最深处达8米,水淹58小时。

【11月26日】 滚龙坝村民朱以菊被市妇联授予“巾帼扶贫女能手”称号。

1998年

【10月】 响应上级号召向灾区捐赠粮食,解决重灾区灾民吃饭问题,经宣传村民15天时间内鸦鹊水村捐粮685千克,滚龙坝村捐817千克,向家湾村捐647千克,尖龙坪村捐878千克,卖锌沟村捐450千克,运往灾区。

1999年

【4月1日】 中国国际名医名药联合会聘请向极昌为主任医师,聘期1年。

【是月】 鸦鹊水小学实验室、图书室投入使用。

【11月】 崔家坝镇第五届人民代表大会换届选举和第四届村民委员会换届选举工作举行。滚龙管理区设选区6个,鸦鹊水村包括学校、卫生院、管理区机关、变电站、加油站、道班、原供销社职工等为35选区;向家湾村及小学为37选区;滚龙坝村及小学为38选区;尖龙坪村及小学为39选区;卖锌沟村及小学为40选区。确定11月20日为选举日。

2000年

鸦鹊水、滚龙坝两村启动“五改三建”工程,“五改”即改水、路、厕、厨、圈,“三建”即建池、建园、建家,开展文明新村建设。

2001年

【3月15日】 鸦鹊水、滚龙坝两个村开展文明新村建设。市法院、市地税局、崔家坝法庭、财政所、工商所帮扶鸦鹊水村,镇人民政府向海春为联系领导;市政法委,市司法局,崔家坝镇经贸办公室,司法所帮扶滚龙坝村,镇人民政府覃正宇为联系领导。

【4月】 全镇“五改三建”现场示范会议在鸦鹊水村召开。

2002年

【2月22日】 滚龙坝村农民向义极被市委、市人民政府授予全市“劳动模范”称号。

【3月】 在创建恩施市东北明星镇,争创市级文明乡镇活动中,尖龙坪村获“两个文明建设先进单位”称号,买铧沟村获“烟叶生产先进单位”称号,滚龙坝为“计划生育先进单位”“畜牧业发展先进单位”。滚龙坝村朱以菊、向义极,鸦鹊水村向成义,尖龙龙坪村向极荣,卖铧沟村向成林等被表彰为“先进个人”。

【10月2日】 撤销滚龙管理区,实行村组合并,设置鸦鹊水村。原鸦鹊水村、滚龙坝村、尖龙坪村、卖铧沟村、向家湾村合并,驻地鸦鹊水,隶属于崔家坝镇人民政府。

【10月31日】 人民日报第六版刊登记者蒋建国写的题为《生态家园富恩施》文章,记述滚龙坝通过“五改三建”新农村建设给农村带来的新变化。

【11月24日】 恩施市文物管理所到滚龙坝调查收藏情况文物,考察古墓群。

【是月】 换届选举后,新一届中共鸦鹊水村支部委员会由7人组成,书记冉瑞林,副书记向成林。委员贺声安、彭孝金、向极波、刘宜胜、向义极。

2003年

【2月】 鸦鹊水村设村民小组10个,即鸦鹊水组,辖锈水塂、卢家槽、天池坡,共79户;大垭门组,辖樟树槽、滚龙坝、五子坝、共94户;茅坎山小组,辖上滚坝、茅坎山、共134户;大屋场组,辖白果塂、五峰山,共98户;尖龙坪组,辖尖龙坪,共92户;野猫洞组,共75户;洞伏猪组,辖白果塂、草坝湾、彭家大山、铺子上、大园子、肖家湾、中间屋、纸厂、茶叶台、土地岭、三字垛,共108户;卖铧沟组,辖长槽、铜盆水、朱家老屋、黑沟头、麻坑、花楸园、外坡、三岔口、天坑槽、瘦大块、卖铧沟、水井头,共85户;向家湾组,辖园门、高家坝、杨家包,共81户;魏家湾组,辖金竹园、张家湾、漆木垭、二台山、张家屋场、里头槽,共79户。

【8月10日】 村组合并后,成立新机构,从即日起,废除原村党支部、村委会、村经济联合社等机构印章。启用新机构印章,即“中国共产党恩施市崔家坝镇鸦鹊水村支部委员会”“恩施市崔家坝镇鸦鹊水村民委员会”“恩施市崔家坝镇鸦鹊水村经济联合社”“恩施市崔家坝镇鸦鹊水村人民调解委员会”。

【10月16日】 鸦鹊水村义务消防队(灭火队)成立,队长向成林,副队长冉瑞林。

2004年

【1月30日】 鸦鹊水村被镇委、镇政府授予"2003年度两个文明建设先进单位""2003年度计划生育先进单位""2003年度文明新村建设先进单位""2003年度畜牧业生产先进单位""2003年度路网建设先进单位"等称号。李玉兰、向极荣被授予"2003年度两个文明建设先进个人"称号。

【6月】 《鄂西民族》第三期发表《厚重的历史文化遗存——恩施市崔家坝镇滚龙坝老房子掠影》,以17张彩色照片全景介绍滚龙坝明清古建筑。

【7月26日】 州政法委书记胡祥华在恩施市有关领导陪同下,调研鸦鹊水村治安中心户长工作。随后恩施州8个县市政法委带领公安局长到鸦鹊水村学习经验,8月26日、9月7日湖北省公安厅副厅长、公安部领导分别到村调研。新华社、湖北日报、楚天都市报、恩施日报等多家媒体派记者采访报道。

【是月】 村党支部、村委会开展"学、推、办"活动(学三个代表、推进村务公开、办好事办实事),把学习三个代表重要思想贯穿于学推办全过程,重点是推进村务公开,切实为群众办好事实事。活动自7月9日开始,历时2个月。

【8月31日】 恩施市人民政府办公室印发《关于明确中共鄂西特委旧址等为市级文物保护单位的通知》,公布滚龙坝向氏古民居及古墓群为第三批市级文物保护单位。

【11月3日】 恩施市政协副主席向成舟、主任科员贺孝贵到滚龙坝对古建筑、古墓群调查。

2005年

【2月19日】 向成林获得崔家坝镇委"两个文明建设先进个人"称号。汤吉炳、向兴泮、曹志国获得"优秀治安中心户长"称号。尖龙坪组马立新、向吉三,卖铧沟组胡诗林,大垭门组陈胜元获崔家坝镇2004年度农业生产化建设先进个人奖。

【是月】 《鄂西民族》2005年第1期刊登贺孝贵撰写的《恩施滚龙坝古建筑调查报告》。

【5月28日】 鸦鹊水小学举行建校70周年庆祝活动和小学教学楼落成典礼活动。

【7月】 湖北省副省长刘友凡在恩施州,市领导陪同下到鸦鹊水村调研白肋烟生产。

【8月5日】 鸦鹊水小学学生宿舍楼破土动工,工程总投资26.29万元,年底建成。

【是年】 为改善农村生产生活条件,全面建设小康社会,崔家坝镇政府在滚龙坝实施"一建三改"(建沼气池,改圈、改厕、改厨)国债项目建设,并成立项目建设领导小组。项目所需物资由恩施市生态能源局统一采购,标准为每户补助1000元(灶具250元、开关盒30元、瓷砖270元,水泥250元,技术员工资200元)。项目规定于2005年12月31日前验收。

2006 年

【3 月 3 日】 鸦鹊水村务公开监督小组成立,汤吉炳任组长,向兴泮任副组长。

【4 月】 滚龙坝被市政府确定为恩施市新农村建设试点村、示范村,市地方税务局、市政法委、市公安局 3 家单位进行帮扶。

【12 月】 崔家坝镇文化体育中心主任祝方胜作词,孙邦固作曲的《滚龙坝之歌》在《世界文艺》中文版 2006 年第 4 期刊载。

2007 年

【1 月】 鸦鹊水村党支部、村委会对全村作出 10 项承诺:不违规乱收老百姓一分钱,确保政府惠农政策全部到位,巩固税收改革成果;力争 3 年内各自然组通公路,不分天气好坏能行小轿车;创建平安和谐鸦鹊水,确保纠纷矛盾小事不出组,大事不出村;是年,新建沼气池 95 口;完善鸦鹊水小学硬件建设;彻底改变鸦鹊水集市脏、乱、差现状;完成集镇路灯安装,并投入使用;解决茅坎山人畜饮水困难和水质差问题;改善村委会办公条件;完成以滚龙坝为核心的文明新村建设。

【2 月】 鸦鹊水小学被市教育局表彰为“全市目标责任考核先进单位”。

【5 月 31 日】 建设部、国家文物局签发《关于公布第三批历史文化名镇(村)的通知》,命名滚龙坝为历史文化名村。

【7 月 9 日】 村支“两委”召开建设“清洁家园”动员大会,着手鸦鹊水村 318 国道边“清洁家园”示范小区建设。

【8 月 9 日】 市委书记谭文骄率全市清洁家园会议代表,前往鸦鹊水村“清洁家园”示范小区建设现场参观。

【12 月 6 日】 鸦鹊水村部大楼、村卫生院综合楼及附属工程主体完工,该项目由恩施市清江建安公司直属处承建。工程造价 398756.9 元,其中综合楼 778.8 平方米,单价 460/平方米,计 358248 元,附属工程 30508.9 元,厨房包干 10000 元。

2008 年

【1 月】 鸦鹊水村被全国平安家庭创建领导小组授予“平安家庭创建活动先进示范村”称号。

【2 月 18 日】 鸦鹊水村被镇委、镇政府表彰为“2007 年度综合目标考核先进单位”“2007 年度新农村建设先进单位”“2007 年度沼气池建设先进单位”“2007 年度社会治安综合治理先进单位”。向成林获经济目标、党建工作、致富带头人“先进个人”称号,曹志国获“优秀中心户长”称号,向义极获“致富带头人”称号,向武获“打工创业明星”称号,向亚华、刘友财获“十佳个体工商户”称号。

【3月3—4日】 全村组织办理第二代身份证，崔家坝派出所组织相关工作人员，集中在鸦鹊水村实行便民服务。

【3月8日】 村支“两委”召开村民主理财监督小组会议。村支部书记、村委会主任向成林作党风廉政职责述职。会议确定每年组织4次村务公开活动，日期为3月8日、7月21—25日、10月6—10日、12月26—31日。

【3月27日】 湖北省人民政府印发《关于公布第五批湖北省文物保护单位的通知》，滚龙坝古建筑群为第五批省级文物保护单位。

【是日】 恩施市文物管理所在滚龙坝举行文物知识培训。

【是月】 鸦鹊水村设白肋烟集约化、规模化种植点3个，各点面积为洞伏猪组140亩，白果埫200亩，卖铧沟组140亩。派出干部驻点指导，驻点干部和技术员实行百分制挂钩考核办法。

【4月9日】 恩施州政协副主席李春胜、州建委主任陈治斌、恩施市副市长肖家魁、向仕莲等为滚龙坝授予“中国历史文化名村”牌匾。

【4月24日】 州委书记肖旭明一行，深入滚龙坝村调研生猪养殖特色产业发展情况。

【5月14日】 《恩施日报》第八版刊载《滚龙坝古建筑亟待保护》文章。

【7月14日】 中华科技大学土木工程专业5名大学生到滚龙坝开展社会实践活动。

2009年

【1月8日】 村支两委换届后组建新一届村务公开领导小组，组长田本华，副组长向成林。

【5月13日】 副州长陶继东到鸦鹊水村，就滚龙坝有关情况调研。

【6月24日】 鸦鹊水村党支部被崔家坝镇委表彰为“先进基层党组织”，鹏举被表彰为“畜产品流通大户”，胡义社、贺声安被表彰为“优秀共产党员”。

【7月21日】 湖北省文物局文物处处长祝建华一行到滚龙坝考察。

【10月20日】 鸦鹊水村森林防火指挥部成立，向成林任指挥长，张斌任副指挥长，指挥部下设办公室，陈光美任办公室主任。

2010年

【3月1日】 鸦鹊水村被崔家坝镇委、镇政府表彰为“2009年度综合目标考核先进单位”“2009年度人口和计划生育先进单位”“2009年度烟叶生产先进单位”“2009年度党管武装先进单位”。向兴雄为“先进养殖专业户”、汤克兵为“烟叶大户”、向极泽为“烟叶收购先进个人”、向极社为“优秀治安中心户长”、范中清为“优秀人民调解员”。

【6月25日】 鸦鹊水村支部被崔家坝镇委表彰“五好”村支部，张斌，李玉兰被授予“优秀共产党员”称号。

【8月】 鸦鹊水村农民负担监督小组成立。组长朱平,副组长向成林。

【8月30日】 鸦鹊水村纪检监督小组成立,组长张斌。

【是年】 全村划分为19个村民小组,由19个治安中心户长负责辖区内村民事务管理。

2011年

【9月30日】 鸦鹊水村动物防疫防检领导小组成立,组长向成林,副组长张斌。成员5名。承担区域内动物防检事务,并签订责任状。

2012年

【1月3日】 市委书记向前进、市委办公室主任黎昔品到鸦鹊水村,就滚龙坝有关事项考察。

【3月13日】 凌晨3时许,滚龙坝通往茅田方向公路5千米处发生1起交通事故,一辆面包车(鄂QG057)倾覆悬崖,致司乘人员3人死亡。

【4月3日】 尖龙坪向氏宗祠维修竣工,并成立向氏家族管理委员会。主任向极荣,副主任向兴泮、向兴学、向兴耀、向兴刚、向极波、向极泽。成员向天康等15人。

2013年

【2月5日】 鸦鹊水村被市委、市政府表彰为"2012年度无越级上访村"。

【是日】 李玉兰被市委表彰为"2012年度城乡岗位建功先进个人"。

【3月2日】 鸦鹊水村被崔家坝镇委、镇政府表彰为"2012年度综合目标考核优胜村"和"2012年度人口计划生育工作先进单位"。向成林被表彰为"2012年度先进工作者",李玉兰被表彰为"2012年度人口和计划生育工作先进个人",向极社被表彰为"2012年度优秀治安中心户长",杨昌权被表彰为"2012年度烟叶种植大户"。

【6月26日】 李玉兰、谭开然被崔家坝镇委表彰为"优秀共产党员"。

【8月2日】 域内遭受特大暴雨袭击,卖铧沟一带大量山体滑坡,33户农户的250亩农田淤积泥沙,粮食无收。

【9月27日】 鸦鹊水村经济普查小组成立,郭萍、向成林任普查指导员,范忠清、向珍青、张斌为普查员,全面对全村经济组织和经济状况进行全面普查。

【是年】 滚龙坝人畜饮水池建设项目破土动工。饮水池有效库容6000立方米,总投资215万元(概算)。设计工程建成后,与崔坝水厂并网运行,可缓解崔坝水厂季节性缺水状况,同时解决焦桩、铺子房两个村部分人畜饮水困难。

第一章　自然环境

鸦鹊水村地处恩施市东北部，崔家坝镇西南部，地理坐标北纬 30°5′5″，东经 109°8′57″。东西宽 7.5 千米，南北长 8 千米，面积 27 平方千米。村委会驻地鸦鹊水集镇，距崔家坝镇人民政府驻地 11 千米，距恩施市城区中心公路 67 千米。

第一节　地理概貌

一、地理位置

鸦鹊水村位于恩施市崔家坝镇西南角，东与茅田坪村相连，南与沙地水坪接界，西与南里渡村接壤，北与斑竹园、大地龙两个村相邻。辖向家湾、魏家湾、鸦鹊水、大垭门、老屋场、茅坎山、洞扑猪、尖龙坪、野猫洞、卖铧沟 10 个村民小组，1179 户、4138 人。辖区内耕地面积 3889 亩，以旱地居多。境内呈东高西低趋势，最高点为卖铧沟中梁子山峰，海拔高程 1350 米，最低点为魏家湾杨家淌，海拔高程 850 米。海拔高程 800 米以下为低山地区，800~1200 米为二高山地区，1200 以上为高山地区，村境内二高山地区居多。

二、建置沿革

明代末年（1644），恩施县建置为“城中设坊，近城为厢，乡村为里”，鸦鹊水隶属崇宁里。清乾隆年间，恩施县分四方（东、南、西、北），鸦鹊水属北方。同治七年（1868）改为里甲制，翌年改为保甲制，鸦鹊水设团防，辖保 10 个，有兵丁 20 人，火枪 10 支，用以维护地方治安。第一任团总向奎文（派致道），在任 25 年，光绪二十年（1894），向应长接任团总职，在任 17 年。

民国初，沿袭旧制。民国二十一年（1932），恩施县下设区，基层政权实行区、保、甲编制法，10 户为甲，设甲长；10 甲为保，设保长；数保为联保，设联保长，向兴钧（字子平）任联保主任。民国二十六年（1937），改联保设乡镇，设鸦鹊乡，向兴钧继任乡长，鸦鹊水乡下设保 12 个，一保鸦鹊水、滚龙坝，保长向义轩；二保大地龙、施家梁子，保长向吉轩；三保公龙、白果坝，保长向楚伯，四保洋伞坝，保长张清斋；五保蕉庄、南里渡，保长谭宅三；六保九步梯、严家坪，保长李思齐；七保尖龙坪、向家湾，保长向锦云；八保（缺考）；九保车河、茅田坪、马田、麦田坡，保长周化斋；十保龙潭、尖山，保长周云山；十一保云台观、云峰，保长贺云阶；十二保社淌坪、斑竹园，保长向吉明。

民国二十七年(1938)10月,向兴钧病逝,向宗臣(派兴光)接任乡长,至1949年10月。

1949年11月12日,设立鸦鹊区,区驻地鸦鹊水集镇,旧制保改名为村。置鸦鹊水村、滚龙坝村、向家湾村、尖龙坪村、卖铧沟村等。1953年,土地改革结束时,尖龙坪设置现龙乡,驻地尖龙坪,冉仕明任现龙乡长,副乡长赵先美,农会主席胡学章,辖尖龙坪、卖铧沟,车河。滚龙坝设置滚龙乡,驻地滚龙坝,杨菊芳任中共滚龙乡支部委员会书记;乡长向兴科,副乡长李正科,农会主席谭大朝。辖鸦鹊水、滚龙坝、向家湾。

1956年,撤销现龙乡,尖龙坪、卖铧沟并入滚龙乡,同时撤销大龙地乡,将大地龙合并到滚龙乡,滚龙乡下辖6个村。年底,初级合作社转为高级社,改村为社,鸦鹊水更名为中心社,滚龙坝更名为红日社,尖龙坪更名为春景社,向家湾更名为永进社,卖铧沟更名为高照社,大地龙更名为东升社。1958年,滚龙乡易名滚龙管理区,下辖村更名为大队,大队下设小队。中心社更名中心大队,下设5个小队;红日社更名为红日大队,下设7个小队;春景社更名春景大队,下设8个小队;永进社更名为永进大队,下设6个小队;高照社更名为高照大队,下设6个小队。

1981年7月24日,大队以地域名称命名。中心大队为鸦鹊水大队,红日大队为滚龙坝大队,永进大队为向家湾大队,春景大队为尖龙坪,高照大队为卖铧沟大队。1984年10月24日,大队更名为村。

2002年10月,村组合并,撤销滚龙管理区,设置鸦鹊水村,为恩施市崔家坝镇人民政府隶属行政村,驻地鸦鹊水集镇,辖鸦鹊水、滚龙坝、向家湾、尖龙坪、卖铧沟5个小村。

三、自然村组

卖铧沟　位于鸦鹊水村委会驻地以东,长槽为卖铧沟中心地带,大队(社),村机关驻地,距鸦鹊水村委会驻地7千米。境内由长槽、朱家老屋、麻坑、黑沟、水井头、铜盆水6个自然村落;卖铧沟东面为是茅田坪村,南面与尖龙坪白果端为界,西面与滚龙坝毗邻,北面与刘家河村接壤。新中国成立前为鸦鹊水乡第八保。1950年,命名为卖铧沟村,后更名为高照社、高照大队。卖铧沟系二高山地区,中心地段长槽海拔1150米,中梁山山脊海拔1350米,为鸦鹊水村最高峰。2002年,常住户135户、582人,耕地面积817亩,均为旱地。卖铧沟地处偏远,呈一面坡地势,山间槽坝,山垭平淌,土地肥沃,生态优良。20世纪90年代后,修建由滚龙坝经长槽至茅田公路,由尖龙坪至卖铧沟公路修通,形成环形线,卖铧沟交通方便。

尖龙坪　位于鸦鹊水村委会驻地东南6千米,鸦(鹊)茅(田)公路穿境而过,北上卖铧沟,南通沙子地,西往铺子房,交通便利。尖龙河由南往北流经全境。尖龙坪东面后山背面为茅田五垭坪,南面与沙地水坪接壤,西靠铺子房偏南坡,北与滚龙坝相连。境内由尖龙坪、白果端、铺子上、中间屋、纸厂、洞扑猪6个自然村。尖龙坪在民国时期属鸦鹊乡第七保所辖,新中国成立后先后命名尖龙坪村、春景社、大队等。中间屋场为尖龙坪中心地带,海拔高程950米,属二高山地区,尖龙坪常住户口223户,总人口937人,拥有耕地面积985亩,全属旱地。尖龙坪四面环山,东面后山由沙地水坪境向北延伸,犹如屏障纵拦全境,西面彭家大山高耸,隔断铺房边界,南有上河坡、窑坡等群山林立,三面环山形成山间平坝。

滚龙坝 位于鸦鹊水村委会驻地东1千米,山峰四面环抱形成山间平坝,318国道绕村西侧,鸦(鹊)毛(田)公路穿坝而过,交通便利。滚龙坝东面为卖铧沟,南与尖龙坪接壤,西靠318国道,北与龙潭连界。滚龙坝由茅坎山、上滚坝、老屋场、白果淌、五峰山、滚龙坝6个自然村组构成。新中国成立前,属于鸦鹊水乡第一保辖区,新中国成立后命名为滚龙坝村、红日社、红日大队等,为滚龙乡政府、滚龙人民公社、滚龙管理区驻地。滚龙坝中心地带海拔高程850米。常年居住村民210户、总人口893人,耕地面积975亩,总面积5平方千米。

滚龙坝四面环山,林木葱茂,古树参天,山峰独秀。东面有青龙山,南面是五峰山,西有马鞍山,北有黄家岩,四面山峰耸立,形成山间盆地,土地肥沃。域内两条河流,一条由尖龙坪来,水浑呈黄色,人们称之为黄龙,一条由龙潭来,名洋鱼沟,水清澈见底,称之为青龙,两河在上滚龙坝相汇后向西流入天坑。

滚龙坝为向氏名门聚居地,据《向氏宗源》记载,向氏祖先向大发,字八斗,为明代官军头目。明崇祯九年(1636),携眷征战,在四川彭水战败于张献忠部,领其子孙及士卒弃戈奔走,由彭水昼宿密林,夜行小道,经数月奔至施州滚龙坝落户。向大发畏其追捕,为免后患,更名为向大旺,字云峰。自此向氏家族在滚龙坝繁衍生息,传承二十几代人,形成大家族。

滚龙坝向氏家族在当地为第一大名门望族,明代向大旺之曾孙向霖龙、向云龙、向霈龙同胞三兄弟因武勋授官,官至总兵、游击等职。清代向存道、向发道、向致道同胞三兄弟中科举,步入仕坛,官至守备、都司、千总。滚龙坝文化底蕴深厚,年复一年,滚龙坝留下古文物、古建筑、古墓群,古树木文化遗产,为保护滚龙坝历史文化遗产,政府组织对滚龙坝进行修复建设,道路尽皆硬化,或水泥路面,或石块铺就,循山势沿级而上下,东面可通麦子淌,西下可往南里渡,黑色油路穿村而过,南可通沙子地,北连318国道,四通八达,交通便利。

鸦鹊水 以鸦鹊集镇为中心,东接滚龙坝,南与向家湾相连,西与南里渡接壤,北连斑竹园,鸦鹊水由锈水淌、卢家槽、天池坡、大垭门、五子坝、樟树槽6个自然村组构成。318国道穿境而过,鸦(鹊)沙(地)公路环集镇而行,交通便利。新中国成立前,鸦鹊水为联保办公处、鸦鹊区、鸦鹊水乡公所驻地。1949年后,为鸦鹊区公所、鸦鹊人民公社机关驻地。20世纪80年代区镇机关迁住崔坝街。鸦鹊水村委会驻地于此,历年各级机关驻地构成经济、文化中心。鸦鹊水自古为施宜大道必经之地。大道经鸦鹊水穿街而上下,为鄂西连接荆楚,远至京(北京)、洛(洛阳)、汴(开封)等地陆路通道,入川必经陆路,称中大路。

中华民国时期,鸦鹊水属鸦鹊水乡第一保。新中国成立后,命名为鸦鹊水村,后更名为中心社、中心大队。集镇中心海拔高程850米,高低差距不大,集镇周边有洪家窝坑、陈家窝坑、卧龙岗窝坑、大窝坑以及堪家垭、灵光垭、大垭门等组成七窝八垭独特的地貌。喀斯特发育,洞穴暗河较多,怪石林立,窝坑深陷,山峰高耸,为山间小集镇。鸦鹊水域内常住人口666人,有耕地面积557亩,其中水田17亩,旱地540亩。

向家湾　位于村委会南部，距村委会驻地4千米，向家湾东面为六洞坡，背面为洞扑猪、滚龙坝，南与铺房偏南坡相邻，西与南里渡接界，北面与鸦鹊水接壤。鸦沙公路由北向南横穿全境，到全村各小组支线公路覆盖全境，境内公路入户率达97%。仅漆木垭高岗死角处几户农户未通公路，全境分布魏家湾、向家湾、荆竹园、张家湾、杨家包和二台山6个自然村落。新中国成立前，隶属于鸦鹊水乡第七保辖区。新中国成立后，先后命名为向家湾村、永进社、永进大队等。向家湾中心区域原向家湾小学，海拔高程900米。最高为六洞坡山梁，海拔高程1100米，最低点为接铺房界，海拔高程850米，属二高山地区。向家湾常住户口154户，人口667人，耕地945亩，其中水田5亩，旱地面积940亩。

2002年，村组合并后，行政区划调整，将原所辖5个大队、32个小队划分为10个村民小组。向家湾组，组长张黎位，联系户数95户、373人；魏家湾组，组长郑兴坤（女），联系户数89户，总人口371人；鸦鹊水组，组长曹志国，联系户数146户、525人；大垭门组，组长汤吉炳，联系户数105户、470人；老屋场组，组长向江极，联系户数95户、340人；茅坎山组，组长向吉社，联系户数145户、477人；洞扑猪组，组长向玉梅（女），联系户数141户、501人；尖龙坪组，组长周祥华，联系户数120户、408人；野猫洞组，组长廖祖清（女），联系户数88户、265人；卖铧沟组，组长刘斌，联系户数93户、354人。

第二节　地质地貌

一、地质构造

鸦鹊水村属云贵高原东延部分，地近四川台地边缘。地质构造为新华系第三隆起带，构造线方向由南向北，地质构造形迹为以褶皱为主，兼有断裂，切凿居多。域内新华夏系复合式结构不发育，亦隶属于新华夏系第三隆起带南段黔东褶皱带北延部分之一，紧密褶皱不发育，多为复合形结构面。

地质构造运动线中成因，域内地质小于6°。喀斯特发育，灰岩广布，主要形态为岩槽谷，熔蚀洼地，漏斗天坑，落水洞，溶洞均有分布，地层岩层出露较全。古代中寒武纪至新生代第四季均有，溶洞纪溶蚀现象分布为三层，第一层分布在海拔高程800~1000米方向，如车河落水洞，尖龙坪出水口，滚龙坝进水口，六洞坡大岩洞等，一般表现为暗河天窗，洞泾大小不一，分布较广，该一层涉及的范围在村域内占90%以上。

二、地貌特征

鸦鹊水村地域总趋势东高西低，村东面有多条东西向沟谷，洋鱼沟、黑沟、卖铧沟等，有"七沟八梁一面坡"之说，暗河溪流时隐时现，小河水在瓦屋桥与源自麦埫耍龙坝河相汇后，进入落水洞为伏流，在尖龙坪复出，经数里后于滚龙坝再次落入地下潜流，至南里渡小河湾复出。境内天坑较多，魏家湾组张昌敏门前杨家埫，百十丈面积品列3个天坑，下有地下阴河，岁月天旱均可取水人畜食用。槽坝台地高低无序，窝坑淌田错落其间，比较大的槽为卖锌沟长槽，从黑沟头至麻坑，耕地面积140亩。其他槽坝大小不等，宽窄有别，长短无序，耕地面积少则几亩，多则几十亩，槽多为村民当家田，土层深厚肥沃，为优良生态田园。比较明显的山间台地，大多坐落于山腰，白果淌、二台坪、桂淌湾、五峰山等，大小不一。窝坑山垭，集中在鸦鹊水集镇周边，大窝坑、姚窝坑等形成“七窝八垭”地貌格局，像卧龙岗右窝坑，从坑底至山尖近700米高差，构成复杂多样的地形地貌。

村东面山体由南往北，从沙地集镇东至三步岩，形成绝壁，向北经蟠龙溪至白马岭，继续向北，由五同坡进鸦鹊水村界尖龙坪，至卖锌沟，到龙潭进入云台观境至刘家河，继续向北延伸，起伏连绵，形成鸦鹊水村全境东面天然屏障，山峰最高海拔1350米，呈梯级斜面缓坡，山腰有卖锌沟、白果淌，山脚是尖龙坪、滚龙坝。村域中、西部，大小山包高低不一，圆钝各异，陡缓有别，有的峭壁悬崖，有的形状怪异，千姿百态。

第三节　山川河流

一、山　川

五峰山　位于村委会驻地东南2千米，因山体顶端五座小山排列，故名五峰山。山体呈由北至南走向。南高北低，东面齐洞扑猪，南面靠滚龙坝河流。半山腰以上在五峰山间形成槽坝，旱涝保收耕地面积近200亩，山间槽坝土地肥沃。山上农户多为富户殷实人家。山上原属滚龙坝村所辖生产队，村组合并后隶属于大屋场组辖区。

彭家大山　清代末期以来，彭姓人户居住繁衍，故名彭家大山。山峰最高处海拔1250米，山脚最低点950米，相对高差300米。山峰东面为尖龙坪三组，南面接沙地水坪界，西面山腰为水坪辖区。山脚为铺子房村偏南坡，北邻洞扑猪槽。山体往东形成山间台地，土层深厚，无水源污染，无空气污染，适宜种植与养殖产业发展。

赵家坡　位于尖龙河畔，由沙地水坪界由南向北形成鸦鹊水村东面一道屏障，紧邻有尖龙坪、卖锌沟两个自然村。山的背面为茅田村辖区，山脉南端以尖龙坪出水洞为界，出水洞以南为沙地境，往北为鸦鹊水村辖区，地名分别为上河坡、松树坡、窖坡、老林坡、锌厂坡、赵家坡、生田坡、水流坡、跛子湾、大坡，至卖锌沟境内称中梁山。尖龙坪境内多生长用材林木，以杉木、松木、栗树居多，兼杂薪炭林。卖锌沟境内多为薪炭杂木林，兼有松、杉林木。此山为村境最大的山脉。

笔架山　位于村委会驻地东南，距村委会驻地8千米，毗邻漆木垭，紧靠五峰山，因山行状似笔架而名。笔架山主体圆润，山尖上由3个陡峭山峰中间高两边低形成山字形排列，山林植被茂密，保护较好。

马鞍山　位于村委会驻地1千米处的滚龙坝中部，山体形似马鞍而得名。滚龙坝为一山间小平地，平坝周围有青龙山、笔包山、纱帽山、马鞍山、尖银山，五峰山、宝塔山、老虎山等诸山拱卫。民谚有"东有青龙是瞻(青龙山),西有文笔调砚(宝塔山),南有五峰朝阳(五峰山),北有猛虎下山(老虎山),中有天马辔鞍(马鞍山)"和"左有五峰朝阳,右有猛虎下山,后有犀牛望月(犀牛沟),前有悬崖挂榜(马鞍山)"之誉。

三眼山　位于村委会驻地南4千米,沙(地)鸦(鹊)公路右侧,坐落在魏家湾一组。三眼山山顶有三个直下洞,呈品字状,形似三眼炮(又名三眼冲,铁制品、遇喜庆事装上火药引线,一次三发,燃放声有巨响的物件)。

六洞坡　位于村委会驻地南4千米原向家湾小学后山。六洞洞口坐东向西,洞口宽30米,高30米,进洞口后斜下向南有流水。20世纪60年代,当地人结伴进洞,往返两日,未探出究竟。

二、沟壑天坑

黑　沟　位于村驻地东面1千米,黑沟全长1.5千米,1997年未修公路之前,为鸦鹊通往茅田的人行石板大路,由滚龙坝向东顺沟拾极而上至长槽。该沟狭窄,沟两边树木茂密遮光蔽日,行人过往光线暗淡,故称黑沟。黑沟中段有一过沟木桥,年久腐烂。中华民国时期,保长向芹轩组织人力物力,从卖铧沟开凿块石运至黑沟,将木桥重新修建为石拱桥,至今完好。卖铧沟至茅田上麦淌一带,买进卖出,南来北往大都经黑沟。

卖铧沟　原名卖货沟。新中国成立前,这一带交通闭塞,物资流通困难,方圆数十里无商铺货店,人民日常用品常靠流动货郎路过叫卖,进行货币交换,当地一赵姓人在尖龙坪白果淌上茅田沟边,修建一石木结构房屋,买进卖出,做卖货生意,遂名为卖货沟。当地人们生产生活需求,尖龙坪开办一铸造犁铧、铁锅生产小厂,将生产的犁铧等产品寄放在卖货沟销售,久之,货、铧谐音,已称卖铧沟。中华民国时期,实行保甲编制,卖铧沟编制为鸦鹊水乡第十保,辖长槽麻坑一带,1949年后更名为村,卖铧沟为村名。

天　坑　位于鸦鹊水村境内,天坑较多,大小不一,小的天坑口不过尺,大的方圆数亩。村内有天坑群3个,即魏家湾的杨家淌、卖铧沟长槽、麻坑一带及滚龙坝花庙湾。

杨家淌　位于鸦鹊水街南4千米处魏家湾,杨家淌为小地名,方圆几百米内有大天坑3个。分布于贺声安、张昌敏、张昌德三户人家屋前。天坑排列呈品字型,每个坑口面积200平方米以上,其中张昌敏门口天坑,进坑50米左右有水源,天旱无雨可取用人畜饮水,水质好,入口清凉。天坑下面很深无人丈量测算,下面有阴河(地下水)流水,走向由东往西。杨家淌除三个大天坑外,还有若干个小天坑,为村内明显的天坑群组。

水井头无底天坑　位于村原卖铧沟三组,小地名水井头,所谓无底天坑是形容很深,该天坑有人用百十公斤石块抛下,只听见石头撞击坑壁声音连绵不断,随着渐深渐远而声音由大渐小乃至声音微弱消失需好几分钟,听不到石头落地的声音,故称无底天坑。

大天坑　位于尖龙坪五、六组方向,坑面积300平方米以上,有两条溪流注入其间,无论何时,暴雨成灾,水从未溢出,坑口上大下小。有村民在坑内挖出合抱粗细阴沉木,天坑下亦有树木生长。

麻　坑　地处卖铧沟二组，陷落小盆地、为三亩地淹水塪，淹水塪的户主在塪中种植火麻，制成麻披。尖龙坪古时有一家机器编织土布作房（机匠坡也因此而名）将火麻加工纺成线，织成十几分宽丈余长短布条，男人称绑腿，女人称裹脚，或编织成40厘米宽窄布作粗布衣服。在淹水塪多年种植火麻，该坑遂为麻坑，亦为地名。

三、七窝八垭

鸦鹊水村地处石灰岩地带，岩溶发育天坑溶洞较多。村委会驻地周围，不足一平方千米地段有七个窝坑，窝坑形成垭口，称七窝八垭。七窝，即大窝坑、卧龙岗左右窝双坑、陈家窝坑、洪家窝坑、小窝坑、堰塘窝坑（又名深窝坑）。窝坑大小不一，深浅各异；八垭，即八个山垭口，为神家垭、大垭合、小垭合、庙垭、灵光垭、黎家垭、卧龙岗垭合、石梁子垭，从鸦（鹊）沙（地）公路自鸦鹊上街头前行300米，右边为洪家窝坑，向右看尽收眼底，左边为卧龙岗左右双坑。大窝坑在村办公楼后，小窝坑在鸦鹊集市老街后。形成七星点灯态势，七窝坑中洪家窝坑具有代表性。

洪家窝坑　位于鸦鹊街南1千米，窝坑三面环山呈圈椅形状，坐西向东，后山主峰高约450米，雄伟圆润，左右侧山低于主峰似平伸手臂数百米，窝坑坐落在三面环山的山脚下，坑长250米、宽150米。后山主峰一石丈余，酷似石狮，有鼻有眼有嘴，俯视山下，石狮下方20米一泉水出口似癞蛤蟆张口向上，泉水从口中流出，长年不断，入口甘甜。窝坑边有一池塘，面积近亩，呈椭圆形，池塘中蓄水赤色（洪家窝坑名称来源于此），天旱塘水不干，长涝不外溢。向东眺望，前面一山三峰，形似笔架。

四、河流水系

尖龙河　尖龙河由两条支流组成，一条源自麦塪上街九十五步，为一泉流，顺北而下至上瓦屋桥，有一溪沟水自西汇，再向北，左有一水坑补充水源，流经要龙坝上坝，右边有源自小河经数里由东向西南汇入，水势渐大，两溪相会数百米流入穿心眼，落入地下成为伏流，潜流至尖龙坪出水洞，由南往北，经尖龙坪继续北流，沿途诸沟相汇，进入滚龙坝境，潜流至南里渡小河湾复出，经马水河汇注入清江。

洋鱼沟河　发源于龙潭出水洞，出洞口向南流，直下洋鱼沟峡谷。继续南流至滚龙坝，有黑沟水自东向西汇入，穿坝而过，折向西至花庙湾，落入天坑成为伏流。潜流至南里渡小河湾复出，汇入马水河南流，在两河口注入清江。

五、泉眼溶洞

白果塪龙洞　位于村委会东南8千米外白果塪，龙洞坐东朝西，洞中有泉流，丰水期流量较大，似巨龙奔涌而下。流水声不绝于耳，数里外能听到咆哮声。天旱季节洞中泉流不干涸。

堰湾洞 堰湾洞位于尖龙坪白果垴后山中,洞口高3米、宽3米,洞口开阔,洞中泉流稳定。最大流量约0.7立方米/秒,最小流量0.05立方米/秒。2008年,烟草部门在洞下方修建一蓄水前地(用于减压)铺设管网引水至田间,称“烟水配套工程”,用于种植烟叶灌溉。白果垴一带村民因洞泉水口感好,入口甘甜,该泉大都供人畜饮用。

出水洞 位于尖龙坪石拱桥南尖龙河水出口处。洞高10米,常年流量0.8立方米/秒,最大洪峰流量10立方米/秒。洞内常年流水不干,游鱼河虾随处可见,进洞数百米处为天心眼,可见亮光,洞中部分地段有植物生长,有珍稀中草药植物生长。洞中水源出口低,天然落差小,水源可用于农田灌溉。

铜盆水 位于村东卖铧沟一组。铜盆水为小村落地名,又为一泉流名称。20世纪70年代,天气晴好时,阳光照射井中,有道金黄色圆圈,似黄色铜盆,故称铜盆水。80年代后,铜盆景观不再显现。

阳坡龙洞 位于卖铧沟二组长槽阳坡,洞口10米见方,坐东向西,洞内一泉流水源稳定,入口甘甜,供长槽一带几十户农家人畜食用。

堂　口 堂口为一出水口,位于原魏家湾的堂宝山,该泉水流在堂宝山脚下一岩壁上天生一洞,坐东向南。泉流供几十户人家用水,不干涸,口感好,水源稳定。

四十八井 鸦鹊水街前街后,水源缺乏,人们常在有小出水处掘井。先后有严家湾、大水井、偏岩壳、庙台子、石梁子槽、洪水洞、木瓜井等小水井48处。1972年,修建洋鱼沟引水工程,解决鸦鹊水一带人畜饮水,自来水管网完善,改变以往“走到鸦鹊水,真是活见鬼,吃的玉米饭,没有漱口水”的状况。

第四节 自然资源

一、土 地

鸦鹊水村总面积27平方千米。新中国成立前,旱粮收割时以筐计,稻谷以挑计,晾晒干净入库以石、斗、升、合计。中华民国时期,水田(上等)以4石谷为一亩,旱地以产量折计,约计亩分。民国二十九年(1940),湖北省政府颁布《湖北省办理土地呈报实施纲要》,县乡组织勘界划段,丈量登记。1951—1952年土地改革时期,全村耕地总面积4168亩。1956年前后,开展生产自救,开荒扩大农作物种植面积,全村耕地总面积达到4890.8亩。1959年,特大干旱,土地抗御自然灾害能力差,农民放弃耕种,耕地面积逐年递减,1978年,全村耕地面积4207亩。20世纪70—80年代,开展农业学大寨运动,进行坡改梯,增加土壤厚度,保持土壤流失,改造冷浸田、冬泡田,提高土地质量。

1962年土地详查,域内土壤主要为黄壤、黄棕壤、紫色土、水稻土、大泥土、灰包土、黄筋土和厚层酸性紫砂土。

黄　壤 分布于村西南邻铺子房和南里渡低山地区,面积小,主要由石灰岩泥质页岩运积母质发育成土，因气温较高，雨量充足，微生物活性强烈，故岩石多以化学分化为主，土壤较细，大多偏粘。

黄棕壤 分布于全村大部分地区，海拔800米以上二高山地区和高山部分地区均有分布。主要由石灰岩、泥质页岩的运积母质和少量残积母质发育成土。二高山以上地区温度低，湿度增加，故越上高山物理分化越强。分化不彻底，土壤中的半分化产物多，高山土壤中有机质较高。

紫色土 二高山和低山地区均有分布，主要由紫色页岩的运积母质和极少量残积母质发育成土。此类岩石较松，故化学分化和物理分化较强，土体中亦多半分化产物，质地适中，水土流失严重。

水稻土 水稻土质主要由紫色页岩和石灰岩运积物发育成土，多分布于村内二高山地区，大多属良水型水稻土，水、气、热状况比较协调，一般比较肥沃。

大泥土 质为石灰岩运积物，主要分布于村内二高山以上区域的平坝槽田、阶梯地。土层深厚，肥沃、松软，耕作层较厚，表面结构团粒状，有机质含量高，暗棕色，耕性良好，土体发育层次明显，土层有铁锰腹膜或铁锰结核，质地偏粘，土壤反映微酸性，为村二高山和高山地区稳产高产当家田。

灰包土 质为石灰岩运积物，主要分布于海拔1000米以上的山地，土层深厚、松泡，粒状结构，有机质含量高，耕性良好，土体发育层次明显，土层呈黄棕色，淋溶作用强，质地偏粘，土壤反应呈酸性，因低温高湿条件影响，速效养分少，水、气、热状况不协调，有后劲少前劲，适宜马铃薯包苞轮作，产量低。

黄筋土 质为石灰岩运积物，主要分布于村域内二高山与高山过渡地带，平地山坡均有分布。土层深厚，表土呈棕黄色，结构多为泥状。有机质含量低，质地偏粘，耕性差，宜耕期短，土体发育层次明显，底层紧实，结构块状，朴基石饱和，土壤反应酸性至强酸性。养分缺乏，肥劲周期不足，宜种耐瘠作物，如高粱，豆类等。

原层酸性棕紫砂土 质为紫色页岩和紫色砂岩，主要分布于低山、二高山大部分缓坡地、山麓谷地、平槽，土层大于50厘米，耕层一般在10~20厘米，耕性一般，宜耕期长。土体发育不明显，颜色呈棕色和紫色，土体中孔隙多，透水通气性好，土壤呈酸性，含磷、钾量高，因分布在坡地，保水保肥性差，水土易流失，不耐旱，土壤昼夜温差大，宜种薯类作物，也可粮茶套种。

火链碴 出土质主要是燧石，硅质页岩混合残积物或坡积物。多分布于海拔800米及以上山坡，卖铧沟麻坑靠东北方接龙潭界均有分布。土层一般较浅，耕层在18~20厘米之间，多半为分化砾石，耕性差，顶铧跳犁，土体发育层次不明显，土壤反应微酸性至酸性，水土流失较严重，故肥力及耐旱能力差，可粮茶兼作。

低山大泥土 质属石类岩坡积物，主要分布于向家湾海波800米以下平坝槽塥田。土层深，耕层疏松绵软，团粒状结构，有机质含量高，呈暗棕色，耕性良好，土体发育层次明显，心底土层有铁锰腹膜或结核物质，土壤呈酸性，为低山地区稳产高产农田，一般作物长势较好。

黄泥巴土 属石灰岩运积物或少量残积物发育成土。多分布于海拔900米以下山顶、山坡，部分平地亦有分布。土层一般较厚，黏性。表层核状或团块结构。耕性较差，底层紧实，有铁锰腹膜，朴基物质淋熔强，土壤呈酸性或至强酸性反应，透水透气性差，作物产量低。

二、林 地

2008年，全村林地27847亩，其中国家级公益林12299亩。总林地面积中有林地面积27492.6亩，灌木林面积354.4亩。其中，尖龙坪组2580.5亩，洞扑猪组3897.3亩，卖铧沟组4291.4亩，野猫洞组2746.8亩，魏家湾组2515.9亩，向家湾组3208.4亩，老屋场组1696.1亩，茅坎山组3663.1亩，大垭门组1554.6亩，鸦鹊水组1692.9亩。

2008年鸦鹊水村各村民小组林地分类统计表

表1-1 单位：亩

自然组	林地面积	其中：国家公益林面积	退耕还林面积
合　计	27847	12299	220.8
尖龙坪	2580.5	—	115.0
洞扑猪	3897.3	—	—
卖铧沟	4291.4	2827.1	—
野猫洞	2746.8	310.2	—
魏家湾	2515.9	121.7	2.5
向家湾	3208.4	3088.3	92.3
老屋场	1696.1	1605.7	4.5
茅坎山	3663.1	1109.6	6.5
大垭门	1554.6	1549.1	—
鸦鹊水	1692.9	1687.3	—

说明：数据源于2008年林权制度改革时统计数据

三、动 物

动物资源主要有畜禽类、鸟类、兽类、爬行类。

畜禽类为猪、黄牛、水牛、山羊、马、骡、鸡、鸭、鸽、兔、狗、猫、鹅等。

鸟类为喜鹊、燕子、麻雀、野鸡、锦鸡、雉鸡、山雀、杜鹃、斑鸠、乌鸦、八哥、布谷鸟、秧鸡、鹭鹤、白鹇、啄木鸟、苍鹰、猫头鹰、画眉、黄鹂、白鹤、山喳子、凉水冬冬、点水雀、阳雀、白头翁、猪屎雀、豌豆八哥、拖桑、苦雀、黄莺、仙鹤、野鸭、鸳鸯、背包老伞等。

兽类为野山羊、野猪、麂子、獐子、豪猪、刺猪、刺猬、黄鼠狼、鸡豹子、山猫、狐狸、果子狸、九节狸、水獭、松鼠、野兔、羚羊、鼯鼠、田鼠、竹鼠、土猪、老虎、豺、狼、猴子等。

爬行动物为青蛙、竹蛙、蟾蜍、蚯蚓、千脚虫、蜈蚣、蛇、蜥蜴、蜗牛、蝙蝠、壁虎、蜘蛛、蚂蚁、蟋蟀、螳螂、蚱蜢、地老虎、蟑螂、蛴螬等。

域内有梁山伯、祝英台、马公子的珍稀鸟种在山林中活动生长,常以三只呈倒“品”字形同飞同止。前两只称梁山伯、祝英台,后一只名马公子。前两只长约20~25厘米,头顶生紫色凤冠,纹首项披凤毛,尾生两片长羽,与图画凤凰一般无二,后一只10余厘米长,无凤冠,无凤毛长羽,飞行时距离前面2~3米左右,不离不弃。为特种珍稀飞禽,被崔家坝镇政府列为特别保护之列。

四、植　物

植物资源分为粮食作物、油料作物、特产作物和果树林木、竹类、木本花卉、草本花卉、药用植物、藤本植物等。

主要粮食作物为玉米、水稻、小麦、红薯、马铃薯、小谷、高粱、花荞、苦荞、大豆、红豆、芸豆、小豆、麦豆、竹豆等。

主要油料作物为油桐树、木梓树(乌柏)、油菜、花生等。

主要特产作物为白肋烟、土烟(叶子烟)、漆树、茶树、魔芋、芝麻、杜仲、厚朴、五棓子、棕树等。

主要林木为马尾松、杉木、水杉、华山松、栎类、柳杉、柏木、枫香、栗类、桦木、香椿、泡桐、白杨、刺槐、樟树、楠木、银杏、鹅掌楸、刺楸、糖果、刺柏、苦储、石楠、丝栗、岩榔、岩柳、板栗、椎栗、香柏、油柿子、刺柏、胡桃、皂芙、榨啦子、唐秋、水冬瓜、夜号、垂柳、红豆、香楠、马桑、白马桑、香桂、见风干、岩刹子、木瓜子、野枇杷、荔枝、山茶、野樱桃、金弹子、山胡椒、八角、黄檗、花椒、苦李子等。

主要果树为桃树、李子、枇杷、梨树、柿子、核桃、石榴、柚子、杏、柑橘、板栗、苹果、樱桃、枣子、猕猴桃、葡萄等。

主要木本花卉为珙桐、山茶花、紫薇、桂花、杜鹃、乔木杜鹃、云锦杜鹃、绣球、倒吊金钟、合欢、梅花、月季、碧桃、蔷薇、茶花、金橘等。

主要草本花卉有兰草、天竺葵、菊花、百合、牡丹、迎春花、指甲花、芍药、玉簪、鸡冠、美人蕉、十样景、射干花、凤仙花、紫罗兰、朱顶红、海棠、芙蓉等。

药用植物1000余种。主要品种为头顶一颗珠、江边一碗水、一支箭、一枝蒿、七叶一枝花、党参、当归、黄连、天麻、贝母、杜仲、厚朴、黄檗、丹皮、半夏、续断、车前草、金银花、百合、通草、辛夷、桂皮、薄荷、白芍、赤芍、瓜篓、积壳、山豆根、苦参、玄参、沙参、天冬、麦冬、前胡、柴胡、川芎、菖蒲、大茴、小茴、川膝、紫苏、细辛、仙茅、山药、桑螵、皂角、桑寄生、南星、木通、白芨、土茯苓、五加皮、独活、三台香、荆介女贞子、防风、石苇、白桑皮、益母草、牛夕、五棓子、鱼腥草、夏枯草、银杏、大力子、菟丝子、桃仁、李仁、杏仁、金婴子、鹤虱、半边莲、蛇见退、蛇参、壁血莲、金铖草、猴子七、石蒜、茅根、香附子、青蒿、芝麻、木香、高良姜、王不留行、马鞭草、蛇含、玉簪、白瓦、风仙、月季花、金星草、石斛、虎耳草、葛、山豆根、夏枯草、野菊等。

藤本植物为三爪龙、五爪龙、地枇杷、金银花、野葡萄、八月瓜、无娘藤、何首乌、铁葛藤、杠县藤、牛麻、鸡屎藤、秤砣泡、茨藤等。

第五节 气 候

一、气候特征

鸦鹊水村属中亚热带季风湿润性气候，特点是冬少严寒、夏无酷暑、雾多寡照、终年湿润、降水充沛、雨热同期。地势高低悬殊，呈现出明显的垂直气候地域性差异。大部为二高山地区，类似北亚热带季风湿润性气候，冬冷夏热，活动积温4000℃~5000℃之间，无霜期280天左右；四季较分明，冬长于夏，春迟秋早，热量适中。

气 温 热量充足，受地理条件影响，具有季节变化和垂直变化规律。季节变化按气候平均温度5天为一候，小于10℃为冬季，10℃~20℃为春季和秋季，大于22℃以上为夏季的标准划分。12月至次年2月为冬季，3—5月为春季，6—8月为夏季，9—11月为秋季，最冷月为1月，三九、四九是全年最冷天气，最热天气是7月。

气温垂直变化随海拔升高而递减，海拔每升100米，气温平均下降0.52℃~0.62℃，尖龙坪以下年平均气温12.2℃~13.8℃，7月为22.5℃~24℃，极端最高气温35.4℃，1月为0.9℃~2.8℃，极端最低气温低于0℃。卖铧沟以及海拔高度的平行地区局部，年平均气温7.6℃~12.2℃，7月最高气温度33℃。

降 水 鸦鹊水村年降水量1400~1600毫米。以海拔高度计，高山比低山多，迎风坡比背风坡多；按降水季节分配，由于季风影响，雨水分配不均匀，1月较少，平均不足30毫米，6—7月较多，平均200毫米以上。四季分配雨量情况，春季300~500毫米，占全年雨量的20%~28%，夏季降雨量集中且强度大，大雨和暴雨多在夏季，秋季350~500毫米，占全年降水总量的23%~29%；冬季100毫米左右，占全年降水总量4%~8%。

年平均降雨天数为165.4天，最多年份204天（1964年），最少年份仅144天（1951年）。年降水按月份分，1月25.4毫米，2月37.9毫米，3月73.4毫米，4月122.6毫米，5月192.7毫米，6月210.9毫米，7月221.7毫米，8月167.8毫米，9月172.8毫米，10月115.3毫米，11月65.9毫米，12月31毫米。全年1437.4毫米，

降雪积雪 多数年份初日降雪为11月上旬，最早初日降雪10月中旬（1957年），最迟降雪11月下旬（1963年），平均终止降雪4月中旬，最早终止降雪3月下旬（1973年）最迟终止降雪5月中旬（1959年），间隔日数平均165天，最多194天（1959年11月上旬至1960年5

月上旬),最少123天(1963年11月下旬至1964年3月下旬)

积雪海拔1000米以上积雪早,11月有积雪,积雪天数最多为1965年,高山积雪59天(1965年12月16日至1966年2月12日),积雪较厚的为1972年2月7日,雪厚达19厘米,海拔800~1200米区域积雪最多天数118天,最少天数12天,海拔1200米以上积雪最多125天,最少93天,背阴坡积雪较长。

日　照　域内二高地区居多,局部为高山区(尖龙坪后山峰和卖铧沟中梁山)和低山地区,据《恩施县志》载,低山地区年日照时数1335.4小时,二高山地区年日照时数为1269.7小时,高山地区年日照时数为1509.5小时。

滚龙坝村光能资源综合统计表

表1-2　　单位:4180焦耳/平方米

项　目 地区	低　山	二高山	高　山
全年日照时数	1335.4	1269.7	1509.5
日照百分率(%)	29	29	35
4—10月日照	1033.3	926.5	1037.7
占(%)	78	74	69
全年总辐射量	88819.7	88088.6	95003.7
全年生理辐射量	42011.7	41665.9	95003.7
≥10℃的辐射量	72277.6	—	—
≥10℃生理辐射量	34096	—	—

太阳辐射量　太阳辐射量分海拔高程各有不同,平均在86mwh/cm^2~94×41805mwh/cm^2。太阳辐射量夏多冬少,四季分配不均,1—8月呈直线上升,8—12月呈直线下降。

无霜期　低山地带无霜期较长,一般256~292天,最早初霜出现在11月24日,最迟出现在1月4日,80%的初霜日在12月10日,终霜日最早出现在1月9日,最迟4月5日。80%的终霜日在3月2日,高山无霜期较短,一般180~230天,二高山居中,一般230~256天,初霜日期二高山比低山早15天、高山比二高山早15天,终霜日二高山比低山迟15天,高山比二高山迟15天。海拔每上升100米,初霜日平均提前3~4天,终霜日平均推迟2~3天,霜期增加5~7天。

二、灾害性天气

影响人民生活和农业生产的自然性灾害有低温、连阴雨、干旱、暴雨、洪涝、秋风、冰雹、大风。

低温冰雪灾害　低温主要发生在春秋两季,春季发生低温称“倒春寒”,秋季发生低温为

“秋风”。倒春寒一般在3月中旬至5月中旬，正值春季作物旺长期和果树开花受粉季节。倒春寒一般5~10天左右，少数年份连续发生几次倒春寒，马铃薯、豌豆、油菜、小麦都将减产或失收。秋风一般发生在8月中旬或9月上旬，秋风又称秋寒，发生概率较倒春寒少。主要危害高山地区粮食作物，特别是稍迟的玉米，秋风来临受粉不良，不能正常灌浆成熟，造成减产或失收。

冰雪天气主要危害森林、果木、经济竹木、花草以及交通安全。1955年1月，冰冻灾害造成部分牲畜冻死，特别是生猪产子，羔儿几乎全部死亡。1977年1月的冰雪灾害，二高山及以上地区部分树木齐腰折断，竹林大部雪压倒伏，部分危房栏圈压垮，果树冻死不少。

连阴雨　连阴雨常伴低温潮湿，春秋均有发生，年平均3~4次，一般持续10天左右，最长达30天。春季在3—5月，民谚“风雨相逢三月头（农历三月），沿村瘟疫万人忧”，说的是农历三月上旬寒潮低温，会给人畜带来疾病，长时间低温潮湿影响人们身体健康。春季烂马铃薯，影响油菜壮浆和收割。秋季一般在9月中旬或10月下旬发生，影响秋收。清光绪三十二年（1906），降雨月余，庄稼腐烂，触之粘手，雨后收割极少量玉米不能做种子，下年玉米种子奇缺，不少田块荒废，民以草根树皮充饥，饿死人无数。1929年9月25日至10月23日连阴雨，玉米多数在地里发芽，黄豆失收，粮食减产。

干　旱　不少田块怕涝、怕旱。干旱按时令分春旱、伏旱、秋旱、伏秋连旱，尤以伏旱（称卡脖子旱）和伏秋、连旱成灾最多，玉米抽穗需水季节，出现干旱造成减产。秋旱，秋干断种粮，主要影响农作物是黄豆、红薯。干旱按地势分，受干旱影响主要是二高山及以下地区，高山地区相对湿度大、温度低，一般不受干旱影响。按干旱程度可分为小旱、中旱和大旱，干旱的概率一般两年一遇小旱，10年三遇中旱，大旱少见。1959年，伏秋连旱81天，全村粮食减产，失收面积达二分之一，秋后缺粮，民众食代食品，有人甚至食用观音土，缺乏营养，体质较弱的人出现浮肿现象。1992年大旱，农作物干枯，土层浅处树木干死，人畜饮水困难，粮食严重减产。

暴雨　洪涝　域内沟壑纵横、溪沟河流多属季节性径流，山高坡陡，山洪暴发，冲刷农田、道路以及危害人畜安全。暴雨多发在6月中旬至7月下旬，五月、八月、九月时有发生，暴雨发生季节，灾害性暴雨来临在一个局部，所谓“六月雨隔田坎”。成灾的暴雨雨量集中，强度大。1954年7月，暴雨袭击该村，冲毁农田，道路被毁。1963年8月20日夜12时至次日上午，连续十多个小时大雨，滚龙坝淹没农田100多亩。1997年7月14日，滚龙坝一、二、三、四、八5个组受灾，冲毁山田380亩，淹没120亩，水位最深处达8米，成为一片泽国，水淹长达58小时。洋鱼沟引水渠道修建通水后，渠道断面设计流量1公方米/秒，起到分洪的作用，减少滚龙坝淹没概率。

冰　雹　村境内为冰雹灾害多发地段，其特点多在七月、八月发生，降雹时间一般午后至傍晚，突降突止，降雹过程少则几分钟，十几分钟，最多不过半小时。雹粒一般黄豆、玉米粒大，有时鹌鹑蛋大。1979年3月29日，村境内普遍遭受冰雹灾害，农作物受损，颗粒无收面积达40%,不及躲避的行人多被冰雹所伤,屋瓦打碎。1996年,在卖铧沟背面刘家河境内建设高炮台,实行高炮驱散云层降低冰雹灾害,采用科技手段减少冰雹灾害频次。

病虫灾害 农作物病虫灾害较多,危害水稻的主要有螟虫、稻卷叶虫、褐飞虱、稻芭虫、白背飞虱、稻纹枯病、稻瘟病、稻贞泯虫、稻蓟马等。危害玉米的主要为玉米蝗、地老虎(又名土蚕子)、蛴螬、红黑穗病、大小斑病、蚊枯病。危害小麦的有白粉病、锈病、黑穗病。危害马铃薯的有地老虎、二十八星瓢虫、晚疫病。危害果木的有天牛、蚜虫、大食蝇、炭蛆病、花蕾蛆等。晚清以前,植被较好,天敌亦多,故病虫灾害较少。随着科技发达,人们利用农药消灭病虫害的同时,天敌也被部分消灭,加上种子、肥料流通,检疫不严格,病虫害亦有传播。

第二章　人口居民

鸦鹊水村为汉族、土家族聚居之地，向、黄二姓在元代定居域内，世代繁衍600年。其他姓氏大都来自湖南、广东和湖北荆州，挽草为记，拓土开荒。后来者汉族居多。2013年，全村总人口4138人，其中土家族2046人，汉族2088人，黎族3人，苗族1人。

第一节　人口结构

一、源　流

1996年8月，湖北省文物考古所在邻近的杨柳池发掘商周遗址证实，春秋初年（公元前770）前后，域内就有人类活动。考证黄姓首徙域内定居，其次为向氏。元代末年，川湖苗蛮作乱，朝廷命向大垭、通天侯唐起鹏、察访使赵兴罢等进剿，向大元等兄弟随兄向大垭，与征讨大军剿荡苗蛮。至明永乐年间（1403—1424）迁入域内，挽草为记，落籍定居，繁衍22代，人丁兴旺，主要聚居在尖龙坪、卖铧沟及周边自然村落。向大旺稍居其后。向大旺，明官军头目，崇祯初年，携眷征战，始于豫，复经楚，后因敌众我寡，在四川彭水战败于张献忠部，领其子孙及士卒弃戈奔走。由彭水，昼宿密林，夜行小道，经数月奔至施州滚龙坝落籍，生息繁衍，传承二十几代，成为人财兴旺大家庭。2013年，向氏家族总人口1159人，占全村总人口4138人的28%。

明清时期，域内人口发展。明洪武年间（1368—1398），朝廷进行地区性大转移，鸦鹊水为施宜古道必经之地，移民由湖广迁徙入四川，经鸦鹊水，途中至本境沿途挽草落籍，故村内部分姓氏由江西湖广而来，定居繁衍。域内部分姓氏来自荆州，大多为遭水患后逃荒至此落籍，少数因战乱，携家带口迁徙至此安居。明崇祯年间（1628—1644），农民起义军张献忠部数十万军，自湖北入四川，大军过境，百姓逃往川滇甚多。兵扰之地举家迁徙，或殛或逃，人口动荡，躲祸避乱等各异，村内姓氏来源多样。

1949年后，姓氏稳定，部分因婚配入籍村内。

二、人口规模

1958年，总户数683户，人口2489人，其中男性1230人，女性1259人。1959年，遭受特大旱灾，人口增长缓慢。1963年，户数654户、人口2598人。1958—1963年，增长109人，年均净增17人。1964—1978年，人口增长较快，1978年年底户数为907户，总人口3759人。2013年年末，总户数1179人，总人口4138人。

1958—2013年鸦鹊水村人口变化择年统计表

表2-1　　　　　　　　　　　　　　　　　　　　单位：户、人

自然村 / 年度	合计				鸦鹊水				滚龙坝				尖龙坪				卖铧沟				向家湾			
	户数	人口	其中		户数	人口	其中		户数	人口	其中		户数	人口	其中		户数	人口	其中		户数	人口	其中	
			男	女			男	女			男	女			男	女			男	女			男	女
1958	683	2489	1230	1259	177	560	249	311	125	488	247	241	170	556	295	271	83	379	190	169	128	497	247	250
1963	654	2598	—	—	147	512	—	—	147	607	—	—	145	576	—	—	90	404	—	—	131	499	—	—
1975	849	3675	1873	1802	183	748	375	373	202	864	427	437	194	866	470	396	125	561	278	283	145	636	323	313
1980	904	3668	1814	1854	196	651	306	345	206	884	444	440	215	916	466	450	135	574	269	305	152	643	329	314
1985	924	3835	1967	1868	185	696	355	341	216	908	501	407	226	965	481	484	135	593	289	304	162	673	341	332
1988	1079	3951	—	—	209	738	—	—	259	931	—	—	252	965	—	—	159	613	—	—	200	704	—	—
1990	1078	3929	—	—	209	734	—	—	250	935	—	—	262	977	—	—	147	577	—	—	210	706	—	—
1993	1082	3908	—	—	223	731	—	—	250	913	—	—	268	996	—	—	143	547	—	—	198	721	—	—
1994	1083	3931	—	—	212	729	—	—	258	937	—	—	268	996	—	—	147	558	—	—	198	711	—	—
1999	1118	3836	—	—	228	717	—	—	269	903	—	—	275	954	—	—	144	548	—	—	202	714	—	—
2003	1082	3908	—	—	223	731	—	—	250	913	—	—	268	996	—	—	143	547	—	—	189	721	—	—
2009	1268	4106	—	—	—	—	—	—	—	—	—	—	—	—	—	—	—	—	—	—	—	—	—	—
2013	1179	4138	2136	2002	—	—	—	—	—	—	—	—	—	—	—	—	—	—	—	—	—	—	—	—

说明：1988年户数与人口增长，为“五七”干校干部至本地落户。

三、人口结构与民族构成

性别结构　1958 年，人口 2489 人，其中男性 1230 人、女性 1259 人，女性多 29 人。1975 年，人口 3675 人，其中男性 1873 人、女性 1802 人，男性较女性多 71 人，逐年增长。2013 年，人口 4138 人，其中男性 2136 人、女性 2002 人，男性占总人口 51.6%，女性占总人口 48.4%。女性人口减少与传统重男轻女传统观念有关。20 世纪 80 年代后，重男轻女思想得到初步改变。

年龄结构　1949 年 1 月底以前平均年龄很低。1950 年后人寿年龄逐年增长，2013 年总人口数 4138 人，其中 80 岁以上 114 人，占总人口的 2.8%；60~79 岁 656 人，占总人口 16%，20~59 岁 2723 人，均占总人口的 66%，0~19 岁 645 人，占总人数的 15.2%。

长寿老人　以满 80 周岁及以上年龄为长寿人口计，2010 年村中 80 周岁以上 84 人，其中 100 周岁以上 4 人，占总人口的 2.4%，长寿人口以女性居多。

2013 年鸦鹊水村长寿人口情况一览表

表 2-2

姓　名	性别	出生日期	姓　名	性别	出生日期
向子六		1915.7.15	黄良菊	女	1931.4.4
向玉珍	女	1933.5.12	向兴旺		1931.7.3
蒋先菊	女	1926.9.19	谭学桂	女	1929.10.1
朱三妹	女	1923.3.28	冉仕明		1925.2.11
向正极		1932.10.22	向兴梅	女	1922.9.22
崔绪妹	女	1916.3.5	赵先美		1925.7.25
向富极		1924.5.1	崔登钊		1927.11.12
刘秀珍	女	1922.9.6	付德亮		1931.3.8
崔元桂	女	1931.8.5	李兴寿		1928.2.2
向极元	女	1915.6.15	向兴烈		1929.1.29
廖先池		1915.2.28	向兴卫		1931.3.16
向元清	女	1927.9.9	龙德莲	女	1923.3.6
李先慈		1921.3.4	向兴柱		1925.1.10
吕顺祥	女	1933.3.5	汪本菊	女	1925.9.1
向若轩		1921.10.12	崔登菊		1930.12.15
谭家菊	女	1926.9.7	向兴廷		1932.6.8

续表2-2

姓　名	性别	出生日期	姓　名	性别	出生日期
崔清元		1916.5.4	谭元春	女	1930.12.11
王秀美	女	1933.4.22	董银元	女	1933.12.27
黄秀元	女	1927.6.30	许义坤		1923.3.11
向若金		1927.12.13	朱银台		1926.9.12
郭祥珍	女	1921.1.23	司马立仕		1931.5.5
王茂兴		1933.10.15	向兴全		1929.12.11
张昌玉	女	1933.8.17	黄银枝	女	1930.12.13
吕明秀	女	1930.1.14	向天太		1924.10.13
黄国菊	女	1921.9.24	朱和明		1929.3.27
张顺元	女	1926.1.7	张克玉		1932.2.15
谭正平		1920.1.8	蒋玉国	女	1930.2.7
向天茆	女	1927.5.18	周发贵		1930.3.24
向友妹	女	1933.8.30	汤吉祥		1933.11.7
潘英菊	女	1929.9.3	汪叶明		1927.2.2
姚维桂	女	1929.4.28	胡顺香	女	1929.11.12
胡永翠	女	1923.6.16	胡仕清		1933.10.28
肖元香	女	1922.3.23	谭光桃		1933.3.11
向兴泽		1927.5.15	余春妹	女	1933.1.26
谭家贵	女	1927.10.2	叶其梅	女	1925.12.1
向吉庆		1929.9.15	崔元福		1931.10.4
黄秀英	女	1930.6.2	袁美秀	女	1931.7.7
谭为明		1931.2.22	向学极		1928.11.12
袁桂芝	女	1923.2.4	向兴文		1933.1.3
温权英	女	1925.12.20	张远贵	女	1929.3.7
谭春芝	女	1922.2.15	张元芝	女	1931.2.13
崔登贵		1933.10.16	崔宣珍	女	1930.5.2

文化结构　1949年前，全村识字人口占人口总数的三分之一。1952年，政府组织农民夜校扫盲。之后通过培训、成人文化教育等方法，不断增加识字人口数量。2013年，有大专及以上学历310人，占总人口的7.5%；其中研究生以上学历18人，初中至高中学历3032人，

占总人口的73.3%，初中以下学历796人，占总人数的19.2%。

民族构成　主要为土家族和汉族，仅有很少黎族、苗族。2013年，人口4138人，土家族人口2045人，占总人口的48.7%；汉族人口2089人，占总人口的50.5%；黎族3人，苗族1人，仅占总人口的0.8%。土家族以向、汤、魏、张、侯、胡、黄、谭、苏、潘、朱等姓氏居多。

第二节　人口控制

一、自然生育

1949年前，全村育龄妇女多数生育3~5胎，少数生育6~8胎，人口生育率一般在30%~35%，小儿死亡率较高，医疗条件差，疫情控制差，瘟疫为常见疫情，人们生活水平低，不注重育龄妇女健康，故妇女疾病多，特别是“崩、带”之类疾病普遍，接生接产无专业人员，导致许多母、婴不健康，婴、幼儿死亡率较高，自然生长率较低。

1950—2013年，人口增长大约分为四个阶段。即低谷阶段、高峰阶段、有计划阶段、优生优育阶段。1950—1962年，本村自然生育为低谷阶段。1962—1972年，为生育高峰阶段。此间，国家实施“调整、巩固、充实、提高”八字方针，人们生活改善，婚姻家庭稳定。至1971年年底，全村人口3668人，10年净增长1100人。1973—1999年，为计划生育阶段，全村推行晚婚晚育政策，实施“晚、稀、少”和一对夫妇只生育一个孩子的奖励政策，独生子女实行优惠政策，全村生育，按上级下达指标。1999年，全村总人口3836人。2000—2013年，全村人口呈缓慢增长趋势，人们自觉实行优生优育。

二、计划生育

鸦鹊水村计划生育始于20世纪50年代中期，大力开展计划生育宣传，提倡节制生育。20世纪60年代社会主义教育运动中，计划生育宣传力度加大，管理区培训接生员。1972年，滚龙乡配备妇幼保健员（计划生育专职人员）。20世纪70年代中期，计划生育采取男性节育术、女性节育术、宫内节育术。1974年，计划生育推行“晚、稀、少”。1978年，提倡一对夫妇生育两个孩子，一胎与二胎之间，间隔区3年。1980年，提倡一对夫妇只生一个孩子，并发放“独生子女证”，严格控制二胎，杜绝三胎，二胎间隔期改为4年。

1979年7月，鸦鹊公社革委会规定，农村社员只生一个孩子并采取节育手术的奖励劳动工分500分。

1994年，全村计划生育累计685人，其中男性节育术50人，女性节育术418人，宫内节育术217人。1996年鸦鹊水村规定，从是年起，每年11月为计划生育突击月，全村干部全力以赴抓计划生育工作。

1994年鸦鹊水区域节育情况统计表

表2-3

项目 村	已婚育龄妇女	累计实施节育措施人数			
		小计	男性节育术	女性节育术	宫内节育术
合　计	807	685	50	418	217
鸦鹊水	165	142	10	76	56
向家湾	144	120	7	78	35
滚龙坝	196	166	8	97	61
尖龙坪	201	178	16	112	50
卖铧沟	101	79	9	55	15

三、婚姻家庭

1.婚　姻

土司制度时期,区域内婚姻方式沿袭土家风俗。改土归流后,受汉文化影响,流官为严肃风化,推行"父母之命,媒妁之约"的封建伦理教化。清末禁令规定,闰门之教宜先,毋令与男子同坐,以礼徇其身。至于选婿,祖父母、父母主持之,不必问女子愿否,或女子无耻口称不愿,不妨依法惩罚,一语聘定,终身不改。婚育、背夫私逃之风宜禁。旧日士民妇女、以夫贫寒,或以口角细致;背夫逃回,而女家父兄不训诫,纵其所为,此种恶习,可耻可恨,嗣后妇女有背夫逃回家,除将妇女按律仗100外,听夫去留,其纵容之父兄,应重律杖80,并枷号示众。改土归流后,强行推行封建礼教,把父母之命、媒妁之言、三从四德等封建道德伦理强加在妇女头上。婚姻构成形态有结发、填房、坐床、纳妾、一子跨两房、童养媳、上门婿、指腹为婚等多种形式。结发夫妻普遍,适合婚姻的男女,经过定亲、插香、讨庚帖,即可择日许期举行婚礼,男女双方父母不惜花巨资,均显示大方、富有,往往倾仓倒库,竭泽而渔,为的是博人夸誉。除明媒正娶的结发婚姻外,另有一些特殊的婚姻。

坐　床　属于"嫁殇婚"之类,即兄故收嫂、弟亡收婶(也称弟媳)的,在村里有称"坐床"或叫"接房""圆房"。

填　房　属"娶殇类",多为姐姐去世后妹妹续嫁姐夫,也有妹妹亡故姐嫁妹夫的,后来普遍指闺女嫁给亡妻者男人,称为填房。

童养媳　亦称寒帮媳妇,多因家境贫困,经济困难所致。本地童养媳有两种,一种是家庭贫寒,忍痛把女儿送到男家,由男家养大后,圆办完婚,亦叫养家媳。另一种是男方家庭不富裕,儿子长大拿不出彩礼,从小带个小女孩长大做儿媳。

纳　妾　纳妾称娶小老婆,村里富户人家有钱有势,一夫多妻,个别为原配妇人结婚后不生育儿女,为接香火再娶一房,称纳妾,为数不多。

上　门　上门婚实际为男人入赘形式，旧时滚龙坝向姓不招女婿，为的是保持血统纯洁，尽管只一独女儿也嫁出去。新中国成立后打破该条族规，村中招女婿延续香火的人家时有。旧时招女婿立有合同字据，一般男女双方族人参加商定，男方改为女方姓，如果生育长子回宗，即老大随父原姓氏，其余跟女方姓氏。此种婚姻形式沿袭到20世纪60年代。进入20世纪70年代后，提倡一对夫妇只生一个孩子，男到女方或妇到男方均可。

指腹为婚　指腹为婚为上一代友好的延续，一般情况下，两妇怀孕，双方商定，若生下一男一女便结成婚姻，实际为世交的包办婚姻。

男女结婚是件大事，男子娶妻为行嘉冠之礼，也称新科状元，三天为大，有钱人家用八抬大轿。女儿出嫁称于归之期，坐轿去婆家。富裕人家还请乐队鼓手之类热闹非凡，其礼仪程序烦琐。新中国成立前，受"夫为妻纲"和"既嫁从夫"的封建礼教束缚，女方无条件受制于男方，男方可用休书的形式将女方休去，女方则无条件离婚，女方在无法忍受虐待和不公平待遇时，用死（自杀）和逃跑抗争。再婚者的名词在本村旧时有贬义，被男方休掉者称"活人妻"，丧偶者称为"孝妇"，又称"未亡人"，一般被人瞧不起。再婚者不能光明正大举行排场婚礼，一般男方趁夜晚到女方将人接走，也有强行拉走的。

1950年以后，《中华人民共和国婚姻法》（以下简称《婚姻法》）颁布实施，规定婚姻自由，禁止包办、买卖婚姻和其他干涉婚姻自由的行为，《婚姻法》规定结婚双方必须男女自愿。村中有几对夫妇为父母包办的办理退婚手续，自己选择配偶。青年民兵、共青团员率先实行婚姻自主，自由恋爱，自愿结婚。不要彩礼，婚礼简单。

2.结婚年龄

1949年以前，男女青年结婚成家男不过18周岁，女不过15周岁。《婚姻法》颁布后，规定婚配年龄，男满20周岁，女满18周岁方可结婚。

1973年，提倡晚婚，男满25周岁，女满23周岁为晚婚。

1980年，执行新《婚姻法》，法定婚龄为男满22周岁，女满20周岁。

3.家　庭

域内大都为传统家庭模式，大致分为祖孙三代同堂家庭（也有四世同堂）；父母与其中一个儿媳同居的家庭；父子、母子家庭，由家长主政，家中一切事务由家长定夺。社会交际、人情应酬、亲友往来，由家长发话，人口多的家庭，家长主政公平公正，受封建礼数约束，村内分家立户少，儿子一般不分家，贤孝传承，家庭规模大小不等，一家几口至十几口甚至更多。

1949年后，家庭结构发生变化，从农业合作化开始，以户为单元进行入社登记。20世纪70年代，以户为单元发放票证等，自然形成儿子结婚后分家立户，父母多数与幼子一同生活。

家庭的义务和责任主要是抚幼和赡养，自古有"养儿防老、积谷防饥"的传统。长辈视儿孙抚养教育及婚配作为天经地义的责任，父母对子女的付出毫无保留。赡养是儿子的义务，父母年迈无劳动能力，由儿子担负赡养之责。

新中国成立初期，全村家庭户均人口5.5人，一个家庭6~10人时有存在。1963年，全村总人口2898人,654户,户均4.4人。

第三节 姓氏望族

一、姓 氏

碑记考证,域内向姓、黄姓、崔姓早于他姓驻籍定居。向氏居此600余年,黄姓初到后定居滚龙坝。

尖龙坪向大元,滚龙坝向大旺,落籍先后有别。两处向氏同堂同宗,同派同源,为本村较大家族。

域内姓氏95个,人口多的前十姓为向、张、谭、王、李、崔、黄、朱、刘、司马等。

2013年鸦鹊水村主要姓氏人口统计表

表2-4

姓氏	人口	姓氏	人口	姓氏	人口	姓氏	人口	姓氏	人口
向	1159	肖	24	邹	9	颜	2	严	2
崔	168	谢	47	曾	32	燕	2	易	5
谭	194	徐	23	陈	90	叶	2	彭	42
黄	132	阳	1	段	7	袁	3	钟	6
江	3	司马	98	高	25	幸	6	兵	2
李	173	宋	21	郭	18	赵	17	熊	7
黎	8	苏	29	何	35	余	10	莫	1
廖	38	孙	12	贺	24	程	4	毕	2
刘	108	汤	55	胡	33	曹	8	部	1
鲁	12	万	4	方	13	龚	4	蔡	7
罗	21	汪	44	甘	1	侯	10	梅	1
如	24	姚	36	蒋	10	雷	1	毛	1
马	22	杨	56	康	1	聂	4	阮	1
孟	3	尹	7	龙	17	潘	18	文	1
裴	1	喻	1	冉	73	董	3	凌	1
任	2	张	200	沈	3	杜	6	兴	50
申	2	邓	8	石	9	范	7	朱	112
王	188	郑	36	唐	1	付	11	许	49
魏	84	周	75	田	11	韩	3	梁	4

鸦鹊水村百家姓

向崔谭李 阮文彭江 刘鲁孟马 魏吴黎张 范罗吕裴

任申肖阳 宋苏徐谢 司马孙汪 万姚尹喻 邓周郑王

陈朱曾段 邹龙冉汤 胡贺高郭 沈甘何方 许田颜石

蒋燕叶康 袁幸赵程 余曹龚黄 董侯熊廖 钟邱付唐

严毕莫梅 蔡部毛梁 杜雷叶易 潘韩凌杨 鸦鹊姓氏

万代流芳

二、向 氏

2013年，全村向姓1159人，占全村总人口的28%。向姓因宋桓公封子鱼于向，令发河南省淮庆府河内郡(县)，故历代向姓均以河内堂、河内郡称著，亦称大耐堂，源于宋真宗封宰相向敏中为大耐官职，御笔亲书“重德堂”三字匾，封以玉玺，赐悬相府，故向氏后裔称大耐堂、重德堂。大耐堂以向敏中官职称，重德堂系皇封，追其根溯其源，凡向姓实属同根同源。

向氏神龛 村中向氏家中，神龛多写“汉时能臣，宋代贤相”，向氏祖先中，向宠、向美以将军显，向雄、向敏中以相表，向秀以贤称，向子平以高著，向子湮以节纪，向戍以左师而名表史册，实属向氏家族之荣耀。

汉时能臣向宠，字被恩，湖北荆州宜城人，向氏第三十三世先祖，初为刘备驾下牙门将，诸葛亮北伐时以向宠为中领军，封都亭侯，诸葛亮在《出师表》中写道，“将军向宠，性行淑均，晓畅军事，试用于昔日，光帝称之曰：能。”为汉时能臣之起源。宋代贤相指的向氏祖先第五十六世祖向敏中，字常之，开封人，太平兴国五年(980)进士诰命，宋太宗赵光义淳化二年(991)，参知政事，初任吉州通判，因有政绩步步高升，授同知枢密院事，后为佐仆射尚书，先后两次居宰相位，居大任30年。向敏中次子向文祥，敕封定晋侯，向王天子。妻谭妣，正一品诰命夫人，生四子一女，女名益姑宋神宗赵顼先纳为贵妃，后封为正宫皇后，生哲宗赵煦，封安国夫人，神宗即位，熙宁元年(1068)，立益姑为皇后。这就是向氏神龛上写宋代贤相之根源。向秀，字子期，生于公元227年，歿于272年，河内怀人，魏晋竹林七贤之一(竹林七贤：王戎、刘伶、阮籍、嵇康、山涛、阮咸、向子期)，向秀官至黄门侍郎，散骑常侍。雅好读书，为历史上哲学家、文学家，嵇康被司马昭诬陷杀害后隐居不仕。向姓祖先向子平，又名向长，河内朝歌人氏，好道《老》《易》，汉朝道家易学代表人之一。清静玩《元、易》，探玄无为，现象验损益，常抱方外心。向子湮(1085—1152)，字伯恭，号芗林居士，江西清江县人，哲宗元符三年(1100)以荫补官，官至宣和年间转运副使。

村中向氏 向大元，出生于1380年，其父向肇荣，系四川六路宣抚使，膝下八子，长子大垭、次子大元、三子大亨、四子大利、五子大贞、六子大坤、七子大乾、八子大潮。向肇荣年迈身退后，长子大垭就父职，明永乐年间(1403—1424)，川湖苗蛮作乱，向大垭奉旨剿荡，同察防使赵兴罩，通天侯唐起鹏带领剿匪官军架竹筏从四川成都顺长江而下。向大元等兄弟一同随军,至巫山剿除六路苗蛮,在巴东龙潭坪扎寨,待匪患平息,向大潮铸八耳古鼎,弟兄八人分别执一片,以便日久莫辩,以此为据,并齐议分派各地,向大垭仍守靖安故里;向大亨宦游西蜀桃符口;向大利宦游长阳十九乡;向大贞宦游荆属草坪西寨;向大坤宦游辰常;向大乾宦游石慈;向大潮宦游岳州临湘;向大元宦游云贵。先祖向大元先至崔家坝向家岭暂停后来滚龙坝,后开发定居尖龙坪。1472 年身故,葬于上龙潭三块坡。向大元至此繁衍子孙 600 余年,人财两旺,一门旺族。

向大元后裔子孙昌盛发达,清乾隆末年(1795)嘉庆初年(1796)为发达高峰期。向如龙,字云新,生于乾隆四十年(乙未岁,1775),乾隆末年武试冠军,嘉庆初年,川楚教匪滋事,贝子福督师剿贼,向如龙集少壮数百人从军剿匪,屡建殊功,奏奖六品顶戴,授宜镇右营千总职。向如龙殁于同治七年(戊辰岁,1868),享年 92 岁。向允柱,字维松,生于乾隆元年(丙辰岁,公元 1736)二月初八日,庠生,义勇录功,朝廷奖给六品顶戴,委授戍部府例赠武赠德佐骑职,殁于嘉庆三年(戊午岁,1798 农历九月初七),享年 62 岁。清乾隆、嘉庆年间,向大元的后裔子孙涌现辈多人才,向大新、向朝新、向著道、向应儒等武秀才。向国宾,贡生,恩施县崇宁里里长。自向国宾始,本地地方政权均属向姓独揽。后有向翼道(字团九)、向应长(字鹤龄)、向珏若(字振先)等先后担任团总职。较闻名的向清(派纯道),清博士,湘门公性敏甚,经籍于史一览便能诵,琴瑟琵琶一闻便能弹。在尖龙坪向氏家族中,先祖向允魁(字东升)(1736—1801),乾隆十六年(1751)中秀才,其致力于地方发展,尖龙坪兴办纺织厂,组织种植火麻及棉花,加工纺纱织布,解决当地衣服布料,纺织厂旧址现地名机匠坡。

尖龙坪向氏宗祠管理委员会 主任向极荣;副主任向兴泮、向兴学、向兴耀、向兴刚、向极波、向极泽;委员向天康、向兴位、向兴阳、向兴宽、向兴斌、向兴良、向兴爱、向极祥、向极松、向极文、向杰、向棋、向天河、向天凤、向天兵、向天元、向天赐、向兴志、向兴科、向凯、向极彬。

尖龙坪向氏祠堂 尖龙坪向氏祠堂,其内涵为湘、鄂、川、赣之河内堂八耳古鼎同胞(现称云贵 13 家)向大垭、向大元、向大亨、向大利、向大贞、向大乾、向大坤、向大潮。居仲位者向大元公后裔孙全属。祠堂之创始人向应逵,精心选址,瞄准“犀牛望月”之龙脉,流传至今,世人赞美。

向氏祠堂建于清宣统元年(1909)。历经 3 个不同历史阶段,即 1909—1949 年,每年农历四月十八日为祭祀年,向氏族人设宴集会,庄严祭祖。1950—2006 年,祠堂改为春景小学,为当地百姓子女就读提供方便。2007—2011 年,因生源不足,学校停办,校产闲置,无人管理,向氏祠堂面临损毁。向氏族人向兴泮、向极荣、向兴卫牵头,于 2011 年农历三月初三召开族人代表会,讨论向氏祠堂文化遗产之去向,与会人员认为:保护并且振兴文化遗产,有利于弘扬民族文化,有利于增强民族团结,有利于提高民族素质,符合党的民族政策,决定修复祠堂,编修向氏族谱。资金由向氏族人自筹,会议选举产生向兴泮等 19 人组成的筹备委员会,负责工程实施。筹委会向全族发出《倡议书》,向氏族人主动集资 10 余万元,在村民委员会协助支持下，祠堂修复工程进展顺利。筹委会研究决定：集资名单以及数额载入“集资碑”中，并附筹备委员会人员名单。主任向兴泮，副主任向极荣、向极波、向兴学、向兴刚。成员向兴耀、向兴良、向天康、向棋、向兴阳、向极泽、向极松、向杰、向兴卫、向极祥、向极文、向兴爱、向兴斌、向兴宽。该碑于2012年元月吉日立。

宗祠对联：“宗德远传继祖继谱别昭穆，祖基永固奉耕奉读藏诗书；将相光前传世业，诗书裕俊振家风。”

向大旺，字云峰，原名向大发（字八斗），向俊杰之孙，向晋升之长子。随父投衙明皇赐军饷善食职，携眷征战，兵败于四川葫芦寨，遂率子孙及兵卒落籍滚龙坝奠基立业，为免祸患，更名向大旺，传承子孙二十几代，为该村一门旺族。

向大旺膝下四子，于滚龙坝四方屋基分支创业，长子向儒林落籍建始县境撒鱼口；次子向琼林世居滚龙坝；三子向春林定居社埫坪；四子向宦林落籍杨柳池。向大旺家庭落籍滚龙坝后，两次发迹时期。明崇祯年间（1628—1644）为第一次发迹，第二次发迹为清代。

明崇祯年间（1628—1644），向霖龙、向雲龙、向霈龙同胞三兄弟，因武勋授官。向霖龙、卫诸生，崇祯七年（1634）投义勇，以功授守备，九年（1636）剿安陆池太光，固勤黄等地，擢都督指挥。十二年（1639）东虏犯阙，奉旨擒王，加升副总兵，官至川湖五省总兵。向雲龙，以功授标旗鼓游击，官至南直安庆协理剿寇军门游击。向霈龙，以功授游击，因功封凤卫伯爵。为向大旺落籍滚龙坝后子孙第一次发迹。

第二次发迹于清道光、咸丰年间，向存道、向致道、向发道同胞三兄弟经科举步入仕途，经《恩施县志》记载并参照相关墓碑考证，向存道为道光己酉年（1849）科武举第二十四名，官至施南府千总。因弟向发道贵，诰封昭武将军。向发道为壬午科（1822）武举第四名，道光己丑年（1829）中武进士，官至直隶正定镇守备，天津太宁镇白石口都阃府蓝翎都司，向发道曾立大功三次，品衔都加三级，祖父向德新，父亲向正书，兄向存道被朝廷赠封昭武都尉，每立一次大功，家人受一次诰封，昭武都尉为武职正四品，虽为荣誉虚职，但享受朝廷俸银。向致道为咸丰己未年（1859）文科进士，官至侯选学正堂之职。

滚龙坝古建筑群茅坎山一带，为向霖龙、向云龙、向霈龙三兄弟在明代发迹前后所建筑。老虎山脚下那一片多为向存道、向发道、向致道三兄弟于清道光年间、咸丰年间发迹前后建造。

向大旺后裔在封建时代多人做官发迹，明代副府向日葵、清乾隆贡生向必正，嘉庆年间卫政大夫向夔龙，清同治年间广东盐运使司经历向万杰（妻崔氏诰封夫人）候选知府。向子美为清末秀才留学日本，参加同盟会会员，民国初年（1912）任湖北省财政厅咨询与省高等法院推事。清末秀才向明斋为共进会会员，民国初年担任鄂省议会议员与恩施县议会议长、来凤县知事。

向氏传派　向大元较向大旺之前来域内定居，两家向氏同宗同堂，分支派略有不同。

向大元宗支派谱：大心友国，日必允新，正道应若，天兴极成。

向大旺宗支派谱:大林朝龙,日必允新,正道应若,天兴极成。

清道光年间(1821—1850),滚龙坝向奎文(派致道)与尖龙坪宗支聚族续定24字派谱子孙沿袭。派谱为:贻谋上承列祖,忠厚世泽孙长。昭穆肃雍笃庆,人文继启发祥。

三、其他姓氏郡望

荆竹园汤氏　鸦鹊水汤氏一族,查始祖碑记,由岳州迁施南,岳州,即湖南省岳阳。始祖汤正海,兄弟六人,于清乾隆年间(1736—1795)先后从岳阳迁徙到本地定居,汤正海定居鸦鹊水荆竹园;汤正学定居偏南坡,汤正明、汤正和、汤正科、汤正元落籍邻村铺子房,挽草为记,繁衍子孙。沧海桑田,斗转星移,日月乾坤,汤氏一门落籍鸦鹊水荆竹园270年,家庭昌盛,人丁兴旺,栋材辈出,成为一门旺族。

荆竹园汤氏字派法规。汤氏的字派法规起源较晚,为汤氏在姓氏史上属后来氏的原因。由于汤氏人口的不断发展,而受用名汉字数量局限,众多的汤氏易出现重名,因而催生汤氏派字的产生和划分。

明代以来,分散在各地的汤氏先后出现派字法规,以此区别长幼辈分和解决重名问题。明末清初,汤氏对字派法规进行完善,并编出字派歌、字派诗、字派楹联传唱。明清后的汤氏家谱,长幼有序,世次不紊。虽分迁万里,闻其字派,即可分辨尊幼,无论摇篮中的孙子,还是杵拐杖的爷爷,皆礼遇有加,和睦亲爱,恭敬揖让,礼谦之风则兴。

清乾隆年间,始祖汤正海、汤正学、汤正明、汤正和、汤正科、汤正元兄弟六人自湖南岳阳先后迁往鸦鹊水,汤正海定居荆竹园,据始组汤正海碑志记载,中山堂汤氏湖北恩施鸦鹊水荆竹园支派派字共24字:“正立学绍,先传惠迪吉,克济美其彰,道敬如光耀,文章泽世长。”

汤氏家谱中蕴含着汤姓家庭发展史及传统的伦理道德教育法则,为弘扬家族的优良传统,其字辈法规受到每一位家族成员的尊崇,使其世代传承。

荆竹园汤氏堂号　堂号为姓氏文化中的组成部分,汤氏堂号多种多样,各类繁多。

以族源为堂号名称,往往和郡望结合在一起,如中山堂,范阳堂,其堂号不会数典忘祖。以祖先字号为堂号名称,如敦睦堂,其堂号可以让子孙敦睦家庭,维护亲情。以祖先书斋为堂号名称,如寒光堂,其堂号是可让子孙追思祖先丰功伟业,奋发图强。以祖先的生活典故为堂号名称,如吞星堂,其堂号可让子孙缅怀先祖,激励斗志。以祖先所喜爱的植物为堂号名称,如玉茗堂,其堂号可让子孙洁身自爱,品德端正。以祖先事迹为堂号名称,如忠孝堂,其堂号可让子孙弘扬孝道,忠贞爱国。以祖先的道德伦理为堂号名称,如怀清堂,其堂号可让子孙启迪后人,廉洁自律。以祖先稳健战事为堂号名称,如退思堂,其堂号可以让子孙处事要深思熟虑,谨慎小心,极富教育意义。

民族堂号是家庭的标志,为加深每个家庭成员印象,除将堂号用于家族祠堂、神龛上之外,还将其刻印族谱、图录、印章、店铺、厅堂、灯笼、礼簿、斗、口袋、糕点上,烙印在每个家庭成员心中,宗族子孙分衍,迁徙亦将氏族堂号移居于新基址,代代相传,世世不忘。堂号不变,无论氏族分迁何地,均可达到坐标清晰,脉络分明的目的。

汤氏中山堂起源 中山堂为汤氏族源及郡望的全称堂号,其历史悠久,可以追溯到远古中央天国,唐时中山郡(河北定县)为汤氏郡望,故汤氏以中山堂为其宗祠堂号,中山堂连续至今已有千年历史,汤氏为中山家庭发源地,中山堂为汤氏总祠堂号及族徽,海内外汤氏宗祠、汤氏社团、汤氏会馆均冠以中山堂堂号,又因唐代荆湖名将汤振麟封于中山郡,明代开国勋臣汤和初封中山侯,所以汤振麟和汤和的后裔均以祖上封号为堂口,亦曰中山堂。鸦鹊水荆竹园汤氏一族堂号属中山堂。

刘 姓 (鸦鹊街刘后美),彭城堂。先祖刘治国,字勲臣,出生于清康熙二十年(1681),妻李氏,生于康熙二十五年(丙寅年,1686),膝下三子,长子刘浩、次子刘谏、三子刘训。刘治国康熙末年中举,官至陕西省凤翔府眉县通事,雍正十二年(甲寅岁,1734),因押运军粮,途中遭匪劫粮,受伤身故,妻李氏携三子流落本邑,定居祖坟岭,繁衍子孙十一代,子孙昌盛。刘氏派谱:光明于炳,德裕厚昆。诗书志礼,正啟伦文。武维宜泽,克绍霞云。定大百茂,远传忠臣。兴祥巨立,福寿康宁。高升登位,松柏常青。

向家湾程姓 向家湾程氏,属安定堂。祖居湖北荆州,清嘉庆二十年(1815)迁居向家湾。先祖由荆州迁徙四兄弟,称龙、虎、凤、彪。老大程龙落籍鸦鹊水村向家湾;二弟程虎定居恩施白杨坪老街;三弟程凤落籍铺子房大鱼泉;四弟程彪定居巴东。程氏传派 20 派:世家宗必大,际盛仕和昌。礼略从先绪,德修启明良。

贺 姓 (贺云峰、声派)鸦鹊水街贺氏(贺云峰),儒宗堂,迁居本地为贺氏第十一代祖贺永绪,字周林(妻黄、饶二氏),祖居武昌府蒲圻县,膝下三子,贺荀、贺菊、贺?。于清乾隆十五年(庚午岁,1750),迁徙本邑,挽草为记,繁衍子孙 260 年,传承后裔 13 代。居住于贺家村,成为一门旺族,人丁昌盛,子孙发达。

贺氏原派谱:逢世日永,单派,运会时良,家修德茂,声大名扬。代有人杰,令绪传芳。克纯祖武,承继书香。忠厚孝友,始泽孔长。

始祖贺永绪殁后葬于斑竹园插瓶山佛爷洞,外有照碑两座,记载贺氏宗族宗支脉络。2013 年后裔孙贺云峰始奔走全国各地寻根问祖并二修家乘。

贺氏新修家乘谱(48 字):克纯祖武,承继书香忠厚孝友,贻泽孔长。礼义信尚,振国兴邦。典漠训诰,启发文光。绍先伟业,咸乐安康。培根育本,儒宗盛昌。

尖龙坪冉姓 本村冉姓又姓何,生冉死何。属于庐江堂。水有源头,木有根本。其始祖何封榜系何承产之孙,何皇仁之子,祖籍湖北荆州公安县人氏,因"厌城市之繁华,慕山林之乐趣",清乾隆七年(1742),何承产、何皇仁父子迁恩施沙子地花被村石门淌,独何封榜迁居崔家坝铺子房芭蕉园落籍,以农耕为生。

何封榜承继冉姓始祖冉正位(徐君)膝下为螟蛉(抱养为义子),并立合同文书,后冉正位亲生二子,合同作废,何封榜回宗。世事难料,不料冉姓二子不成材,家产败尽,随之相继夭亡,冉姓二老无依无靠,何封榜依旧照顾二位老人,将二位老人生养死葬,送老归仙。二老在临终前提出："你有四个儿子，拿一个跟我姓冉，不改字派，在生姓冉，死后姓何，你们世世代代好下去。"何封榜应允，幺房姓冉，不改派字，以何姓字派取名，将第四子何正贵继承冉姓。正大家场四代遗训，凡传统节日、红白喜事，祭祀祖先，不可忘记冉姓始祖，即八世始祖冉正位（徐君）。

生冉死何。因先辈承诺，何姓第四房冉姓人，生前姓名为冉姓，何冉派谱统一，冉姓人身故后墓碑中行写的何姓。恐日久子孙寻宗问祖不方便，故将冉姓人身故后墓碑中行规定写法为（以父为例）。故显考冉（何）公某某老大人之墓；女姓故显妣冉（何）母某某老孺人之墓。即体现幺房冉姓人是何姓子孙无疑，又便于子孙寻根问祖。此为 2013 年何（冉）宗族委员会共同商议之结果，何（冉）氏组建何氏宗谱修订委员会，首席顾问冉仕明、何仕伦、何文斌，顾问冉传怀、冉传保，组稿、撰文何文耀、冉传俊。

何冉一家人，按照祖辈承诺派谱一致，改姓不改派，270 余年，何冉一族相处于斯，和谐于斯。

冉姓何姓旧派谱 24 字：一承皇封，正大家声。仕传文学，在接忠贞。观光上国，重裕后昆。

2013 年，何氏宗谱编修委员会修订宗谱时，对原谱后 12 字辈音同字异，取名称呼不便的，经族人代表酝酿、协商同意，达成共识，原何封榜墓碑家谱后 12 字辈更为"尧宏祖德，世泽永长，存仁立义"，并续叙四派"从善必昌"。

何封榜乾隆七年（1742）迁徙来铺子房芭蕉园，近 300 年历史，传承子孙十二代，成为一个兴旺发达的冉氏（何姓）家族，先祖的硕德高风，弘扬家族的优良传统，"庐江堂上一旺族，尖龙坪中育贤孙"。

冉（何）氏新旧派字。原派字：一承皇封，正大家声。仕传文学，在接忠贞。观光上国，垂裕后昆。

新派字：一承皇封，正大家声。仕传文学，光宏祖德，世泽永长。存仁立义，从善必昌。

白果淌司马氏 鸦鹊水村白果淌司马氏，祖居湖北省荆州府公安县，因江汉平原水患频繁，迁徙于此。司马氏第十二世祖司马之岳，字又伸，生于顺治末年（1661），娶妻毛氏。膝下三子，长子司马维林、次子司马维春，三子司马维烈。康熙三十七年（1698），长江水患，灾民流离失所，始祖毛氏带家仆胡氏家人及三个儿子，经数月跋涉至本村白果淌，此前，白果淌由张姓人家居住，毛氏始祖至此后，与张姓达成协议，用家传一只金碗换买白果淌，白果淌为司马氏所属，毛氏始组将仆人胡氏家人安置于野猫洞偏东坡，司马氏定居白果淌，迄今 300 余年，传承子孙十三代，其中分一支落籍斑竹园贺家村，一支落籍沙地楠木园。子孙繁衍，人丁兴旺。

司马氏家乘派谱：应之维宗有，盛德啟师相，立朝经学芳。家声传世远，宏业铭彝常。宪典道前哲，莫献达玉堂。养成瑞正品，建树冠乡邦。

张　氏 张姓堂口、郡望在张氏家庭中颇多，有清河郡、范阳郡、太原郡、京兆郡、南阳郡、敦煌郡、襄阳郡、洛阳郡、河东郡、始兴郡等26个。

鸦鹊水村张氏,在村中总人口200人,居村姓氏人口排二。大部分张姓,同姓同宗不同支。迁徙鸦鹊水张氏均在改土归流之后,谱牒之书甚少,即无旧谱随身,又无新修良乘问世,故难查找其家庭根源及后裔繁衍之要件。

清河堂在鸦鹊水有天池坡和向家湾两支张姓家族。清河郡,汉时置郡,治所在清河(今河北清河东南),世居武城。

天池坡,向家湾张氏,实属一家,同郡同堂,同宗同派,同根同源,一脉相承。

天池坡张氏(张斌、成派),始祖张陞祖,祖居湖北省荆州府监利县小地名姚家妃。因江汉平原水患连年,清光绪十二年(1886),始祖张陞祖夫妇携长子张宜昌、次子张宜成,经数月跋涉来到恩施县白杨坪白砂埠落籍安居。长子成人立家娶妻李氏,膝下生养六子三女。次子张宜成娶妻王氏,膝下三子,长子张克明,娶妻涂氏,次子张克金,娶妻肖氏,三子张克贵,娶妻吕氏。张宜昌兄弟俩各有一个家庭,理应分家立业,张宜昌留守白杨坪。张宜成夫妇携三儿三媳离家到本村向家湾张氏祠堂租住,数年后迁居鸦鹊水街头天池坡。自始祖迁徙恩施120年,传承子孙六代,分别居住于白杨坪白砂埠、鸦鹊水天池坡、建始槐垧三处,人丁兴旺,子孙发达。

天池坡张氏派字(28字):品振先陞宜克昌,学成耀祖进光芳。本宗皆严发祥远,万里居住敢渔扬。

向家湾张氏与天池坡张氏同源同宗,祖籍相邻,向家湾张姓到本村稍早,两家张姓派字略有不同。

向家湾张氏派字(28字):品展先声宜克昌,学成耀祖庆观光。本宗咸正发祥远,万选广才巨誉扬。

尖龙坪彭氏(陇西堂) 彭姓始祖彭述尼,字原学,出生于清康熙四十九年(庚寅,1710),祖居湖南常德龙阳县,汉受乡新落村。雍正八年(1730),迁居尖龙坪庙宇垴,挽草为记,定居繁衍近300年,传承子孙十一代,世居尖龙坪、彭家大山一带。

家乘派字20字:述远京师道,文章贯朝廷。鼎佐光天德,家大永世兴。

赵　氏 天水堂,赵姓始祖赵兴堂,来本村定居至今200余年,传承后裔至善字辈共九代人。

赵氏字辈,历代派谱(32字):德维从世,令子伯师,希与孟由,原魁应锋,仍道思明,士代守良,文国之家,永远兴大。

二序家乘(40字):继绪承先业,积善庆泽长,茂昌开鸿运,显达万年光,体祖敦仁孝,怡谋本义方,祯祥天自锡,佐启桂兰芳。

黄　氏 (江陵郡)(江夏郡)黄氏先祖黄天治,明洪武元年(戊申岁,1368),黄天治携妻带子及佣人仆从,出任川东道台一职(道台为省与府之间地方官员,正四品),由山东出发,夜住晓行,一路跋涉,至巴东平坦村落业。

黄氏家族为迁居本村较早的家族。按人口多寡排列本村第七位，2013 年黄姓人口 137 人。

四、族徽图腾

族　徽　族徽，每个家族修撰家谱，将族徽刻印于封面，精致华丽，每一组成部分均有其悠久渊源。中华民族各姓氏有自己的族徽，象征本家族的标志，后人称其为族徽，族徽即为族名，与家族的称号“氏”有密切关系。

本村荆竹园汤氏族徽，由荆竹园汤氏族谱编纂委员会设计绘制。

中山堂汤氏鸦鹊水荆竹园支族族徽，从拼音首写字字母“ZST”为设计切入点，并将其变形为可视性艺术型标志。“T”为“汤”“堂”字拼音的首写字母，经艺术变形后近似中文的“中”字，“ZS”变形后置于“T”左右，形似两只象征和平的飞鸽，与“T”字有机结合在一起，形似汉字之“山”字，字母 ZST 表达含义为“中山堂汤氏”。

圆，圆即是周，标志以圆形的外部构型，为团结与圆满的象征，在圆中配以“万字格”，表达万事发意、万世通达寓意。

色彩，标志以绿色为背景主体色彩，外形以橙色相衬，字母以蓝色示之，绿色象征着蓬勃生机，持续发展和奋发向上、充满生机与活力，蓝色为房屋与和谐的象征，橙色为欢快活泼的光辉色彩，古以象征高尚与富贵。

整体结构寓意：中山堂汤氏宗族朝气蓬勃，团结一心，奋发图强，创造和谐、幸福的文明家族。

图　腾　图腾，源自原始社会，人们把某种动物或植物或非生物，当作亲属、祖先和保护神，相信有一种超能力保护自己，并获得它们的力量和技能。在原始社会人的眼里，图腾为一个被人格化的崇拜对象。姓氏图腾为艺术家王大有的个人创作。图腾崇拜为人类最为原始的崇拜物之一，图腾亦为群体标志，旨在区分群体。

图腾演变至今，经历初生阶段、鼎盛阶段和祖先崇拜。初生阶段，图腾对象与自然形态相似。鼎盛阶段，由于生产力发展，想象力提高，祖先的意识加强，形成“兽”的拟人化，将图腾对象赋予人的部分特征，图腾形象开始变为半人半兽，为图腾圣物，当作祖先崇拜。

鸦鹊水拥有姓氏图腾 52 个，蕴意各异。

五、族谱　家规　祖训

族　谱　村中姓氏 95 个，仅有滚龙坝向氏、荆竹园汤氏、洞扑猪冉氏编撰族谱，其余大部分家族，始祖迁徙到此之初，多为祖籍带有家乘派字随身、定居以后进入正常生活规律，与祖籍联络中断，故不少家族不知其派，大都流于传说，新修家乘无依据。

2000 年，滚龙坝向氏家族，推举向兴介、向忠极、向成学、向极成、向兴全、向忠心、向兴沛组成恩施滚龙坝土家族《向氏族谱》编纂委员会，历时两年，耗资 11550 元，完成新修家乘第一部族谱，于 2002 年 10 月面世颁谱。2007 年 7 月，荆竹园汤氏家族会聚部分代表，于汤吉炳家商议编撰《中山堂湖北恩施鸦鹊荆竹园支族〈汤氏族谱〉》，推举组建《汤氏族谱》编修委员会。编委汤吉炳、汤吉森、汤吉彦、汤吉柱、汤吉国、汤吉华、汤吉舜、汤吉槐、汤吉品、汤克银、汤文。执行编委汤吉炳、汤吉柱、汤吉舜、汤吉华、汤吉品。经两年时间完成编撰工作，2009年3月颁谱。

附　文：

向氏宗源溯　查谱载：原夫吾族，始于轩辕黄帝，有勇国太子长子姬水，即以姬为姓，又姓公孙氏。

“神龙氏即炎帝也，在轩辕之前为天子，纳西陵之女嫘祖为后，生昌意及玄嚣、方雷氏、彤鱼氏等二十五人，其他皆不备列，雎玄嚣即金天氏，又名挚，改姓己，生帝喾名变生。而神灵佐昌意子颛顼帝，帝受封于辛，故号高辛氏，年二十以木德王颛顼帝为天子。纳四女，元妃有邰氏，女曰姜嫄，生稷。”

“帝喾其次妃简狄，吞元鸟卵而契生，世传十三世生汤帝，汤帝命式于九围，历十有九代而生帝乙，其子微，子启食采于微。周伐周封启商墟国号，始有宋。”

“据春秋传，宋传十九世而生桓公。宋恒公名御说，生太子兹甫，庶子目夷字子鱼。兹甫言于桓公曰：夷，仁而有德，甫不如也，请君立之。公召夷，夷曰：能让，仁也，且嫡庶不可乱。遂逃，后立兹甫是为襄公（睓子鱼让国不立一事，见《东周列国志第二十四回》）后宋恒公封子鱼于向（地名），世系袭司马，子孙因以向为姓。因受封于向，故又名昤字向其，一人四名，由此考之，向始之始祖向其也。”

河内谱：因宋恒公封子鱼于向，令发河内省涯庆府河内郡。故历代向姓均以河内堂、河南堂、河内郡称著，亦有以“大耐堂”“重德堂”称者，此源于宋真宗称其宰相向敏中大耐官职，御笔新书“重德堂”三字匾，封以玉玺，赐悬相府。追其根、溯其源，凡向姓者，实属同一根，共一堂。

后因宋（国）乱，向宁率族奔陈复奔楚。子孙繁衍，散处于淮、泗、汝、甯之地，遂族淮宁延及洪都新郡，乃籍江西。又历汉、唐、元、明、清以来，于胜朝三分离析，于战乱兵之逃亡寄籍。向姓子孙大部分散处于豫、鲁、鄂、川、滇、黔、湘、闽、赣等地。自春秋宋氏有向姓，传至明末清初，向姓之家族延绵约90代、2000余年。

荆竹园汤氏颁族谱祭祖文：岁在己丑清明，维湖北恩施鸦鹊荆竹园汤氏，齐聚于始祖正海公陵寝前，燃烛焚香，告慰先灵。

吾湖北恩施鸦鹊荆竹园汤氏，自大清乾隆年间由湖南巴陵迁徙至此，落叶生根，几近300年矣，是因日月沧桑，世态炎凉，吾汤氏宗族谱牒，散失无存。兹有正海公嫡嗣九世孙辈倡启，于2005年始续修谱书，历经三载谱书已就，今祭祖颁谱，焚香叩拜，以彰祖宗之功德，表后世之虔敬，继往开来，泽被子孙，恭敬吾祖曰：汤氏嫡嗣，先祖陵前，庄严肃穆，紫气回荡。

告日良辰，阖族虔诚，祭祀祖先，聚集一堂。

溯源殷商，吾姓之根，一肪相连，中山范阳。

娇之以祖，支繁派衍，昭穆以序，谨袭族纲。
忆古颂今，源远流长，中山姓根，始自商汤。
遥想当年，汤乙雄风，逐鹿中源，灭夏建商。
代有人杰，紫袍金阶，文臣武将，国之栋梁。
武将汤和，大宋开国，跃马疆场，威名远扬。
文臣显祖，诗宋香山，文学南丰，千古传唱。
睢洲汤斌，文举鸿博，礼部尚书，誉满朝堂。
益阳汤鹏，幼称神童，道光进士，户部外郎。
斗转星回，日月轮回，千年过去，世事沧桑。
外夷侵扰，饥荒内乱，国受蹂躏，社稷大难。
山河破碎，国民遭殃，如遇猛虎，作鸟兽散。
昔我始祖，当属南迁，定居岳州，草鞋岭上。
躬耕农亩，卧薪尝胆，树大根深，再思拓展。
吾祖海公，弟兄六郎，离湘入鄂，扎根施南。
业农为本，谨言慎行，耕读继世，称誉一方。
忠孝传家，诚信待人，优良传统，子孙效仿。
皇天庇佑，海公吾祖，恩泽后人，人兴家旺。
承嗣祖德，我辈兴旺，工商仕农，成名耀榜。
抚今追昔，弘扬祖风，建功立业，鲲鹏翅展。
今逢盛世，吾辈导介，纂修谱牒，后辈留芳。
阖族宗亲，踊跃至诚，献力善款，功德无量。
无愧祖宗，激励子孙，新谱成册，告慰祖上。
承先启后，继往开来，光宗耀祖，再创辉煌。
唯愿列祖，敦睦宗族，枝繁叶茂，世代盛昌。
吾辈子孙，敬宗睦族，礼仪信廉，家盛业旺。
谨陈珍馐，酌以桂醇，神兮有灵，拜祭共尝。
缅怀祖德，万世勿忘，大礼告成，伏惟尚乡。

家规祖训　尖龙坪向氏家规：齐家不殊于治国，治国必本于齐家，顾国为用材之区，而家仍有育才之所，第有才者多自矜其志，即无才者复不安愚，是必父兄之教，庶几子姊之率，谨爰于例，下列规条：家必有长，国必有尊，以秉公执政，为先祖执法权利，族众不得以年长辈高相抗。亲为生身之本，孝乃百行之源，必得顺亲方可为人子，如或侮慢翁姑，屡教不改，从而责骂之犹其甚者，顺妻逆亲，经族人议决，送公治罪。兄弟即翕，父母其顺，族有？墙，族长公平，理斥曲折，倘不服议，以致赴公兴诉，族长直供原委，任上级核夺。同姓行必后，长坐必序，齿或疏远生伤，首尊卑，次是非。若属五服内，即尊长过分，尚须称量轻重，议四训、多寡锃有不服约束而反抵抗，经族人公议送公处理。邻里异姓，非旧眷即古亲，非公执即友谊，交际必恭，言语必逊，尊长则敬之，贤德则畏之，贫穷则怜之，或子姊小而口舌争，长大而捏故诈索，均以家法治之。

寡孤独乃至政施仁，所必尊者，或有贪暴子弟，肆行欺虐，一经投鸣政府，由各级理定曲直外理。士农工商，各有专业，否则懒惰，嫖赌游荡，甚至唆恶攻非或偷盗，族中有此以家法处之，再送有关机关判处。掌公服务，随执文约，挪用公款钱粮，凭户首结，并钱加二五、谷加三利率，每年祭祀已毕，经收支抵结，所剩多寡随文契共推下年，如或不当，仍向先年掌管者赔还，以此轮流，必待下手另推其责。祭祀原以报本，每年期冬，执掌公务者先将钱务，备办酒肴，除首士绅鉴，以及效用之外，各捐钱五十文，报名登账，领筹赴席，有违者罚。绅监乃祖德流芳所成，祀祖必须于夕，整齐衣冠，临祠会祭，除冠婚丧祭，老弱残废，不到者罚。谱书照房分领，多寡有别，恐后遗失，特编定字号于道卷，各有珍藏勿得轻贼，如有损坏，罚银五两入公。谱成之后，披阅其中，合记十九悉，以银珠霞印过后各房分领，勿许私人涂改，如违罚银五十两。光绪丙申年阴月阁族公立。

汤氏祖训：孝慈俭忠信。孝（国家）：对上国家、长官、父母师长；竭力（大孝于国家民族，小孝于父母尊长）。慈（人）：对下、平，慈故能勇（兼防止别人陷害）。俭：克己：对己。俭故能广。忠（责任、事）：敬业之道，尽命、慎终如始。信（信用、荣誉）：立业之本，轻诺寡信，美言不信。（不愚笨要诚实）

族训为忠、孝、节、义、仁、礼、智、信。忠于国家，胸怀大志，民族大义重朝纲。

孝于尊长，属守孝廉，敬宗睦族家盛旺；

节于自身，修德养性，廉躬外世莫卑亢；

义于朋党，微言端行，维护正道责应当；

仁于弱者，尊老爱幼，济贫扶弱慨而慷；

礼于交际，豁达贤明，平等待人自高尚；

智于思想，知博识渊，海阔天空天翱翔；

信于博众，水能载舟，万事顺意天地宽。

家规有孝顺父母；尊敬长上；和睦兄弟；严禁内外，以杜淫乱；严禁赌博；子弟及时延师教训，严禁骄浮，以敦族谊；严禁勾搭外姓，以陷同族；严禁外姓篡宗；严禁生产招赘。

戒酗酒祖训二十戒：旨酒当严恶，沉湎复何为，初筵楚笾豆，即醉夫威仪。戒尔儆宴乐，常铭卫武诗，荒耽防覆德，古训是良规。

戒欲色：色欲须预防，溃防即耻辱，守身凛冰渊，切勿随流俗。戒尔绝邪缘，清心自寡欲，跬步不可忘，阃范当严肃。

戒贪财：见得当思义，非义不可贪，甘受饥廉消，毋为虎视眈，戒尔勿罔利，洁己乃无渐，万钟与一介，取与道深谙。

戒使气：吾气原浩然，扩充赖宜养，集义自然生，非徒恃勇往，戒尔勿逞强，傲志不可长，守约效前贤，大勇共瞻仰。

戒多言：外世勿多方，多言必多失，与其逞词锋，何如崇陋质，戒尔慎枢机，守瓶勿悖出，口缄并舌扪，毕生常恂栗。

戒妄动：举动须循礼，非礼不可干，慎猪严食影，平居正衣冠，戒尔防轻妄，克念勿惮难，习成与性洽，自得硕人宽。

戒赌博：品行重儒林，赌博品斯下，耕读本良图，游惰胡为者，戒尔勿入场，斩却心中马，运甓慕陶公，卓然称大雅。

戒私宰：六畜惟牛苦，耕田悯卒瘏，鞭笞常负责，惨剥更何辜，戒尔存不忍，切勿鼓刀屠，君子怜觳觫，岂特远庖厨。

戒争讼：天水违行讼，雀鼠两相猜，孚窒惕中吉，终凶即召灾，戒尔须慎始，安贞器量恢，勿信刁唆者，枉自费赀财。

戒斗狠：好勇惯称能，物忤即斗狠，试看图圄人，每伤后悔晚，戒尔勿生嗔，临时须自反，君子常存心，毕世无招损。

戒听谗：谗口浸润来，轻听为所蛊，棘上频止蝇，市中信有虎，戒尔勿受欺，攻之在鸣鼓，谠论时时闻，风俗能反古。

戒匿怨：直道在人心，宽容怨乃释，腹剑空自戕，祗是寻仇隙，戒尔绝机谋，器量毋险窄，宿憾能冰消，中怀即畅适。

戒忌能：有容征大度，忌克即招尤，技彦同心好，声气乐应求，戒尔勿嫉妒，枉自为雠仇，揄扬复奖劝，雅量乃休休。

戒凌弱：危弱赖扶持，欺凌即丧德，任恤礼宜优，胡为自作慝，戒尔守天良，勿逞威势逼，寸地留有余，心田早培植。

戒矜才：才美如周公，尚虞骄且吝，况乃负片长，而徒好自用，戒尔去矜心，勉力求上进，推贤与让能，一生须谨慎。

戒饕餮：养正占颐吉，胡图尺寸肤，世间饕餮者，只是扰庖厨，戒尔节饮食，专心味道腴，淡泊以明志，箪瓢足慰吾。

戒溺女：好生称大德，溺女性何残，无良堪切齿，唤醒在披肝，戒尔休荼毒，婴儿一体看，胎卵犹矜恤，骨肉更心寒

戒戕冢：古冢宜培植，戕之实丧心，煤窿伤最酷，石荡害弥深，戒尔毋剥蚀，鬼神默鉴临，宽留有余地，何必苦相侵。

戒左道：正道君子由，异端空受辱，自命登天堂，岂知入地狱，戒尔预严防，不可存私曲，圣贤与同归，品行如金玉。

戒当役：职业宜归正，从来重四民，与为早隶子，甘作乞丐人，戒尔须奋志，辛勤自食贫，狐群与狗党，玷辱祖和亲。

家训（20 条）　敬天地：大德无疆，厥惟天地，雨润日暄，风行雷厉，养育群生，万古勿替，

戏豫驰驱，只自取戾，敬之敬之，是在诚意。

礼神明：威灵显赫，厥惟神明，尔室相在，勿见勿闻，夙兴夜寐，洁供粢盛，以妥以侑，惟寅惟清，质旁临上，勿爽权衡。

尊君上：惟君之德，溥及万方，中和位育，时若雨旸，恩深覆帱，共乐徜徉，炰羔奉酒，祝寿跻堂，愿言献曝，拜手赓扬。

孝父母：父生母鞠，罔极深恩，承欢祗事，木本水源，温凊冬夏，定省晨昏，捧盈执玉，颂祷椿萱，丧哀祭敬，重裕后昆。

和夫妇：夫义妇顺，如鼓瑟琴，正内正外，福禄来临，宜尔家室，和乐且耽，绸缪义切，伉俪情深，流芳苹藻，秩秩德音。

睦兄弟：兄友弟恭，理宜亲睦，傥不兼容，尺布斗粟，昔日姜肱，大被同宿，吹埙吹篪，如手如足，式好同心，无伤骨肉。

敦师谊：惟师教授，体分尊崇，礼取博喻，易重发蒙，游扬立雪，情谊何隆，问难请业，就养服动，心丧三祀，君文攸同。

笃交情：惟友切劘，是为心腹，籍订金兰，迁乔出谷，善劝过规，作为式谷，慎勿猜虞，云翻雨覆，事贤友仁，熏陶涵育。

课诗书：增光门第，诵诗读书，辛勤搜讨，讹辨鲁鱼，一生职业，万事权舆，库储元凯，帷下仲舒，知人论世，莫负居诸。

劝稼穑：民生在勤，各司厥职，无逸名篇，首重稼穑，惟黍与与，惟稷翼翼，是蓘是蔗，出作入息，春秋禴尝，以为酒食。

守俭约：处身立身，贵崇俭约，毋涉奢华，毋为耽乐，日用周旋，自甘淡泊，敬直义方，容止俨若，净涤靡风，光明磊落。

尚廉让：希圣希贤，自立名望，洁已惟廉，与人惟让，屏绝贪私，彬彬雅量，勿趋末流，随波逐浪，君子存心，克成直谅。

务诚信：束身儒林，务存诚信，无伪无欺，恐惧戒慎，立身有常，修己以敬，金诺鼎言，芳名远震，特达圭璋，德音玉润。

崇正直：立品端方，好是正直，邪曲胥蠲，古训是式，澳涊依阿，是为失德，视听貌言，无容差慝，树厥表坊，为子孙则。

联宗族：同姓亲疏，莫非宗族，血脉相连，昆弟伯叔，玉笋班班，花团锦簇，傧尔豆笾，山殽野簌，情志相孚，何来怨讟。

和乡邻：相友相助，是为乡邻，随时周急，敬老恤贫，岁时伏腊，饮蜡稣豳，吊贺庆祝，足见性真，风醲俗厚，和蔼如春。

屏私嫌：天真坦白，勿挟私嫌，伤人暗箭，痛下针砭，心无忌刻，身自端严，天人可质，大言炎炎，潜移默化，气静神恬。

急公义：浩气流行，惟奉公义，踊跃赴功，毋图名利，硕彦襟怀，高人节谊，稍有逡巡，难逃清议，卓彼先贤，克干大事。

凛国法：弼教明刑，是为国法，矩步规行，毋庸亵狎，遇事辛勤，先庚后甲，凛之凛之，彷徨周洽，君子常怀，敬德修业。

守家规：祖宗遗训，世守家规，耳提面命，聪听勿违，整齐严肃，切戒嘻嘻，勤俭为本，耕读为基，一门孝顺，合室咸宜。

贺氏蒙养规条　训立：书生站立要端然，两脚齐收似立莲，莫一脚前一脚后，将身跛倚向人前。

训坐：坐时双手肃容仪，端拱安然似塑泥，莫把一身偏左右，漫将两手弄东西，与人并坐休横股，独坐之时亦整衣，记得古人言一句，坐如尸也是吾师。

训行：行时无事莫匆匆，休与颠狂一同样，怕有崎岖须稳重，恐遭倾跌失仪容。但遇亲邻深作揖，若逢尊长后相从，凡人皆可为尧舜，只有徐行后长中。

训言：说话从今切勿轻，七言动辄取人嗔，尊长问时从实对，朋友相处需真情，打谎哄人轻薄子，至诚应物谨醇人，平无妄语温公者，吩咐儿曹要谨行。

训饮食：饮食随便饱时休，不宜拣择与贪求，若同尊席把杯举，便是同行务逊酬，鱼肉吃残须勿反，饭汤流溢甚堪羞，遗羹让果垂青史，饮食之人乃下流。

训事亲：父母深恩等昊天，儿当孝顺报生前，早晨先起问安否，晚夕还来看坐眠，怀巢便知恩顾养，望云心每在身边，有时打骂莫真怒，只是和颜与笑言。

训事师：师教深恩并父亲，尊师重道始能成，百工技艺犹如本，莫作忘恩负义人。

训事兄：兄友弟兮弟敬兄，天然伦序自分明，席间勿让兄居左，路上应弟居后行，酒食须先供长者，货财切勿起争心，谆谆诲汝无他意，原是同胞共乳人。

训处友：朋友之交道若何，少年为弟长为哥，同行共席须谦让，立志存心互切磨，终日群居谈义理，青春可惜莫蹉跎，休论富贵与贫贱，同气相求所益多。

训读书：读书端的要专心，义理相求明辨字音，讽诵务宜多遍数，晨错须自细推寻，诗书典籍盈天地，善行嘉言无古今，诚向此中求受用，一生胜积万嬴金。

口号：尔曹小子，虽未冠缨，大人学术，在培其根，根本若坏，终久无成，我编口号，诲尔谆谆，尔曹小子，是敬是承，一不得轻师为教，二不得犯长怒亲，三不得骄朋漫友，四不得盛气凌人，五不得多言妄笑，六不得胡乱骂人，七不得爱人财务，八不得打谎哄人，九不得早眼暗起，十不得闲坐游行。有一于此，便不成人，凡有高人，必须亲近，凡有客来，必须敬谨，有问方对，有呼则应，对尊人语，必须起身，有物奉上，双手殷勤，凡见乡邻，必须和顺，好言悦色，毋得侮凌，凡遇宗族，尤其亲近，尊卑长幼，伦序要分，但凡写写，必须楷正，硃墨笔砚，不可污身，好言好语，面当细听，非理分外，切勿去行，永能率教，可做好人，毋徒孟浪，误尔一生。

家德二十四要　要整洁祭祀，要孝顺公姑，要敬事夫主，要和睦妯娌，

要礼貌亲戚，要宽容奴婢，要教道子女，要体恤下人，

要洁治宾筵，要谨治门户，要性格柔顺，要举止安详，

要持身端正,要梳妆典雅,要低声下气,要谨言少笑,

要早起晚眠,要少使俭用,要学制衣裤,要会做饮食,

要打扫宅舍,要收拾家伙,要蚕桑织纺,要滋生畜产。

劝诫三十六莫 莫举止轻狂,莫妖娇打扮,莫偷眼斜视,

莫高声大笑,莫蓬头垢面,莫使性撒泼,

莫搬弄是非,莫离间骨肉,莫卖弄姿色,

莫炫耀服饰,莫嫉人胜己,莫夸己笑人,

莫逼墙窃听,莫倚门看街,莫忤逆不孝,

莫欺瞒夫主,莫伯叔争胜,莫妯娌不和,

莫溺爱子女,莫怠慢穷亲,莫结怨邻家,

莫私厚母族,莫男女同席,莫仿行男礼,

莫嫉妒婢妾,莫欺凌仆从,莫恶狠打人,

莫恶口骂人,莫埋怨家贫,莫轻见外人,

莫贪心无厌,莫鄙吝太甚,莫抛撒物料,

莫算命卜卦,莫斋僧饭道,莫寺观烧香。

以上皆亏损女德之事

庐江堂何(冉)氏族规 敦教敬,端心术,平气质,勤耕读;

崇节俭,尚姻睦,严孝训,慎交游;

择嫁娶,急正供,教学术,重品行;

定户尊,辨名分,杜争讼,广先泽。

族 训:自立自省,不惰不傲,

积善积德,成己成人。

三槐堂王氏家训 爱国家:国家兴亡,匹夫有责,国泰而民安,国强而民盛,人生在世,必须遵纪守法、忠信于国。

孝敬父母:羊有跪乳之恩,鸦有反哺之意。孟宗哭竹笋,董永卖身葬父,黔娄尝苦粪,王祥为母卧寒冰。天下无不是父母,人以孝为先,切莫忤逆不孝。

训子孙:正确教育子孙,是父母应尽之责,常言道:“富贵不教子,金冠必消亡”,孟母三迁,孔融让梨,燕山五桂芳,古有李三娘,训子名俱扬,要想子成人,绝不可娇生惯养,任意放纵。

家和睦:国正天顺,官清民安,妻贤夫和少,子孝父心宽,婆媳和谐旺,弟兄似胆肝。凡事须百忍,万代永承欢。

慎交友:居子以同道为朋,小人以好利结党,切不可同小人于不利于社会的勾当,而要同君子做有利于人民的事业,常言道是:钱财如粪土,仕义值千金,伯牙失子期,管宁拒华歆,鸡犬定约语,牛马誓盟心,相如和廉颇,皆是座右铭。

勤俭持家：成家靠勤俭，败家因铺张，坐吃山也崩，游荡则业荒。所以说：少壮不努力，老大徒伤悲。

德端正，心胸宽阔：人情似蒲纸，世事如棋新，为人不恃势，处世须留情，做事循天理，出言顺人心，宁可人负我，切莫我负人。勿饮过量酒，莫贪意外财，忍耐终有益，赌盗必招灾。殴斗身不与，是非口莫开，暗中休放箭，七里藏些呆。

友兄弟、睦宗亲：世上最难处是兄弟，兄弟间要互敬互爱互体谅。牢记煮豆燃豆萁的故事。

宗族之间以礼、以敬、以仕、以慈。

戒赌、戒斗：自古至今，摸牌赌博为败家之举，不正之风乃祸端之源。轻则倾家荡产，重则丧身毙命，全族人省之式之。

崇祭祀（生养死祭）：

没有天，哪有地，没有祖，哪有我，先人在世应厚于奉养，去也重于祭祀，理应慎终追远，不忘祖德宗功。

治家格言：黎明即起，丽扫庭除，要内外整洁，即昏便息，关锁门户，必亲自检点。一粥一饭，当思来外不易，半丝半缕，恒念物力难艰。

宜未两而绸缪，勿临渴而掘井。自奉必须俭约，宴客切勿流连。器具质而洁，瓦缶胜金玉，饮食约龙凤呈祥精，园蔬愈珍馐。勿营华屋，勿谋良田。

三姑六婆，实淫盗之媒，婢美妾娇，非闺房之福，童仆勿用俊美，妻妾切忌艳妆。

祖宗虽远，祭祀不可不诚，子孙虽愚，经书不可不读。居身务其简朴，教子要有义方。勿贪意外之财，勿饮过量之酒。舆肩挑贸易，勿占便宜。见穷苦亲邻，须加温恤。刻薄成家，理无久享，伦常乖舛，立见消亡。？兄弟叔侄，需分多润寡，长幼内外，宜法肃词严。听妇言，乖骨肉，岂是丈夫，重资才，薄父母，不成人子。嫁女择佳婿，无索重聘，娶妻求淑女，勿计厚奁。

见富贵而生谗容者，最可耻，遇贫穷而作骄态者，贱莫甚。居家戒争讼，讼则终凶，外世戒多言，言多必失。毋恃势力而凌逼孤寡，勿贪口腹而恣杀生禽。乖僻自是，悔误必多；颓惰自甘，家道难成。

狎昵恶少，久必受其累，屈志老成，急则可相依。轻听发言，安知非人之谮诉，当忍耐三思，因事相争，安知非我之不是，须平心遭暗想。施惠无念，受恩莫忘。凡事当留余地，得意不宜再传。

人有嘉庆，不可生嫉妒心，人有祸患，不可生喜幸心。善欲人见，不是真善，恶恐人知，便是大恶，见色而起淫心，报在妻女，匿怨而用暗箭，祸延子孙。家门和顺，虽饔飧不继，亦有余欢；国课早完，即囊橐无余，自得至乐。

读书志在圣贤，非徒科第；为官心存君国，岂计家身。守分安命，顺时听天。为人若此，庶乎近焉。

家规十五则　要遵纪守法，反对胡作非为。要赡养父母，反对忤逆不孝。

要和睦乡亲，反对打架斗殴。要兄弟和睦，反对煮豆燃萁。
要实话实说，反对夸夸其谈。要勤奋学习，反对虚度年华。
要加强团结，反对宗族分裂。要勤俭致富，反对游手好闲。
要热爱科学，反对封建迷信。要见义勇为，反对贪生怕死。
要婚姻自主，反对父母包办。要主持正义，反对同流合污。
要生财有道，反对损人利己。要尊祖敬祖，反对忘本变质。
要敢于进取，反对墨守成规。

第四节　阶级成分

1949年以前，鸦鹊水村封建地主土地所有制占据统治地位，地主阶级占有大量土地、农具、耕畜等生产资料，贫雇农土地少，生产资料缺乏，部分农民被迫给地主、富农家做长工、打短工。大部分农民租种地主的土地，交付高额地租。收成不好，农民交不上租课，轻则债台高筑，重则倾家荡产，四处流浪。1950年春，鸦鹊区委组织土改工作队，分别进驻鸦鹊水、滚龙坝、尖龙坪、卖铧沟、向家湾等自然村，开展清匪反霸镇压反革命运动，进入阶级成分划分和没收五大财产工作。划分阶级成分阶段，工作队以自然村为单位组织成立农会、贫雇团，以农会为核心学习划分阶级成分的政策，组织以过去的保为单位召开"大佬"，以新中国成立前的甲为单元召开小会，组织受苦受难的农民诉苦、斗争地主。按照先划地主，再划富农，后划中农和贫雇农的步骤，将地主土地收归公有。分给地主与农民同等数量土地后，剩余部分划给贫雇农。对地主房屋采取换房，对一般中小地主的房屋采取先留后分的原则，留给中小地主部分后多余的划给无房屋的贫雇农。划分阶级过程中，分别给地主、富农、坏分子、反革命分子戴上帽子，谓"四类分子"。

20世纪50年代中期至70年代，域内陆续对"四类分子"进行思想教育，劳动改造，指明出路，宽大处理。其中部分摘帽，划为正式社员或改定成分。

一、划分标准

1950年土地改革工作队进村后，宣传《中央人民政府政务院关于划分农村阶级成分的决定》，分别划分出地主、富农、上中农（又称富裕中农）、中农、下中农、贫农，其他劳动者等档次的阶级成分。

域内划分阶段成分，大致以资产占有量、生活来源和劳动参与程度和标准。

地　主　占有土地，自己不劳动，或只有附带的劳动，靠剥削为生的为地主。地主剥削的方式，主要是以地租方式剥削农民，兼有放债，或兼雇工，或兼营工商业，对农民剥削地租为地主剥削的主要方式，管公堂及收学租属地租剥削类型。部分地主虽已破产，破产后有劳动能力仍不劳动，而其生活状况超过中农者，仍然算地主。向地主租入大量土地，自己不劳动，转租他人收取地租，其生活状况超过普通中农的，称为二地主。二地主应与地主一例看待,自己劳动耕种一部分土地者,应与富农一样看待。

富　农　一般占有土地。但也有自己占一部分,另租入一部分土地的。也有自己全无土地,全部土地都是租入的。一般都占有比较优良的生产工具和活动资本,自己参加劳动,但经常依靠剥削为生活来源之一或大部。富农剥削的方式,主要为剥削劳力(请长工),此外或一部分土地出租,或兼放债,或兼营工商业。

中　农　大部分占有土地,部分中农只有一部分土地,另租一部分土地。有些中农并无土地,全部土地者为租入,中农有生产工具,中农的生活来源全靠自己劳动,或主要靠自己劳动,中农一般不剥削人,部分中农还受小部分地租、债利等剥削。中农一般不出卖劳力,另一部分中农(富裕中农)有轻微的剥削,但非经常的与主要的。

贫　农　占有少部分土地与不完全的农具,有些全无土地,或有一部分不完整农具。一般租土地耕种,受人地租与小部分雇用劳动力的剥削。

富裕中农　富裕中农是中农的一部分,生活状况在普通中农以上,一般有轻微剥削,其剥削收入的分量,以不超过全家一年总收入的30%,群众不加反对者,仍以富裕中农论。在民众政权下,富裕中农的利益与一般中农得到同等保护。

反动富农　新中国成立前后,有重大反革命行为的富农为反动富农,对于反动富农没收本人及其家属中参加反革命行为的人的土地和财产。

破产地主　新中国成立前,地主已经全部或最大部分失掉其在土地财产上的剥削,有劳动能力仍不从事劳动,而其生活状况超过普通中农者,为破产地主,破产地主为地主阶级的一部分。

二、阶级成分复查

1963—1966年,开展“四清”运动,对阶级成分进一步核查,至1966年“四清”运动末期,阶级成分落实定案。

1966年鸦鹊水区域内阶级成份统计表

表2-5

项目＼单位		鸦鹊水(中心大队)	向家湾(永进大队)	滚龙坝(红日大队)	尖龙坪(春景大队)	卖铧沟(高照大队)	合　计
合　计	户数	150	124	162	142	97	675
	人口	611	520	720	687	438	2976
贫　农	户数	79	67	87	99	53	385
	人口	308	267	410	470	238	1693
下中农	户数	7	7	3	9	10	36
	人口	23	38	13	44	49	167

续表2-5

项目＼单位		鸦鹊水（中心大队）	向家湾（永进大队）	滚龙坝（红日大队）	尖龙坪（春景大队）	卖铧沟（高照大队）	合　计
中　农	户数	17	16	15	19	20	87
	人口	93	68	62	81	82	386
上中农	户数	16	19	23	3	3	64
	人口	61	88	86	22	9	266
其　他劳动者	户数	18	4	9	4	2	37
	人口	69	14	41	22	7	153
富农分子	人	3	7	3	4	4	21
地主分子	人	15	11	33	10	5	74
坏分子	人	2	2	—	—	1	5
反革命	人	2	—	1	1	—	4
地富子女	人	35	25	70	33	43	206
右　派	人	—	—	1	—	—	1

1978 年后，通过群众评定，对表现好的“四类分子”，拥护中国共产党、拥护社会主义的，全部“摘帽”。

第三章 经 济

土司制度时期,域内人烟稀少。改土归流后,土司及其宗室所拥有的财产依然存在,他们广置田土,以致“土著之家,亦复巍为望族”。大量移民迁至,先至者挽草为界,占据荒山,或典买耕种,或招佃承垦,逐步形成封建地主经济。

地主经济的形成靠剥削为主,其剥削方式主要是地租、雇工、高利贷3种方式。地主占有土地,无地农民种地向地主课租,地租有3种形式,即劳役地租、货币地租、实物地租,普遍是实物地租,实物地租有“活租”和“死租”之分。活租即生产工具、种子、肥料及用工一切生产费用由佃户自己承担,其产品由佃户和地主分成,根据土地好坏、肥瘦,商议分成比例。死租即地主与佃户依土地质量,耕作难易,协定租额,不论年岁丰歉,佃户如数交纳课租,如遇灾年佃户交纳不起,地主将欠交部分转租为贷,作本计息,定期不还将息变本,变本加厉计算。地主常用加项办法不断升租,逼其破产,使之沦为雇工。封建土地所有制度使大部分农民在高租重利盘剥下,终年辛劳不得温饱。

第一节 生产关系

一、封建土地所有制

1950年前,土地、山林为封建土地所有制,包含国家所有制、地主所有制和农民所有制3种形式。鸦鹊水村为地主所有和农民所有2种。

地主所有制 地主拥有大量土地,利用土地出租,高额收取地租,剥削贫苦农民。地主阶级一般掌握地方政权,借助政权保障地主阶级的利益,地主阶级成为封建社会的统治阶级,特权阶级。故地主土地所有制是域内封建社会生产关系的核心。

农民土地所有制 即个体农民土地所有制,域内个体农民土地来源,主要是先辈们迁徙至此,定居落籍以后,挽草为记,大量荒山划归为己,然后世世代代为生计而开垦,世袭承继。部分为迁徙至此后,由先辈们购置。该部分土地拥有者人数较多,为封建社会向国家缴纳税赋、服兵役和徭役的主要对象。

二、土地改革

鸦鹊水土地改革,始于1950年秋。鸦鹊区委组织工作组进驻本村,工作队队长刘德凤,组长钟文喜。土地改革按3个步骤进行,即宣传土改政策、扎根串联、没收地主五大财产与分配果实、土改复查与民主政权建设。

工作队在扎根串联阶段，宣传各阶层土改政策，依靠贫雇农团结中农的政策；对富农的经济实行保护的政策；对守法地主区别对待的政策。扎根串联中，工作队选择较勤劳正派的贫雇农（当时称土改根子）为依靠，以自然村为单位组成贫雇团，推举贫雇团主席（农会主席），鸦鹊水推选向子禄、滚龙坝推选向朋极、尖龙坪推选赵先美、卖铧沟推选胡举学、向家湾推选程盛希分别为各村农会主席。

在土地改革结束时，工作组着手地方民主政权建设。在尖龙坪成立现龙乡政府，辖尖龙坪、卖铧沟、车河。在滚龙坝设立滚龙乡政府，辖鸦鹊水、滚龙坝、向家湾。

三、互助组与合作社

土地改革结束后，为解决劳动力、大牲畜、农具缺乏的困难，按照自愿互利原则组织起劳动互助组织。20 世纪 50 年代，鸦鹊水组织互助组 6 个，滚龙坝 7 个，尖龙坪 8 个，卖铧沟 6 个，向家湾 7 个。

农村合作化运动，在互助组基础上开展，农村合作化分为初级农业合作化阶段、高级农业合作社两个阶段。

初级农业合作化阶段　土地改革将封建土地所有制变为农民私有制后，结合互助组的合作生产劳动，开始引导农民走向合作化道路。在土地和其他生产资料私有制和分散经营的基础上实行劳动互助，建立农业初级合作社，农民通过土地入股，集中经营、统一分配的方式联合生产。

高级农业合作社　由初级社转为高级社。仅 1956 年下半年，即完成组建高级合作社任务。在高级合作社阶段，取消农民按土地、耕畜、农具分红制，将农民土地私有制改变成合作社性质的劳动群众集体所有制，土地的农民所有被集体所有代替。

组建农业合作社的同时，自然村变为社。向家湾更名永进社，鸦鹊水更名中心社，滚龙坝更名为红日社，尖龙坪更名为春景社，卖铧沟变更为高照社。

1956 年 1 月，成立滚龙坝乡政府，驻地茅坎山，首任乡党委书记杨菊芳，至 1958 年 11 月更名为滚龙管理区，1961 年 5 月易名为滚龙人民公社。

1956—1957 年鸦鹊水区域农业社入社情况统计表

表 3-1　　　　单位：人、亩、户

项目/单位	生产小队	入社户数	入社耕地面积	入社人口			单干户数	入社劳力	
				合计	男	女		男	女
向家湾（永进）	5	128	1248.60	497	247	250	—	124	109
滚龙坝（红日）	4	125	891.79	488	247	241	3	110	108
鸦鹊水（中心）	6	177	1054.60	560	249	311	1	120	130

续表3-1

项目/单位	生产小队	入社户数	入社耕地面积	入社人口			单干户数	入社劳力	
				合计	男	女		男	女
尖龙坪(春景)	6	120	1117.60	566	295	271	7	115	106
卖铧沟(高照)	5	83	734.00	379	190	189	3	80	77
合　计	26	688	5046.59	2490	1228	1262	14	549	530

四、人民公社时期

1958年8月,区委干部传达宣传北戴河中共中央政治局扩大会议通过的《关于在农村建立人民公社问题的决议》精神。11月,成立人民公社。鸦鹊水村隶属于滚龙坝管理区。1961年5月,更名为滚龙人民公社。人民公社时期,各生产队办"伙食堂"、托儿所。"大跃进"年代,大办工厂、高炉,农村办中学、红专学校,滚龙坝办起工农兵大学,每个大队有综合厂,民兵连开展亦兵亦农,学生实行半耕半读,组织军事化,行动战斗化,生活集体化。人民公社化运动中,5个社均办综合厂,或称手工业社,集中当地"九佬十八匠",编草鞋、打铁、做木工、缝纫等,统一领导,统一由社核算分配。兴办试验田、高产田、吨粮田、丰收田等。

人民公社化分配制度,工资制和供给制是人民公社主要分配形式,主要特点是一大二公。

1962年9月,中共中央通过《农业六十条》的修正案,明确规定:人民公社的基本核算单位是生产队。人民公社的组织可以是三级,即公社、大队、生产队,以队为基础,独立核算,自负盈亏,直接组织生产,组织收益分配。30年不变。中国共产党第十一届三中全会,讨论并决定《农村人民公社工作条例》,试行草案下发试行,全会明确指出:"人民公社现在要继续稳定的实行公社、大队、生产队三级所有,生产队为基本核算单位的制度。集中力量发展生产力。"

五、联产承包责任制

村内集体经济经营体制,是以家庭联产承包为主要形式的责任制和统分结合的双层经营体制。以集体经济组织,即"恩施市崔家坝镇鸦鹊水村经济联合社""恩施市崔家坝镇向家湾村经济联合社"等辖区内共5个经济联合社为土地经营发包方。鸦鹊水、滚龙坝、尖龙坪、卖铧沟、向家湾5个村,分别实施小段包工定额计酬,专业承包联产计酬、联产到劳、包产到组(将生产队划分为若干小组)。

鸦鹊水家庭联产承包责任制的推行,经历两个阶段。第一阶段在1982年,称"一轮承包",首先以各生产队为单位,实行财产登记,在弄清集体债务和债权的基础上,实行债权减债务,联产承包到户,耕地按类型民主测评核定产量,按人口多少,因地制宜等级搭配,生产队所有耕畜、非耕牛、农具、保管室、大猪圈、加工厂以及农副产品加工机械,分别评价出售,一般大牲畜、耕牛和非耕牛，由几户农户联合共用，所出售集体财产现金，用于生产队农户通电设施建设等公益事业和债务偿还，余者纳入分配，农户按照所得田亩多寡，与经济联合社签订合同，完成农业税、派购任务、上交提留等。

1988年，在家庭联产承包责任制基础上，进一步完善和理顺村土地承包关系，逐步把土地引入竞争机制，提高土地适度经营规模意识和法律意识，进一步解放生产力，提高劳动者素质，充分发挥地力和促进农业生产要素的合理配置。按照“大稳定、小调整”的原则，在原一轮承包“人均包田”基础上实行二轮承包两田制。

两田制　即把土地划分为“口粮田”和“责任田”。在一轮承包时的土地面积、核定产量、土地类型不变的情况下，将口粮田限定在年人均150千克左右，剩余土地为责任田。责任田按核定的粮食产量承担国家、集体上交任务，进行发包。耕种责任田者承担其农业税及上交提留等任务。两田制称二轮承包。二轮承包中，明确集体所有土地权属村民委员会，农民拥有承包期内的经营权，村民委员会根据各承包户经营能力和经营条件，经过民主评议确定土地发包方案，适度的耕地由经营能力强、信守合同的农户承包，发包期内对不信守合同的发包方有权加收违约金直至收回责任田。两田制实施3年后，不能完全适应形势发展，存在矛盾和弊端，土地利用率和使用率较低，大部分农民经营规模小，不能满足劳动致富的要求，造成土地浪费和剩余劳动力多。1991年，由两田制延伸推行三田制。

三田制　在两田制基础上和保证人均年125～150千克粮食标准前提下，余者为“责任田”和“经济田”。凡户口在本村的村民均享受承包权，承包口粮田的农户承担按比例的农业税、特产税、教育附加费、民工建勤费、国防费、优抚费。田块选择上口粮田划低产田或边远田块。其余耕地为责任田和经济田，责任田实质上是商品粮田，主要承担国家定购任务和一定比例农业税、特产税，不再承担集体提留任务，责任田的承包按劳动力强弱、耕种能力以及处理国家、集体、个人三者之间关系等方面，进行民主评议审定，由村委会向农户发包。经济田，用于发展经济作物，由村委会向农户实行招标承包。

1991 年滚龙乡“三田制”落实情况统计表

表3-2

单位：个、人、户、亩、斤、元

项目 / 单位	村民小组	总户数	总人口	劳动力	总耕地	口粮田			责任田				经济田		
						面积	产量	人均口粮	面积	产量	承担任务		面积	产量	承包费
											定购	其中公粮			
鸦鹊水	7	202	738	346	563.4	204.4	155341	260	94.93	67342	21125	9495	189.07	128275	14366
向家湾	6	191	713	391	858.6	350.6	220947	300	271.67	230957	46081	19050	236.30	221765	18149
滚龙坝	8	259	947	515	931.2	389.3	247373	250	276.26	223863	69935	34578	265.60	251771	23680
尖龙坪	8	251	981	508	919.0	445.7	296374	300	312.15	294845	66673	23485	307.20	321975	21615
卖铧沟	6	148	562	324	801.5	241.5	142000	250	300.40	242341	46593	21142	259.6	23900	13711
合　计	35	1051	3941	2084	4073.7	1631.5	1062035	272	1255.41	1059348	250407	107750	1257.77	947686	91521

第二节 经济结构

一、综合经济结构

清代中期，改土归流后，汉族迁入，带来农业技术，先后引进玉米、马铃薯作物。农作物品种增加并广泛种植，高低田土使用牛犁，绝壑危坳牛犁不至，皆用人力为刀耕。种植方式逐步改进为秋种夏收和春种秋收，分季种植。清代后，地方政府不修农政，土地兼并日甚，租课、债务苛重，贫民日渐困苦。

村内经济作物种植品种单一，苎麻种植较早（俗称火麻），清乾隆年间种植广泛。麻有三季收割，种植加工苎麻为农事活动重点。卖铧沟长槽麻坑，因种植和粗加工苎麻而得名。向允魁，字东升，乾隆年间于尖龙坪兴办纺织厂，专事苎麻加工编织，织成精布尚可摭身护体，织成布条男可绑腿，女可裹脚，后该地名称机匠坡，现旧址尚存。村内二高山以上地带，栽植漆树收割生漆，二高山以下种植桐籽、木梓（乌桕），村中农家将生漆、桐油木油人力挑至云阳，换取食盐及日用品等。苎麻、生漆、桐为主要经济来源。

新中国成立前，中等人家子弟拜师学艺谋求生计，子女学一门手艺做艺挣钱，解决日常家庭用度，亦为经济渠道之一。村中山大人稀，药材资源丰富，种植药材换取生活日用品。贫困人家，年景好时可“衣能勉强遮体，食可马虎度日。”多数年景衣不遮体，食不果腹。

二、农业产业结构

人民公社时期 自1958年11月起，实行人民公社化兴起，以大队为单位兴办综合厂，将手工艺人集中起来作业。1961年以后，实行三级所有队为基础，综合厂手工艺人返回各自生产队。大部分手工艺人和生产队约定，由生产队派出从事副业，按月向生产队交副业款，每月20~30元不等，生产队给副业工计算工分参加年终分配。

种植结构，分大春、小春作物。大春作物称秋粮，春种秋收，主要有玉米、红薯、黄豆；小春作物为夏粮，冬种夏收，主要作物有小麦、油菜、马铃薯、豌豆。1963年，滚龙公社（现鸦鹊水村范围）共660户，总人口2629人，劳动力1055人，秋粮播种面积3240亩，玉米2842亩，黄豆1219亩。夏粮播种面积2209亩，其中小麦158亩，大麦95亩，蚕豆378亩，马铃薯1542亩，其他杂粮36亩。全年总产999610.5公斤，其中大春作物总产500525公斤，稻谷33125公斤，玉米424106.5公斤，黄豆37650.5公斤，杂粮5643公斤。小春作物总产量157026公斤，其中小麦4714.5公斤，大麦2120公斤，蚕豆8161公斤，马铃薯原粮133362.5斤，其他杂粮727.5公斤。全社养殖黄牛168头、水牛26头、马5匹、生猪782头（存栏数，包括母猪59头、仔猪156头）、山羊731只、蜜蜂54箱，全年总收入109908.18元，其中农业收入83605.79元，经济收入23893.19元，其他收入2409.2元。总收入中，种植业收入占总收入76.4%；养殖业和其他副业收入占总收入的23.6%。

1978年后，鸦鹊水村经济结构逐步调整。1984年，全村粮食总产量147.835万公斤，其中夏粮58.23万公斤，秋粮89.605万公斤。经济作物面积和畜牧业产量增加，油菜子产量11.925万公斤，晒烟产量22155公斤，白肋烟产量48050公斤，生漆产量850斤，桐梓、棕片产量分别为400担、645担，以柿子为主的水果总产量2100担。养殖业产量上升，生猪存栏1837头，出售猪肉89848公斤。全年总收入814060元，其中农业收入517770元，占总收入的63.6%；副业收入147310元，占年总收入的19.4%；畜牧业收入134000元，占年总收入的17%。其他收入14980元，年总费用197655元。全年纯收入616405元，上缴税收和提留30719元，农民实得收入585686元，人平纯收入155元。

1984年鸦鹊水村经济结构统计表

表3-3　　单位：亩、公斤、担、元、头、%

项　目	合　计	鸦鹊水	滚龙坝	尖龙坪	卖锌沟	向家湾
全年粮食总产	2956700	504000	352700	900000	500000	700000
其中夏粮	1164600	204000	152700	360000	200000	247900
主要品种：小麦	264200	68000	33300	30000	33000	99900
马铃薯	763200	132000	119400	330000	167000	14800
秋　粮	1792100	300000	200000	540000	300000	452100
主要品种：稻谷	80000	9000	70000	—	1000	—
玉　米	1341000	225000	110000	426000	230000	350000
红　薯	170400	25000	11000	35000	47000	53400
油菜籽	238500	44000	42000	向日葵14500 64000	36500	52000
晒　烟	44310	6300	4800	20400	810	12000
白肋烟	96100	13500	2500	38100	18000	24000
生　漆	1700	190	700	590		220
桐梓、棕片	桐子400 棕片645	桐子400 棕片140	—	棕片105	—	棕片400
蚕　茧	800	800	—	—	—	
养殖：生猪	1837	406	228	460	313	430
出售猪肉	179696	44816	45600	19320	37560	32400
山　羊	788	140	210	148	160	130
水　果	柿2100	185	柿600 桃200	柿630	—	柿500
全年总收入	814060	146870	94200	307410	126700	138880

续表3-3

项　目	合　计	鸦鹊水	滚龙坝	尖龙坪	卖铧沟	向家湾
1.农业	517770	114870	39000	135000	102400	126500
占总收入(%)	63.6	78.2	41.26	44.1	80.8	91.1
2.副业	147310	13500	17600	107410	11000	1400
占总收入(%)	19.7	11.8	19	34.9	0.86	1
3.牧业	13400	18500	41200	47500	13300	9500
占总收入(%)	17	10	43.74	21	18.34	6.9
全年费用	197655	17845	4900	76030	18380	50500
年纯收入	616405	129025	89300	231380	78320	88220
税收及提留	30719	3114	1283.9	5342	4104	3666
农民实得收入	585686	125911	74967	226038	74216	84554
人　平	155	184	83	240	125	125

改革开放时期　20世纪90年代中期,鸦鹊水村联产承包责任制全面稳定,确定本村农业综合开发试验区目标和“九五”期间战略目标,调整发展思路,推进农业综合开发试验区,辖区内的向家湾、尖龙坪、卖铧沟3个自然村被列入调整结构,为发展支柱产业财源建设重点村。采取镇、村两级发展创税率高的支柱产业,将白肋烟作为拳头产品,向家湾、尖龙坪、卖铧沟3地烟叶面积达到总耕地面积的50%,逐步发展成为烟叶专业村。

1997年鸦鹊水村经济效益统计表

表3-4　　　　单位:万公斤、头、只、万元、元

项　目	合　计	鸦鹊水	滚龙坝	尖龙坪	卖铧沟	向家湾
粮食总产	294.66	42.58	79.65	62.9	42.23	67.3
其中:夏粮合计	128.3	16.1	27.2	30.1	23.3	31.6
小　麦	40	6	7	9	7	11
洋　芋	87.2	10	20	20.8	16	20.4
杂　粮	1.1	0.1	0.2	0.3	0.3	0.2
秋粮合计	169.36	26.48	52.45	32.8	21.93	35.7
其中:稻谷	11	1	10	—	—	—
玉　米	113	19	30	23	15	26
红　薯	35	5	10	7.5	5	7.5
黄　豆	6.51	1.13	1.75	1.25	0.88	1.5

续表3-4

项　目	合　计	鸦鹊水	滚龙坝	尖龙坪	卖铧沟	向家湾
杂　粮	3.85	0.35	0.7	1.05	1.05	0.7
粮食定购	56162	7173	19500	12850	11584	11055
其中:公粮	55431.25	5699	17664	11748	10568.5	9751.75
烟叶总产	55.6	1.9	7.2	21	14	11.5
产　值	222.4	7.6	28.8	84	56	46
油　菜	8	2	2	1	1	2
魔　芋	10	1	2	3	2	2
生猪饲养量	10200	1900	3400	2000	1200	1700
出栏量	4800	900	1700	900	500	800
山羊饲养	4100	200	500	1400	1000	1000
出　栏	2300	100	300	800	600	600
家禽饲养量	7500	1400	1100	2000	1300	1700
农村经济总收入	1654	346	392	407	229	280
其中:农业	270	39	72	57	41	61
多种经济	480	22	68	172	117	101
畜牧业	375	66	128	74	43	64
林　业	78	6	10	30	14	18
劳务收入	238	107	63	37	9	22
人平纯收入	9483	2120	1934	1823	1863	1743
费用合计	93720	17568	21720	23976	13200	17256
三　提	39050	7320	9050	9990	5500	7190
其中:管理费	27450	4320	9450	5990	3300	4390
公积金	7800	1500	1800	2000	1100	1400
公益金	7800	1500	1800	2000	1100	1400
小　计	54670	10248	12670	13986	7200	10066
1.教育附加	39050	7320	9050	9990	5500	7190
2.民兵训练	3905	732	905	999	550	719
3.民工建勤	3905	732	905	999	550	719
4.优　抚	3905	732	905	999	550	719
5.计生费	3905	732	905	999	550	719

三、专业户

联产承包责任制后,出现以家庭为单位的专业户。向礼极为生猪养殖万元户,1985年总收入15000元,纯收入12280元。向家湾汤克银、程和权、刘宜清、黄树斌、潘英成、朱祥福;卖铧沟黄作青、黄树柏,尖龙坪蔡俊贵等一批种植白肋烟专业户,卖铧沟合作社瓦场,刘世安工商业专业户,魏传斌、张昌华运输专业户等应运而生。

尖龙坪向小云,为回乡女知识青年、共青团员,高考落榜后回到家乡养鸡,在自家宅基地搭建鸡舍,购回"北斗航""歹斯基"等良种鸡,1985年养殖良种鸡300余只,收获鲜蛋250千克,当年养鸡收入3300元,受到恩施市人民政府表彰。

养殖生猪专业户朱以菊、谭仕珍、向贤成、张学艳、向成林、郑庆夫、向奥极、黄凯荣、向兴雄等,分别受到恩施市人民政府、崔家坝镇人民政府表彰。养殖山羊专业户王汉民、汤吉元、崔元杰、向宜极、苏良定、彭月廷等,分别受到市、镇政府表彰。白肋烟种植,受到恩施市、崔家坝镇表彰的有蔡俊贵、向极胜、陈胜元、马立新、向吉三、胡诗林、向极泽、谭光宝、向极波、向极荣、马立俊、汤克兵等受到市、镇政府表彰。

2003年,鸦鹊水村经济建设指标在恩施市172个村中排位名列前茅。全村沼气池建设375口(2003年年底累计),全市排名第三十三位;乡村公路到组全市排名第十七位;农村经济收入总额1375万元,居全市第五十五位,烟叶种植面积892.5亩,全市排名第四十六位;白肋烟叶产量129.5吨,全市排名三十八位,多种经济魔芋种植面积118亩,总产量117吨,全市排名八十四位,干鲜果总产量36吨,在全市排名第七十六位;生猪饲养量7655头,出栏生猪4166头,户平出栏2.83头,全市排名量四十五位,山羊饲养量4567只,全市排名第一位;山羊出栏812只,排名全市十三位。

2013年,全村人口4138人,劳动力2813人。从事家庭经营的2013人,从事第一产业(种植业和养殖业)的720人,外出务工800人,有各类专业大户18户,全村农村经济总收入3560万元(其中出售产品收入2000万元),总收入中农业收入1796万元,占总收入的50.4%,在农业收入中种植业收入1556万元,占农业总收入的86.6%,出售种植业产品收入760万元,占农业种植业收入的48.8%,其他农业收入240万元,占种植业总收入的15.4%。林业收入2万元。畜牧业收入1161万元,占总收入的32.6%,出售畜产品收入976万元,占畜牧收入的84%,全年工业收入200万元,占全年总收入的5.6%;建筑业收入80万元,在总收入中占2%,运输业总收入124万元,在总收入中占3.4%,全村商业收入96万元,为总收入的2.7%,服务业和其他收入101万元,占总收入的2.8%。

四、劳务输出

20世纪80年代末期开始,域内劳务输出得到当地政府支持,并提供多渠道就业途径。崔家坝镇人民政府设立劳动服务部门,实行劳务中介,有组织、有领导、有计划地劳务输出,使村内富余劳动力进入劳务市场,开辟第三产业,促进经济振兴。本村在外务工的第一种情况是夫妻间出门 1 人,留 1 人在家带孩子和照顾老人;第二种情况是夫妻双方在外,小孩留在家由老人带着,该批儿童在社会上被称留守儿童;第三种情况是夫妻双方带着小孩离家打工,只留父母老人在家,称空巢老人。2013 年,全村在外务工 800 余人,其中在恩施市辖区务工 50 人,在湖北省内务工 132 人,在外省务工 618 人。务工人员大多数选择进入工厂。在福建莆田鞋厂的人员较多。外出务工人员中,女性占绝大部分。

2013 年鸦鹊水村部分外出务工人员情况一览表

表 3-5

姓　名	性　别	组　别	务工地点
向成彦	女	—	黄石经济开发区
吴松梅	女	魏家湾	武汉市江夏区
陈　坤	女	魏家湾	广东深圳宝安区龙华镇
谭远平	女	魏家湾	福建莆田涵江区
汤银春	女	魏家湾	广东省东莞市常平镇
乔柳菊	女	魏家湾	广东省深圳市龙岗
谭学英	女	魏家湾	福建莆田涵江区
张文艳	女	魏家湾	福建莆田涵江区
汤红霞	女	魏家湾	广东省惠州城区
魏　兵		魏家湾	北京市平谷区大华山
谭大春	女	魏家湾	福建省莆田
吴红平	女	魏家湾	福建莆田涵江区
何英章	女	魏家湾	广东东莞常平镇
朱瑞桃	女	魏家湾	福建省莆田涵江
吴尧顺	女	魏家湾	福建省莆田涵江
夏卫荣	女	魏家湾	福建省莆田
王启梅	女	魏家湾	广东省深圳宝安区
刘诗桃	女	魏家湾	福建省莆田涵江
潘　丽	女	魏家湾	广东省深圳宝安区
汪本学		魏家湾	福建省莆田涵江
周传福	女	魏家湾	福建省莆田涵江
郑小芳	女	魏家湾	广东省深圳龙岗区
张　玲	女	魏家湾	武汉市武昌区白沙洲
张艳平	女	魏家湾	湖北省远安县鸣凤镇

续表3-5

姓 名	性 别	组 别	务工地点
魏 超		魏家湾	福建省莆田涵江区
吴远青	女	魏家湾	北京市大兴区
田 芹	女	魏家湾	北京顺义区
陈国凤	女	魏家湾	福建省莆田涵江区
向玉珍	女	魏家湾	福建省莆田涵江区
王秀丽	女	魏家湾	—
黄玉桃	女	魏家湾	福建省莆田
魏登成		魏家湾	湖北省公安县埠河镇
刘少枝	女	魏家湾	福建省莆田
郑金玉	女	魏家湾	福建省莆田
谭学英	女	魏家湾	广东东莞清溪镇
朱瑞清	女	魏家湾	福建省莆田
曹秀梅	女	魏家湾	福建省莆田
吴远芝	女	魏家湾	福建省莆田
朱祥会	女	魏家湾	福建省莆田
汤 勇		魏家湾	福建省莆田
胡体贵	女	魏家湾	福建省莆田
许 菊	女	魏家湾	嘉鱼县陆溪顺
谭莫飞		魏家湾	福建省莆田
向 黎		卖铧沟	武汉市洪山区狮子山街
胡诗菊	女	卖铧沟	福建省莆田
王福英	女	卖铧沟	广东省中山市
陈仲秀	女	卖铧沟	福建省莆田
张 冰	女	卖铧沟	广州市白云区
王祥月	女	卖铧沟	广东深圳宝安区
孙明春	女	卖铧沟	蔡甸区大集街
廖德政		卖铧沟	广东省深圳
刘文玲	女	卖铧沟	上海市
李忠艳	女	野猫洞	福建省莆田
谭兰平	女	野猫洞	武汉市江汉区花楼街
朱祥英	女	野猫洞	福建莆田

续表3-5

姓　名	性　别	组　别	务工地点
张智彩	女	野猫洞	广东省东莞
李娇娇	女	野猫洞	武汉市武昌区
谢珍兰	女	野猫洞	福建省莆田
许怀翠	女	野猫洞	福建省莆田
张智桂	女	野猫洞	广东省深圳宝安区
严长翠	女	野猫洞	广东省深圳龙岗区
陈秋燕	女	野猫洞	广东省东莞市常平镇
向成贤	女	尖龙坪	福建省莆田
李宗银	女	尖龙坪	福建省莆田涵江区
徐世菊	女	尖龙坪	福建省莆田涵江
王　琴	女	尖龙坪	北京市顺义区
李寒樱	女	尖龙坪	南漳县城头镇
黄冬梅	女	尖龙坪	福建莆田涵江区
许园园	女	尖龙坪	广东深圳龙岗区
蒋宗艳	女	尖龙坪	广东省东莞
阮　琼	女	尖龙坪	武汉市武昌区白沙洲
王启凤	女	尖龙坪	广东深圳宝安区
郭天海		尖龙坪	福建莆田涵江
谭　烁	女	尖龙坪	广东深圳宝安区
徐世香	女	尖龙坪	武汉市江夏区纸坊街
钟云香	女	尖龙坪	福建莆田涵江
崔新秀	女	尖龙坪	福建莆田涵江
吴绍慈	女	尖龙坪	广东省惠州
刘美贤	女	尖龙坪	武汉市江岸区新村街
杨玉美	女	尖龙坪	福建莆田
崔文英	女	尖龙坪	武汉市江岸区谌家矶街
余兴梅	女	尖龙坪	广东省深圳龙岗
朱　碧	女	尖龙坪	广东深圳宝安区
向海艳	女	尖龙坪	福建莆田
邱宜银	女	尖龙坪	广东深圳宝安区
郑雪莲	女	尖龙坪	广东深圳龙岗

续表3-5

姓 名	性 别	组 别	务工地点
赵业平	女	尖龙坪	福建省莆田
刘 妮	女	洞扑猪	—
姚常艳	女	洞母猪	武汉市江岸区永清街
马经翠	女	洞母猪	福建莆田涵江
向极玉	女	洞母猪	武汉市黄陂区前川街
向航成		洞母猪	福建莆田涵江
曾游桃	女	洞母猪	武汉市东西湖区东山农场
彭鼎伟		洞母猪	福建莆田涵江
彭 华		洞母猪	广东深圳宝安区
杨财宝	女	洞母猪	福建莆田涵江
王世桃	女	洞母猪	福建莆田涵江
向金娥	女	洞母猪	福建莆田涵江
苏才桂	女	洞母猪	广东深圳龙岗
向凤英	女	洞母猪	—
赵 阳		洞母猪	上海市万荣一路
许翠枝	女	洞母猪	广东深圳宝安区
蔡秀英	女	洞母猪	武汉市江汉区花楼街
钟 平	女	洞母猪	武汉市黄陂区长轩岭街
向成伟	女	洞母猪	福建莆田
杨红艳	女	洞母猪	福建省莆田涵江
王在梅	女	洞母猪	广东省深圳龙岗区
张凤鸣	女	洞母猪	广东深圳宝安区
向俊极		洞母猪	福建莆田涵江
向春美	女	洞母猪	福建莆田涵江
向兴荣		洞母猪	福建莆田涵江
周兴友	女	洞母猪	广东深圳龙岗
冉文章		洞母猪	福建莆田涵江
向春兰	女	洞母猪	福建莆田涵江
刘美娥	女	洞母猪	福建莆田涵江
姚传菊	女	洞母猪	广东省中山市
王秀菊	女	洞母猪	福建莆田涵江

续表3-5

姓　名	性　别	组　别	务工地点
崔显进		洞母猪	福建莆田涵江
黄汪艳	女	洞母猪	武汉市武昌区白沙洲
李明华	女	洞母猪	武汉市汉南区湘口街
谭仕杰	女	茅坎山	广东深圳宝安
吕家春	女	茅坎山	武汉市汉南区东荆街
冉　芳	女	茅坎山	武汉市汉南区纱帽街
李宗华		茅坎山	武汉市汉南区东荆街
向成山		茅坎山	武汉市江汉区北湖街
裴金梅	女	茅坎山	武汉市江夏区纸坊街
汪厚菁	女	茅坎山	武汉市江南区湘口街
马经彩	女	茅坎山	福建莆田涵江
张　英	女	茅坎山	北京市顺义区
周自英	女	茅坎山	广东深圳宝安区
高运秀	女	茅坎山	福建莆田涵江
张玉华	女	茅坎山	福建莆田涵江
王宜美	女	茅坎山	武汉市新洲区汪集街
向成嫦	女	茅坎山	福建莆田涵江
刘国朝		茅坎山	福建莆田涵江
刘少枝	女	茅坎山	福建莆田涵江
吕红霞	女	茅坎山	武汉市洪山区
向贻华	女	茅坎山	广东深圳宝安区
向极轩		茅坎山	福建莆田涵江
向吉福	女	老屋场	福建莆田涵江
周良凤	女	老屋场	武汉市江汉区民意街
邹龙英	女	老屋场	汉川市仙女山办事处
向成领		老屋场	阳新县大王镇
李宗友	女	老屋场	广东深圳龙岗
曾仕锋	女	老屋场	广东深圳宝安区
邓春艳	女	老屋场	广东深圳龙岗
邓辉艳	女	老屋场	—
向成总		老屋场	广东深圳龙岗

续表3-5

姓 名	性 别	组 别	务工地点
向贻琴	女	老屋场	江岸区四唯街
赵梅诗	女	老屋场	广东深圳龙岗
谭立平	女	老屋场	广东深圳宝安
黄希贵	女	老屋场	福建莆田涵江
徐万珍	女	老屋场	江岸区谌家矶街
谭永辉	女	老屋场	福建莆田涵江
谭冬波	女	大垭门	广东深圳龙岗
谭学秀	女	大垭门	广东深圳宝安区
崔 汝	女	大垭门	广东东莞
万述翠	女	大垭门	广东省中山市
刘世双	女	大垭门	福建省莆田
王光伟		大垭门	福建省莆田
向贻荣	女	大垭门	北京顺义区
向成英	女	大垭门	广东深圳龙岗区
饶志敏	女	大垭门	广东深圳宝安区
王友莲	女	大垭门	福建莆田
何庆枝	女	大垭门	广东深圳宝安区
谢邦兵	女	大垭门	广东东莞
向极平		大垭门	广东东莞
马国香	女	大垭门	广东深圳龙岗
徐金玉	女	大垭门	福建莆田涵江
张学英	女	大垭门	秭归县茅坪镇
向雪莲	女	大垭门	武汉市武昌区紫阳街
王友梅	女	大垭门	福建莆田涵江
吴小双	女	大垭门	福建莆田涵江
向 峰		大垭门	福建莆田涵江
龙 梅	女	大垭门	福建莆田涵江
高兴华		大垭门	福建莆田涵江
周永艳	女	大垭门	北京市顺义区
尹光枝	女	大垭门	北京市顺义区
吕平英	女	大垭门	北京市顺义区

续表3-5

姓　名	性　别	组　别	务工地点
陈世艳	女	大垭门	福建莆田涵江
龙克艳	女	大垭门	点军区艾家镇
易礼香	女	大垭门	汉南区湘口街
向成慧	女	大垭门	江山区狮子山
向成莲	女	大垭门	广东深圳宝安
张　雄		大垭门	湖北省荆州市荆州区郢城
王亚玲	女	大垭门	广东深圳宝安
向金凤	女	大垭门	北京市顺义区
向成玲	女	大垭门	福建莆田涵江
彭海艳	女	大垭门	广东深圳宝安区
崔珍元	女	大垭门	福建莆田涵江
田文青	女	大垭门	福建莆田涵江
吴红梅	女	大垭门	福建莆田涵江
邹晓平		鸦鹊水	福建莆田涵江
谭礼鑫	女	鸦鹊水	福建莆田涵江
曹晓娟	女	鸦鹊水	福建莆田涵江
陈　勇		鸦鹊水	福建莆田涵江
谢文琼	女	鸦鹊水	福建莆田涵江
向玉全	女	鸦鹊水	武汉市江汉区花楼街
黄玉兰	女	鸦鹊水	福建莆田涵江
刘发祥		鸦鹊水	福建莆田涵江
朱庚菊	女	鸦鹊水	福建莆田涵江
万慈英	女	鸦鹊水	武汉市江汉区花楼街
吕　娥	女	鸦鹊水	福建莆田涵江
潘　英	女	鸦鹊水	福建莆田涵江
杨运桃	女	鸦鹊水	武汉市硚口区韩家墩
向秀英	女	鸦鹊水	武汉市江夏区纸坊街
徐　兰	女	鸦鹊水	福建莆田
谭秀珍	女	鸦鹊水	福建莆田
陈　芳	女	鸦鹊水	福建莆田
刘昆玉	女	鸦鹊水	福建莆田

续表3-5

姓 名	性 别	组 别	务工地点
罗尚刚		鸦鹊水	福建莆田
李伦琼	女	鸦鹊水	福建莆田
谭学秀	女	鸦鹊水	福建莆田
刘 芳	女	鸦鹊水	福建莆田
饶志敏	女	鸦鹊水	福建莆田
王巧荣	女	鸦鹊水	福建莆田
向 勤		鸦鹊水	福建莆田涵江
陈德开	女	鸦鹊水	武汉市江汉区永清街
陈 艳	女	鸦鹊水	福建莆田
王 敏	女	鸦鹊水	福建莆田
胡冬一		鸦鹊水	福建莆田
魏 密	女	鸦鹊水	福建莆田
付秋平	女	鸦鹊水	湖北沙洋县
向 思		鸦鹊水	汉阳区建桥街
王 芝	女	鸦鹊水	张湾区
沈红琼	女	鸦鹊水	福建莆田
向艳平	女	鸦鹊水	福建莆田
卢发美	女	鸦鹊水	福建莆田
李纯美	女	鸦鹊水	福建莆田
汤 莉	女	向家湾	福建莆田涵江
胡兴桂	女	向家湾	武汉市江岸区大智街
杨永珍	女	向家湾	福建莆田涵江
赵银珍	女	向家湾	广东中山市坦洲镇
肖 雄		向家湾	广东中山市坦洲镇
肖作斌	女	向家湾	福建莆田涵江
陶 霞	女	向家湾	福建莆田涵江
苏才兵	女	向家湾	福建莆田涵江
崔远会	女	向家湾	福建莆田
肖 琼	女	向家湾	福建莆田
王安桃	女	向家湾	广东深圳宝安
肖 文		向家湾	广东深圳宝安

续表3-5

姓　名	性　别	组　别	务工地点
肖　丽	女	向家湾	武汉市江汉区民权街
向贻红	女	向家湾	福建莆田
杨安平	女	向家湾	福建莆田

第三节　非公有制经济

一、个体经济

贤成酒厂　坐落于318国道旁，于2000年冬开办，创办人向贤成。

贤成酒厂开办之初，夫妻在自家开店经营烟花爆竹。2000年改办白酒生产，土法上马修砌土灶，雇请煮酒师傅在家开业造酒，每天加工谷物150千克，造白酒75千克。一年后开始设备更新，改土灶为蒸汽锅炉生产，主要生产玉米（玉米）酒、高粱酒，年产量5万余千克。远销福建、广州、武汉、深圳、沙市、荆州等地。年收入60万元。生产白酒同时，另办养殖场，利用酒糟养猪。被崔家坝镇人民政府表彰为养殖专业户，

建华榨油厂　建华榨油厂，以创办人向建华而得名。厂房坐落于鸦鹊水集贸市场西角沙鸦公路转弯处。

榨油厂兴建于1998年，初使用58型螺旋榨油机，出油率在35%，日生产量400千克。2001年，购进85型排榨机器，日生产量上升到750公斤，出油率上升到37%。附近的焦庄、铺房、九步梯、严家坪、张家台子、芭蕉园、沙地乡的黄家坪、黄广田、朱家坪，本地向家湾、尖龙坪、卖铧沟、公龙坝、施家梁子、洋伞坝以及白杨的张家槽等地村民，来厂榨油。2013年，新安装100型真空加热榨油机和1台5.0型离心式过滤机，出油率上升到45%，日生产量上升到1500千克。

二、专业合作社

鸦鹊水村先后涌现种植、养殖、运输等专业户重点户18家。2013年，发展专业合作社3户，即尖龙坪向胜兴办的“崔坝镇尖龙坪养殖专业合作社”，以养殖本地山羊为主；郑庆夫兴办的养殖专业合作社，汤克红兴办的“恩施市竹望种植养殖专业合作社”。

三、手工业

域内手工业起源较早。向允魁，字东升，清乾隆三十五年（1770）在尖龙坪举办纺织厂，加工纺纱织布。纺织粗布一种布宽1.2尺，用于缝制衣裤遮体护身，另一种宽3寸，男人用作绑腿，女人用作裹脚。此后该地名称机匠坡。清初有人在尖龙坪开办铸造厂，主要产品有犁铧、生锅、灯盏锅、三眼炮（冲）等生产生活用品。清代中叶，尖龙坪兴办造纸厂，在尖龙河出

水洞外利用水力打造水车生产火纸、皮纸。

改土归流后，手工业发展很快。民间艺人盛行，民间俗称“九佬十八匠”。域内从事手工艺技的有七佬、十四匠。

七 佬

杀猪佬 杀猪佬又谓屠夫。杀猪佬冬季最忙，每年立冬以后至农历新年这段时间，家家户户杀年猪、炕腊肉。杀猪佬每自然村1~2人，收取杀猪工钱。

劁猪佬 劁猪佬，又称兽医，20世纪70年代以前，村里劁猪佬随身带着号角，走村串乡吹号角。劁猪佬在乡村劁伢猪（雄性猪称伢猪，雌性称奶尖猪），骟牛、马、羊等。20世纪70年代后，劁猪佬称兽医，兽医由崔坝兽医站管理，负责全村畜牧业综合工作及技术指导。

剃头佬 剃头佬又称待招，现称理发师。新中国成立前后，鸦鹊水街较出名的剃头匠为李正林。鸦鹊水街的剃头佬开设理发店（待招铺子），每逢赶集时剃头生意较好。

赶仗佬 本村山大人稀，常有野物出没糟蹋庄稼，清代至中华民国时期，大部分农家备有火枪，火药自制，用以维护农作物免受野兽侵扰。20世纪50—60年代，由集体组织打猎队。20世纪90年代后，赶仗佬须办持枪证，持证赶仗。21世纪以后，野生动物受国家法律保护，村中赶仗减少，枪支登记上交。

补锅佬 20世纪70年代以前，补锅佬一头挑着风箱，一头挑着工具箱走村串户，锅有磨损，或出现砂眼、裂缝等，由补锅佬修补。向家湾补锅佬王连甲颇负盛名。20世纪80年代，人们物质生活提高，破锅换新，补锅佬行业消失。

吹鼓佬 又称吹鼓手。村中有吹鼓佬班子5个，凡红白喜事、庆典活动，耍狮灯等喜庆事宜离不开吹鼓佬。村中吹鼓佬班子沿袭唱花灯班子“五个头”，即鼓、大锣、马锣（勾锣）、钹、唢呐五大件。有的班子配有二胡、竹笛等乐器，吹鼓佬成员演说跳唱稔熟。封建社会吹鼓佬地位低下。新中国成立后，吹鼓佬地位提高，以“师傅”相待，颇受尊重。

背脚佬 又称背佬儿。背脚佬自封建时期沿袭至新中国成立初期。背脚佬将村中土特产品背到外地，从外地换回日用品。

十四匠

铜 匠 清末卖铧沟有铜匠，张姓铜匠为家传手艺人，世代相传。匠人挑担上门，打造长枕形门锁、箱子锁，箱柜门上圆光、餐具、汤勺、茶壶、酒壶、铜罐、烧水的大铜壶、洗脸盆等。20世纪60年代，铜匠消失。

铁 匠 铁匠为古老、传统行业。铁匠坐地经营，师傅在家开铁铺，称为红炉。一部红炉两个人，一个师傅带一个大锤手。人民公社时期，供销社组织王重臣等在鸦鹊街开设两部红炉，生产的产品由供销社统一销售。区供销社搬迁后，铁铺解散。随后，滚龙坝向兴春在鸦鹊街头318国道边开设铁铺，至21世纪初，安装汽锤锻造，减轻体力劳动。打造的产品每逢鸦鹊水、崔家坝热场时，由家人摆摊零售。

石 匠 是域内历史悠久的匠种。滚龙坝明清古建筑、石雕石刻、石碑石鼓、石狮子、石柱礅均为石匠艺人打造。

木　匠　亦称木工，村中始有人烟即有木匠，为古老行业。木匠以木头为材料，伸展绳墨，用竹签画线，专用工具有斧头、刨子、凿子、锯子、墨斗、鲁班尺（即五尺）等。制作各式各样家具用品，建筑行业、装饰行业，均离不开木匠，旧式的木板房、吊脚楼、古老的民居、雕梁画栋，均为木匠制作。村中木匠较多。20世纪80年代以前，做上门工。改革开放后，开办农具厂，随着木工机械引进，木匠做工技术向现代化转型。

雕刻匠　1958年，人民公社化时期，鸦鹊水街向干极业余从事雕刻行业。

画　匠　画匠亦称画师或画家。封建时期，凡庙宇中菩萨、神像、佛教道教做法事用的牌位、神器，白事做斋用的神佛、兵马故事，均为画匠的业务。另有建筑物配饰、窗格、丙墙屋飞檐等雕画。新中国成立后，随着科技发展，电脑和喷绘取代旧时画家的业务，画匠消失。

漆　匠　漆匠有两种。一种在漆树上割取生漆的匠人；一种是指用生漆刷制器物的匠人。从漆树上取漆的过程叫割漆，在漆树上割开一道一道斜形口子，口子下端支用樟树叶折叠的盒子，称为简壳。口壁沁出的漆浆流入简壳中，到一定时段，漆匠逐一上树收漆，将积于简壳中的漆刮入召桶，此为割漆。另有漆匠专事刷漆，乡下门窗、棺材、家什要做漆，是刷漆匠人主要业务。

秤　匠　制秤匠人。20世纪60年代前，使用16两制秤，秤砣在河砂坝找一圆石头钻孔系上绳，有的铸造秤砣，形似U字。60年代后，改为10两制。后逐步发展到趸秤、台秤、电子秤等，均由衡器厂统一制作，秤匠失业。

弹花匠　弹棉絮匠人。弹花匠身背弯弓，手握椭圆木槌（圆槌）敲打牛筋弦，弹好后先拉经纬米字格粗线，再铺细纱线，然后用木制熨斗来回熨压。21世纪后，弹花发展为机械化操作。弹花匠消失。

机　匠　即织布匠。清乾隆年间（1736—1795），尖龙坪开办织布厂。新中国成立后消失。

染　匠　鸦鹊水街古有染房。金染匠（实名不详）为出名的染匠，将粗布染成各种颜色，蜡染印花布，乡民家铺笼帐盖、服饰裹巾均出自染匠之手。20世纪50年代后，染匠业不复存在。

梳　匠　梳头用梳子部分是用木头做的，也有用骨头制作。做梳子匠人称梳匠。

篾　匠　村中盛产竹子。自古至今乡民家用筛子、蒸笼、筲箕、刷把、簸箕、撮箕、箩筐、皮篓、筛子、睡席、提篮、盖篮、烘篮、斗笠、竹椅、竹桌、片箱等均为篾匠所做。

皮　匠　村中皮匠做钉鞋，跟靴子差不多。新中国成立后逐渐消失。

四、个体工商业

1978年后，鸦鹊水集贸市场逐渐活跃，初开始摆地摊居多，或沿马路边搭棚支台。为规范其行为，政府将原粮油所仓库改修为商品房，打造商业街区。从事商业活动的个人或家庭经工商行政管理部门注册登记，依法经营，照章纳税。个体工商业者大部分为生存型创业，多数为自食其力的自由职业者，以个人家庭财产承担，其收益归个人家庭所有，对债务负个人责任。2013 年，全村有个体工商户 100 户。

2003—2013 年鸦鹊水村个体工商户情况一览表

表 3-6

行业分类	业主姓名	经营范围
建材业	向苏极	水泥制品生产、销售
建材业	李极洪	水泥制品生产、销售
建材业	范中清	水泥制品生产、销售
建材业	谭遵柱	木材来料加工
建材业	向镜极	建筑材料零售
建材业	黄玉森	水泥制品生产、销售
建材业	魏　文	水泥制品生产、销售
建材业	张明昌	建材加工、水泥制品生产
建材业	邹贤翠	水泥制品生产、销售
建材业	司马经彩	建筑材料销售
建材业	马国香	建筑材料销售
建材业	向继清	建筑材料销售
建材业	向亚华	水泥零售
零售业	向成胜	肥料销售
服务业	蒋　琴	餐饮业、住宿
加工业	龚道义	装饰装潢
零售业	黎　芳	烟花爆竹零售
种植业	汤克红	中药材、花卉、苗木
五金装潢	陈茂英	五金家电、装饰装潢
五金装潢	向　华	小五金、家用电器
五金装潢	王安林	装饰装潢、水暖器材零售
家电业	田应丰	家用电器零售
电子元件	向　磊	电子元件组装及销售
小五金	施泽军	日杂、小五金零售
小五金	张盛坤	五金零售

续表3-6

行业分类	业主姓名	经营范围
小五金	龙世锦	五金、日杂零售
养殖业	冉传富	珍禽养殖
零售业	郑兴坤	日用百货
加工业	向建华	榨油厂
批发零售	李刚秀	日用百货、卷烟、包装食品
批发零售	侯义兵	茶叶
批发零售	崔铁生	日用百货、卷烟、食品
批发零售	向秀英	日用百货、卷烟、食品
批发零售	向　来	调味品、蔬菜零售
批发零售	廖海琴	服装、鞋帽零售
批发零售	程金喜	日用百货、卷烟、食品
批发零售	朱继仲	日用百货、卷烟、食品
批发零售	刘远凯	日用百货、卷烟、食品
批发零售	向成航	日用百货、卷烟、食品
批发零售	王明在	日用百货、卷烟、食品
批发零售	胡明凯	日用百货、卷烟、食品
批发零售	汪普英	日用百货、卷烟、食品
批发零售	何云飞	日用百货、卷烟、食品
批发零售	刘坤艳	日用百货、卷烟、食品
批发零售	向明爱	日用百货、卷烟、食品
批发零售	王休权	日用百货、卷烟、食品
批发零售	谭永珍	肥料、百货、食品
批发零售	李品秀	肥料、百货、食品
批发零售	向红梅	肥料、百货、食品
批发零售	方仕桂	肥料、百货、食品
批发零售	向　琴	肥料、百货、食品
批发零售	朱德菊	肥料、百货、食品
批发零售	张克武	日杂用品、生资、农药、种子
批发零售	张玉琼	日用百货、卷烟
零售业	吴松翠	日用百货

续表3-6

行业分类	业主姓名	经营范围
零售业	谭永珍	肥料经销
批发零售	向玉梅	日用百货
零售业	吴远美	日用百货
服务业	罗 伟	理 发
批发零售	曹雁林	日用百货、卷烟
批发零售	廖康秀	日用百货、卷烟
批发零售	许怀珍	日用百货、卷烟
批发零售	王传如	日用百货、卷烟
通讯业	程金喜	委托代办电信业务
批发零售	向必荣	日用百货、卷烟、家电
批发零售	谭昌顼	服装、鞋帽
批发零售	曾 振	日用百货、烟酒
批发零售	谭 炎	日用百货、家电
批发零售	向雪兵	日用百货、家电
批发零售	周 静	日用百货、家电、小型餐馆
批发零售	陈明慧	日用百货、家电、小型餐馆
批发零售	谭永祥	日用百货、家电
批发零售	吴松翠	日用百货、家电
批发零售	向成翠	日用百货、家电
种子零售	朱 平	种子、农药零售
百货零售	向甫成	鞋帽服装
家具零售	张昌银	家具零售
机动车	张 华	摩托车、麻木车零售、修理
机动车	徐海洲	汽车零部件零售
零售业	李红梅	文具、玩具零售
零售业	张 钿	汽车配件零售
服务业	付世和	理 发
服务业	向红艳	住宿业、餐馆业
制造业	向成秋	木材加工、农具零售
零售业	向贻斌	日用百货

续表3-6

行业分类	业主姓名	经营范围
餐饮业	向锦华	饮食服务、住宿
零肉食业	向鹏举	冷鲜肉、零售
养殖业	张文华	牲畜销售
养殖业	刘忠华	生猪养殖
养殖业	龙克义	饲料零售
机动车	向极孝	摩托车零售、修配
特种行业	刘远凯	鞭炮销售
特种行业	易礼强	鞭炮销售
特种行业	向贤成	白酒制造销售
特种行业	李名德	白酒制造销售
机车修配	向建然	机动车修配
零售业	张义菊	日用百货

第四节　收益分配

一、人民公社时期分配制度

20世纪60年代初，基本实行生产上以生产小队为基础生产单位，人民公社、生产大队、生产小队三级管理。生产队每年夏季计算一次分配（预算），冬季年终算一次分配（年终决算），夏粮入库后进行预算，秋粮入库后，年底进行决算。生产队预算时，其收益分配的比例由大队和人民公社统一制定，大队会计监督和引导小队会计将小队的各项收入和支出总账后，根据上级下达的比例编出小队预算方案。大队主要把好小队预算“三关”，即收入关、支出关、分配比例关。收入关审核收入是否全部入账，严防小队干部贪污、瞒产私分。支出关审核开支是否合理、真实，是否超出比例。

小队收益分配的方案分两大块，一块为实物分配，一块为现金分配。实物分配主要为粮食作物和油料作物。经济作物一般由生产队集体出售后现金进行分配。粮食分配按照先国家、后集体、再个人的原则。首先保证国家征购和派购任务，再就是上交大队部分和集体留用的储备粮、机动粮、饲料粮、种子等留足留够后进行社员分配。国家粮食征购有两种，一种是公粮，一种是余粮。上交的公粮为农业税。余粮根据国家需求向农民分派性购征的粮食。储备粮用于备战备荒所用，战争年代和水旱灾害粮食减少或失收，动用储备粮，储备粮的比例按当年粮食总产量，由公社下达比例提取入库，一般在5%～10%之间，储备粮由生产队保管室专仓存放。社员口粮按人七劳三计算，即口粮总数的70%按人口平均计算，称为基本口粮，30%按工分实行分配，0~6周岁儿童算40%，6~14周岁算70%，14周岁以上为成人。

1963年鸦鹊水人民公社基本核算单位决算表

表3-7　　　　　　　　　　　　　　　　　　　　　　　　　　单位：元、千克

大队名称			红日	中心	永进	春景	高照	五峰山	合计
六三年总收入	全年合计		25374.36	24137.22	21716.9	24619.15	20274.58	3290.00	109968.98
	分项金额 其中	农业收入	19223.11	15992.07	17078.32	22336.68	15835.61	3140.00	83605.79
		经济收入	2921.5	7965.66	4174.52	2133.94	3548.34	150	23893.99
		其他收入	786.53	179.49	464.06	148.5	890.63	—	2409.2
六三年总开支	支出合计		6165.4	5797.1	5836.7	4792.26	4487.41	565.00	24644.81
	分项金额 其中	生产费	3846.68	3758.12	4112.44	2885.5	3093.54	400	15096.28
		税　金	1802.07	1289.55	1532.78	1315.00	1133.54	150	7212.94
		行管费	86.35	169.5	102.11	53.22	156.06	10	577.24
		其　他	430.3	580.93	89.37	548.54	104.27	5	1758.41
分配数	公积金		289	464.44	361	509.53	260.4	40	1824.37
	公益金		206	215.39	85	253.8	156.8	30	946.99
	上　交		268.75	360	248.69	297.98	470.5	—	1582.92
	社员实分配		18445.21	17799.29	14236.11	18765.58	14899.47	2655	86800.66
总人口			569	490	480	618	384	88	2629
实际分配数人平所得			32.42	36.33	29.66	30.37	38.8	30.17	33.02
分配结果	进款户	户　数	108	124	112	128	69	17	558
		金　额	3732.93	4804.87	457.72	5068.69	4185.64	540	18789.87
	欠款户	户　数	36	9	8	17	22	3	95
		金　额	776.28	76.46	16.06	183.87	391.47	35	1482.14
全年照顾情况	应照顾户	四属户	4	5	3	1	—	—	13
		困难户	11	4	3	—	2	—	20
		“五保”户	2	5	—	—	4	—	11
	已经照顾户	四属户	3	5	3	1	—	—	12
		困难户	11	4	3	3	1	—	22
		“五保”户	2	5	—	—	4	“—	11
		现　金	200	68	10.5	22.5	120.91	—	241.91
		粮　食	2000	7500	504	450	300	—	10774

资金分配。生产队会计将全年各项收入加起来，减去全年开支，即为当年纯收入，以纯收入进行分配，扣除公积金5%~10%、公益金2%，各项支出按上年度实际支出数预留，剩余部分为社员劳动工分计算分红。公积金用于扩大再生产，如购买耕牛、机械或固定资产投入等。公益金为生产队办福利副业，生产性开支不得从公益金中支出。社员参加分红主要靠劳动工分，社员在生产队劳动所得工分、给生产队投肥工分、给集体喂养牲畜的工分。以户为单位汇总，按照全年纯收入和全生产队工分总和求出分值，农户的工分总和按分值计算出家庭的年总收入减去所分实物折款后，即为农民实际所得。家庭劳动力多、人口少的，一般为进款户；家大口阔，劳动力少、人口多的，年底一般为欠款户。

人民公社时期各级政府为保障和执行这一制度正常运行，制定农业生产小队会计核算制度，实行三账四簿管理，即《现金流水账》《现金分类账》《粮食出入库登记账》《固定财产登记簿》《出纳现金登记簿》《保管员粮食、物资登记簿》《社员工人登记簿》以及与之相适应的《现金月平衡表》《收益分配预决算申请表》，做到账账相符，账表相符、账簿相符、会计制度大多数生产队执行较好，钱粮物资明明白白。

1963年滚龙乡粮食产量及社会分配统计表

表3-8　　　　单位：户、人、个、千克、元

<table>
<tr><th colspan="4">大队名称</th><th>红日</th><th>中心</th><th>永进</th><th>春景</th><th>高照</th><th>五峰山</th><th>合计</th></tr>
<tr><td rowspan="3" colspan="2">参加分配</td><td colspan="2">户　数</td><td>142</td><td>137</td><td>121</td><td>147</td><td>93</td><td>20</td><td>660</td></tr>
<tr><td colspan="2">人　口</td><td>569</td><td>490</td><td>480</td><td>618</td><td>384</td><td>88</td><td>2629</td></tr>
<tr><td colspan="2">劳动力</td><td>176</td><td>199</td><td>209</td><td>266</td><td>173</td><td>32</td><td>1055</td></tr>
<tr><td rowspan="3" colspan="2">粮食总产</td><td colspan="2">全年合计</td><td>288312</td><td>224525</td><td>228716</td><td>314916</td><td>242789</td><td>44000</td><td>1353258</td></tr>
<tr><td rowspan="2">其中</td><td>大春</td><td>213181</td><td>171608</td><td>176467</td><td>255118</td><td>201611</td><td>34000</td><td>1060561</td></tr>
<tr><td>小春</td><td>75131</td><td>52917</td><td>53249</td><td>69798</td><td>41178</td><td>10000</td><td>302473</td></tr>
<tr><td colspan="4">油菜籽总产量</td><td>3360</td><td>3588</td><td>3093</td><td>5780</td><td>855</td><td>350</td><td>17293</td></tr>
<tr><td rowspan="11">全年总扣留</td><td colspan="3">扣留总计</td><td>74523</td><td>79300</td><td>121292</td><td>127067</td><td>114534</td><td>15600</td><td>532316</td></tr>
<tr><td rowspan="10">其中</td><td rowspan="6">大春</td><td>定购任务</td><td>25000</td><td>45000</td><td>79288</td><td>85011</td><td>74713</td><td>10000</td><td>319012</td></tr>
<tr><td>上交</td><td>3900</td><td>2000</td><td>765</td><td>3894</td><td>1590</td><td>—</td><td>12149</td></tr>
<tr><td>种子</td><td>15470</td><td>10200</td><td>13321</td><td>11629</td><td>11315</td><td>2100</td><td>64035</td></tr>
<tr><td>饲料</td><td>9710</td><td>8100</td><td>8525</td><td>6414</td><td>11976</td><td>1500</td><td>46222</td></tr>
<tr><td>储备粮</td><td>1000</td><td>1500</td><td>850</td><td>1090</td><td>2587</td><td>—</td><td>7028</td></tr>
<tr><td>大春合计</td><td>55080</td><td>66800</td><td>102749</td><td>108038</td><td>102181</td><td>13600</td><td>448448</td></tr>
<tr><td rowspan="4">小春</td><td>种子</td><td>13823</td><td>9000</td><td>14155</td><td>16140</td><td>10289</td><td>2000</td><td>65407</td></tr>
<tr><td>上交</td><td>500</td><td>700</td><td>765</td><td>1210</td><td>380</td><td>—</td><td>3555</td></tr>
<tr><td>饲料</td><td>5120</td><td>2800</td><td>3623</td><td>1682</td><td>1684</td><td>—</td><td>14909</td></tr>
<tr><td>合计</td><td>19443</td><td>12500</td><td>18542</td><td>19032</td><td>12353</td><td>2000</td><td>83876</td></tr>
</table>

续表3-8

大队名称				红日	中心	永进	春景	高照	五峰山	合计
社员口粮分配	其中	大春	总口粮数	158101	104808	73718	147080	99430	20700	603537
			每人月平均	30.9	23.77	17.1	26.4	28.77	26.14	25.5
		小春	总口粮数	55688	40417	34707	50766	28825	8000	218403
			每人月平均	32.62	27.49	24.1	27.38	25.02	30.3	27.69
		全年合计		213789	145225	108425	197846	128255	28700	821940
		每人每月平均		31.3	24.7	18.82	26.68	27.83	27.18	26.05

1978年鸦鹊水粮油收益分配统计表

表3-9　　　　单位:户、人、亩、分

大队名称				中心	永进	红日	春景	高照	合计
基本情况	总户数			207	152	211	200	137	907
	总人口			746	651	877	905	579	3758
	劳动力			261	230	348	283	179	1326
	耕地面积			534	927	928	965	848	4202
粮食总产	合　计			537885	593121	749072	791447	420970	3092495
	人平原粮			730	860	854	885	730	823
	其中	夏粮总产		178430	191171	206446	270021	122709	968777
		秋粮总产		359455	401950	542626	521426	298261	2123718
油菜籽				19700	19200	24000	20000	9700	92600
全年粮食扣留	扣留合计			147068	172408	249996	260852	164797	995121
	其中	种　籽		46260	50342	72023	78105	46403	293133
		饲　料		46292	42652	70023	73952	46462	279381
		征购	下达数	36000	68000	109000	97000	69000	379000
			实际完成	35500	68019	101500	92000	60000	357019
		上交大队		4775	3560	4476	8700	5720	27242
		储备粮		9500	4000	3000	6000	4300	26800
		机动粮		3441	3835	1974	3119	1912	14281
分配给社员口粮				390817	420713	499076	530595	256173	2997374
人平主粮实际				625	532	557	496	440	554
菜籽油	国家征购	下达任务		2800	1400	2400	500	500	7700
		实际完成		2520	3730	4600	2925	505	14280
	社员分配			2250	1880	3840	3040	2048	13058

续表3-9

大队名称		中心	永进	红日	春景	高照	合计
照顾情况	已照顾户数	7	2	8	4	4	25
	照顾粮食		1752	1200	360	300	14412
	照顾现金		32	477			509
	照顾工分	3500	2000	10600	3700	4500	24300

1978 年鸦鹊水经济收益分配统计表

表 3-10 单位:元

大队名称				中心	永进	红日	春景	高照	合计
全年总收入	全年收入合计			84334	81903	97656	110462	55559	729914
	总收入人平			115	127	113	123	91	125
	其中	粮食收入		54194	509428	72463	78126	41700	305911
		多种经济收入		5870	10227	8206	10948	4524	39775
		林业收入		—	109	—	633	—	742
		畜牧业收入		6187	6143	7992	11610	5660	37592
		副业收入		14019	2237	1629	5805	2929	26619
		其他收入		4064	3799	7366	3440	746	19275
总扣留部分	全年扣留总计			32316	26701	32081	36521	19798	147417
	其中	费用合计		24643	19272	24599	24199	13825	106538
		其中	生产费	22968	18429	24282	22609	13209	101578
			管理费	224	163	191	190	102	870
			其他费用	145	680	126	1400	433	4090
		提留合计		6788	6067	4834	10573	4460	32722
		其中	公积金	4741	4065	2754	5380	2810	19750
			公益金	1530	1622	1010	2140	1140	7442
			储备粮基金	517	380	648	57	410	2012
			税金	855	1362	2648	1749	1513	8157
社员分配数	社员分配合计			50375	52041	66445	73941	35761	278563
	人平均数			72	73	84	83	62	74
	其中现金小计			1485	11921	14116	22236	9927	59285
	人平现金			20	18	16	24	22	16
决算到户结果	进款	户元		104	121	161	162	121	660
				7290	11291	14116	15639	9927	58263
	欠款	户元		68	24	44	38	16	170
				3196	1296	3111	2302	953	10858

二、家庭联产承包收益分配

实行以家庭联产承包责任制以后,农村社区性合作经济内部,根据统筹兼顾全面安排的原则,正确处理国家、集体、个人三者之间,积累与消费之间,统一经营与分散经营之间,发包方与承包方之间,不同产业成员之间,协调经济利益所采取的制度和措施,建立健全分配机制,反映国家、集体和个人三者的根本利益。

2013 年鸦鹊水村收益分配统计表

表 3-11

类别	指标名称	单位	数量	类别	指标名称	单位	数量
基本情况	一、汇总村民小组	个	10		上交国家有关部门	万元	60
	汇总农户数	户	1117		农民经营所得	万元	2075
	其中:纯农户	户	932		农民所得总额	万元	2084
	年末总人口	人	4038		农民人均所得	万元	5112
	农村劳动力	人	2813	四粮食	耕地面积	亩	4100
	其中:从事家庭经营	人	2013		家庭承包合同	份	1117
	外出务工	人	800		当年农作物播种面积	亩	7501
	专业大户	户	18		五全年粮食总产量	吨	1779.875
全年总收入	二、全年总收入	万元	3560		其中夏粮总产量	吨	530.5
	其中:出售产品收入	万元	2000		秋粮总产量	吨	1249.375
	农业收入	万元	1796	多种经济	油菜籽总产量	吨	127
	种植业	万元	1556		烟 叶	吨	105
	其他农业	万元	240		各种药材	吨	9
	林业收入	万元	2		各类水果合计	吨	10
	畜牧业收入	万元	1161		魔 芋	吨	625
	其中:出售产品	万元	976		商品蔬菜收入	万元	25
	工业收入	万元	200		经济林木收入	万元	15
	建筑业收入	万元	80		肥猪出栏	头	5860
	运输业收入	万元	124		重 量	吨	440
	商业收入	万元	96		收 入	万元	644
	服务业收入	万元	96		其中:出售肥猪	头	4400

续表3-11

指标名称		单位	数量	指标名称	单位	数量
总支出	三、总费用	万元	2015	大中胚猪	头	750
	生产费	万元	2046	小猪	头	1100
	管理费	万元	59	山羊出栏	只	2360
	净收入	万元	1455	收入	万元	70
	农民外出务工	万元	780	出售菜牛	头	23
	可分配净收入总额	万元	2235	收入	万元	11
	其中国家税收	万元	65	—	—	—

第四章　农林　水电

域内农业种植自明代粗陋简单方式到21世纪初的科学种田，经历刀耕、耜耕、犁耕和机耕等4个阶段。

1950年以前，农业以种植粮食为主，养牛亦为役力，以犁田为主，几户共养一牛，轮流使用和喂养；养猪用以自食，养羊、鸡皆用于交易换取日用品等。传统的种植，亩产50千克左右。年景丰歉不稳，且苛捐杂税繁多。民国年间，兵、夫、粮、款，需索繁重，追粮逼款，抓兵拉夫，民众惶恐，难以度日。

新中国成立后，坚持“以农业为基础”的方针，实行种养结合。1957年，粮食总产量66.25万千克，单产量157.7千克。20世纪70年代以前，种植业推行品种改良，科学种田，1983年以后，全村逐步推广应用农业新技术、发展优质、高产、高效农业，提高农产品产量和质量，传统农业逐步向现代化农业转变。旱粮生产实行耕作制度改革，创新栽培技术和品种改良，二高山以上地区（尖龙坪以上）推行地膜玉米营养缽、营养块，实行马铃薯、玉米、大豆套种一年两熟栽培模式。二高山以下推广小麦、马铃薯、玉米、红薯、大豆、蔬菜四熟套种模式，土地利用率提高。2013年，全村粮食总产量178万千克，单产量434.15千克。

第一节　农　业

一、耕地　劳力

耕地全村耕地面积4250亩（1982年），除滚龙坝130亩水田外，其余皆旱地。耕地面积按海拔高程分，海拔800~950米耕地2059亩，占全村总耕地面积的48.4%。海拔高程950米以上耕地2155亩，占全村总耕地面积51.6%。

村中耕地多数为各姓氏先祖开垦，无人丈量亩分。民国二十九年（1940），湖北省政府颁布《湖北省办理土地陈报实施纲要》，县、乡户与户之间勘界，划段编丈。民国三十一年（1942），恩施县政府责令各区、乡、保、甲据实上报田亩面积，丈量记载，先后两次无果。习俗相沿，旱粮收割时以筐计，稻谷以担（挑）计，晾晒干净入库以石、斗、升合计。中华民国时期，水田约以十担谷为1亩，旱地以谷物产量折计，约估亩分。

1950—1952年，实际勘量耕地面积为4168亩（其中，水田149亩）。总耕地面积中，鸦鹊水607亩（其中，水田17亩），向家湾922亩，滚龙坝857亩（其中，水田132亩），尖龙坪965

亩,卖铧沟817亩。

人民公社化时期,“农业学大寨运动”展开,大搞农田基本建设,坡田改梯田,增加土层厚度,改造冷浸田,耕地面积增加。

家庭联产承包责任制以后,弃农务工,部分土地荒废,滚龙坝五峰山、尖龙坪彭家大山,各有200多亩无人耕种而荒废。2013年,全村耕地面积4100亩。

劳力村中劳动力随着人口增减而变化,劳动力1958年以前无系统登记。1958年,由高级社转为人民公社时,入社登记劳动力948人,其中男劳动力506人、女劳动力442人。未入社单干的男劳动力8人,女劳动力3人。2013年,全村劳动力2813人,劳动力总数中,从事家庭经营2013人,外出务工的800人。

二、粮食作物

粮食作物分为夏、秋两季,夏粮称小春,种植作物为春荞(苦荞)、小麦、大麦、马铃薯(马铃薯)、豌蚕豆等。以马铃薯、小麦为主,其他杂粮为辅。秋粮称大春,种植作物为玉米、水稻、红薯、豆类等。1949年前,大部分耕地种一季秋粮,耕地普遍冬闲,地力差,单产低,耕作管理粗放。1950—1957年,农业进入恢复期,粮食作物种植始有科学种田、品种改良,复种面积扩大,单产提高,总产增加。1959年始,连续3年自然灾害,粮食产量下降。1963—1965年,为国民经济调整和农业恢复时期。之后粮食生产持续发展。1979年后,随着家庭承包责任制的落实,农业生产进入快速发展时期。

1.夏 粮

洋 芋 清乾隆年间,马铃薯传入本村,产量高,适应性强,栽培面积较广,居栽培面积第二位。马铃薯品种引进之初,多为春播,后改为冬播夏熟。马铃薯生长期短,村境内不分高山低山盛产,夏收后室内贮藏越冬。引种之初马铃薯个大、株高,生长健壮,产量高,长期种植不换种,不选育,不轮作换、病毒感染严重,种性逐步退化,人们摸索积累经验,从高山换种到低山,换种后马铃薯个大,植株矮。

较早引进的马铃薯品种为老龄马铃薯、鸡窝早、粑粑马铃薯,均为传统品种。1954年,引进苏联红。1963年,引进马尔科、德育3号、金苹果。20世纪70年代,因马尔科口感好产量高,其他品种相继被淘汰,大面积种植马尔科和传统老龄马铃薯。村中马铃薯种子来源于3个方面,即沿袭老龄马铃薯、乌马铃薯传统品种;源于天池山农科所培育的新品种,引进米拉、新育3号、新育4号、双丰收等多个品种;鸦鹊公社农技站在云台观培育的鄂马铃薯3号,该品种产量高,亩产原粮达2100余千克。

农民还自行“翻种”,种转火马铃薯,立秋之后,将马铃薯有芽眼部位切块,用草木灰拌种,秋种冬收,又名秋马铃薯,用于来年做种,抗病能力强,个大,产量增加。村中种马铃薯实行单播,用火粪覆盖种子,高山普遍,待第二年春分前后马铃薯苗现行时淋浇一次稀肥(养猪粪池里猪肥),追施芽肥。20世纪70年代后,化肥普遍推广,农民用碳铵兑稀粪追施马铃薯,效果好。80年代后,磷钾肥作马铃薯底肥得到应用。

种植方法,20世纪70年代实行种植结构调整,实行宽窄行套种。用“920”浸种,打破马铃薯休眠期,20世纪80年代,推广马铃薯现蕾喷施多效唑,促进植株矮化,缓解马铃薯与玉米套种矛盾。80年代末期,推广马铃薯带芽下种,2013年沿袭。

在村中栽培马铃薯的灾害性天气为倒春寒;特别是农历三月尾四月上旬,连阴雨对马铃薯危害大。虫害为二十八星瓢虫;病害多为马铃薯粉痂病和晚疫病,粉痂病采用甲醛溶液浸种,晚疫病采用甲霜灵灌蔸和喷施。1978年,全村播种马铃薯2687亩,总产量40774千克(2.5千克马铃薯折合0.5千克主粮),其中鸦鹊水255亩,总产量70000千克;向家湾490亩,总产量77131千克;滚龙坝播种面积644亩,总产量120673千克;卖铧沟390亩,总产量529815千克。

小　麦　小麦为村中夏熟粮食作物之一,清代至中华民国时期,种植小麦,单产低,面积不多。1939年,恩施县令其农民种麦。1941年,迁入恩施的湖北省农业技术改进所引进金大2905、中农28和美国玉皮3个小麦品种。此前,村中多沿袭历代传承下来的大麦、小麦、燕麦、和尚头、草鞋板、大楞麦等品种,新品种引入后,老品种相继淘汰。引进的新品种单产不高,亩产不足百斤。1953年引进推广南大2419品种,1956年推广种植中农28,两个品种较原来的品种可增产30%,亩产平均60余千克。1960年扩大小麦面积,二高山以下地区,实行小麦与玉米间作,推广条播密植与点播密植,引进矮秆红(原产意大利)和阿勃、阿夫(原产于阿尔巴尼亚),产量比中农28和南大2419产量高20%以上,1963年全村小麦面积258亩,总产量68345千克。

1984年,白肋烟种植面积增加,麦烟间作季节吻合,村境内小麦种植面积增加至975亩。1999年,小麦种植面积1153亩,小麦总产量204000千克,单产177千克。其中,鸦鹊水播种229亩,产量405000千克;向家湾播种239亩,产量41500千克;滚龙坝播种190亩,产量34000千克;尖龙坪播种305亩,产量54000千克;卖铧沟播种190亩,产量34000千克。

蚕豌豆　蚕豆和豌豆为村民辅助粮,系杂粮类。豌豆有大豌豆和小豌豆,小豌豆称麦豌。清末时期开始种植,蚕豆和豌豆种植用于春季接早度荒和副食品加工。新中国成立初期,农民利用田边地角、岩壳瘦田种植,20世纪60年代种植面积增多,1963年种植378亩,因产量低,1984年以后每年种植50亩左右。

1956年,鸦鹊区人民政府从建始引进种子将“豆象”带入域内,两三年时间波及全境,1957年蚕豌豆损失20%,豆象为害种子发芽率下降,1970年损失率达80%。当地政府一度想办法消灭豆象,用氯化苦熏蒸种子,1965年鸦鹊公社成立灭象领导小组,各大队明确专门负责人消灭豆象,全村蚕豌豆种植面积300多亩(不含农民田边地角种植面积)。占夏粮种植面积10%左右。20世纪80年代初期,灭象工作停止,豆象猖獗,加上农民生活日益温饱,用豌豆接早度荒的年代已经过去,地方政府强调种植蚕豆面积,将蚕豆压青作绿肥,作玉米追肥效果好。

1976年以后，蚕豆种植面积下降。20世纪90年代后，蚕豌豆种植面积减少，农民在田边地角少量种植。

2.秋粮作物

玉　米　为主要粮食作物，迄今有500余年栽培历史，村中常年播种面积2497亩。播种面积较多为1982年3100亩，播种面积较少为1999年1460亩。玉米适应性强产量高。据记载，清雍正十三年(1735)玉米普遍丰收。中华民国时期，播种的主要品种为大子黄、小子黄、大油白、大屁股、金黄早、二黄早、百日早、茨玉米、鸡脑壳、罗汉托、夹子黄等。1954年，引进金黄后。1958年，鸦鹊区农技站用大子黄和白玉米杂交，后与金黄后杂交，制育出新品种夹子黄，1960年引进胜利红。1962年引进恩单二号，1978年推广恩单3号和郧单1号。21世纪初，玉米品种达50余种。

20世纪50年代前，玉米种植沿袭“稀大窝”点播，俗称“摆远三窝”(纵横80厘米)，好田等行套种，孬田单植，高山地区(卖铧沟一带)人少田多，旧时用犁沟撒播，坡陡田块轮歇播种，底肥少，广种薄收，平均单产65千克左右。田间管理满月薅头道草，喇叭口时薅二道草，追肥薅草同时进行。20世纪60年代推广用桐油、石灰拌种，实行密植，提倡“三角桩”、蓄夹苗。1978年，村内二高山以上地区推广地膜种植。1982年，推广营养钵、营养坨，后改为营养块，沿袭至2013年。

1972年，推广用“粉锈宁”喷洒防治。1980年，推广呋喃丹防止玉米螟。1990年，紧凑型玉米纹枯病发生，用井冈霉素防治效果好。2000年以后，玉米顶腐病等病状发生，崔家坝镇农业技术部门研究并制定防治措施。

水　稻　域内水田少，滚龙坝137亩，鸦鹊水12亩。1953年以前为农家品种时期，自留自繁，单产较低。主要传统品种有马尾粘、沙粘、大白粘、小红谷等。1957年，推广“胜利籼”。1960年，引入华东399、广选3号、农垦58等品种。1970年开始种植沪双101、窄叶青2号。1980年后，先后引进矮秆品种数个，以福优系列品种较适宜。

种植育秧，传统撒种一块板育苗，1956年采用秧田作厢，开沟排灌的“合式秧田”，后试验用塑料薄膜保温育秧，成本高未推广。1986年，引进温室两段育秧效果好。1991年，推广旱育早发栽培技术，旱育塑盘育秧以及试种抛秧。

红　薯　清代乾隆年间，引进种植于开荒地中，秋收鲜品产量高，生吃亦可，后熟食味美。受冻易烂，采用壅土、盖草、掩灰、火坑收藏多种办法越冬，选用窖藏方式效果较好，解决储藏越冬方法，其种植面积逐年扩大，成为村中主要栽培作物之一。

域内二高山以下地区多栽培红薯，为秋季粮食作物杂粮。农民养猪、羊多取红薯茎叶作饲草，所以红薯连茎带叶均受农民重视。

20世纪70年代前，全村红薯面积仅200余亩，70年代后增加到300余亩，80年代栽培面积增加到400余亩，90年代上升到500余亩，2013年全村红薯面积900余亩。红薯产量较高，亩产原粮2000余千克。1950年以前，红薯品种为泡红薯和白薯两个品种。1956年，引进胜利薯，原名冲绳百号，系日本育成。1962 年，引进“51-93”。1981 年，推广徐薯 18，后推广恩薯 1 号、南薯 88，21 世纪初引入“一脚抛”“饲料苕”“紫薯”等品种，恩薯一号、徐薯 88 号较好。

红薯育苗，于春分前后下种，整地垄厢，铺洒农家肥，摆放薯种，覆盖火粪或细土。红薯栽植低山多密植窝栽，二高山以上多垒行斜插。1960 年，推广也有“垒堆苕”“碉堡苕”“城墙苕”。1972 年，推广红薯下蛋，红薯下蛋产量高，茎叶产量低，鲜薯质量差，颜色乌黑且裂口严重外观差，用种量大而放弃终止。之后，为扩大复种指数，与玉米同作，烟苕间作的面积逐年增加。

黄　豆　村中种植黄豆多与玉米间作。传统的种植模式为玉米薅头道草时撒播黄豆种子。玉米改为营养块栽种后，黄豆多采用营养块，和玉米下种同期栽培。1984 年村中播种黄豆 2794 亩，1999 年全村播种 570 亩，主要是烟叶面积增加，豆、烟不能同作。

黄豆有六月早、八月黄、九月青、十月黄等品种，根据套种的作物生长季度选择黄豆品种。油菜收割和小麦成熟后迟玉米套种黄豆，多选十月黄，头季田多选六月早，八月黄品种。

杂　粮　其他秋粮作物统称杂粮，高粱、小谷、绿豆、红豆、蔓豆、花荞等，每年全村杂粮面积 100 余亩不等，年产量 10000 千克左右。

三、经济作物

村中盛产火麻、生漆、桐、木梓、药材、棓子、棕片。清末时期，引进油菜、鸦片、烟叶。1956 年，提倡粮、棉、油、麻、丝、茶、糖、菜、烟、果、药、杂，诸多经济作物在村中种植，仅油菜、烟叶种植普遍而持久。

油　菜　油菜为区域内主要油料作物。清末、民国初年低山地区始有种植，村境海拔 900 米以上地区种植产量和出油率不高。油菜种植为单作，年前寒露至霜降栽种，次年夏至后十天收获。鸦鹊水村境油菜常年种植面积 1300 亩左右。1988 年全村播种 1540 亩，总产量 214250 千克，其中鸦鹊水 250 亩，总产量 43350 千克；向家湾 350 亩，总产量 51750 千克；滚龙坝 370 亩，总产量 45700 千克；尖龙坪 290 亩，总产量 49000 千克；卖铧沟 280 亩，总产量 24450 千克。卖铧沟地处海拔为 1000~1200 米，油菜单产 87.5 千克，鸦鹊水海拔为 800 米左右，油菜单产 173.4 千克。

油菜品种逐年改进，新中国成立前大部分种甜油菜、白油菜，单产 30 公斤左右。20 世纪 60 年代引进“浠水白”“胜利油菜”。1970 年引进“甘油 5 号”“甘油 3 号”“150”（即恩施一号）。1984 年推广扩性强、产量高的良种“821”品种，全村基本普及，低山地区种植“821”单产达 225 千克。

烟　叶　村域主要经济作物。晒烟又名土烟，种植较早，乡民称叶子烟，大部分农户种植。其品种有青毛烟、小青毛、兰花烟、光梗把、枇杷叶、护耳把、铁板烟等。按花色和叶型分两类，一类红花，叶型椭圆，柳叶型，烟劲大，余味辛辣，铁板烟，光梗把、青毛烟之类品种，产量高，亩产干叶150公斤左右；另一类紫花，叶型如姚，叶色浓、香气浓郁，兰花烟类，产量低，亩产干叶100公斤左右。

种植时多用牛羊畜粪，用菜籽饼亦普遍，菜籽饼种植的烟，香味浓。自清代始至20世纪初村中晒烟不衰，烟叶多由烟贩收购销售到外地。

土烟加工。清末年间，村中部分农户抽丝烟。用于抽烟的烟袋有"背铁脑壳""枝子化""马棒""水烟袋"等多种烟具。

背铁脑壳有尾，用罗汉竹或水红木做烟杆，脑壳和尾部用铜制作，该种烟袋多为中老年人用。枝子化又名"小烟袋"，有大有小，大的放家中，小的随身携带方便随时可用，均用铜打造。水烟袋精致漂亮，水烟袋吸三口，第一口点火小吸，第二口深吸后吞云吐雾，第三口先吸再吹烟灰。妇女多用该种烟袋，男人抽丝烟用马棒烟袋。

烟丝用晒烟制作加工，鸦鹊街高维成家丝烟铺远近闻名，销售至沙地、麦趟、熊家、白杨、崔坝、红岩、河水坪等地。烟丝制作讲究，先将晒烟去筋，翻蒸、晾干，后将菜籽油加温喷洒叶片，将黄姜、桂皮、八角、香兰等香料(本地采挖)焙干成末，喷洒经发酵，上榨成饼，刨制而成，成猪肝色，像棉花一样柔软，香气扑鼻。丝烟分上、中、下三个档次，上等烟丝用晒烟的上四匹，称顶脑壳制成，中等烟丝用中部烟制作，下等烟丝用晒烟的下部烟制作，称"脚叶子"烟。烟丝加工业在20世纪60年代后消失。

白肋烟 1972年在灯塔大队第八生产队试种白肋烟，3亩白肋烟收干叶449.1千克，每公斤均价1.21元，收入现金543.41元，亩平收入181.14元。1973年，种植白肋烟46亩。

1974年后引进白肋烟"101"号、"18"、"1321"号、"B37"号等品种。20世纪80年代，推行烟叶生产技术规范，崔家坝镇烟草站技术员到农户家指导种烟技术，提倡良种种植，改高厢育苗为低厢平底，薄膜覆盖育苗，两段移栽，限叶打顶，禁止生产二茬烟和自留烟种，烟叶病虫害、植株早花减少，收到较好效果。1989年英美公司派技术员，对村内蔡俊贵等种烟大户，每户培养一名技术员，从育苗移栽到大田管理、采收晾晒、分级扎把等各个环节进行技术培训。全村白肋烟种植统一规格为排行3.6尺、株距1.2尺。中后期田间管理做到无花、无芽、无草、无欠肥"四无"标准。

1994年，崔家坝镇人民政府将域内向家湾、尖龙坪、卖铧沟纳入重点财源村建设，发展以白肋烟为主的支柱产业，增加农民收入，促使种烟农户脱贫致富。1994年，全境内种烟面积1400亩。涌现出向家湾村程和权、尖龙坪的蔡俊贵、卖铧沟的刘世安等一批烟叶专业户。

1998年，向家湾、尖龙坪确定为崔家坝镇规范化白肋烟基地。2003年，全村烟叶种植面积892.5亩，在恩施市172个村中排名第46名，烟叶产量129.5吨，全市村级排名第38名，烟叶发展全村经济总收入1375万元，在全市村级排名第52名，农民人平纯收入1739元，排名全市第35名。2005年7月，湖北省副省长刘友凡在恩施州、市领导陪同下到本村调研白肋烟生产，尖龙坪确定为英美公司烟叶生产基地。

2008年3月，崔家坝镇政府推行白肋烟种植集约化、规模化，促进烟叶生产规范有序，科学高效,重点示范,集中指导,在鸦鹊水村设3个点。即洞扑猪组,种植140亩。白果塆组200亩。卖铧沟组140亩。驻点干部和烟叶技术员工资实行百分制考核,与烟叶生产点全浮动挂钩。

20世纪70年代,白肋烟晾制从烟叶背面划筋,编绳后挂于房前屋后晾干。20世纪80年代,逐步普及白肋烟晾房。1984年,采取整株和半株晾制、不划筋。1996年,建设高规格白肋烟晾房,对原简易晾房实行改造,用水泥瓦做房顶,建成永久性高规格烟房。

村内设收购点2个。1989年动工修建鸦鹊水收购点,修建总投资12万元,1991年竣工交付使用。尖龙坪收购点,借用尖龙坪集体房屋一栋,1995年设立并营业,2000年撤销,收购业务归并到鸦鹊收购点。

1963—2013 年鸦鹊水村（滚龙管理区）农作物种植情况择年统计表

表4-1　　单位：亩、人

项目 / 年份	耕地面积			劳动力	夏粮播种面积				秋粮播种面积						经济作物播种面积				
	合计	其中			合计	其中			合计	其中					合计	其中			
		水田	旱地			小麦	洋芋	豌豆		稻谷	苞谷	红苕	黄豆	杂粮		油菜	晒烟	白肋烟	其他
1963	—	—	—	—	2752	258	1542	378	4447	165	2843	—	1219	—	543	543	—	—	—
1970	5580	219	5361	1681	3004	610	1938	322	4495	219	3025	354	717	180	776	731	20	—	25
1972	5081	220	4861	1389	3733	1203	2322	217	5316	232	4384	397	—	290	—	—	—	—	—
1973	5392	235	5157	1615	3912	1455	2260	209	5206	218	3094	397	1139	298	1042	946	—	46	—
1978	5152	235	4917	1602	3157	898	2687	—	5074	230	3039	345	1243	—	1023	1023	—	—	—
1981	4287	149	4138	1306	3151	570	2381	150	4163	149	3261	265	1280	60	1366	938	—	100	328
1982	4256	149	4107	1316	2815	534	2185	86	4114	149	3100	298	1421	103	1699	1353	20	326	—
1983	4168	149	4019	1583	2905	744	1863	—	3933	149	272	375	923	36	1430	1090	—	340	—
1984	4233	149	4094	1576	3230	975	2215	40	6721	149	2974	495	2974	131	1427	1090	—	337	—
1986	4284	149	4135	1893	2990	980	2010	—	4180	149	1826	460	2770	41	2552	1410	99	933	110
1988	4143	149	3994	1796	2601	1028	1573	—	3113	149	1680	520	717	52	2890	1540	—	1350	—
1989	4143	149	3994	1774	2638	1150	1438	50	3077	149	1463	542	800	118	2930	1390	110	1300	130
1990	4143	149	3994	1778	2642	1100	1500	50	2607	149	1372	480	570	110	2918	1518	—	1400	—
1999	4008	149	3859	2116	3736	1143	2019	—	3463	149	1460	510	700	68	—	640	—	1400	400
2013	4100	149	2813	2813	2780	—	2600	—	3721	135	1800	900	—	—	1750	1063	—	600	500

说明：1. 数据来自年报数；　2. 1970年、1973年、1978 年数据含大地龙。

四、耕作制度

清代以前，种植业采用伐木烧、畲、刀耕火种，待生荒自然肥力衰退，弃而耕垦，形成生荒耕作制，随后重新利用被开垦过的荒地，采用一定时期的燎荒，依靠自然植被的更替恢复地力，发展为熟荒耕作制，亦称轮歇制。

清雍正改土司制为流官制以后，农作物始有布局。正粮和主粮选好田块种植，辅助杂粮选用边角地种植。清顺治年间，农事日渐发展，高低田块，始用牛犁，勤除稗草，禾苗茂繁。嘉庆年间，二高山以下田地，收获之后种菜种麦，一年两熟制自此开始。

清末民国时期，农作物种植一熟难全收，二熟难补欠。1942年，政府训令扩大冬播面积，促进一年二熟制发展。

新中国成立之初，基本上继承原有耕作制度。1953年土地改革刚结束，耕者有其田，农民积极性高涨，二高山以下山地基本实现一年两熟，大春、小春固定栽培模式，小麦套种玉米，小麦连作红薯为主，次为马铃薯套种玉米和蚕豆套种玉米，以及豌豆、油菜、小麦、荞麦与玉米连作。水田一年一熟，二高山和以上地区旱地一年两熟和一年一熟并存，以玉米单作和马铃薯套种玉米为主，次为小麦套种玉米、蚕豆套种玉米，及小麦—红薯连作，油菜—玉米连作。

20世纪50年代期间，大部分农作物品种沿用传统品种，产量较低，栽培方式单作和连作居多，套种为一行小春套种一行玉米，撒播黄豆，排行退步2.5尺等种植。每亩千株以下，玉米单产在75公斤，马铃薯单产70公斤（折合主粮），小麦单产55公斤。行距、株距适合豆类生产，黄豆每亩40~45公斤，蚕豌豆、饭豆、巴山豆等杂粮可兼种其间，复种指数130%。

1959—1962年，扩大夏粮面积，向多熟制发展。

1965年开始，全村开展大规模农田基本建设、改土治水、增肥、不断改善农业生产条件，农业耕作因地制宜，调整作物结构比例。20世纪60年代末期，向家湾、鸦鹊水、滚龙坝、洞扑猪等地旱地一年两熟的同时，发展小麦（马铃薯）—玉米—红薯或花荞、秋马铃薯三熟面积。尖龙坪等二高山以一年两熟为主。1964年示范推广德友三号马铃薯品种后，尖龙坪一带发展为马铃薯—玉米—马铃薯部分三熟面积，二高山以上的白果垴、三字垭、卖铧沟、五峰山、彭家大山等地逐步形成一年两熟模式，域内复种指数明显提高。

1980年以后，贯彻一系列农村经济政策，农业科技进步有较大提高。1985年始，二高山以上玉米种植实行地膜覆盖、沟施垄种普遍推行，二高山及以下玉米栽培开始采用营养钵，后改为营养块，预留行套种玉米面积增大。各项技术的推广作用，高产早熟良种普及，油菜面积扩大。20世纪90年代初，全村油菜面积达1500亩，是50年代的3倍。

五、农机具

村中旧式农具，分为铁制、木制、竹制和棕制四大类。农具分别由村中匠人就地取材制作。铁制农具自古至今为农民种田不可缺少的工具，品种有挖锄、薅锄、窖锄、钉耙、犁铧、镰刀等。

木制农具为犁弓、犁板、枷档、风车、板斗、推谷耙、粪桶、粪舀、打杵、扁担、打脚木等。

竹制农具为晒席、档席、箩筐、撮箕、背篓、秧筐、马篓、斗笠、筛篮等。

棕制农具为蓑衣、牵绳、钩绳、犁达扣等。

农具品种较多。挖锄柄短、锄板宽 10~20 厘米不等,长 30 厘米左右,重 2 公斤左右;薅锄较轻,柄长 1.5 米,薅锄叶板宽且薄,叶板中间凸起,称"冬瓜锄"。在火炼渣土砾石多或岩壳土使用的挖锄板窄口秃,称"鹤嘴锄"。

农具在 20 世纪 50 年代前以各地工匠自行制造销售。农业合作化后,各社将手工艺人集中,以社为单位兴办综合厂,家具由集体制作。铁匠师傅由供销社组织生产和销售。

1963 年,域内有中型农具犁 80 张,耙 27 张,喷雾器 1 个。此间,碾米皆用木制"响擂",磨面用石料制作的大小磨。

20 世纪 70 年代初,引进粮食加工机械,最初使用 457 型碾米机,后改为 120 型、72 型,大队加工厂陆续安装 190-A 型锥型钢磨,后改为 180 型平板钢磨。1973 年,有动力机械 12 台,124 马力;农副产品加工机械 37 台,其中碾米机 7 台、钢磨 11 台、粉碎机 7 台、压面机 12 台,人力胶轮车 1 辆。家庭联产承包后,个体加工企业兴起。1986 年,全村中型拖拉机 1 台、手扶拖拉机 4 台、柴油机 1 台、碾米机 5 台、磨面机 5 台、农用汽车 1 辆、人力车 12 部。

2013 年,全村有机动车辆 625 辆,各类加工机械、建筑材料生产厂家 4 家、油漆加工厂 3 家、木材加工厂 2 家。农业生产用微耕机 110 台,钢磨 1100 台。

六、农田基本建设

20 世纪 60 年代,农田基本建设称"三治",即治山、治水、治土。20 世纪 60 年代到 70 年代中期的"三治"建设,队队有专班搞坡改梯,"三治"专班一般以民兵排长为队长,改坡田、岩壳田成平整的梯田。

1975 年,农业学大寨以大队组成专班,以连、排为建制。是年冬,70%的劳动力开展农田基本建设,由原来的生产队为专班改为以大队、公社作战。大队以连为建制,组成农田基本建设专班,落实地点、任务。公社抽调的劳动力组建成营建制,统一调配,实行大兵团作战。期间,全村建设符合标准且旱涝保收基本农田 1100 亩,为农业稳产高产奠定基础。

1985 年后,农田基本建设每年冬季进行农业开发,改造冷浸田和水利设施。家庭联产承包责任制以后,村中青壮年劳力外出务工,冬季农业开发各自为战。

第二节　养殖业

养殖业以养猪、羊、鸡为主,兼有牛、马、免、鸭、鹅。2003 年,全村生猪饲养量 4567 头,居恩施市村级排名第一位。

一、畜禽饲养

村中改土归流之前，养殖业以养猪为主。汉族进入后，带入养殖新技术，推动铧犁广泛使用。农家养牛兴起，用牛犁田、运输等劳作为主要役力。公牛主要用于耕田，亦称耕牛，母牛则为繁殖。中农以上家庭养牛，多为几户联合共同拥有 1 头牛，轮流喂养，轮流役用劳作。

清代至民国时期，村中多养马，富人养马用于乘骑，外出公干或访友，显示身份富有且尊贵，中小户人家养马用于驮运。清乾隆初年（1736），尖龙坪机匠坡开设武馆，修建马道子，后滚龙坝石狮子屋场修有马道子练武骑射设施。养马对生产、生活、军事诸多方面起较大作用。村中农户有养狗习俗，从古至今有之，旧时多用于猎用和看家，养猫用于灭鼠。

域内养猪盛行，官宦之家和富户人家养猪较多。“每年收获已毕，乡人有羊，豕祀祭先者。”立冬过后，皆屠宰自畜之豕，为过年时祭脯，晚清至民国养猪盛行，农民将养猪作为致富之道，养猪致富在村中为首选项目。

1950 年 1 月至 2013 年 12 月，全村养殖业分为五个阶段。

合作化时期。1950 年起养猪、养羊始有自主权，畜牧业生产发展较快，80%的农户饲养年猪。1954 年，初级农业生产合作社成立，家庭发展养猪、山羊、家禽。初级社阶段，耕牛的管理形式为私有租用和人畜换工。高级社时期，农业社将大牲畜折价入社，保本付息，私养公用。1958 年，大牲畜统一作价入社，社养社用，此间，鼓励社员发展畜牧业，除合作社统一安排喂养外，允许社员家庭喂养一定数量牲畜，归己所有，畜牧业发展较快。1957 年，生猪饲养量 1201 头，耕牛 68 头、非耕牛 163 头，山羊 243 只、马 8 匹、骡 1 匹。

1958 年人民公社成立后，调集社员的牲畜集体喂养。三年自然灾害时期，存栏生猪连续下降，母猪营养不良，停止产仔。1961 年开始，恢复公养私养并重政策，农民划定自留田，1962 年调整以队为基础，各生产队兴修大猪圈集体养殖，家庭养殖兴起，时集体生猪存栏数 782 头，滚龙公社 671 户（现鸦鹊水村范围）家庭养殖生猪 587 头，公私存栏生猪 1369 头。全社养殖山羊 737 只，其中私人养殖 732 只。

20 世纪 60 年代中期起，实行“公养私养并举”，以私养为主，生产队实行私人给集体养猪，按出栏时重量生产队给农户补助饲料和计工分。1970 年，上级政策提出“积极发展集体养猪，继续鼓励社员养猪”，肯定社员养猪的合法地位，国家定购任务，生产队繁育母猪等由私养完成。此后，村中农户恢复年底自宰年猪。70 年代中期，集体养殖逐步下放到私家养殖。

1979 年后国家重视畜牧业发展，加大对畜牧业的投入，提高畜牧业在农业中的比重，明确提出继续鼓励社员家庭养猪、养牛、养羊。1983 年集体所有制的牲畜，作价给农户。1986 年域内有大牲畜 290 头，其中水牛 55 头、黄牛 234 头、马 1 匹；年末存栏山羊 1034 只，出栏宰杀 228 只，羊肉产量 6355 千克；生猪存栏 3002 头，年出售肥猪 1813 头，猪肉产量 159075 千克；境内养蜜蜂 107 箱，蜂蜜产量 535 千克；养鸡 2969 只，全年禽蛋产量 67305 千克；养兔 60

只,全年畜牧业收入577050元,占年总收入的25%。

家庭联产承包责任制后,村中涌现养殖大户。1994年,滚龙坝向义极在家开办百头养猪场。1996年1月,被恩施市人民政府表彰并授予“劳动模范”称号。滚龙坝朱一菊,在恩施市妇联、恩施市扶贫开发办开展的全市女能手“手拉手”“一帮一”扶贫帮困活动中,获“巾帼扶贫女能手”称号。2002—2004年,鸦鹊水村连续三年被评为“全市畜牧业先进单位”,村中有养殖专业户17户。即养猪专业户向小云、朱一菊、谭仕珍、向贤成、张学艳、向成林、郑庆夫、向奥极、黄凯荣、向兴雄等,山羊养殖专业户王汉民、汤吉袁、崔元杰、向宜极、苏良定、彭月廷、向胜等。

2013年,全村出栏肥猪5860头,鲜肉624吨,收入620万元;出栏山羊1092只,实现收入28万元,全村牧业总收入960万元,为农村经济总收入2653万元的36.2%。

二、品种改良

20世纪50年代以前,畜禽品种属自繁自养。60年代后,先后引进畜禽优良品种,生猪有中型约克夏、大开约克夏、马克夏、长白猪、哈白猪、苏联大白猪、荣昌猪、杜洛克等品种。牛的品种引进秦川牛和南阳牛。山羊品种引进南江黄羊、波尔山羊。鸡的品种引进白洛克、罗斯、九斤黄、芦花鸡、湖北鸡等。生猪品种改良分3个阶段。

第一阶段,人民公社时期。生猪发展和品种改良较低落,除黑猪与引进品种苏联猪杂交配种外,70%以上生猪属域内品种。

第二阶段,1975—1980年,为过渡阶段。公社兽医站引进中型约克夏、大约克夏以及长白猪与本地黑母猪交配。养殖业步入科学养殖,提高出栏率时期。引进的中约克和大约克种猪,实行民养公助和配种收费。1982年,建立生猪人工授精配种站。本村由农户喂养公猪,自交配种,1986—1988年,生猪发展推行“四化”标准生产,即母猪地方良种化、公猪外来良种化、配种人工授精化、出栏肥猪杂交化,养猪业较大发展。

第三阶段,1990—2013年,畜牧业大发展阶段。品种改良主要是二元杂交和三元杂交。二元杂交即引进的良种公猪与本地猪杂交,所产后代再与另一引进品种配种。三元杂交名外三元杂交。

通过“四化”标准发展畜牧业,产量明显上升,但瘦肉率低。1994年年末,推行生猪“三优”,即优化杂交组合、优化饮料粮、优化饲养管理。逐步淘汰脂肪型的中型约克夏,以瘦肉率较高的大约克夏和长白猪种为村中主要养殖品种。

1999年年底,本村母猪100%为大约克夏×域内母猪的二元杂交品种,出栏肥猪为域内猪×大约克夏×长白猪三元杂交品种。为此,全村养殖户对母猪进行改良,凡不纯种公猪阉割,由兽医出具阉割证明,农户到恩施市凤凰山种畜场购长白公猪1头,镇财政补助300元。全村养猪农户建立档案,持有良种母猪卡,经兽医站鉴定不纯母猪淘汰,确定滚龙坝向义极等养殖杂交的杜洛克为终端父本。

三、疫病防治

1949年前,疫病流行频繁,寄生虫病、畜禽传染病、中毒病危害严重。无预防措施,无治疗手段。1952年开始,首先对牛瘟进行疫苗预防注射和综合防治措施,基本控制牛瘟危害。随后对猪瘟、猪肺疫、猪丹毒进行预防。1954年,增加注射牛炭疽、牛气肿瘤、牛出败菌苗。1958年注射仔猪副伤寒菌苗,年防疫注射疫苗7种,一年两次防疫注射形成常态。1974年,区农业技术站附设兽医站,清理兽医队伍,健全防疫机构,职工队伍稳定。1978年,用"瘟丹、瘟肺"二联苗,下年应用猪瘟、猪丹毒、猪肺肺三联苗,生猪常年防疫密度提高。

1985年,贯彻《家畜家禽防疫条例》后,改革兽医技术承包办法,贯彻"防重于治"的方针,一年两次预防注射基本到位。春季普注,秋季补注,牲畜交易市场补注,实行卡标为记的防疫制度。猪瘟防疫密度达98%,1998年后基本控制猪瘟。

域内主要畜禽疫病有12种。

炭疽病　为炭疽杆菌引起的各种家畜、野生动物和人类共患的急性、败血性传染病,1950年以前域内常有发生。

马氏分枝杆菌病　由多杀性马氏分枝杆菌引起的家畜、家禽、人以及野生动物疾病的总称。人、马、羊、兔等患此病统称巴氏杆菌病,猪患此病称猪肺疫,人称锁喉风、大红脖、肿桑瘟,牛患此病称为出血性败血症,简称牛出牧,亦称清水症。家禽患该病称霍乱,病的主要特征以高热、肺炎、急性肠胃炎及内脏出血和败血病,村内牛出败、猪肺疫、禽霍乱出现较多。

山羊传染性胸膜肺炎　俗称"灿肺病",由山羊丝状支原体引起的一种急性、接触性传染病。以高热、咳嗽、喘气、腹式呼吸、鼻流锈色鼻涕、肺和胸膜发生浸润渗出性肺炎和胸膜炎疾病,常呈区域性流行。

山羊传染性角膜炎　多种病原体(常以衣原体、立克次氏体、结膜支原体、奈氏球菌、李氏杆菌)引起的急性接触性传染病。以眼角膜和角膜发生明显炎症病变疾病,一般发生传染较快,死亡率较高。

山羊梭菌性疾病　亦称羊快疫类疾病,包括羊快疫、羊肠毒血病、羊猝狙、羊黑疫和羔羊痢疾。患病羊在临床特征为眼球转动、磨牙、口流泡沫状涎液,后昏迷而死,此病在村中零散发生。

鸡新城疫　又名亚洲鸡瘟,俗称鸡瘟。由鸡新城疫病毒引起的鸡急性接触性传染病,常呈急性败血症状态,特征为呼吸困难、下痢、神经紊乱、腺胃粘膜乳头和浆膜出血,村中时有发生。

猪　瘟　又叫烂肠瘟。由猪瘟毒引起的急性、热性、传染性疾病。仅限于猪,急性以败血、出血;慢性经纤维性坏死性肠炎为特征。境内零星散发。

猪丹毒　由猪丹毒杆菌引起的急性、热性传染病,临床病状表现为败血症和皮肤疹块,老百姓俗称"打火印",少数为慢性心内膜和关节炎,呈零星散发。

猪大肠杆菌病 由致病性大肠杆菌引起的一类疾病总称，常见为仔猪黄痢、仔猪白痢和猪水肿病。

仔猪黄痢病 为初生仔猪的急性、高度致死疾病，又称早发性大肠杆菌病，主要危害一周龄以内的仔猪，该病村境常有发生。

该病的主要特点为，仔猪发病后，四肢发软、昏睡、排出黄色和黄白色稀粪，粪中有乳凝块，病猪严重脱水，颈、腹部皮下水肿，黏粘膜肌肉苍白，十二猪肠壁变薄、松弛、肠系膜淋巴结表面有弥漫性出血，肝、肾有坏死处。

仔猪白痢病 仔猪的痢为10~30日龄的仔猪常发的肠道传染病。以排泄乳白色或灰白色的糨糊状粪便为特征。仔猪发病后腹泻，排出糨糊状、乳魄的腥臭粪便，病猪消瘦，黏膜苍白，治疗不及时形成僵猪，1951—1961年间本村多发生。

猪水肿病 猪水肿病由溶血性大肠杆菌产生的毒素引起断奶后幼猪的急性、致死性的疾病，4月龄以内的小猪易发，饲料和喂养方法的改变，气候突变，阴雨潮湿等应激因素可增加病的发生，其病变特征为胃壁和肠系膜胶冻状水肿，胃底及小肠黏膜呈弥漫性出血，大肠可见卡它性炎病，眼、脸和头面部、下颌、颈下皮肤消肿，全身淋马性出血水肿，其形如红枣、肺水肿，心包胸、腹腔积液、暴露空气后，凝结成胶冻状，境内经常发生，死亡率高，为养殖业的一大危害。

20世纪60年代以前，村中兽医队伍俗称“牛郎中”“劁猪佬”“骟匠”，自由游医。兽医技术师徒相传，世代传承，但药物匮乏，医疗器械简陋，靠一根针、一根绳、一把草、一把刀行医。牛郎中，以整治大牲畜为主，对疫情的了解和防治较差，劁骟的不会诊治、会诊治的不会劁骟，能劁骟诊治的人较少。

20世纪40年代，向天礼、朱传清赴四川学习兽医，向天礼主攻外科，朱传清主攻内科，3年后学艺有成，2人返回本村从事兽医，成为远近闻名的兽医。

1952年，鸦鹊区成立兽医协会，本村向华仁任会长，组建之初4人。1961年，民间兽医转为集体兽医，供应商品口粮。1963年，成立兽医院。1965年，兽医队伍扩大到25人。兽医实行“三包”（包诊治、包劁骟、包防疫），后改为“四包一扶持”（包防疫、包诊治、包劁骟、包药物，牲畜死亡给予一定的经济扶持）的牲畜合作医疗制度。1984年，实行五包一赔，即包防疫、包诊治、包阉割、包药物、包饲养技术指导，因防疫和兽医的责任造成损失给予适当赔偿的畜牧兽医责任制。2000年，兽医站改为自收自支单位，企业化管理，独立核算自负盈亏，诊治服务放开，取消包医。

第三节 林 业

鸦鹊水村滚龙坝有百年以上古树木12棵，500年以上古树7棵，茅坎山一棵青檀树620年，石狮子屋门前一银杏树600年。尖龙坪老桥傍侧柏、白果埫野漆树等，村中林业部门挂牌古树 20 余棵。黑沟，因树木茂密，沟中不见阳光名为黑沟。20 世纪 70 年代末，林业经营体制改革，集体山林与自留山相结合。2008 年，山林确权，实施长防工程、天保工程、退耕还林等项目建设，全村森林恢复性发展，全村有林地面积 27847 亩，国家级公益林 12299 亩。

一、林木种类

域内有维管速植物 196 科，917 属，2429 种（包括 292 个种下单位，即 8 个亚种，210 个变种，54 个变型，20 个栽培变种）。

木本植物 109 科，389 属，1259 种（包括 202 个种下单位，即 1 个亚种、149 个变种、33 个变型，19 个栽培变种）。草本植物 87 科，528 属，1170 种（包括 86 个种下单位，即 3 个亚种，61 个变种，21 个变型，1 个栽培变种）。

维管束植物中，蕨类植物 31 科，62 属，146 种（包括 7 个种下单位，即 3 个变种，4 个变型）；种子植物 165 科，855 属，2283 种（包括 285 个种下单位，即 8 个亚种，207 个变种，50 个变型，20 个栽培变种）。

种子植物中，裸子植物 9 科，30 属，63 种（包括 14 个种下单位，即 1 个亚种，4 个变种，2 个变型，7 个栽培变种）。被子植物 156 科，825 属，2230 种（包括 71 个种下单位，即 7 个亚种，203 个变种，48 个变型，13 个栽培变种）。

被子植物中，双子叶植物 159 科，686 属，1914 种（包括 230 个种下单位，即 4 个亚种，179 个变种，35 个变型，12 个栽培变种）。其中木本植物 107 科，346 属，1170 种（包括 181 个种下单位，即 144 个变种，26 个变型，11 个栽培变种）。草本植物 52 科，340 属，744 种（包括 45 个种下单位，即 35 个变种，9 个变型，1 个栽培变种）。

被子植物中，单子叶植物 23 科，149 属，306 种（包括 41 个种下单位，即 3 个亚种，24 个变种，13 个变型，1 个栽培变种）。其中，木本植物 2 科，13 属，26 种（包括 7 个种下单位，即 1 个变种，5 个变型，1 个栽培变种），草本植物 21 科，136 属，280 种（包括 34 个种下单位，即 3 个亚种，23 个变种，8 个变型）。

村中用材林树种为马尾松、杉木、柳杉、柏木、水杉、柏桦松、椿树、刺楸、枫香、灯台树、枫杨、离檫、泡桐、桦木、楠木、鹅掌楸（马褂木）、樟树、重阳木、木荷、杜英、杨树、冬青、栾树、栎类、竹类。

主要经济林木为杜仲、厚朴、辛夷、黄檗（黄柏、黄皮树）、木瓜、板栗、锥栗、银杏、核桃、柑、橘、柚、李、桃、漆树、油茶、油桐、五倍子。柿、棕树、山胡椒、枇杷、猕猴桃、花椒、桑、青檀（糖果树）。

二、植树造林

滚龙坝现有 600 多年的青檀树。清末时期，多在房前屋后营造经济林木，较低地带多种植桐子树和木梓树（乌桕），稍高一点以种植漆树为主。中华民国时期，种植桐子树和漆树更盛行，大多种在田坎或户与户之间田地界间。

2013年鸦鹊水村林地分类统计表

表4-2　　单位：亩

单　位	林地面积	国家级公益林
合　计	27847	12299
尖龙坪	2580.5	—
洞扑猪	3897.3	—
卖铧沟	4291.4	2827.1
野猫洞	2746.8	310.2
魏家湾	2515.9	121.7
向家湾	3208.4	3088.3
老屋场	1696.1	1605.7
茅坎山	3663.1	1109.6
大垭门	1554.6	1549.1
鸦鹊水	1692.9	1687.3

说明：其中灌木林地面积354.4亩

三、木本药材

黄　连　状如鸡爪，称鸡爪黄连，系根快良科黄连属植物，根茎入药。性寒味苦，归肝、胃、大肠经。功效清热、燥湿、清心除烦、泻火解毒。原为野生，需求量大，野生资源减少，转为人工栽培，二高山以上地区栽培。黄连实施林连间作，育苗推行验山整地，开沟作厢，矮棚矮架，除草追肥，一年出圃，年施农家肥两次，多次追施化肥，产量高。

党　参　高山地带适宜种植，旧时有人种"懒汉党参""一把刀、一把火、一把籽"，烧后清理干树枝，撒播种子，每年除草一两次，3~5年起挖。

天　麻　亦名赤箭，兰科植物，多年腐生直立草本，块茎含香荚兰醇、维生素、A类物质、茸类及微量生物碱。块茎入药，性平、叶甘。主治风头疼、眩晕、抽搐痉挛、小儿惊风等症。天麻在村境旧时多有种植。

杜　仲　属杜仲科，落叶乔木，树皮、叶和果实所含杜仲胶，绝缘性强，兼能耐海水侵蚀，重要的工业原料。树皮入药，性温味甘，功能补肝、肾、强筋骨，主治腰脊腰疼，足膝痿弱，胎漏胎坠等症。全境零星栽培。

贝　母　贝母干燥鳞茎，性寒味微苦，归肺、心经，主要功能清扫解结，止咳化痰。境内各地零星种植。

紫油厚朴　系木兰科，落叶乔木，树皮入药。性温，味苦辛。归脾、胃、肺、大肠经，功能温中下气，燥湿。主治胸腹胀满，泄泻痢疾、痰饮喘咳等症。厚朴品优，皮厚，肉细，断面呈深棕色，内表面深紫色，油性重，香气浓烈，故称紫油厚朴。其皮、叶、花为药用，本村高低山适宜种植。

黄　檗　系云香科，落叶乔木，木质软，树皮入药性寒味苦，归肾、膀胱经。功能泻火解毒、清热、燥湿，主治热痢、黄疸、滑蒸痨热、腿膝酸软、小便短赤涩痛等症。1996年，滚龙坝尖龙河岸种植防护林时栽种1500棵。

一支箭　直立小蓝本，高4~7寸，生长于阴湿山地，油竹林中，夏秋采全草，晒干或鲜用，性凉味甘酸，清热解毒，消肿止痛，主治毒蛇咬伤、疖痛、疔疮、胃疼，有人在五月五端阳节，太阳未出时采该药，治毒蛇咬有奇效，中医云：蛇咬一支箭，狗咬一枝蒿。

一面锣　草本，高6寸至1尺，生长于林荫，岩边湿润处，春夏采全草，鲜用或晒干，性慢味辛，祛风除湿、止血、止带。主治风湿疼痛、白带过多、疮毒、外伤出血等。尖龙坪白果垱、野猫洞一带均有生长。

七叶一枝花　宿根草本，喜生阔叶林下阴湿处，夏秋采根茎，晒干。性凉味微苦，有小毒。清热解毒，消种散结、镇痉。主治蛇伤，无名肿毒，腮腺炎，睾丸炎，有抗癌作用，村东面山有生长。

八角莲　宿根草本，山林中阴湿处野生，夏秋采根茎，晒干或鲜用，性凉味辛、苦、有毒。解毒消种，散瘀止痛。主治跌打损伤、劳伤腰痛、淋巴结炎、腮腺炎、蛇伤、痈疽包毒，村内高山树木中野生。

九龙盘　草本，高1~2尺，生长于野阴湿处，夏秋采根茎，晒干，性温味辛，温中止痛，祛痰止咳，主治胃疼，泄泻，风寒咳嗽。

小金钱草　蔓性草本，野生于山林，房屋边，夏秋采全草，鲜用或晒干，性凉味辛，清热解毒，利尿通淋，主治黄疸，胆囊炎，肾炎水肿，尿路结石，痈疖、乳痛，本村不分高低皆有生长。

头顶一颗珠　草本，生长于海拔1000米以上高山林阴处，夏秋采根茎及果实，晒干备用，味辛性平，有小毒，祛风除湿，行气活血。主治头晕失眠，跌打损伤，外伤出血，果实有滋补作用。

白三七　宿根草本，喜生峡谷，杂木林中。深秋采根、茎、叶，味苦甘性平，活血止痛、止血、补虚。主治外伤出血、头晕、劳伤虚弱，跌打损伤，本村海拔800米以上均有野生。

四、草本药材

八爪金龙　常绿小灌木，生长于阴湿山林灌木丛中，夏秋采根晒干。性寒味苦辛涩，清热解毒，活血散瘀，利咽止痛。主治咽喉肿痛，风火牙疼，跌打损伤，关节疼痛，劳伤吐血。

人骨风　矮小亚灌木，山野路旁野生，秋季采种子，四季彩根。种子甘凉，补肾固粗，主治肾虚遗精、遗尿、白带。根微苦辛平，祛风除湿，消痈散瘰。本村接茅田车河界有野生。

第四节　水　电

一、滚龙坝流域治理

1991年,开始滚龙坝小流域治理,崔家坝镇水电管理站申报实施的水土流失治理工程。滚龙坝流域内有马铃薯沟、尖龙溪两条溪流于滚龙坝入洞汇入南里渡,属清江二级溪流,流域面积64.79平方千米,水土流失面积32.4平方千米,流域内海拔920~1520米,相对高差600米。流域内地面坡度5°~45°。

滚龙坝流域治理。以生物治理为主、工程治理为辅的办法,按轻重缓急,先山后沟,逐步实施。流域内坡改梯2939亩,建谷坊39处,引水渠9条,排洪沟11处,封山育林1.1万亩,其中防护林0.38万亩、薪炭林0.12万亩、经济林0.39万亩、用材林0.29万亩。1991年开始,每年在滚龙坝至尖龙坪狭沟沿河栽植刺槐15万株、黄柏树6万株。

二、洋鱼沟水利工程建设

马铃薯沟水利工程建设,于1971年9月开工。为加速工程建设,鸦鹊区委成立水利工程指挥部,黄以章任指挥长,熊传贵、王宇桥等任副指挥长,组织全区进行突击施工。该工程经过区党委和管理区、大队干部和贫下中农代表多次勘察设计,1970年冬,湖北省水利厅、恩施地区水利局和恩施县农水局联合检查组到鸦鹊制定落实建设方案。工程为三边工程(边设计、边勘测、边施工),初步设计主体工程为两大项目,即小型水库一座,引水主干渠4.197千米,支渠3条。拦河坝修建在马铃薯沟首,火花一队的锁口塘,采用浆砌块石重力坝,坝高15米,有效蓄水40万立方米。马铃薯沟沟底至沟首的天然落差300余米,可利用落差水力发电,即马铃薯沟东面山坡,明渠引水发电,马铃薯沟水利工程主干渠首,在马铃薯沟底,接发电厂房尾水,沿滚龙坝石狮子屋场后山腰至大垭门,引水平渠在鸦鹊街头修建石拱天桥一座,倒虹吸两处,渡槽一处,渡槽修建在大垭门,利用水力修建一处农副产品加工厂,渠道翻过大垭门后,越过李家槽、江家槽、卢家槽直抵鸦鹊水后街下马台,分别建8条支渠至铺子房芭蕉园、焦桩、滚龙、云台、公龙5个公社、15个大队,151个生产队,沿渠道线长藤结瓜修建蓄水池,利用丰水期池满塘溢,解决滚龙、焦桩、铺房、云台、公龙5个公社人畜饮水困难和农田灌溉。

1972年秋,鸦鹊区委组织全区2900余个劳动力会战,各公社组织民兵营、大队为民兵连,分片划段,各营、连、排在划段工地上奋战100天。是年年末,修引水干渠3.847千米、倒虹吸0.350千米,泵砌块石天桥一座,并在鸦鹊水街老医院后修蓄水池1口,开挖土方5872立方米、石方12478立方米,浆砌石7414立方米,完成钢筋混凝土363立方米,完成总工日251960个,将水引至下马台。翌年年初,鸦鹊水街安装自来水管道。

马铃薯沟水利工程,为滚龙坝丰水期分洪,降低滚龙坝淹没频次。

三、水力发电与电力设施

域内有发电厂3座，即春景水电站、红日一级电站和红日二级电站。

春景水电站　春景大队组织修建。电站坐落于尖龙坪拱桥上游，利用尖龙河水，为引水式电站。1976年开工，1977年建成，装机一台，容量24千瓦，电站投入运行后，由大队管理使用，在尖龙坪建成小电网，供大队加工厂和农户照明用电。1983年5月4日，暴雨成灾，河水暴涨，电站被淹而报废。

红日一级电站　红日一级电站坐落于滚龙坝东北马铃薯沟，1981年秋，由崔坝公社水电管理站修建进厂公路，1982年春，电站建设动工。该站为引水式电站，水源为龙洞泉流，多年平均流量0.2立方米/秒，最枯流量0.12立方米/秒，拦河坝修建在马铃薯沟尽头处（于1972年建成），沿马铃薯沟左岸半山腰凿明渠1360米将水引至蓄水前池，选用内径0.45米压力钢筋95米引水至厂房发电，1984年8月建成投入运行。电站装机1台，容量125千瓦。电站建成后由崔家坝水电管理站管理，建设总投资15.91万元，其中由地方自筹3.91万元，由水电管理站贷款12万元，工程建设开挖土石方14570立方米、干砌石1540立方米、浆砌石3850立方米，完成标工2412万个。

红日二级电站　红日二级电站坐落于鸦鹊水街后大窝坑。1985年1月，开工建设，设计总装机2台、320千瓦水轮发电机组，总容量640千瓦，主要工程：进厂公路，引水明渠、蓄水前池、压力管道、发电厂房、宿舍以及升压站。进厂公路从鸦鹊街头左侧，全长1.2千米，引水渠道从大垭门马铃薯沟水利工程干渠1.6千米处开缺取水，修渠道0.8千米，引水至蓄水前池引水发电。电站于1985年6月建成投入运行。该工程建设总投资26万元，其中恩施市水电局扶持6万元，水电管理站贷款10万元，地方政府集资10万元，开挖土石方8808.95立方米、干砌石2543.15立方米、浆砌石267立方米，完成标工2.15万个。电站由水电管理站经营管理。

电力设施　1978年，姚湾河一级电站竣工后，从清塘口至鸦鹊街一条10千伏线路竣工，村境内始有电力设施。1984年，各大队10千伏线路开工建设。1990年，境内电网覆盖率98.87%。1999年以后，两期农网改造结束，全村安装电力变压器27台，总容量1890千伏安，全村用电户率达100%。

第五章　交通　通信

鸦鹊水村地处恩施市通往省府武汉市要道，中大路（施宜大道）穿村而过。1956 年始，开展公路建设。至 2013 年，全村公路到户网络全覆盖，主干道硬化为混凝土路面。

20 世纪 60 年代前，皆为人力、畜力运输。20 世纪 60 年代初，机动车辆运输起步。1986 年全村汽车运输业总收入 0.4 万元。1991 年以后，家用汽车逐年增多。2013 年年底，全村大小货车 81 辆，全年运输业总收入 124 万元，私家小轿车 52 辆，二轮三轮摩托车 445 辆。

清代，设滚龙坝铺，铺司 3 人。大清雍正年间（1723—1735）滚龙坝铺更名为鸦鹊邮政代办所，函件、包件、汇兑为主要业务。铺司设于鸦鹊老街庙堂。新中国成立后，成立鸦鹊区邮电所，隔日班。鸦鹊区机关迁址崔家坝后，邮政所随之迁往。

1932 年，恩施城区至河湾到沙地至鸦鹊架设木杆线路有线电话。1950 年，鸦鹊区置邮电所。1956 年，鸦鹊区邮电所更名为鸦鹊区邮电分局，安装总机，各大队驻地安装分机。1993 年以鸦鹊水集镇为中心，安装程控电话，放号 100 余户。2003 年，互联网入村，数字电视逐步普及。

第一节　交　通

一、古　道

施宜大道　自恩施城东门、官坡、七里坪、莲花池、丫沐羽、一桶水、响板溪、南里渡、鸦鹊水、崔家坝、红岩寺入建始县境，鸦鹊水设驿站和栈房。大道上 15 里一亭、30 里一店、60 里一楼。

明初，施宜古道沿清江而行。1877 年，王庭桢任施南府知府，与地方官绅商议整修施宜大道，数月募款 5000 余贯。1888 年，王庭桢督工，采取截弯取直，高托低填、开山凿石、临沟搭盖、遇溪架桥、开沟排水、沿途植树、土路铺砂等方法，镶铺石板，路拓宽到 2 米。翌年改扩建工程完工。

施宜线（施宜大道）全长 338.5 千米。1939 年，设驿站于南里渡，滚龙坝设点仓储。1941 年，湖北省建设厅设驿站管理处，征调民工维修施宜大道石板路，以利人畜军需运输。

鸦恩古道　鸦鹊水至鱼塘口古道，为崔坝鸦鹊一带进入恩施城必经之路，自鸦鹊水、向家湾、铺子房、朱家坪、鱼塘口、茴香坝、连三坡、河湾、马头沟、一碗水、茅坝、七里坪、恩施城，全程60千米。原石板铺筑，古迹尚存。

鸦麦大道 从鸦鹊水小学向东，经五子坝、滚龙坝、上黑沟，经茅田，过麦田坡，上天鹅(即麦埫街)。大道修建于清道光年间(约1850年前后)全长24千米，石板铺就。

二、主干公路

公路建设始于1956年。鸦鹊区(第八区)发动群众，利用冬闲时间，修建鸦鹊至崔坝公路，为域内第一条公路。鸦(鹊)沙(地)公路、鸦(鹊)毛(田)公路修建通车后，村(大队)组织民众修建各组(生产队)公路。21世纪初，全村基本形成公路网络。

鸦(鹊)崔(坝)公路 1956年，鸦鹊区委发动群众利用冬闲时间修路，历时3个月，建成鸦鹊至崔坝集镇之间一条12.5千米、宽4米的碎石公路。

鸦(鹊)沙(地)公路 鸦(鹊)沙(地)公路，于1964年7月破土动工修建，由鸦沙两区共同完成，鸦鹊境内从鸦鹊水街至沙地水坪黄家垭，共8.44千米，由公社组织劳动力施工，历时两年，修筑成宽4米的碎石路，1966年7月通车，四级砂石路。2000年进行路基改造，路面宽5米以上，2001年鸦沙公路道路黑色化，铺成油路，2002年完成路肩带及其附属设施。

鸦(鹊)茅(田)公路 鸦鹊水至茅田坪公路，途径滚龙坝、尖龙坪、白果埫、涂家坪至茅田坪与崔(坝)马(田)公路相接，鸦茅公路全长15千米，路面宽5米。公路于1985年7月动工，1988年10月建成通车，完成土石方4.96万立方米，村民义务投工2.48万个，耗“三材”费用10余万元。

鸦(鹊)铺(子房)公路 鸦(鹊)铺(子房)公路，动工于1977年10月，由铺房管理区组织红花(芭蕉园)、绿花(张家台子)、鲜花(皮家槽)3个大队社员义务投工修建，全长9.2千米，路面宽5米，1979年7月建成通车，为简易碎石公路，历时两年，完成土石方2.95万立方米，社员投义务工1.46万个，耗用三材费4.5万元。2003年，公路铺为沥青路面。

鸦(鹊)白(果)公路 1985年，由滚龙坝乡政府组织劳动力，投入义务工修建鸦白公路，该路线经下马台、大地龙至施家梁子，全长3.5千米，同年10月破土动工，1986年9月竣工通车，为宽6米的碎石路，开挖土石方1000立方米，投入义务工5000个，耗“三材”费1.7万元。1986年9月由公龙乡政府接施家梁子至公龙白果，全长4千米动工修建，1987年9月建成通车。

汉(口)鱼(泉口)公路(318国道) 汉鱼公路即318国道，属过境公路，在域内长约2千米。

三、村组公路

20世纪90年代初，全村兴建村组公路，由本村自筹资金，受益户义务投工投劳修筑。全村2013年年底修建村组公路38条，总长度61千米。

卖铧沟公路，1980年冬至1981年春，由大队组织劳力，破土动工由滚龙坝茅坎山，经黎树坪、贺家坡、阴湾、河湾，千岗岭至铜盆水公路，线路全长8千米，不久停止。1996年重新开工，村里群众集资12000元，崔坝政府从镇财政拨款1万元，有关部门大力支持，解决“三材”费用。同年冬，卖铧沟全体劳力上阵，一冬一春奋战，1997年冬竣工通车。各小组开始修建到组、到户公路，经一年时间，卖铧沟6个小组基本通公路，卖铧沟公路建设完成土石方13万立方米，耗用“三材”费14万余元。

公路养护，公路养护村干部分片负责，农户落实到人。

尖龙坪至蓼叶台3千米，0~1千米，向成荣等5户负责；1~2千米，向兴德等3户负责；2~3千米，冉传荣等11户负责。

洞母猪至漆木垭，长0.8千米，由崔显松等15人负责。

白果埫至水井头，全长2.5千米，0~1千米由胡以社等12人负责维护。

向家湾五组公路全长2千米。0~1千米由汪培轩等6人养护；1~2千米由朱瑞钊等5人负责。

向家湾二组公路全长3千米。0~1千米由张立位等6人维护；1~2千米由刘忠诚等13人负责维护；2~3千米由范开宏等5人负责维护。

向家湾三组公路长1千米。0~400米由崔华平等3人维护；400~800米由潘相富等6人负责维护；800~1000米由陈茂光等3人负责。

鸦鹊水下马台200米由向兴仲维护。五子坝500米由向元臣负责维护。

瞎猫洞1.5千米由余志敏等15人维护管理。

大窝坑600米由胡举新等8人维护管理。

向家湾一组公路全长2千米。0~1千米由魏国清等6人维护；1~2千米由陈定国等6人负责维护。

第二节 运输 车辆

一、人（畜）力运输

人力运输自村中有人烟生活始有，出进物资全靠肩挑背驮。村中山货销售和百货、食盐等运输组成“背佬儿”队伍，家中无力人或物资短缺者，由“背佬儿”承运，按其重量付“佣金”。

抗日战争时期，滚龙坝设仓储、转运站，开辟人畜驿运线路，接运四川、利川等地粮食及其他物资，高峰时段转运民夫1000余人。人工挑、背、抬外，还有骡马驮运，路途设置站点、集市，方便行人食宿。

施宜大道上民间报路歌。背佬儿结队而行，推举一领队人，称为“背头”。“背头”随时向运输队伍报告路况。遇独木桥时，背头大声唱“前面有一桥”，后面答唱“步步要踩牢”，路上有一堆粪便，领队高唱“路上一朵花”，后面接唱“咱们别踩它”，遇悬崖，领队唱“前面山路险”,后面接唱“靠山不靠边”,遇陡坡段,领队唱“步步要蹲高”,后面唱“使个劲的攀哟”,遇陡坡下行,领队唱“脚里要踩稳”,后面队伍回道“两腿不能软”,遇弯道前行,领队唱“前面之字拐呀”,回应“后面跟着摆嘛”,一喊一答提高结队行人安全意识,消除长途跋涉疲劳和寂寞。

二、车辆运输

汽车运输始于1966年,自村向南往沙地,向北去建始红岩,过境车辆经过村域。1980年崔坝汽车站挂牌成立,2辆45座客车当日往返恩施。

20世纪80年代初,个体私家客货营运兴起。1986年,全村全年运输业总收入4000元。1988年,全村年运输业总收入47100元,两年时间增长12倍。2013年,全村有各类车辆578辆,其中货运车81辆,小轿车52辆,二轮、三轮摩托车445辆,全村每2.04户拥有1辆车。全年运输业收入124万元。

第三节　邮政　通信

一、邮　政

清代设滚龙坝递铺,铺司3名。鸦鹊水上街杜克荐、杜承华及祖辈均为铺司。滚龙坝铺承担沙地、花被、麦埫等地业务。

清代宣统二年(1910)一月,鸦鹊街设邮政代办所,恩施至宜昌,宜昌至恩施,万县邮路经转。邮政代办所涉及农村信件,带口信由收件人领取。

大清邮政主要业务为函件、包件、汇兑。

函　件　清光绪四年(1878),开办信函挂号、邮件、刊物、新闻纸业务。宣统二年(1910)开办大清邮政规定业务种类,邮量少,主要传递政府官文。

包　件　清光绪四年(1878),开办邮件小包件业务,大清邮件对外营业,增加包裹、货样业务。光绪二十四年(1898),开办保险包裹及代卖主收价包裹(后改为代收货价)。农村邮政业务由代办所办理。

汇　兑　汇兑业务从清光绪三十年(1904)以后,各邮局逐渐开办国内汇兑业务。

中华民国时期,鸦鹊邮政代办所,沿袭旧制,按章办事。鸦鹊代办所在邮驿时期称滚龙坝铺,铺司3名,负责人杜克荐。

铺司设在鸦鹊老街庙堂,改为代办所,后由杜承华、陈学渊等办理邮政业务。

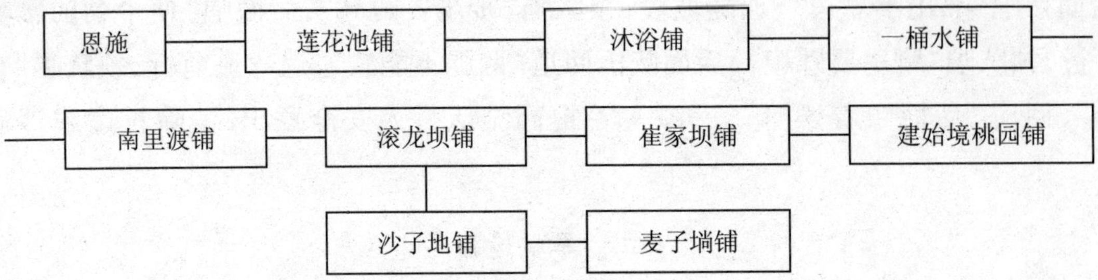

图 5-1　1910—1949 年鸦鹊水邮驿路线图

1950 年年初，鸦鹊邮政代办所恢复鸦鹊区与恩施县通邮业务，沿用杜承华等原工作人员。1951 年 6 月 1 日，邮政电信机构合并，成立鸦鹊区邮电所，驻地鸦鹊水街。

20 世纪 50 年代至 60 年代，鸦鹊开设邮路步班 6 条，隔日班。1960 年滚龙乡设亦工亦农信报投递员；"文化大革命"时期，解雇乡村亦工亦农投递员。20 世纪 90 年代以后，村组公路网络畅通，邮政信件一般递达村中心点或小卖部等。包裹业务沿袭局内留交办法，收件人带图章到局领取。

1956—1975 年，邮路路线为步班，隔日班，线路鸦鹊—滚龙—茅田。本村投递点高照大队(卖铧沟)长槽、春景大队(尖龙坪)围屋、滚龙坝茅坎山、鸦鹊—焦庄—铺房—永进大队(向家湾)学校。

二、通　信

1932 年，有线电话开通。1949 年前，线路被国民党军溃逃时破坏，仅存部分残存农话机线设备。1950 年，恢复通信网，鸦鹊区与恩施县电话开通，修复电话线路 50 千米。

1956 年，鸦鹊邮电所更名邮电支局，装设总机房。1959—1961 年，乡政府(茅坎山)驻地安装总机，各大队安装单机。1961 年，有电话总机 1 台，单机 6 部，线路 25 千米，高照、永进、东升、红日、春景、中心 6 个大队通电话。1964 年，保留鸦鹊邮电所总机，乡总机取消。

1966 年年末，大队管理区(乡)有线电话先后停运。

1993 年 5 月，程控电话纵横自动交换投入使用，村内放号 100 余户，号码为"0718-8719×××"。2003 年，以鸦鹊水集镇为中心布线安装宽带网络。21 世纪初，移动公司、联通公司分别入村发展业务。2013 年，村中发展数字电视、数字网络，广电主线路通卖铧沟、滚龙坝、尖龙坪、向家湾、鸦鹊水，用户 410 户。

第六章　商贸　金融

清代时期,游乡货郎在域内,走家串户以货易货,富户人家用银两外,农家以生漆、五倍子、苎麻、桐子油、棕片、药材等山货兑换布匹、食盐、日用杂货等物。清雍正年间,尖龙坪一胡姓于上茅田大路边建一木质房,收购山货,与货郎兑换,村民有一固定场所换取所需之物,地名为卖货沟,后尖龙坪铸造犁铧寄卖,地名改为卖铧沟。

清道光、咸丰年间,尖龙坪向必全于蓼叶台修建街道,经施南府批准动工,街头立"奉俯正堂"石碑,挂"应有尽有"招牌。后大路改道,蓼叶台街道冷落。光绪初年(1875),张、林、周、杨四姓落籍鸦鹊水经商为业,逐步形成街区,清末官方命名"鸦鹊水集",为恩施东乡 20 个集之一。

1951 年,鸦鹊水集镇设贸易公司,下设百货、杂货、收购、针织、食品、生资、粮油等门市。供销合作社成立后,商业贸易由供销合作社统购统销。20 世纪 80 年代,鸦鹊水街市场活跃。2013 年,有固定门店注册商家 89 家。

晚清、民国时期域内流通货币为银圆、铜钱、锭银、制钱、花票。1955 年起,使用人民币。1952 年 12 月,恩施县银行工作组指导下成立鸦鹊区信用合作社。1957 年,各大队建立信用站,1 年后被撤销。

第一节　商　贸

一、发展概况

晚清时期,鸦鹊水为恩施县农村 52 个集市之一,有手工业、饮食业、农副产品购销业。清末民初,汉阳人进入鸦鹊水市场做生意,农历初一、初四、初七为场期。1950 年后,鸦鹊水设立区供销社、粮管所、食品所。人民公社时期,工业品、农副产品、粮、油、肉、酒等由国营企业统筹,政府按人发给票证,凭票供应。20 世纪 80 年代,鸦鹊水集市逐渐活跃,场期为农历单日,物资由市场调节。

二、商业街区

清道光、咸丰年间,域内向必全于寥叶台兴办商铺,北大路改道后,蓼叶台商铺撤销。光绪元年(1875),张、林、周、杨四姓落居鸦鹊水经营小杂货、土特产品,施宜大道在水管子(鸦鹊街头)设驿站,逐步形成商贸区域。后鸦鹊水被列为集市之一。咸丰年间,汉阳帮商贾人境,经营绸缎、布匹,收购芝麻、桐油、五倍子、棕片等。清末,鸦鹊水街常年经营商户共3家,旅馆业2家。

光绪三十五年(1903),域内人开始做生漆生意,开“洋庄”。宣统二年(1910),汉阳县人程甫臣贩运针织品、棉纺品到域内出售,收购土特产品回汉阳。辛亥革命后,汉阳人、四川人、湖广人相继涌入,一时繁荣。

三、集市贸易

鸦鹊设漆庄,生漆收割后,漆农直接在漆庄出售,生漆贩子走家串户收购,称“包袱客”,贩买贩卖生漆。1931年后,鸦鹊水从恩施购进食盐。抗日战争时期,鸦鹊水商户增加,中国共产党地下党组织赵德三以经商为掩护,在鸦鹊水街经营小百货,卖“摆摆线”。时鸦鹊水、崔家坝两个集市有从事食盐批发经营徐老六等6户;从事布匹、棉花、棉纱、针织品经营的刘吉斋等8户,从事日杂、副食经营的颜少林等9户;开饭馆的张香妹等5户;集市肉案1处,烟丝加工及销售2处,粮行猪行等。

1950年以前,鸦鹊水街经营的主要商品如下。

食盐从四川省云阳(盐厂)、奉节盐行购进。

布匹、棉花、棉纱、针织品、绸缎从湖南、河南、黄陂、南阳、汉口、宜昌、巴东购进,布匹品种单一,颜色主要为红、黑、蓝、白、紫,称对子布及域内生产的窄装布。

杂货、煤油、红糖、小百货,从汉口、宜昌、巴东购进。

白酒,由域内开设的槽坊酿造,就地交易。

商品购进和农副产品外销采用两种方法,即人力肩挑背驮,经太阳河石乳观上云阳,骡马驮运,小商小贩自采自运。商品运输以食盐商道为主的“恩云道”“恩奉道”,以布匹、针织品、日杂、百货为主的“巴恩道”“汉鱼道”,称“千年古道”或“养生之道”。

鸦鹊水街,20世纪60年代前,3天一集,后改为隔日一集、单日集。1961年,商业体制调整,流通渠道进一步疏通,集市贸易开始放开。

四、供销合作社

1952年,成立鸦鹊区供销合作社,区委成立商业科领导小组。8月,区政府迁址崔坝街,区供销社随迁。1955年3月,鸦鹊区供销社在集镇组织合作商店,将鸦鹊集镇私营门店以及旅馆业个体经销人员过渡到区供销社。是年12月,鸦鹊区召开第一次供销合作社代表大会,会议选举产生理事会。组织社员入社320人,入股金780元。

1958年,供销社在集镇修建生产资料门市部、日杂、文具门市部。是年秋天,区供销社将食品加工厂由崔坝迁址滚龙坝,修建食品加工厂房1栋。1959年,供销社开展野生酒业务供应市场,用酱巴蔸、柿子、橡子煮酒,生产野生酒1850千克。

区供销社迁崔坝后,鸦鹊街设分社,由区供销社统一领导。1953年,鸦鹊水老街设日杂百货站,下设生活资料合作商店3个,生活资料门市部1个,职工6人。1956—1957年,对私营商业和个体户进行社会主义改造，13 家个体私营户过渡到供销社。

1958 年，滚龙坝修建综合加工厂 1 栋，临时加工工人 6 名。1959 年，增设农副产品收购门市部。1961 年，任命付永柏为鸦鹊分社负责人和安全员。1969 年 3 月，鸦鹊水老街失火，货站、门市部烧毁。鸦鹊分社所有门市部迁址鸦鹊街尾鸦（鹊）沙（地）公路两侧重新修建，3 年时间，修建 11 栋、50 间石木结构房屋，解决 25 人就业。

1988 年，供销社推行经营承包，对鸦鹊分社实行独立核算，吴继兰、陶成艮调鸦鹊分社，为核算人员，工会主席伍道成任分社经理。1998 年，供销社改制，鸦鹊分社撤销。

五、粮油销售

鸦鹊集市，每逢集日有粮食、生猪上市交易，价格随行就市，一般 1 升玉米换食盐 1 斤，1 升黄豆换食盐 1 千克。集镇设有面粉加工业，农民自带小麦兑换成品。1936 年后面条加工逐步推向农村。

1941 年，湖北省政府实行粮食统筹统配政策，取消摊贩，禁止自由买卖，恩施县在鸦鹊乡设立军粮库，县军粮处派专人统筹统配粮食。鸦鹊军粮库设在鸦鹊老街庙堂侧面一栋石木结构房屋中，可储粮 5 万千克。1945 年，省军机粮管处科长胡换之进驻鸦鹊，负责粮食统筹统配。粮食统配分为三大类。第一类：行政机关、团体直接发售；第二类：军事机关员工及部队、警士按月拨交配发；第三类：辖区居民，按公安户口、粮食供应处按标准配售。1949 年 11 月国民政府军粮统备处撤销。

1950 年，鸦鹊粮油归口区供销社管理。1954 年，国家实行粮食统购统销，成立鸦鹊粮店，店址设在鸦鹊老街，职工 4 人。1954 年，更名为鸦鹊区粮店，负责全区粮食收购、销售、调拨、仓储加工。负责人童世柱，职工 12 人，鸦鹊区公所迁址后，更名为鸦鹊区粮油管理所。

1958 年，鸦鹊下街头修建粮油办公大楼。1973 年，鸦鹊粮店维修辕门仓库，在鸦鹊老街头修建 250 万千克仓库一栋（今鸦鹊集市贸易商业街区）。1975 年，鸦鹊粮店在办公楼南侧修建营业门市 2 间，面条加工厂房 1 栋。1980 年，粮食购销业务增加议购议销，鸦鹊粮店议价门市部 4 个。

2000 年，鸦鹊粮店改制，职工进入社保，部分职工买断工龄自谋职业。

六、烟叶收购点

1984 年前，烟叶由供销社经营，设鸦鹊收购点。1988 年，设烟叶收购点。

鸦鹊水收购点。1989 年，购买供销社空地，投资 12 万元，修建二层石木结构房 1 栋。1991 年，鸦鹊水烟叶收购点竣工交付使用。

尖龙坪收购点。1995 年，借用尖龙坪集体房屋 1 栋，用于白肋烟收购。2000 年，该点被撤销。

第二节　金　融

一、封建时期金融

1949年前，鸦鹊水街市面流通的货币有铜币(俗称铜壳子)、锭银、制钱、银圆。四川流进的铜币值贰拾文、伍拾文，四川军政铸造的壹百文、贰佰文两种；大清湖北省自制的光绪元宝，拾文制铜币。银两有元宝银，重50两；小银锭，重1~5两。四川流入川锭重10两；汉朝的重5两。锭银大多数在官绅大富人家流通，碎银1两以下，又称粒银和滴银，为辅币。光绪二十二年(1896)，湖北省官钱局发行的银票流入域内流通。

民国初年(1912)，货币以银两为单位。民国元年(1912)，由湖北银圆局发行壹角、贰角、伍角、一元的银辅币在境内市面流通，1915年湖北省官钱局恩施换票处发行横式壹百文制纸币，银圆同时(俗称洋钱)在境内流通，其品种有袁世凯人头像、孙中山半身侧面像和四川字样。1933年，废两改元币制，由官方开办益施银号，发行面额壹大元纸币，与一块银圆同值，取缔市场各类花票，两年后法币出台关闭银号。

二、新中国成立后金融机构

1953年，成立信用社。1957年，各生产大队成立信用站。1958年，大队信用站撤销。是年5月，信用社实行独立核算，自负盈亏，易名为公社信用部，纳入滚龙公社机关统一核算。

1988年，设鸦鹊信用社。鸦鹊信用社原为滚龙公社信用社，驻地鸦鹊水街，首任主任谭光社，辖滚龙、铺房、焦庄、公龙的白果和五一，职工6人。1995年，合并到崔坝信用社。此后，村内无金融机构。

三、货币债券

民国五年(1916)，徐子尚等在崔坝、鸦鹊开设盐行，于宜昌设商号，发行花票在市面上流通。

1921年，滚龙坝、尖龙坪向氏家族发行花票于域内外流通，票号为“向永兴”“向永昌”“向同升”“向东升”“易升昌”。

1923年，蕉庄谭某在鸦鹊发行假纸币，被团总向殿甲没收，并处以罚款铜钱2000吊，罚款在鸦鹊水下街修建1栋5间木质房小学校(现鸦鹊水小学前身)。

1935年11月4日，国民政府实行“法币政策”，规定中央银行、交通银行的票币为法币通货(简称法币)，禁止银圆和其他货币流通。法币票面为壹圆、拾圆、壹角、贰角和伍角5种，鸦鹊集镇以法币为主要货币，中国农民银行发行的货币同时流通。1936年，国民政府发行面额伍分、拾分、贰拾分和拾元镍币与法币相辅流通。

1948年改用金圆券，以三百万法币换金圆券一元，收回法币。金圆券发行一个月后，又开始贬值。1949 年 7 月又发行银元券，以金圆券五万折合银圆券一元，收回金圆券后，银圆券仍无法稳定，银圆复入市面流通。

四、民间借贷

域内贫困人家在青黄不接、婚丧嫁娶、日常应酬等方面，多靠借贷维持。方式为佐钱多在关系密切者之间进行，口头商定，无息，约定归还；借钱，与大户、富户、地主人家签订借约，按时归还本息，年息三分，也有高至四分、五分的借贷计息。办法为“场场息”“钱加三”“谷加五”，借十吊钱还十三吊，借一石谷还一石五斗，为按年加息。“月加三”“年加四”的计息；卖青苗。春荒农民生活困难，将尚未成熟农作物预售，以解燃眉之急，待粮食成熟后，按最高产量折合市场价格计算；借贷实物。以出门息和“谷加五”方法计算，“借十抽一”，债务人借米一石，实际到手九斗，到期按一石偿还，“谷加五”借债者用财产、土地抵押，借一石还一石五斗（一年），无抵押者，月息五斗。

五、存储信贷

新中国成立后，人民银行代理发行中国人民胜利折实公债，举办保本保值折实存款，即 1 元人民币折合物资：桐油 125 克、土布 0.33 米、大米 0.1 千克、食盐 31 克。

1953 年，鸦鹊区银行办事处、信用合作社建立后，逐步成为农村金融中心，组织社会游资、个人存款。1960 年后，组织动员工薪阶层存款，农村结合年底分红兑现，信用社人员到各大队动员集体存款和社员存款。

1981 年开始，金融部门开展有奖储蓄、整存整取、定期储蓄等业务，存款户增加。

1956 年开始，发放银行贷款，信用社坚持放贷“三性”方向，即组织上的群众性、管理上的民主性、支持上的生产性。信用合作社 20 世纪在 80 年代前多为生产性集体贷款。90 年代，为项目支持贷款，养殖业、种植业等专业户、重点户贷款。

第七章　村庄民居

鸦鹊水地区房屋建筑民族特色浓郁，择基多选择山坡高地，依地势而建，风格为土家族吊脚楼式样。此外，汉文化熏陶经年，风格逐渐呈现多样化。滚龙坝向氏家族自明清始，吸收汉民族建筑文化，效仿晋商、徽商建筑风格，修造多处建筑物，构成建筑群落，迄今遗存，为域内民居文化瑰宝。

20 世纪 70 年代前，村中建房以木质结构为主，兼或石木混合结构、砖木结构、土木结构。80 年代，钢筋水泥建筑材料普及使用，修建住房逐步转向混合结构。

2000 年始，开展文明新村建设。2006 年，推行恩施模式，以生产发展、生活宽裕、乡风文明、村容整洁、管理民主为主要要求，鸦鹊水村被列入恩施市试点村，逐步完善“五改三建”工程。至 2013 年，村民住宅焕然一新，基础设施建设改善，乡风文明显著提升，建立文化活动中心户 22 户，乡规民约不断完善和规范。

第一节　居民住宅

一、传统住宅

农舍多数为独立式，一般只住一个家庭，房屋占地面积 200 平方米左右，木质结构，房顶苫盖陶质布瓦或杉木皮。一般一层楼，卧室内用木质地板。房屋横阔以开间计算，分三间、五间、七间不等，均为单数。一正一厢，称钥匙头，一正两厢，称撮箕口。纵深以柱数算，或五柱、七柱、九柱、十一柱不等，亦为单。各柱之间用木枋连接，形成明五（柱）暗七（柱）或明七暗九格局，一排柱连接在一起俗称“一排肩”，两扇之间为一开间，屋脊与立柱间通常取 65°夹角（俗称六分水）。贫困人家的草房以茅草盖顶，房间低矮狭窄，阴暗潮湿，一般采用 6 分水（夹角一般等于或小于 45°）。

吊脚楼。因地势而建，为木质房屋结构，底层作饲养家畜或杂物间，正房一楼作卧室与会客厅，楼外建走廊，为阳台，亦称“彩楼”。吊脚楼具有干燥、凉爽特点。

滚龙坝建筑属庭院式房舍，建筑布局呈“回”字形，以前后两栋房屋为主体，两侧配置厢房，中间天井，俗称四合院、四合天井、四井口或上下幢天井。墙体多为砖石，亦有土垒、砖木结构、土木结构房屋，石头砌墙脚，基稳防潮，成本低，本村普遍。域内庭院式房屋一般为大户人家所建。

二、住宅改造

新农村建设始于2000年。2006年,起推广恩施模式,按照生产发展、生活宽裕,乡风文明、村容整洁、管理民主的总体要求,不断丰富和完善“五改三建两提高一公开”模式。

2000年,恩施市启动文明新村建设,本村将滚龙坝纳入建设规划,以“五改”(改水、改路、改厨、改厕、改圈)“三建”(建家、建园、建池)“两提高”(提高村级组织战斗力,提高农村文明程度)为载体,组织实施。2001年,鸦鹊水(小村)被列入全市试点村之一,恩施市法院、崔家坝法庭、崔家坝财政所、崔家坝地税分局等单位,对口帮扶鸦鹊水(小村)。恩施市政法委、崔家坝司法局、崔家坝镇经贸办、司法所、镇政府对口帮扶滚龙坝(小村)。

2007年,为抓好以“五改三建两提高一公开”为主要内容的社会主义新农村建设,鸦鹊水村成立“村新农村建设领导小组”,村党支部书记刘晖为小组组长,村委会主任向成林为副组长,向义极、陈光美、张斌等为成员。领导小组统一思想,发展全村经济,加强基础设施建设,提高农民素质。以政府引导、单位帮扶、社会参与、农民主体为融资渠道,统筹规划,分步实施,逐步将鸦鹊水村建设成为“生产发展,生活宽裕,乡风文明,村容整洁,管理民主”的社会主义新农村。

第二节　街　道

一、蓼叶台街

清道光末年(1850),施南府批准,蓼叶台(尖龙坪南面)修建集镇,由当地乡约向必全募资筹款修建,选址蓼叶台邓家槽和刘家槽之间。蓼叶台为通往沙地、恩施(由河湾、茅坝)北大路,街道旁大路边立有“奉府正堂”四字石碑,刻有修建街道始末(石碑于20世纪70年代毁掉)。蓼叶台街道采用木质建筑,铺面五六间。蓼叶台街开市后,为周围较早街面,一时繁荣,店面货物较齐全。

清光绪年间(1875—1908),施南府知府王庭桢主持修缮施宜大路改道,途经蓼叶台的人逐渐减少,街面冷落。清光绪初年(1875)前后向氏族人将蓼叶台街拆毁。

二、鸦鹊水街

鸦鹊水西南方谌家垭有一泉流,称垭泉水。该地带水源缺乏,人畜饮水困难,为施宜大道必经之地,来往客商和“背佬儿”到垭泉水饮水解渴,各氏族杂居,地方方言吐词不明称垭泉为鸦鹊水。“鸦鹊水”地名沿用至今。

清光绪初年(1875),蓼叶台街拆毁,施宜大道扩修设驿站于鸦鹊,来往人群增加,其中张、林、周、杨四姓人家落籍此地,摆摊从事小杂货经营、收购土特产品,鸦鹊水逐步扩大为街道。宣统年间(1909—1911),官方命名鸦鹊水为恩施东乡20个集场之一。

鸦鹊水街建成面积0.1平方千米,海拔高程890米,地理坐标北纬30°26′30″,东经109°46′30″,位于恩施市区中心航空线路34千米,公路行程62千米,北距崔坝集镇12千米,南离沙地街17千米。中华民国时期,为恩施第一(北乡)区鸦鹊乡(甲等乡)公所驻地,民国二十七年(1938)商户80户,逢农历单日为场期。新中国成立前夕,集市已具一定规模。1949年11月,为中国共产党鸦鹊区委、区政府驻地。1953年8月,为八区鸦鹊政府驻地。1958年11月,设鸦鹊公社,驻地迁崔坝集镇。鸦鹊集镇西南部为老街,房屋多木质结构,沿缓坡而建,西南高东北低,街道石板铺就。1969年3月,老街发生火灾,1971年重建。供销社、邮电所、医院、食品所等单位相继移至集镇东北部,沿鸦沙公路两侧,建成新街,新街全长150米,与老街连成一体,新街集贸市场设百货、杂货、收购、纺织、食品、生资等门市。

1956年春,鸦(鹊)崔(坝)公路通车始有车辆运输。1964年,鸦(鹊)沙(地)公路绕老街而过,改变集镇运输条件。1979年,318国道由鸦鹊街头自北环行,全线通车后,集镇设长途客运售票站。

1972—1974年,鸦鹊区委组织修建洋鱼沟水利工程,解决集镇人畜饮水困难。1982年,集镇用上电,告别油灯照明的历史。2013年,用电通户率100%。

2002年,老街石板路换成水泥路面,新街碎石路面铺设为沥青路面,下水道建设完成,21世纪初全街安装路灯,街道逐步美化、亮化。

第八章 党政群团

明代时期,施州卫置崇宁里等3里,里辖滚龙坝等村镇12个。清代沿袭明制,嘉庆年间里下乡约改名团首,鸦鹊水区域首任团首向翼道。民国元年(1912),改团首为团总。民国十六年(1927)始,县下设区,区下置联保,联保下设保甲。民国二十六年(1937),废联保改设乡镇,置鸦鹊乡,为恩施县第一乡区,辖保12个。

1949年11月,成立中共恩施县鸦鹊区委。1956年11月至1984年5月,相继设滚龙乡委公社、区委等。1984年6月撤社复区,复设滚龙乡党委。2002—2013年,村组合并后,设鸦鹊水村党支部。1958—1984年,根据辖区管理需要,设生产大队党支部。

1949年11月,建立鸦鹊水区人民政府。1952年8月至2013年,相继设为恩施县第八区政府、第八区公所、滚龙人民委员会、鸦鹊区公所、鸦鹊人民公社。1984年6月至2002年9月,设滚龙乡人民政府和滚龙管理区。期间,生产大队改为村。2002年10月,村组合并成立鸦鹊水村。

1949年年末,以自然村(保)为单位组成农民协会。1963年春,变更为贫下中农协会。20世纪80年代,复为农会。

1956年,中国新民主主义青年团滚龙乡支部成立。1966年,建立滚龙乡团委,之下分设中心、永进、春景、高照、红日等大队团支部。20世纪90年代,域内有团支部5个。

20世纪50年代初,设乡妇联,配备主任1名。1958年人民公社成立后,配备国家干部1名担任妇联主任,辖大队妇代会5个。2002年,村组合并后设村妇代会,兼职主任1名。

1949年11月,设民兵中队,区长兼任队长。1951年1月改为区民兵大队部。是年10月,成立区人武部。1958年,生产大队成立民兵连,生产小队建立民兵排,其负责人均参加同级领导班子为成员。至2013年,管理区、乡、村均建立民兵连。

第一节 中共基层组织

1945年,中共地下党员赵德三以卖"摆摆线"为掩护,到鸦鹊水从事党的地下组织工作。1949年11月中共鸦鹊区委成立赵德三任鸦鹊区委第一书记。1956年11月建立滚龙乡党委,1958年成立管理区委党总支,1961年设滚龙乡党委,1984年改人民公社为滚龙乡党委。后随着机构变更,党组织相应变更。2002—2013年,为鸦鹊水村党支部。

新中国成立初期,鸦鹊区成立,直隶恩施县政府,区驻地鸦鹊水街。旧制保更名为村。

1950年,鸦鹊区委在滚龙坝设置滚龙乡政府,驻地滚龙坝茅坎山,辖鸦鹊水村、滚龙坝村、向家湾村。在尖龙坪设置现龙乡,辖尖龙坪村、卖铧沟村、车河村。1956年,撤销现龙乡,将尖龙坪、卖铧沟两个村合并到滚龙乡。滚龙乡辖鸦鹊水、滚龙坝、向家湾、尖龙坪、卖铧沟小村5个,乡驻地茅坎山。当年撤销大地乡,将大地龙村合并到滚龙乡。

1957年年初,由初级社过渡到高级社,鸦鹊水更名为中心社,滚龙坝更名为春景社,卖铧沟更名为高照社。

1958年11月,滚龙乡更名为滚龙管理区。1961年5月,更名为滚龙人民公社。1968年3月,易名为滚龙人民公社。1984年6月,更名为滚龙乡政府。1997年1月改名为滚龙管理区。2002年10月,村组合并,撤销滚龙管理区,设置鸦鹊水行政村。

一、鸦鹊区委

1949年11月,建立鸦鹊区委,驻地鸦鹊水街。1952年,改名第八区委,驻地迁到崔家坝。1956年4月,复迁鸦鹊水。1957年1月,第八区改名为鸦鹊区委。1958年11月,改名鸦鹊人民公社党委,驻地崔坝。

鸦鹊区委(1949年11月—1952年8月)

书　记　赵德三(1949.11—1952.8)

副书记　李东正(1949.11—1950.7)

第八区委(1952年8月—1957年1月)

书　记　程先锋(1952.8—1953.6)

熊应召(1953.5—1954.9)

刘永扬(1955.9—1956.10)

谭志贤(1956.10—1957.1)

第二书记　张慎德(1954.7—1955.11)

副 书 记　周国棋(1952.8—1957.1)

黄希政(1955.3—1955.12)

黄永高(1955.9—1956.9)

谭志贤(1956.4—1956.10)

孙怀清(1956.4—1957.1)

刘德凤(1956.10—1957.1)

鸦鹊区委(1957年1月—1958年11月)

书　记　谭志贤(1957.1—8)

郭芳玉(1957.11—1958.11)

曾庆海(兼任)(1958.3—11)

副书记　孙怀清(1957.1—8)

刘德凤(1957.1—3)

周国棋(1957.1—1958.11)

李正银(1957.12—1958.11)

二、滚龙（现龙）乡（管理区）党组织

中共现龙乡支部委员会(1953 年 1 月—1958 年 8 月)

书　记　冉仕明(1953.1 月—1958.8)

(1958 年 8 月撤销现龙乡合并到滚龙乡)

中共滚龙乡支部委员会(1954 年 4 月—1966 年 5 月,驻地滚龙坝茅坎山)

书　记　杨菊芳(1954.4—1959.10)

冉仕明(1959.10—1966.5)

副书记　向兴弟(1965.1—1966.5)

中共滚龙人民公社委员会(1966 年 5 月—1978 年 7 月,驻地滚龙坝茅坎山)

书　记　冉仕民(1966.5—1966.9)

向极美(1966.9—1970.10)

吕惠民(1970.10—1974.8)

熊传贵(1974.8—1978.7)

副书记　张学年(1971.1—1975.7)

向极树(1971.1—1978.7)

汤尚成(1975.7—1978.7)

中共滚龙管理区总支委员会(1978 年 7 月—1984 年 6 月,驻地鸦鹊水街)

书　记　熊传贵(1978.7—1981.3)

何文福(1981.3—1984.6)

副书记　向极美(1981.3—1984.6)

崔登忠(1984.6)

中共滚龙乡委员会(1984 年 6 月—1996 年 12 月,驻地鸦鹊水街)

书　记　崔登忠(1984.6—1987.11)

何文福(1987.12—1988.3)

黄廷贵(1988.3—1993.9)

朱家国(1993.9—1994.9)

崔显国(1994.9—1995.3)

彭鼎文(1995.3—1996.12)

中共滚龙管理区总支委员会(1997 年 1 月—2002 年 9 月)

书　记　许语德(1997.1—1997.12)

向海春（1997.12—1998.9）

陈光美（1998.9—2000.2）

谭国新（2000.3—2000.8）

向　杰（2000.9—2001.4）

唐　毅（2001.5—2002.9）

中共鸦鹊水村支部委员会（2002 年 10 月—2013 年 12 月，驻地鸦鹊水）

书　记　冉瑞林（2002.10—2005.10）

王　军（2005.11—2007.2）

刘　辉（2007.3—2008.1）

田本华（2008.2—2008.12）

向成林（2009.1—2013.12）

2013 年鸦鹊水村支部鸦鹊水党小组党员简表

表 8-1

姓　名	性　别	民　族	出生年月	学　历
向风若		土家族	1917.7	小学
崔登桂	女		1933.10	小学
张芳菊	女	土家族	1948.11	小学
王储亮		土家族	1953.2	小学
陈　刚			1969.12	高中
张　伟			1970.4	小学
向　勤		土家族	1976.3	高中
向　武		土家族	1979.3	高中
刘传新			1981.10	大专
赖升铭			1982.7	大专
石青龙		土家族	1982.12	大专
向极提		土家族	1987.5	大专
向均成		土家族	1933.6	初中
胡仕清		土家族	1935.10	小学
张学连		土家族	1924.10	初中
李　义		土家族	1941.10	初中
王明松		土家族	1940.8	初中

续表8-1

姓　名	性　别	民　族	出生年月	学　历
向成明		土家族	1943.10	小学
向兴仲		土家族	1944.6	初中
谢作福		土家族	1943.2	小学
向兴轩		土家族	1945.5	初中
汪甫英	女	土家族	1949.6	小学
曹志国			1960.11	高中
向登平		土家族	1954.12	初中
王明玉		土家族	1958.7	小学
谢作元		土家族	1958.3	初中
范忠清		土家族	1966.6	高中
张　斌		土家族	1968.8	大专
冉龙轩			—	
谢作社		土家族	1954.2	小学
付世和		土家族	1956.11	初中
向成林		土家族	1953.6	初中
谭　勇		土家族	1988.4	初中

2013 年鸦鹊水村支部向家湾党小组党员简表

表 8-2

姓　名	性　别	民　族	出生年月	学　历
蒋玉国	女		1930.2	小学
汤　涛			1981.4	高中
张　仲		土家族	1984.1	高中
魏国清		土家族	1930.6	其他
汤吉祥		土家族	1932.11	小学
李芝贵		土家族	1933.6	小学
潘英习		土家族	1933.7	小学
魏国友		土家族	1942.1	小学
汪培新		土家族	1942.10	小学

续表8-2

姓　名	性　别	民　族	出生年月	学　历
许以寿		土家族	1945.6	小学
程合权			1946.5	初中
李丙三		土家族	1950.6	小学
潘相富			1953.12	初中
汤克银			1952.7	小学
程勺远			1954.12	初中
贺升安			1959.2	高中
张昌敏		土家族	1964.4	高中
李玉兰	女		1969.9	高中
向良成			1973.6	高中

2013年鸦鹊水村支部尖龙坪党小组党员简表

表8-3

姓　名	性　别	民　族	出生年月	学　历
向极荣		土家族	1939.2	小学
司马朝荣			1940.9	小学
向兴汉		土家族	1943.2	高中
马朝登			1952.11	初中
冉仕明			1925.2	初中
赵先美			1925.7	小学
付德亮			1938.5	初中
向兴泮		土家族	1932.5	初中
司马子荣			1972.3	初中
张胜菊	女		1947.7	小学
胡义社			1948.8	初中
郑兴元	女		1952.4	初中
彭兰庭			1960.2	初中
向极波			1960.10	初中
向　杰		土家族	1966.2	高中

续表8-3

姓　名	性　别	民　族	出生年月	学　历
向凤极		土家族	1972.10	初中
胡文英	女	土家族	1972.4	初中
向　亮		土家族	1987.10	本科
汤尚成			—	
彭玉廷		土家族	1942.8	初中
崔华平		土家族	1963.11	高中
冉传怀		土家族	1971.6.1	高中
向　娜	女	土家族	1987	专科

2013年鸦鹊水村支部滚龙坝党小组党员简表

表8-4

姓　名	性　别	民　族	出生年月	学　历
谭大树		土家族	1941.1	高中
向鹏举		土家族	1973.5	高中
向成维		土家族	1987.8	大专
向极社		土家族	1953.2	初中
宋楚兰			1935.2	小学
向成述			1948.11	初中
曾冬玉	女	土家族	1948.11	小学
曾以春		土家族	1950.3	小学
朱怀忠		土家族	1950.4	小学
谭大菊	女	土家族	1950.1	小学
崔显焕			1952.2	初中
向义极		土家族	1954.12	小学
李宗荣		土家族	1960.2	小学
陈国英	女		1964.6	高中
崔元洪		土家族	1945.5	高中
谭志军			1979.1	小学
向　巍		—	—	初中

续表8-4

姓　名	性　别	民　族	出生年月	学　历
向兴介		—	—	
向玉荣	女	—	—	
李顺珍	女		1964.3	高中
向成秋		土家族	1987	初中

2013 年鸦鹊水村支部卖铧沟党小组党员简表

表 8-5

姓　名	性　别	民　族	出生年月	学　历
向华极		土家族	1944.3	初中
朱明元			1948.1	高中
何申阶		土家族	1943.10	小学
向成祥		土家族	1947.8	小学
向成学		土家族	1952.9	初中
向成林		土家族	1949.7	初中
谭明华		土家族	1957.3	初中
黄树兰	女	土家族	1963.1	初中
向远鹏		土家族	1963.4	高中
向吉泽		土家族	1969.3	初中
李浩清		土家族	1972.6	初中
崔应华		土家族	1983	小学
朱升友		土家族	—	
胡仕清		土家族	1935.10	小学
向　威		土家族	—	

三、大队党支部

1959 年，鸦鹊水村辖区有生产大队 5 个（大地龙除外）。1961 年，建立支部 3 个，即红日大队党支部、永进大队党支部、春景大队党支部。1966 年，中心大队党支部、高照大队党支部成立。村中土地改革运动中先后加入中国共产党的有鸦鹊水（中心大队）向子六和尖龙坪（春景大队）赵先美、冉仕民、向家湾（永进大队）魏国清、魏国元。初级社转入高级社阶段永进大队汤吉祥、李支桂、刘丙清；春景大队付德亮、谭清章；红日大队向尖龙、向朋极、向兴绪，高照大队杨荣泮、黄作朝、胡仕清、向朋极先后加入中国共产党。

中共红日大队支部委员会(1961年7月—1984年7月)

红日大队党支部由向朋极、吕家柱、向军极、崔显权、向纯极5人组成。

书　记　向朋极(1961.7—1965.12)

崔显权(1966.1—1976.10)

向军极(1976.10—1984.7)

滚龙坝村党支部(1984年7月—2002年10月)

书　记　向兴介(1984.07—1989.12)

向极社(1989.12—2000.10)

向义极(2000.10—2002.10)

2002年,村组合并,滚龙坝党支部被撤销。

中共春景大队支部委员会(1961年7月—1984年7月)

成立于1961年7月,由冉仕明、赵先美、付德亮3人组成。

书　记　冉仕明(1961.7—1966.10)

向兴汉(1966.11—1981.12)

彭玉廷(1982.1—1984.7)

尖龙坪村党支部(1984年7月—2002年10月)

书　记　崔辉林(1984.8—1994.12)

冉传怀(1995.1—2002.10)

2002年,村组合并撤销尖龙坪党支部。

中共永进大队支部委员会(1961年7月—1984年7月)

成立于1961年7月,由魏国清、魏国元、汤吉祥、李支桂、刘丙清5人组成。

书　记　魏国清(1961.7—1965.6)

张克玉(1965.7—1970.7)

魏国元(1970.7—1974.11)

黄廷贵(1974.11—1976.12)

程和权(1977.1—1984.7)

向家湾村党支部(1984年7月—2002年10月)

书　记　程和权(1984.7—1996.12)

贺声安(1997.7—2002.10)

2002年,小村合并为大村,撤销向家湾村党支部。

中心大队党支部(1966年7月—1984年7月)

成立于1966年7月。

书　记　向子六(1966.7—1974.9)

向兴仲(1974.9—1984.7)

鸦鹊水村党支部(1984年7月—2002年10月)

书　记　向兴仲(1984.7—2002.1)

张　斌(2002.1—2002.10)

2002年,村组合并撤销鸦鹊水村支部。

高照大队党支部(1963年7月—1984年7月)

成立于1963年7月,有共产党员4名。

书　记　杨荣泮(1963.7—1981.7)

向成林(1981.7—1984.7)

卖铧沟村党支部(1984年7月—2002年10月)

书　记　向成学(1984.7—1986.7)

谭明华(1986.7—1987.2)

向成学(1987.2—1994.7)

刘世安(1994.7—1999.7)

朱申友(1999.7—2002.10)

2002年,小村合并,撤销卖铧沟村党支部。

第二节　基层政权

一、中华民国时期乡政权

1937年联保办公处改设为乡,鸦鹊水为甲级乡,首任乡长向子平,辖保12个。1938年,向子平病逝,向宗臣接任,副乡长谭尊安。乡公所设经济股、警卫股、文化股。1941年,警卫股股长谭明榜,文化股股长向博文,经济股股长王均安。1943年,侯济舟接任警卫股股长,乡队副向秀山,民政股主任谭尊安,经济股主任向兰轩,户籍干事杨南卿,文书陈述舟,膳写员陈德轩,话务员张德明,乡丁班长朱和伦。辖保12个。一保保长向义轩,二保保长向极轩,三保保长向楚伯,四保保长张清斋,五保保长谭宅三,六保保长李思齐,七保保长向帛云,八保保长向芹轩,九保保长周化斋,十保保长周云山,十一保保长贺云阶,十二保保长向极明。乡公所常年驻兵22人,武器24支,其中手枪2支,每个保配保丁2人,武器为大刀长矛。1949年11月,鸦鹊解放,乡公所解散,部分罪大恶极者被枪毙镇压。

二、鸦鹊区人民政府(区公所)

1949年11月建立鸦鹊区人民政府,1952年8月改为第八区人民政府,1953年改名为第八区公所,1957年1月改称鸦鹊区公所,1958年11月撤区,建立鸦鹊人民公社管理委员会,1961年5月复名为鸦鹊区公所,驻地鸦鹊水街。

鸦鹊区人民政府(1949 年 11 月—1952 年 8 月)

区　长　赵德三(1949.11—1952.7)

　　　　李启发(1952.7—1952.8)

副区长　程先锋(1950.7—1951.6)

　　　　熊应召(1952.7—1952.8)

第八区公所(区人民政府)(1952 年 8 月—1957 年 1 月)

区　长　李启发(1952.8—1953.5)

　　　　张慎德(1953.5—1954.7)

　　　　钟维喜(1954.7—1955.6)

　　　　熊春阳(1955.6—1956.8)

副区长　熊应召(1952.8—1953.9)

　　　　袁美伦(1953.5—1954.4)

第二副区长　王卜学(1954.7—1957.1)

副区长　钟维美(1955.6—1956.10)

鸦鹊区公所(1957 年 1 月—1958 年 11 月)

区　长　熊春阳(1957.1—1958.11)

第二副区长　王卜学 1957.1—1957.8)

副区长　叶道阳(1957.1—1958.11)

鸦鹊人民公社管理委员会(1958 年 11 月—1961 年 5 月)

社　长　周国棋(1958.11—1959.1)

　　　　熊春阳(1959.1—1960.2)

副社长　熊春阳(1958.11—1959.1)

　　　　罗宗臣(1958.11—1959.10)

　　　　李文田(1958.11—1959.10)

　　　　向兴礼(1958.11—1959.10)

　　　　廖元芝(女)(1958.11—1959.10)

　　　　尹学汉(1958.11—1961.5)

　　　　华孝纯(1958.11—1961.5)

　　　　向顺极(1958.11—1961.5)

　　　　叶道阳(1960.2—1961.5)

　　　　陈华宣(1960.2—1961.5)

鸦鹊区公所(1961 年 5 月—1966 年 5 月)

区　长　贺　恩(1961.5—1963.5)

　　　　熊春阳(1963.5—1966.1)

陈远光(1966.1—1966.5)

副区长 向顺极(1961.5—1963.5)

陈华宣(1963.7—1965.8)

三、滚龙(现龙)乡政府

现龙乡政府(1954 年 4 月—1958 年 8 月)

乡　长 冉仕忠(1954.4—1958.8)

副乡长 赵先美(1954.4—1958.8)

1958 年 8 月,撤销合并到滚龙乡政府。

滚龙乡人民委员会(1954 年 4 月—1958 年 8 月)

乡　长 向极科(1954.4—1958.8)

副乡长 李正科(1954.4—1958.8)

滚龙管理区(1958 年 11 月—1961 年 3 月)

主　任 向极科(1958.11)

向极美(1961.3)

滚龙人民公社(1961 年 5 月—1966 年 5 月)

社　长 李明德(1961.5—1966.5)

向极科(1961.5—1966.5)

柳杨清(1966.5—1968.3)

滚龙公社革委会(1968 年 3 月—1975 年 8 月)

主　任 向兴弟(1968.3—1969.10)

毛贤臣(1969.10—1970.10)

吕惠民(1970.10—1972.5)

熊传贵(1972.5—1975.8)

1975 年 8 月至 1984 年 6 月,设管理区党总支,未配备行政机构。

滚龙乡政府(1984 年 6 月—1996 年 12 月)**驻地鸦鹊水**

乡　长 黄廷贵(1984.6—1986.11)

谭光才(1986.11—1988.3)

谭大来(1988.3—1990.3)

吴越明(1990.3—1993.9)

毛泽成(1993.9—1994.8)

彭鼎文(1994.8—1995.3)

谭建明(1995.3—1996.12)

滚龙管理区(1997 年 1 月—1998 年 12 月)

主　任　苏道高(1997.1—1998.12)

朱　平(1999.1—2000.3)

胡永和(2000.3—2000.10)

唐　毅(2000.10—2001.4)

冉瑞林(2001.4—2002.9)

四、大队管委会

红日大队(1958 年 10 月—1974 年 9 月)

主　任　向朋极(1958.10—1967.12)

向兴隆(1968.1—1974.9)

红日大队革委会(1974.9—1981.6)

1974 年 9 月成立，由向兴隆、曾以春、谭大菊(妇联主任)、向成达、向纯极(民兵连连长)、向均极、向若轩、崔显宏等 9 人组成。

主　任　向兴隆(1974.9—1981.6)

副主任　崔显焕(1974.9—1981.6)

曾以春(1974.9—1981.6)

滚龙坝大队管委会(1981.7—1984.7)

1981 年 7 月 24 日，大队更名为滚龙坝大队，驻地茅坎山。

大队长　曾以春，1981 年 7 月—1984 年 7 月

滚龙坝村(小村)委会(1984.7—2002.9)

主　任　向礼极(1984.7—1996.12)

向义极(1997.01—2002.10)

中心大队管委会(1958 年 10 月—1974 年 9 月)

主　任　向兴仲(1958.10—1974.9)

中心大队革命委员会(19740.9—1981.6)

1974 年 9 月 27 日成立，由向兴仲、冉从培、谢作福、向正极、高贵清、向子六、王宗恩 7 人组成。

主　任　向兴仲(1974.9—1978.12)

冉从培(1979.1—1981.6)

副主任　谢作福(1974.9—1981.6)

中心大队管委会(1981 年 7 月—1984 年 7 月)

大队长　崔元德(1981.7—1984.7)

鸦鹊水村(小村)委会(1984 年 7 月—2002 年 10 月)

主　任　罗吉胜(1984.7—1987.12)

崔菊远(1988.1—1996.9)

向成义(1997.10—2002.4)

范中清(2002.4—2002.10)

永进大队管委会(1958年10月—1974年9月)

主　任　张克玉(1958年10月—1974年10)

永进大队革命委员会(1974年11月—1981年6月)

1974年11月2日成立,由魏国元、李炳三(民兵连连长)、张克玉、刘春香(妇联主任)、黄廷贵、朱祥武、汤迪俊7人组成。

主　任　魏国元(1974.11—1978.12)

黄廷贵(1979.1—1981.6)

副主任　李炳三(1974.11—1981.6)

张克玉(1974.11—1981.6)

永进大队管委会(1981年7月—1984年7月)

主　任　程和权(1981.7—1984.7)

向家湾村(小村)委会(1984年7月—2002年10月)

主　任　贺申安(1984.7—1997.10)

潘相富(1997.10—2002.1)

春景大队管委会(1958年10月—1974年9月)

主　任　谭清章(1958.10—1964.12)

鲁玉禄(1965.1—1974.9)

春景大队革命委员会(1974年10月—1981年6月)

1974年11月成立,由向兴汉、胡义社、谭家太、郑兴元(妇联主任)、黄树英、彭玉廷、司马立新(民兵连长)共7人组成。

主　任　向兴汉(1974.11—1981.6)

副主任　胡义社(1974.11—1981.6)

彭玉廷(1974.11—1981.6)

尖龙坪村委会(1984年7月—2002年10月村组合并)

主　任　向极荣(1984.07—2002.10)

卖铧沟大队管委会(1981年7月—1984年7月)

大队长　向成林(1981.7—1984.7)

卖铧沟村(小村)村委会(1984年7月—2002年10月)

主　任　杨玉清(1984.7—1987.12)

向成林(1988.7—2002.4)

五、鸦鹊水村委会

主 任 向成林(2002.10—2008.12)

张 斌(2009.1—2013.12)

六、生产队

生产队是人民公社时期最基层的组织单位,直接组织劳动力进行生产活动,实行独立核算,自负盈亏。生产队由队长、会计、保管、民兵排长、妇女队长、贫协组长等组成队委会。

1961 年至 1985 年 9 月生产队为核算单位,辖区内有生产队 32 个,其中鸦鹊水(中心)5 个,向家湾(永进)6 个,滚龙坝(红日)7 个,尖龙坪(春景)8 个,卖铧沟(高照)6 个。1985 年 10 月,生产队更名为村民小组,设组长 1 人。2002 年 10 月村组合并,设置鸦鹊水行政村,将 32 个村民小组合并为 10 个村民小组,村民小组设小组长 1 人。

生产队长、会计(1961—1985)

鸦鹊水(中心大队)

一队先后由向兴明、向天听、向兴润、王明松、谭光照任队长,陈春、向吉明任会计。

二队先后由向吉贵、向玉极、向极滔、向峰、高安胜等任队长和会计。

三队先后由向兴坤、陈茂学、王开平、王在贵、向军等任队长,向兴国任小队会计。

四队先后由向兴太、崔元德、向书极、向协成等任队长,刘后美任会计。

五队先后由罗吉胜、王汉明等任队长和会计。

滚龙坝(红日大队)

一队先后由向兴焕、向军极、向纯极、李长生等任队长,向成坤任会计。

二队先后由崔显发、石长荣、向欢极等任队长和会计。

三队先后由崔元清、向兴绪、向发极、向极社任队长,向中立任会计。

四队先后由李宗明、向朋极、汪茂申、向兴章、吕伦秀、向兵等任队长和会计。

五队先后由李明兴、崔远红、崔远松、谭平远、向宣极、向魁极、向成松、向轩极、向暗极等任队长和会计。

六队先后由吕家志、李景德、吕宗顺、刘守清任队长,吕枝顺任会计。

尖龙坪(春景大队)

一队先后由付德亮、崔辉堂、谭家太任队长,崔登忠、向奎若任会计。

二队先后由彭良廷、蔡俊富、蔡俊贵任队长,苏良国任会计。

三队先后由向极清、彭普廷、彭朝轩、彭朝新、向极安等任队长,彭玉廷、向极胜任会计。

四队先后由冉仕发、冉仕州、向极松、张胜菊任队长,由赵先和、向天卫担任会计。

五队先后由鲁玉禄、向兴示、向兴烈任队长,王玲芝任会计。

六队先后由向兴儒、向兴国、向兴华任队长,许怀俊任小队会计。

七队先后由司马立清、司马相科、司马朝登、司马立相任队队长,司马朝凤、司马立仕分别任会计。

八队先后由司马朝云、司马朝国任队长，胡义社任小队会计。

卖铧沟（高照大队）

一队先后由代瑞清、王代发、李朝燕、李洁清等任队长和会计。

二队先后由向仕义、向正极、王世美、向极泽、向满极、李朝富任队长和会计。

三队先后由向松极、侯义会、向远鹏、杨云泮任队长，杨廷选任会计。

四队先后由向天考、向兴堂、向彪、许义选任队长，向天柱任会计。

五队先后由胡兴权、向天新、司马立发等任队长、会计。

向家湾（永进大队）

一队先后由朱传书、魏国佳任队长、会计。

二队先后由黄兴强、汤迪德、汤克银任队长，肖世美任小队会计。

三队先后由潘英成、潘香富任队长，汤吉南任小队会计。

四队先后由向兴周、张礼海任队长，潘相富、苏贤德任会计。

五队先后由汪本宣、周发贵、崔祥远任队长，段昌极任小队会计。

六队先后由李支贵、魏传明、黄树斌任队长和小队会计。

村民小组长

2002 年 10 月，村组合并，调整行政区划，全村将原辖区 5 个小村划分为 10 个村民小组，每个村民小组设组长 1 名。向家湾组组长张黎位，联系户数 95 户，人口 373 人；魏家湾组组长郑兴坤（女），联系户数 89 户，人口 371 人；鸦鹊水组组长曹治国，联系户数 146 户，人口 525 人；大垭门组组长汤吉炳，联系户数 105 户，人口 470 人；老屋场组组长向江极，联系户数 95 户，人口 340 人；茅坎山组组长向极社，联系户数 145 户，人口 477 人；洞母猪组组长向玉梅（女），联系户数 141 户，人口 501 人；尖龙坪组组长周祥华，联系户数 120 户，人口 408 人；野猫洞组组长廖祖清（女），联系户数 88 户，人口 265 人；卖铧沟组组长刘斌，联系户数 93 户，人口 354 人。

治安中心户长

治安中心户为村中最基层的治安防范力量，属公安派出所和地方政权建立的群众自防性组织。以村组、湾为区域单位，从退休干部、治安积极分子或村民小组长中挑选治安中心户长，负责辖区社区治安综合治理工作，维护社会稳定。全村设中心户长 19 人。

2013 年鸦鹊水村治安中心户长一览表

表 8-6　　　　单位：户、人

户　长	性别	联系户数	区域人口
汤吉炳		68	276

续表8-6

户　长	性别	联系户数	区域人口
李明凡		62	255
张　斌		61	258
范中清		58	461
曹志国		50	208
向成义		58	214
向义极		48	193
向欢极		46	224
向吉社		44	187
向东极		45	235
向吉安		44	217
司马朝登		81	226
刘　斌		82	229
廖祖清	女	81	210
郑兴坤	女	94	266
贺声安		30	124
张黎位		131	231
向兴泮		51	147
向玉梅	女	67	186

第三节　群团组织

一、农会　贫协

1949年11月以后，以自然村（旧时的保）组织农民协会，1950年成立农会组织，鸦鹊水向子六、向家湾程盛希、滚龙坝黄国太、尖龙坪冉仕忠、卖铧沟向兴义、胡学举等担任各自然村（大队）农会主席。新中国成立初期农会组织主要发动贫雇农，结合土地改革工作队清匪反霸、减租减息斗争，配合工作队组织农民在农村实行民主改革，安定农村社会秩序。1956年，农会组织协助乡政府引导农民入社，由初级转为高级社，引导农民发展生产。

1963年春，农村开展社会主义教育运动中，组织贫协会，每个生产队配备贫协组长1名，加入队委会。大队配备1名专职贫协主任，红日大队向兴绪、中心大队向子六、永进大队程盛希、高照大队向兴义、春景大队冉仕忠分别担任大队贫协主任。1965年3月，鸦鹊区农会主席熊传贵带队参加恩施县首届贫下中农代表会，冉仕民、杨云泮、谭光玉（女）、王福英（女）、向子六、向朋极、程盛希、向兴绪、冉仕忠、向兴义参加代表会。

20世纪80年代初，贫协会改为农会。滚龙公社由熊传贵、何文福牵头在辖区内组建农会机构，大队由支部书记任组长，原贫协主任任农会主席，生产队原贫协组长任农会组长。1981年5月10日，登记入会会员1704人，其中永进大队会员298人，中心大队会员347人，红日大队农会会员275人，春景大队会员509人，高照大队会员275人。

二、团组织

1956年，域内成立中国新民主主义青年团滚龙乡支部委员会。

1966年，建立中国共产主义青年团滚龙乡委员会，中心大队团支部谢作福任书记，永进大队团支部肖世宣任书记，春景大队团支部向兴汉任书记，高照大队团支部曾茂秀任书记，红日大队团支部向尚极任书记。

1967—1975年，团组织停止活动。

1984年8月，大队改为村，恢复团组织，各村组建团支部。鸦鹊水村团支部，向建华任书记；滚龙坝村团支部，李顺珍任书记；向家湾村团支部，张昌敏任书记；尖龙坪村团支部，郑兴元任书记；卖铧沟村团支部黄树兰任书记。其间，团崔家坝镇委对各村团组织进行思想、组织、作风、纪律整顿，开展“五讲四美三热爱”活动，各村团支部利用广播、办专栏等方式配合村支两委中心工作，提高团支部战斗力。辖区内5个团支部争创双文明户17户。1991年，开展“五四青年运动会振兴杯”活动，鸦鹊水小学团支部和鸦鹊水村团支部受到团镇委表彰。

20世纪90年代初，辖区内5个团支部围绕湖北省山区工作会议精神，以扶贫工作为重心，开展“十小”工程，即家庭小林园、小麻园、小药园、小畜场、小商场、小菌场、小果园、小加工、小鱼塘、小运输。云尖龙坪回乡女青年、共青团员向小云高考落榜回到家乡办养鸡场带动周围农户致富，传为佳话。

三、妇代会

组　织

新中国成立初期，成立滚龙乡政府，配妇联主任1名。

1958年10月，成立人民公社，管理区配备一名国家干部任妇联主任。滚龙管理区下辖5个大队（除东升大队），各大队组建妇代会组织，为村中基层妇女组织之始。1965年辖区内开展社会主义教育运动，运动末期，各大队配备专职妇代会主任（亦工亦农），各生产队挑选一名妇女队长参加队委会，由大队妇代会主任和各小队妇女队长组成妇代会组织。

“文化大革命”中，妇代会主任为大队革委会成员。中心大队妇联主任为高贵清，永进大队为刘春香，红日大队为谭大菊，春景大队为郑兴元，高照大队为朱家春。1984年10月，大队易名为村，村妇联班子调整，鸦鹊水村妇联主任为汪普英，滚龙坝村妇联主任为李顺珍，向家湾村妇联主任为黄玉兰，尖龙坪村妇联主任为郑兴元，卖铧沟村妇联主任为黄树兰。

2002年10月，村组合并，鸦鹊水村由李玉兰任村妇代会主任，至2013年。

活　动

1951—1953年，配合土地改革和清匪反霸运动，妇女开展“三反”（反虐待、反残害、反限制）“五保”（保妇女人权、政权、财权、婚姻自主权、社会活动权）斗争，宣传贯彻《婚姻法》。

1954年，妇女组织参加互助组、初级社、高级社，进入夜校读书识字。1958年人民公社化时期，妇女和男人一同参加大办钢铁。农业学大寨年代，“玉米林中钢钎响”，组织“铁姑娘队”三治（治山、治土、治水）专班，参与“三治”建设。1979年，各大队妇代会组织妇女开展“五讲、四美、三热爱”活动，促进农村精神文明和物质文明建设。崔远菊、郑兴元等妇女数次被市、镇表彰为“三八红旗手”。1990年以后，妇代会组织妇女发展产业脱贫致富，发展万元户、专业户、种植养殖大户，建立专业合作社。滚龙坝朱一菊被市委、市政府授予“女强人”“扶贫巾帼”等荣誉称号，黄树兰、李顺珍等分别被市、镇政府表彰。

第四节　兵　事

一、清　代

清乾隆元年（1736），施南府设协级军事机构，称“施南协”，协下设营、汛、塘，崔家坝设汛。有把总1名，领马、步、战、防兵38名。滚龙坝设塘，有防兵5名。

土司制度时期，民间青壮年必须在规定年龄内到土司衙门报到当士兵，当地里、保、甲负责催督。无战事时，士兵轮流在衙门承担护卫任务，平时回家种地，一旦战事发生，则听调出征。雍正十三年（1735），改土归流以后，按律实行募兵制度，县衙设招兵处根据情形需要，下达名额到保，随用随募。

二、中华民国时期

绥靖营　新中国成立前夕，朱鼎卿抵恩施，将湖北省军管区和省保安司令部溃退人员集中，成立绥靖司令部，第15旅副旅长邓濂溪受朱鼎卿重用，将恩施、建始、巴东、利川县划归邓濂溪辖区地盘，并将四县的地方武装编制为绥靖团。刘天培担任副团长（恩施县绥靖团），在鸦鹊水成立恩施东北乡绥靖营，管辖崔坝、沙地、麦堉、鸦鹊、熊家5个乡。向宗臣担任营长，副营长向秀山（均为黄浦生，滚龙坝人），营副刘祥、参谋孟铸臣，军需官谭宗安、副官谭宅三、侯济舟，事务长陈学渊、文书张德民、警卫连长向兴大，鸦鹊连连长向锐斋、崔坝连连长崔登凯、沙地连连长李文甫、麦堉连连长廖奎、熊家连连长黄开元，各保设排，兵丁由各保抽调壮丁充当。

1949年农历六月，绥靖团副团长刘天培到鸦鹊水绥靖营营部检阅部队，各乡各保兵丁千余人，于鸦鹊街演习，以吹号筒调动和指挥兵丁，老百姓称之为“号筒兵”。11月，鸦鹊解放，绥靖营解散。

中华民族御侮社 1938年成立中华民族御侮社，御侮社总部设滚龙坝，御侮社的宗旨为忠于孙中山三民主义，跟随蒋中正抵御外侮，抗日救国。

抗日时期，武汉失守后，恩施县警保大队长邓濂溪来鸦鹊联络向宗臣，召集向博泉、向子平、向甲三、向云亭、向伯渊、向俊斋、向秀山、刘梅斋等，改组鸦鹊水袍哥会仁、义两个堂口，整合为“中华民族御侮社”。

1938年，农历九月初八，中华民族御侮社在滚龙坝中村向甲三家“开山立堂”。参加开山立堂多为各地保长、各堂口堂主。滚龙坝人向宗臣为中华民族御侮社龙头大哥，坑害人民。

1946年，向宗臣利用御侮社所控制的乡保政权，在向博泉的花厅里，召集鸦鹊水乡的士绅、保长茶话会，提出“御侮社”中成立组建核心组织“自治社”，设社长、副社长各1人，常委21人，秘书1人。设5个股，即总务股、人事股、监察股、宣传股、谍报股。另设会计、文书、事务员、通讯员各1人，各保设组长1人，以国民党党员守则十二条为遵守准则。

社长向宗臣、副社长向博泉、秘书孟铸臣、总务股长向壁臣、人事股长杨甫清、监察股长向儒臣、宣传股长向兴甫、谍报股长侯济舟，会计谭宗安，文书官伟甫，事务员陈学渊，通讯员周达敏。组长由保长担任。一保组长向义轩，二保组长向吉轩，三保组长向楚柏，四保组长张清斋，五保组长谭宅三，六保组长李恩齐，七保组长向帛云，八保组长向芹轩，九保组长向华斋，十保组长周云山，十一保组长贺云阶，十二保组长向吉明。各股职责：总务股负责财务，人事股负责人员调配，监察股负责监视全社社员行为动机，宣传股负责反共宣传，谍报股防止共产党活动。凡加入自治社人员，每人交入社费银圆二元，选择于一九四八年农历五月十三日（磨刀日）在谭宗安家里做“磨刀会”，召集全鸦鹊水乡袍哥兄弟，办“贤事”吸收兄弟伙（实为招兵买马扩充队伍），于次日（农历五月十四）自治社人员在谭和宣家佛堂正式成立自治社，喝雄鸡血酒，砍香盟誓。

1948年冬，邓濂溪来鸦鹊成立反共自卫绥靖营，管辖崔坝、鸦鹊、麦埫、沙地、熊家等地。营长向宗臣将袍哥会转为御侮社，成为反共组织，鸦鹊解放时被摧毁。

袍　哥 域内袍哥会（汉流）有两个组织，首个袍哥组织成立于民国初年（1912），发起人为四川人胡春廷，胡带着白杨坪人余焕章来到鸦鹊水，串联向博泉、向咸之等人成立袍哥会，称“仁字旗”，“汉民宫”是仁字旗公口，亦称“仁号上”，由向博泉、向咸之、胡春廷任龙头大哥，余焕章任红旗管事。1923年，鸦鹊人向占魁串联向子平（派兴钧）、向云亭、向伯渊、闵五云等5人，开山设堂吸收兄弟伙，命名为“义和宫”。5人称龙头大哥。

仁字旗比义字旗按袍哥会规矩辈分高，仁字旗的兄弟伙大多来自不务正业游民，仗着龙头老大势力，出门背刀挂箭，掌红吃黑，招摇撞骗，无恶不作。义字旗加入的兄弟伙多为本村富户，保、甲长均加入其中。1938年，恩施邓濂溪以恩施县警保大队长身份与滚龙坝向宗臣联络，召集向博泉、向子平、向甲三、向云亭、向伯渊、向俊斋、向秀山、刘梅斋等两个袍哥会首脑对袍哥会改组，原仁、义两个堂口联合，一致对抗日寇，经商议推举向博泉出任龙头大哥，下设四正八副，四正为向甲三、向子平、邓濂溪、向宗臣，下设副龙头大哥8人，称八副，八副为会中干将，多为保长。帮内骨干力量为“八大轩”，即向芹轩、向南轩、向义轩、向文轩、向吉轩、向寿轩、陈德轩、陈南轩。

三、中华人民共和国时期

1949年11月，鸦鹊解放，设鸦鹊区中队，中队长由区长赵德三兼任。1951年1月，改称鸦鹊区民兵大队部，杨岳如任大队长。10月，设鸦鹊区人武部，首任部长尹燕功，1952年7月王金秀接任武装部部长，至1966年10月以后先后由雷大祥、向均成、谌德政等任武装部长。

1958年成立大队民兵连，民兵连长参加大队领导班子。生产小队成立民兵排，民兵排长参加队委会。1963年开始，按民兵工作“三落实”（组织落实、政治落实、军事落实）要求，对民兵组织进行整顿。人民公社初期，红日大队向纯极、中心大队谢作福、永进大队李炳三、春景大队司马立新、高照大队李刚强、向成林，先后分别任各大队民兵连长。大队更名为村后，鸦鹊水村向建华、滚龙坝村向纯极、尖龙坪村司马立新、向家湾村肖平、卖铧沟村向成林任各村民兵连长。2002年10月，小村合并，范中清为鸦鹊水村民兵连连长。

第九章　文化　教育　卫生

清乾隆始，域内设有私塾，教学形式有家塾、族塾、义塾、坐坑、邀馆等，多属蒙教，学制自由，教法单一。民国时期，新式教育涌现，设经正初等学堂，后相继易名和新设达成小学堂、鸦鹊小学堂、联保小学、保国民小学等。1949 年 11 月，实行 6 年制教育。20 世纪 50—90 年代，开办尖龙坪、卖铧沟、鸦鹊水小学。2001 年，学校重新布局，裁向家湾等 4 所小学，设立鸦鹊水小学。2013 年，全村在校学生 290 名，校园面积 1 万平方米。

民间文艺有莲湘、耍耍、跳丧鼓。民间体育分为智力技巧类、体操柔道类。项目达数十种。民间文学有故事传说、民谣、民谚、对联等。域内土家族多信奉鬼魂魄、先祖。主要宗教白莲教、天主教。

清代、民国时期，有少量中医、草医。1950 年后，中国共产党和政府重视医疗工作，大力发展卫生事业，在区、乡、人民公社和生产大队开设卫生室，生产大队均配赤脚医生。1996 年，崔家坝中心医院鸦鹊水卫生分院成立。2013 年，全村从事医疗卫生人员 49 名。

20 世纪 60 年代起，建立农村合作医疗制度，农民医疗得到保障，80 年代一度中断。90 年代后，重新推行新型合作医疗制度，并作为全面建设小康社会的目标之一。新农合政策为，资金来源由个人和国家分担，上交立户，凭证就医，按比例报销。

第一节　文化教育

一、私　塾

清乾隆年间，秀才向碧新、向允魁从事私塾教育。清道光年间，周伟堂任教私塾，培养造就向悟道等人才。1841—1875 年，向悟道在尖龙坪围屋任教私塾，向应鱻（字鱼村）继任此业。

晚清至民国初年，域内私塾先生主要为向发若、向时若、向寅若、向天端、向天银、向天荣，分别于鸦鹊水、三字垛、尖龙坪、大园子、松树坡、野猫洞执教。

在村中，以练武为主兼习文化的武塾，滚龙坝石狮子屋场，尖龙坪松树坡，仍存在练武设施马道子，称文武兼修。

私塾教学形式有家塾、族塾、义塾、坐馆、邀馆（朋学）等。多属启蒙教育。教学无学制年限，无教学计划和要求，一般为上午征书（由先生领读），中午写字（练毛笔字），下午读书、背书。启蒙学生只读不讲,背熟一本再读一本。教材一般为《三字经》《百家姓》《千字文》《日用杂字》《幼学琼要》《四言杂字》《神童诗》等。启蒙完成后预备科考:学习《论语》《孟子》《四书》《五经》《大学》《中庸》《礼记》《诗经》《左氏春秋》《史论》《左传》等教材。一部分课本由外地购买成品书,一部分由私塾先生抄写供读。私塾先生除几本教材、戒尺、一方石砚、两管狼毫外,别无其他教具和设备。

私塾授课方法单一,私塾先生注重书法,学生每天中午练习毛笔字,主攻大小楷,先习描红,先生圈改影本,有一定基础后临帖摹写。

私塾先生工资由就读学生分摊,无统一模式和规定,由每个学生给先生交斗米或谷物、食用油盐、茶叶烟草作学费。逢年过节给先生拜年送礼,或邀请先生来家做客赴宴。私塾教学无寒暑假,无星期天,每年农历二月开课,十月完放假,称为"长假"或"长课",中途放端午和"月半"假。每年农历八月二十六"圣人会",在写有"大成至圣先师孔子圣人之位"牌位前,摆放祭品,焚香化纸,先生率学生行"三迎三拜"大礼,祭拜完毕后,用羊一只,屠杀烹调,以敬师祖。

清代正式科举考试,分乡试、会试、殿试。私塾所教"童生",须经"童试",即知县主持的县试,方取得入学资格。

二、教会学校

清光绪十四年(1888),比利时籍神甫戈氏.潘德林和华籍神甫栗林泉(利川人),到鸦鹊水传教,在鸦鹊水上街谌家垭修建天主教堂。

光绪三十三年(1907),鸦鹊水天主教神甫潘德林、杜以开,在白果坝(严家坪)天主教分会办教会学校。教会学校由分会长李定贤负责,征购农民陈孔发住房,开办"男生语言学校",聘当地教友任教,时有学生35人。相继在谌家垭天主教总堂办"女子语言学校",教师乃天主教徒,人称"王大姑",荆门人氏,两校学生50余人,教内外学生均不收学费,教友子女发给经书和纸笔墨,教外子女较困难的免费发给。交一定的伙食费,无钱交的按价交实物亦可,教师及工作人员工资由总堂发放。

教会学校课程以圣经为主,早晚诵经。规定不准打骂学生,按时做礼拜,如有违者须面对"肇造天地神人万物真主宰位"悔罪。两年后开少量国语课。

1935年,施仕能在总堂"女子语言学校"旁,新修两层楼房1栋,木质结构教室及男女厕所和校园围墙。1937年,新修教会学校未竣工,施神甫调往沙地,潘德林复返鸦鹊水天主教任总堂职,潘德林将修学校事宜委托给教徒李进珍的丈夫向佑之(鸦鹊水街向伯衡的祖父)代管,直至竣工。1938年春,"男生语言学校"和"女生语言学校"合并,更名为"语言学校"。1948年,语言学校停办。

三、保国民小学

1913年,参加辛亥革命武昌首义的向明斋,在滚龙坝茅坎山率先创办"经正初等学堂",

聘请黄金如先生任教,初授国文、算学、体操、图画等课程,后易名为“达成小学堂”。

1923年,向晋三任鸦鹊水团总,惩罚造假币谭姓商人,罚铜钱2000吊,在鸦鹊水下街兴建木质房学校5是,为域内第一所公立小学,名为鸦鹊水小学堂,常年保持3名先生教书,授国语、算学、体操、画图等课程,办学经费来源于庙产和祠堂地租。

1932年9月,鸦鹊县立联保短期小学,更名为鸦鹊水联保小学,校长杨洪兴。

1934年,在集镇借1间民房办起“第一区区立小学”,校长崔昶远,设初小班1个,学生17人。1937年并入鸦鹊县立联保短期小学。

1937年,鸦鹊水联保小学更名为县立联保小学,校长刘必克,教员3人。是年,向金斋将滚龙坝(第一保)及周边数保私塾合并,创办鸦鹊水乡联保第二小学,并出任校长。教学业务属鸦鹊水乡县立联保短期小学管理,此间,又分别在鸦鹊水集镇和滚龙坝拥有公立小学2所,1941年,更名为保国民小学,至1949年11月。

1941年,按新县制“施政要则”,每保设置“保国民小学”1所,实行“政教合一”,保长兼任保国民小学校长,先生由保长聘请,经费由保长统筹。鸦鹊水乡辖保12个,全乡有保国民小学4所。

四、村级小学

1949年11月,开始实行新民主主义教育,执行“教育为国家建设服务,学校向工农子女开门”的精神。1951年秋,开办向家湾、滚龙坝小学。首开课程为语文、算术、自然、历史、地理、体育、美术,陆续增加劳动、周会、政治等课程,学制6年。

1958年,农村小学下放到公社、管理区和大队管理,除已开办的小学外,新开办尖龙坪、卖铧沟两个大队小学校。1961年2月,开办鸦鹊水小学,每个生产大队办小学1所。

2001年,崔家坝镇委和镇教育站,根据学校生源情况,优化教育资源配置,采取“撤、并、迁”办法,先后将向家湾小学、滚龙坝小学、尖龙坪小学、卖铧沟小学撤销。2013年,保留鸦鹊水小学。

五、鸦鹊水小学

鸦鹊水小学坐落在鸦鹊水街头广椒槽,鸦(鹊)沙(地)公路边。该校在晚清私塾办学基础上,先后演变为私立小学、公立小学、联保小学、保国民小学、鸦鹊水中心小学。

鸦鹊水小学初始源于1923年,鸦鹊水团总向晋三开办“鸦鹊水小学堂”。1932年,鸦鹊水乡改为联保办公处,“鸦鹊水小学堂”更名为“鸦鹊水联保小学”,杨洪兴任校长。1937年,国民政府强化推行四年制义务普及教育,“鸦鹊水联保小学”更名为“县立联保短期小学”,校长刘必光,教员3人。

1949年11月,鸦鹊水小学新中国成立后第一任校长向任全(向保极),首开课程为语文、算术、自然、历史、地理、体育、美术,后增加手工劳动、周会、政治、劳动等课程。鸦鹊水小学为公办完全小学,学制1~6年级。傅恕、熊强、黄显先后任校长。1953年秋,学校定名“鸦鹊重点小学”,向兴介任校长。1954年春,县拨款1200元,民众捐款献料,在鸦鹊水上街头广椒槽,修建8间符合规格的教学用房,学校占地面积13.21亩。

1955年春,学校搬迁到新校址,教学备课采用“五步教学法”,不定期举行公开课、观摩课,总结推广好的教学经验,学生作业采用“五分制记分法”,教育质量提高。1956—1958年,先后由杨厚尧、梁茂业、向兴社任校长。

1958年11月,学校利用勤工俭学收入修建一栋面积为310平方米石木结构教学楼房,解决学校生活用房和教学用房。1950—1961年,鸦鹊水小学隶属于鸦鹊区(公社)。

1961年,行政区划恢复区制,鸦鹊水小学隶属滚龙乡政府所辖。当年2月,调整学校布局,每个管理设完小1所,大队设小学1所,鸦鹊水生源相应减少。1966-1968年,学校一度处于停办状态。1969年春,汤吉炳任鸦鹊水小学校长,逐步恢复正常教学秩序。当年秋,鸦鹊水小学招收一个初中班。鸦鹊水小学改为鸦鹊水中小学。

1977年秋,鸦鹊小学附设戴帽高中2个班,招收学生100人。1980年秋,学校“摘帽”高中撤销。1981年,根据“控制初中、压缩高中、普及小学”的精神,鸦鹊水中小学设11个班(小学5个班,中学6个班),学生500余名。其间,先后修建教学行政用房1249.38平方米,附属设施用房395.87平方米,国家投资1万余元,学校添置教学设备,基本满足教学要求。

1995年秋,鸦鹊小学的初中班合并至崔坝民族中学,此后,鸦鹊水小学为完全小学校。2001年,茅田、铺房、焦庄高小合并到鸦鹊小学,滚龙管理区所辖村小归并入鸦鹊水小学,鸦鹊水小学为鸦鹊片区中心小学。

2013年,鸦鹊水小学占地面积约1万平方米,建筑面积3772平方米,绿化面积333.5平方米,在籍学生290名,幼儿新生88名。有硕士研究生1人、大学本科4人、专科6人,有省级骨干教师3人、恩施市优秀教师2人、市级优秀班主任1人、市级师德模范1人、市级德育教育先进1人、市级名师1人。教师撰写优秀教研文章30余篇,在国家、省、州、市教研刊物发表。学校拥有电脑室、图书室、实验室、阅览室,信息技术教育覆盖各年级。

1949—2013年鸦鹊水小学历任校长简表

表9-1

姓　名	任职起止时间	姓　名	任职起止时间
向任全	1949年冬—1951年春	向吉阶	1980年秋—1982年春
傅　恕	1951年秋—1953年春	袁美清	1982年秋—1983年春
熊　强	—	李弼胜	1983年秋—1984年春
黄　显	—	向兴介	1984年秋—1986年春
向兴介	1953年秋—1956年春	谭光清	1986年秋—1989年春
杨厚尧	1956年秋	刘先烈	1989年秋—1991年秋

续表9-1

姓　名	任职起止时间	姓　名	任职起止时间
吕继端	1957 年春—1961 年春	向选极	1992 年春—1992 年秋
梁茂业	1961 年秋—1963 年春	汤吉炳	1993 年春—1997 年春
向兴社	1963 年秋—1965 年春	李刚强	1997 年秋—2001 年春
吴国镛	1965 年秋—1967 年春	刘　硕	2001 年秋—2007 年春
郭德祥	1967 年秋—1968 年春	向成沛	2007 年秋—2011 年秋
汤吉炳	1968 年秋—1980 年春	崔　凯	2012 年春—2013 年年底

六、教师荣誉

1985 年，恩施市人民政府授予李刚强“优秀人民教师”称号。1986 年，共青团恩施市委授予谭开然“优秀共青团员”称号。

1990 年，姚志清获崔家坝镇“语文优质课”三等奖。恩施市教委授予谭昌耀“先进德育工作者”称号。向成淳获崔家坝镇政府、镇教育站“先进个人”称号。

1991 年，张发新获恩施市人事局、市教委“优秀教师”称号。谭明社、张发新获崔家坝镇人民政府“优秀教师”称号。向吉美获恩施市语文优质课二等奖、语文优秀教案三等奖、崔家坝镇“三字”书法三等奖。向极轼获崔家坝镇劳动学科优秀教案一等奖。

1992 年，姚志清获恩施市教委“先进工作者”称号。胡敏获崔家坝镇教育站“优秀班主任”称号。

1993 年，恩施市委授予谭明社“先进工作者”称号。1994 年谭明社获恩施市人事局、市教委“优秀教师”称号。

1995 年，向吉美撰写的《素质教育在音乐教学中思考与实践》获国家级一等奖，并编入《民族的脊梁——21 世纪中国教育宝典》。谭明社获崔家坝镇思品优质课三等奖。1996 年向吉美撰写的《浅谈音乐课中的思想教育》《强化美育、陶冶情操》分别获恩施市教委教研室一等奖。恩施市人事局、市教委授予朱祥斌“优秀教师”称号。崔家坝镇授予向成平“优秀教师”“先进工作者”光荣称号。

1997 年，向成平获恩施市教委、人事局“优秀教师”称号。1998 年，姚志清获恩施市教委“‘三育人’先进个人”。向吉美撰写的《劳动课素质教育的思考》《心理导向对行为导向的初探》《寓理于情、寓教于乐》被编入《全国中小学教师素质教育论文集》。

1999 年，李刚强撰写的《全面加强教学管理》、谭昌耀撰写的《农村自然科学教学漫议》获恩施市教研室三等奖。

2000 年，姚志清获崔家坝镇教研教改活动课主持一等奖。向极轼获恩施市级活动课设计三等奖。向吉美撰写的论文《活动课实施素质教育之我见》获恩施州级三等奖、《探索启发

“艺术”提高学生素质》获恩施市级二等奖。李刚强获崔家坝镇校长教学比武优秀奖。

2001年，向吉美在“申奥有我”活动中所写文章入选申奥文献《民族复兴的里程碑》，《教后“五记”》和《发挥“主导”，发展“主体”》两篇文章分别发表于《清江报》。姚志清获崔家坝镇思品课竞赛优秀奖。中共崔家坝镇委表彰谭明社为“优秀共产党员”。

2002年，谭明社撰写的《语文教学中传统美德教育点拨方法举隅》，获国家级一等奖，并刊载于《新世纪中国教育文论》。是年，中共崔家坝镇委授予谭明社“优秀共产党员”称号。朱祥斌撰写的《在小学数学教学中给学生留有发展修改潜能的空间》获国家级一等奖。向极轼撰写的《浅谈自然数学中充分发挥学生的主体作用—=（空气占据空间）的教学体会》《浅谈小学数学如何培养学习的创新思想能力》获国家级一等奖，并刊载于《教育纵横》。

2003年，谭开然所撰写的《在自然数学中，如何培养学生的创作能力》获恩施市级二等奖。朱祥斌撰写的《课堂应充满生活的活力》论文，获国家级三等奖。向极轼撰写的《学习新课程标准有感》获国家级一等奖，《导出探究方向创设互动氛围》获恩施市级二等奖，《班级文化之我见》获市级三等奖。向极轼被恩施市教育局表彰为“师德模范”，中共崔家坝镇委表彰为“优秀共产党员”，崔坝镇中心学校表彰为“文明教师”等称号。向吉美被恩施市教育局、文体局表彰为“湖北省第六届黄鹤美育节恩施赛区先进个人”。胡敏撰写的《如何做好后进生的转变工作》刊载于《鄂西教研》，撰写的《低年级写字教学探究》获国家级三等奖。

2004年，向极轼撰写的《关注环保》和《4的乘法口诀》文章分别获恩施市级二等奖；《“收集对联”，所学对联纲要》获市级三等奖；《步出教育孩子的误区》刊载于《清江日报》。胡敏撰写的《浅谈语文课堂教学的有效拓展》获国家级一等奖，《数学教学》获恩施市教学研究三等奖。

2005年，谭开然被恩施市教育局、人事局表彰为“师德模范”；评为崔家坝镇中心学校“先进工作者”。向成平获恩施市继教中心“优秀学员”称号。谭昌耀撰写的《浅谈活动课中的话》获恩施市级二等奖。向成淳撰写的《班主任应掌握与学生谈心的技巧》获国家级一等奖，并发表于《中小学教育研究》。胡敏撰写的《教“燕子”一课的尝试》获恩施市教学研究三等奖。

2010年，谭昌耀撰写的《争议小学语文活动课中教师的角色地位》刊载于《教研周刊》第39期。谭开然所写《科学综合实践活动的开展也要科学》获国家级二等奖。向极轼获恩施市教育工会“先进女职工”称号以及崔家坝镇人民政府授予的“师德模范”称号。吕家伦获“国培计划——小学班主任教师培训项目”优秀学员称号。恩施市保障局、教育局表彰胡敏为“优秀班主任”称号。

2011年，向成平、吕家伦受到中共崔家坝镇委、崔家坝镇人民政府的表彰，荣获“教学能手”称号。向成淳获“优秀班主任”称号。谭开然撰写的《应用多媒体让数学课堂变得更精彩》获国家级二等奖。2012年，向成淳撰写的《习惯的养成比知识更重要》，谭昌耀的《自然教学多元激趣均恒创新浅谈》分别获恩施市级二等奖。向吉美所写的《开放音乐课堂，激活音乐灵性》论文,获国家级一等奖。

2006年,谭开然撰写的《让学生动手操作能提高学生思维能力》获恩施市级一等奖。2007年,谭开然获恩施市青少年科技创新大赛辅导奖、“试题评比”三等奖,张发新获恩施市试题评比一等奖。中共崔家坝镇委表彰朱祥斌为“优秀共产党员”。崔家坝镇政府表彰胡敏为“优秀班主任”。恩施市继教中心表彰吕家伦为“优秀学员”。

2008年,向成平、谭开然、姚志清、向极轼、胡敏被崔家坝镇人民政府表彰为“优秀教师”。向成平获恩施市教育工会授予的“先进女教职工”称号。张发新获恩施市青年科技创新大赛辅导奖。向成淳撰写的《低年级识字教学体会》获恩施市级一等奖。谭开然撰写的《培养学生自学能力的几点常识》获恩施州级三等奖。2009年,崔家坝人民政府表彰向成平、姚志清为“师德模范”,崔凯、向极轼、谭昌耀被崔家坝人民政府表彰为“教学能手”。崔凯被恩施市教育局表彰为“德育先进工作者”。胡敏被崔家坝人民政府表彰为“师德模范”,崔凯被中共崔家坝镇委表彰为“优秀共产党员”。

2013年,张发新所撰《农村小学班主任工作点滴谈》和谭开然撰写的《浅谈班主任工作的几点做法》分别获恩施州级三等奖。向吉美所撰《新课标、新理念、新感悟》论文,获国家级一等奖。周曼所撰《低年级班主任工作方法浅谈》获恩施州教科院三等奖,崔恒获得崔家坝镇中心学校“教案设计比赛”三等奖。谭开然被中共崔家坝镇委表彰为“优秀共产党员”。向成淳被崔家坝镇人民政府表彰为“优秀班主任”,吕家伦被表彰为“师德模范”。

第二节　文化体育

一、民间文化

莲　湘　表演者手握一根三尺长并安有铜钱的竹竿,用竹竿两头均匀而有节奏地敲打身体的脚、腿、手、肩、背等部位,旧时多为乞讨谋生,现为娱乐。解放前,流行肉莲湘,表演者徒手赤背,两手拍大腿、手、肩、背、胸等部位,发出有节奏的“啪啪”声,表现土家人的粗犷性格。

耍　耍　耍耍表演时,多为一男一女,也有两男两女,男拿扇子,女握方巾,或男女各执手巾,边唱边舞,唱词丰富,可唱情歌、长工歌、送别、说媒、报四季花名、生活小故事,有的唱大段戏曲。耍耍分文武两种,文耍耍以唱为主,辅以舞蹈,武耍耍以舞蹈造型为主,辅以歌唱。耍耍多为春节时表演,或闹新房时跳一跳,新娘也可参加,还有用来祭祖神的。耍耍多数根据词的大意编舞,是有基础步法、动作和造型。步法常见的有小八字步、大八字步、半蹲横行步、半蹲前行步、十字步、溜子步、方步、大小跳步等,手臂动作常见的有靠手、丢手、翻扇花留手、双晃手、小耸肩、单手摆等。造型依内容而定,常见的为观音坐莲、梅花三弄、丹凤朝阳、独臂撑山、鸭子扑水、燕儿含泥、蛤蟆晒肚、猴儿抱桩等。

跳丧鼓　跳丧鼓又名闹灵歌或闹年歌。表演时由二男或八女围着棺材载歌载舞。大部分为四人或八人手拿锣、鼓、头巾、灯、花等物起舞。"丧鼓"分"文丧鼓"(坐唱)和"跳丧鼓"两种。"跳丧鼓"为歌师傅一人击鼓领唱,两人帮腔,在棺材前边唱边跳,借以给死者家属减轻悲痛。参加跳丧的人,除死者家属及妇女外,男人均可与歌师傅一起跳、一起唱,通宵达旦,甚至连续几昼夜。

二、民间体育

域内崇尚武术,封建时期开放武塾多家,即习武又学文化,文武双修。滚龙坝、尖龙坪尚存练武场、马道子多处,仅向氏家庭明清两代武官及武秀才达20余人。村中人们劳动之余开展各种游戏性、娱乐性、功夫性与健身性体育活动。

1.智力技巧类

划　拳　民间宴饮时,常以划拳行酒令。三五人喊拳。"全福寿,福寿全"(预备)"独占鳌头"(出拳伸拇指),"哥俩好"(伸中、食指)、"三阳开泰"(伸中、食、无名三指),"四季发财"(伸食、中、无名和小四指),"五经魁首"(五指),"六合同春"(伸姆、小指)"奇巧",(大指与中、食相摩)"八大金刚"(大指与食指分开),"九如颂"(四指屈、食指钩),"十八大美"(五指握拳)。十种喊法、出法随意挑选,边喊边出拳,越划越快,败者,罚喝酒。

成三棋　两人游戏。每人10颗子,谁能先把3颗子摆到一条线上即可任意取掉对方一颗子。10颗子摆完后,后摆的先走,先摆的后走,不论谁把三颗子摆到一条线,即能取掉对方一颗子。谁的子剩下两颗就算输。

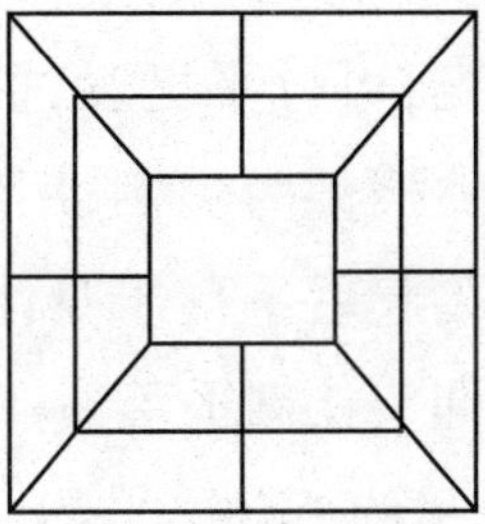

图9-1　成三棋

对角棋　两人游戏。下对角棋时,每人三颗子,看谁先占对角线即赢。

狗卵子棋　两人游戏。每人三颗子,各占左右一条竖线,划拳决定先后顺序,谁先将对方的三颗子逼到下面三个圆圈即为赢。

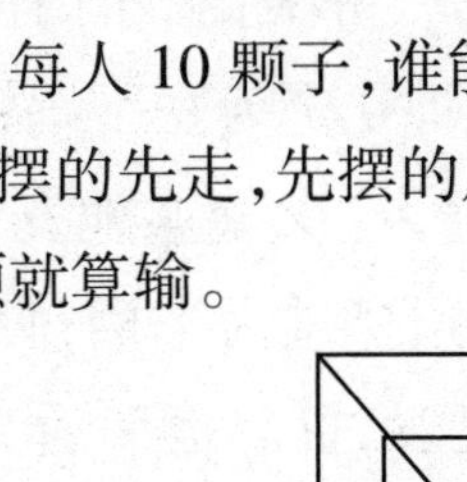

图9-2　对角棋

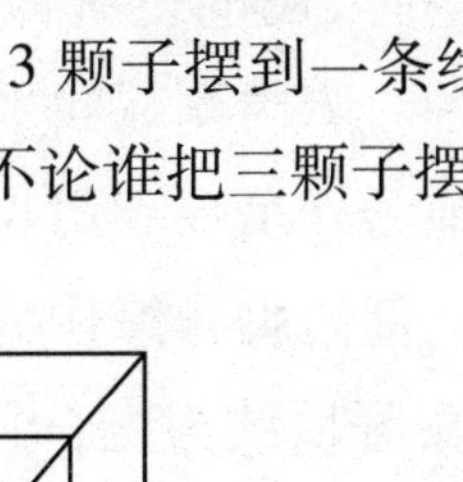

图9-3　狗孵子棋

纸　牌　(韶和96张、百和144张)纸牌有上、邱、化、七、耳、八、佳、可。邱乙已即孔丘,儒家学派的创始人,教书先生的祖师爷,又称"圣人"。

天下上等的大人只有孔夫子一人，其教化三千弟子，真正能干的只有七十二贤人，知道人生的道理只有八九人。他的为人和行为达到登峰造极的地步，懂得人生道理的真谛。打牌一局胜者，口喊“我和哒”。“和”就是和为贵，是与子民以“仁”为核心的思想体系。

滚　环　手执滚轩、勾、推铁环、竹环或藤环在地上滚动前进，为少年儿童的技巧运动。滚杆用小木棍或小竹棍，前端连接弯钩做成，也可将1~2尺长的粗铁丝一端揉成弯钩做成。部分环圈涂各种颜色，滚起来好看。滚环花样较多，转滚、跳滚、翻滚、飞滚、刹车，滚越沟、桥、坎、坑、包等障碍，以及两个互相对接等。比赛分速度、持久、花样和越障碍、团体接力等。

放风筝　清明节前后，大人多教小孩放风筝。把皮纸剪接成各种动物形象，扎在小竹片上，系着一盘长线，借空气浮力，用手势兜风放线，风筝飞上天空。人在地上跑着，风筝越来越高。

跳　绳　分长绳、短绳两类。跳短绳，一人双手分势绳头，把绳一摆，单脚或双脚跳起，让绳从脚下绕背过头顶，下来再跳为一次，看谁次数多。跳长绳为集体活动，两人各执长绳一端，从空中到地面绕摆，几个人跳，甩起的长绳不能接触身体。无论单人跳短绳，多人跳长绳均有较多花样。

打毽子　打毽子是本村人民的传统体育项目。分大门、小门两类。单脚踢为小门。又分踢、拱、栖、挺、平、约六种。脚内侧踢叫平踢，一脚立定为立平踢；踢毽的脚不落地为吊踢；脚外侧踢为外踢，脚不落地为外吊踢。用脚背踢毽为“拱”（本地发音 jōng），膝关节弯曲的为硬拱，脚不弯曲的为软拱。毽落脚背停住为栖，普通栖毽为平栖；脚跷一圈再栖为花栖；连接平栖、花栖为百花栖。用膝盖顶毽为挺，可分平挺、吊挺。挺毽后又栖为挺栖；手抛毽，毽子圆底盘顺大腿滚下的栖为滚栖；用脚尖栖毽为尖栖；用脚侧栖毽为赖栖；脚绕一圈后的栖毽为花赖栖；以脚外侧栖毽为外栖。毽踢起后平落于身体某部位为平，头偏斜，毽平落于面颊为偏平；左右交换偏平为掉（tiào）平；仰头让毽平落额部为望平；头正直，毽平落头顶为顶平；一脚于另一脚后方踢毽为约，分平约、吊约、定约、平约、定吊约等。

打得罗　又名抽陀螺，小孩爱玩的技巧运动。将木头削成上平下尖如酒杯大小的圆锥形，就是“得罗”又叫“陀螺”。用一根竹条或小木条，前端系尺余长的细绳作“抽鞭”。用鞭绳把得罗上部顺时针方向绕起来后，置地上抽鞭一拉，得罗在地上直立旋转。

跳皮筋　一般四个人玩，用像条接成周长一丈六尺的圆圈后，两人用小腿一左一右绷起来成两条皮筋，另两人从两旁背向皮筋，用两脚交换反钩一股皮筋，边跳边唱：“清江河水清又清，我在河里洗领巾。领巾洗得鲜又红，戴上领巾多光荣。打起领巾跳皮筋，妈妈见我多高兴。皮筋升高我长大，再戴模范光荣花。”

穿梭罗　又钻城门，每两人对面拉手举头上站成一圈，领头两人接着手垂下低头往前面的“城门”里钻，同时唱：“城门城门几丈高？三丈高。城门城门几丈深？九丈深。我做梭罗钻过去，越钻越深越有劲。”钻完一圈回原位，第二组接着钻，连续不断。

丢手绢包　用手绢包作道具。游戏的人手拉手围成圆圈，放手蹲下。一人拿着包从圈背后跑,趁某人不注意把包丢在其背后,继续跑一圈过来抓住他。被抓住的人就到圈中唱歌,再去丢。如果被丢包的人发觉快,马上捡起包来追赶丢包人,且在一圈之内抓住他,丢包人到圈中唱歌后再去丢。丢包后,空手绕一圈未被人抓住,则蹲在已经捡包走掉的人空出的位置蹲下。

打飘飘石　几个人在湖边或河岸,捡小扁石向水面投掷,用手势将扁石触及水面的角度、力度把握好,水面将扁石反弹出来,扁石在水面跳跃前进,直达对岸,扁石弹跳次数多,落水距离远者为胜。

拣　子　村内土家少年儿童流行用蚕豆或杏子仁在桌上或地面以抛、接、拼或抓子游戏。

七子拣么二三,一手握七子撒桌面,再选一颗作“天子”向上抛起后,马上拣地子一颗随之接住天子,把已捡的地子放左手;再抛天子,拣地子两颗,接住天子,三次拣完无误为一盘。拣地子时,动了其他的子,拣的子数不对,或天子没接住,为“去了”,让别人拣,看谁捡的盘数多。

2.体操柔道类

跑趟子　即赛跑,限定距离,几个人同时跑,可以抢道,看谁先到终点。

跳丁丁步　也叫跳拜拜(bāi)儿。用一只脚跳起走,限距离,看谁先到终点。可单脚跳,到一定距离,又可换脚跳。

踩高跷　又名踩高脚。在长棍一尺高处绑一截横木,做一双“高脚”,双脚分踏上去,双手两臂持棍走路。另一种为将绑横木的短棍捆在脚掌及小腿上,摆手走路。

跳房子　在地上画出占地面积为8平方米的一栋八间房屋平面图,用一块约25厘米小石块做“凿子”。可3~5人比赛。轮流用丁丁步把凿子踢到房子里,依次向1号、2号、3号……8号房屋踢去,每进一户,双脚落房一次,用凿子在房边画一线,表示这间房已修好。凿子压线或过线即停,让第二人跳。第二次跳时,已修过的房子不再进凿子,从线外一次把凿子踢入下一号未修的房子,然后在已修的房子里依次双脚落下,再往前跳着修。看谁最先把8间房子修完。

搭撑腰　又为扳腰带,传统摔跤运动。农民劳动之余,在田间草坪上,解下头巾当腰带,两人互相抓住对方腰带进行扭摔。比赛过程中用勾、绊、缠、绞、挂等脚法,及推拉、扭、搬等手法。以将对方摔倒在地为胜,如果以手、脚或头进行抓、击、踢、撞等则为犯规。双方手掌不得脱离腰带,如果滑脱,裁判即令暂停,重新抓稳腰带进行搏斗。

抵扁担　先在地面划两条平行线,间距等于扁担长度,内划中线,三线等距平行。在扁担中央悬系一垂物对准中线。对手相向立于线外,各以肩、胸、腹或下颚(双方部位相同)抵住扁担。双方用劲相抵,中垂物越过对方边线者胜。

扭扁担　两人各用单手或双手握住扁担一端,向互为相反方向用劲扭转的比赛活动。

扳手劲　两人对面置肘上掌相握,各向内扳,扳倒对方手臂平桌面为胜。扁担上扳手劲,两人各以一手共同平握一根扁担,紧靠腰靠部,另一手肘置于扁担上,互相紧握用劲扳,扳倒对方手臂为胜。

滚坛子 全身蜷曲一团,双手十指交叉相握,抱住双脚小腿,于地面左右前后连续翻滚,宛如坛子在地上滚动。土家儿童传统运动项目。姿势有俯身、仰身、正侧身(左侧、右侧)、偏侧身(臂侧、肩侧)等六种滚翻。滚行路线有圆圈、椭圆、梅花等图形。个人表演赛,看谁姿势难度、滚线精度高。团体表彰,变换各种翻滚姿势及滚动路线,且滚速时快时慢,有节奏地显示各种图案。

第三节 宗教信仰

一、崇拜鬼魂与先祖

鬼魂崇拜 崇拜鬼魂为村中乡民宗教信仰内容。土家族先祖相信人的躯体外存在着能离开肉体的鬼魂,变化形态。

养育小孩崇拜鬼魂,小孩满百日那天,母亲抱着小孩将门帐紧闭,在床上躲一天,称“防百关”,以免小孩魂魄被鬼勾走。过桥过河母亲叫唤小孩乳名,以防小孩魂魄离体远游,小孩体弱多病,视为“失魂走胎”。

村中在自家外死亡的不能进自家屋,尸体停放院坝中,由道士招魂入殓,以免其魂魄作祟于人。非正常死亡或一生行为不端有辱家族的,死亡后不埋进祖坟山。不满16周岁以下的小孩死亡,称“化生子”,一般用木板钉一个匣子装敛,埋于乱石堆或大路坎下,上塌一块大石头,以防其鬼魂投生害人。

崇拜先祖 崇拜先祖是对血亲先辈的敬仰怀念,也是村中原始宗教信仰中的表现形式,供奉祖先是对祖先的眷恋,木有根本水有源头,祈求保佑后辈,村中尖龙坪向氏祠堂中,供奉近200个牌位。

崇拜家族祖先习俗很多,婚姻嫁娶,弄章弄瓦,逢年过节,生日盛典等都有祭祀祖先习俗,堂屋中摆设酒席,酒肉饭菜依次陈列,当家人洗手净面,点燃香烛,面向神位站立中间,口中念道:“……恭请本家至亲内戚,老少三代亡人,入席就座,略备酒食,奉上享用……”

村中向氏家族,每年七月(月半)和清明扫墓,以儒教祭奠告祖,行告祖礼,如男子结婚,必在祠堂“点主”。

新中国成立前,滚龙坝北面建造有向王庙,又称大王庙,供奉向述。据《恩施县志兵事志》载:“向述河内郡人,为汉景帝驸马。时巴蛮攻劫,常以王镇秭归……安攘有功,教养有法,得楚蜀人心。王卒,葬秭归董竹沱。东晋桓诞,自立为施州王,后以沔北降魏,施为向氏所据。王显灵于大宋,为归民驱疫,民上状,遂敕封建庙赐额。蛮人畏疫,故自归向王,达于施州,多有不祀其先祖而祀其向王者。”此即为滚龙坝向氏供奉向王大神的由来。

滚龙坝向氏信奉向霖龙与白马将军、黑马童子、白太娘娘、花花小姐等小神。向霖龙为滚龙坝向氏四世祖，官至“明封钦命总理五省川湖讨冠军门右协镇副总兵都督府都督，同知加升三级”。白太娘娘、金花小姐于《恩施县志·列女》所载：“向允善女，五姑、六姑，年及笄，均许字未嫁。两婿相继亡，姊妹矢志守义终身。督学鲍奖以‘姊妹双清’。向氏以白太、金花之名将两女奉为女姓族神。”

太阳神 太阳带来光明和温暖，带来生命的繁衍，为土家人最早崇拜的对象之一。村中土家人一般以农历六月初六为太阳生日，据传土王这天亲自主持祭祀太阳生辰仪典，乡民皆顶礼膜拜，敬祭太阳神，传承至今，每逢农历六月初六家家户户将衣服、被褥翻晒，祈求年岁丰稔。清代以前，先辈们此日清晨焚香化纸，农民在田劳作时，唱“薅草锣鼓歌”，迎请众神保佑劳动安全、五谷丰收。

土地神 土能生万物，它是人们赖以生存的先决条件，先辈们神化土地、崇拜土地，想象出各种各样的土地神。“文化大革命”之前，全村几十个土地庙，庙中供菩萨，木质雕琢，菩萨身背后凿一小方形槽，为土地公公和土地婆婆。先祖们心中，土地神很有权威，除管五谷生长、风调雨顺外，还能管人的生灾祸福，传承至今。农谚说：“土地老儿不松口，虎狼不咬猪和狗；土地面前不供肉，飞禽走兽吃五谷。”一个土地庙，往往成为一个自然村落农家保护神，祭之可除邪免灾。

祭祀土地神的方式大致有三种：随时祭。时间不固定，随意性强，通常是逢年过节，农历初一、十五或有事相求，如丢鸡少猫，或这疼那痛之类事，带上香纸在庙前念叨，祈求保佑。春播秋收祭。春播时备猪头或“刀手”（用盘放一块较厚的肉）、白酒、香烛之类，侍奉土地神，期望它保护五谷丰登，生长顺利。土地神生日祭。农历二月初二为土地神生日，多数人家这一天不下田动土，蒸好蒿叶粑粑和杀鸡备酒至庙前祭土地神。祭拜时必携带纸钱压在土地庙台下，土地辄来护之，虽鼾眠草中而无恙，“土屋芳芦户不扃，四无邻舍虎纵横。纸钱一片神祠压，彻鼾夜眠直到明。”薅草锣鼓歌唱道：“一天田边去三道，三天田边去九巡，莫叫青虫咬叶子，莫让黄虫钻苗心。不准老鸦啄种子，莫让野猪损苗根”，“玉米坨坨水牛角，小谷穗穗牛缆绳。绿豆叶子包得盐，高粱秆秆把船撑”，祈求五谷丰登。

崇拜山神 村中人崇拜山神历史悠久。中华民国时期，朱侠牵头于向家湾二台山修建山神庙，一年一小会，三年一大会（做七天大斋），由联保主任（乡长）主持，香火旺。1966 年破四旧被捣毁。后尖龙坪新建有山神庙。

山神手拿长鞭，护卫山中的物产和财宝，消灾灭病，祭拜山神有两种方式。为农历年腊月除夕早上，家主洗脸净手后，将筛子口朝下底朝上，放上猪头、豆腐一块，在自家院坝点烧香烛纸钱，闭目、双手合十，将所求之事默念；第二种方式为正月十五以后，农事开工时备办“刀手”（大块熟肉）、香、纸、烛、酒等物，于开工做事的山脚下或山神庙（也叫山王庙）敬山神后，开工农事。打猎、修屋、伐青山（伐木）、一年平安、大吉大利。

敬奉灶神 火神 对火神、灶神充满神秘的原始信仰。火神禁忌较多，修房后搬新家先搬火种和司命（灶头），后搬其他东西，家中火塘（坑）屋为火神所在地，火塘中火种不能用水或尿洒熄，不得向火塘内倒污秽汤，妇女不能从火塘上横跨越，火塘中用的三脚铁架不得随意移动和用脚踩，大年三十可移动三脚铁架，其他时间一律不许动，否则不吉利。腊月三十放一根粗壮的柴，称为“年柴”，不管人多少，火烧得大，标志着兴旺，大火以驱逐妖邪，辞旧迎新。

灶神，称司盒子菩萨，专管一个家族安乐吉祥的神祇。家神左边的“九天司命，灶王府君”，供奉的即为灶神，人们把灶神与自家祖人一样供奉于神龛。每年腊月二十三，送灶神上天见玉皇大帝，家中主妇将灶台打扫干将，燃烧香烛，夜晚不灭。直到大年三十接灶神回家。农家对灶神禁忌较多，禁用脚踏灶和坐灶上，禁止将脏物放灶上，禁止将脚盆放灶上，禁止在灶上放狗肉，逢年过节、农历初一、农历十五点灶灯、锅灯、插香祭祀灶神。生小孩“三朝”时将小孩抱去见灶神，给小孩额头摸十字黑“打记”等。

二、端 公

先祖们认为端公是人与鬼之间的传言人，亦称梯玛、土老师，从事人与鬼之间的活动。祭祀、求雨、还傩愿、治病、赶鬼由端公主持操作。本村李皮林、崔辉林、程仕林、张胜明等做过端公。

端公主要主持敬天地，求神灵、祭祖先等祭祀活动。传说：端公开山老祖曾去西天取经，获得一本经书，八个铜铃，在回来的路上被汉族道士要去一本经，苗族土老师要去半本经和两个铜铃，开山老祖再回来西天取经，佛爷不肯给他了，说道：汉族老师一本经、苗族老师半本经、土家老师乱搬经，百说百准，百说百灵。开山老祖所用法器只有司刀、斩刀、铜铃，无经书。也有说：和尚一本经、道士半本经，端公乱搬经，百说百个准。跳神求子，谁家无嗣便求端公又跳又唱装神赶鬼，或迁坟移柱，踩烧红的犁铧、爬刀柱、过火池等则有魔术和武功性质。旧时，有在家跳神半月之久，花费很大，大人生产，要请端公跳神解结，还傩愿，小孩不适，要请端公跳神“度关”。

几个端公凑到一块时，若闲来无事，或在一堂法事中，还兴跳要神，也称筛子戏或叫席子戏，即在地上铺一张睡席，画装成男，或扮女像，又跳双唱，但不起出睡席的范围，多唱男女情爱，打诨凑趣，锣鼓点有固定的乐谱，这在旧时文化生活极其贫乏的山村。也算是难得的娱乐活动，至于端公的法力，往往是被人们神化。封建社会时代，长期天旱无雨，或保长或几个保长联合请端公设坛祭祀天神，并打龙洞，在本村范围内好几个龙洞都打过，人们粗俗的认为，雨是龙翻腾作浪所降，于是便区的渔民往往龙洞中的阴河里把龙请出来，使之翻腾作雨，以解久旱。传说有一年久旱，掌坛端公身着法衣，手持司刀、令牌、吹着牛角作前导，其弟子们敲锣打鼓随行，群众观者如潮，端公进洞降龙，走进洞口对弟子们嘱道：你们在洞口敲锣打鼓助威，接着指着地上他脱下的两只草鞋说，你们看见草鞋打架，就是我在和劣龙搏斗，千万不能停了锣鼓，不料，正当端公骑着劣龙将出洞口时，众徒弟见草鞋打架看得发呆，而停了手中锣鼓，于是劣龙未被降住，回转洞中，端公也死于洞中无音讯，据传该端公叫卯端公，但不知其真名，其龙洞是传说在卖铧沟。

端公还常做的业务占卜，即问卦，也称考卦。用作预测吉凶祸福，了解鬼怪意愿，据传“千岁之龟死而留甲，十之则灵”。端公为人设坛卜卦较为常见，其占卜所用法具较多，不是鱼壳，而是用梳子、筛子、铜钱、刀剑，但使用最多的是司刀和竹蔸卦。司刀，为饰以五色布条么为数寸的带把铁环上，串着九、十一或十三个大小可以相套的铁圈，端公晃动司刀后，出现大小铁圈相套，相隔的不同形状，以真形状不同而断吉凶。竹蔸卦为一截竹蔸一分为二，从中劈开，端公占卜时以竹卦落地阴、阳、顺三种形状决断，其方法简便，因而广泛应用于丧葬、婚育、祭祀、请神驱鬼等方面。

祭祖还愿，也谓“还神愿”。家中遇上不顺之事，喜欢“许愿”，比如，家中娶媳妇后几年未生养，就许愿“家神或××菩萨，只要我家儿媳有一男半女的，我给你们做两天闲事（做斋）”等，一旦“许了愿”就必须“还愿”。还愿要请端公（也有请道士的）主持操办，规模较大的请“掌坛”，多人参加，需杀猪、宰羊，置办酒席，宴请宾客。也有做一天一夜，多的有三天三夜。祭祀内容多，仪式繁杂，祭祀时所唱神歌按程序分为四十九节，每节有许多具体仪式，如“腊月堂”一节，就有安堂敬神、述情求卦、拖磨子、求卦、拖魂、背魂、敬酒勾帐共七项。其中拖磨子是招魂术的一种，其做法：在堂屋中间铺一床晒席，掌坛端公仰卧布晒席上，肚子上放一张簸箕，簸箕上放一块石磨，磨子上再放一小木箱，箱内装着失魂者的衣帽，绳子穿在磨巴掌上，另一端公拉着绳子绕着晒席不停拖，口中念着咒语，旁观亲朋站在堂屋中帮忙呐喊，拖毕，翻开磨子打卦问卜，查其结果。

解邪。凡遇家中不顺，有人精神恍惚，久病不愈等事都称“中邪”，或有阴司孤魂、吊颈鬼，或某祖人在找茬。就请端公作法解邪，规模小些的，通常只请一个端公执事，不办酒席，不请宾客，形式多样，不受时间限制，规模稍大的要踩“地刀”或上“天刀”，踩地刀一般在横放于地上的树筒上，装12把刀子，刀刃朝上，端公一手拿着法器，另一只手拿着竹蔸卦，赤脚踩着刀刃而过，然后边唱神歌边甩卦，问其吉凶。

端公封建时代盛行，随着科技发展，医疗进步和社会科学进步，端公行业自然消失。

三、道　教

道教很早传入域内，近代从事道教的有司马朝发、司马朝成、司马经斌、吴楚斌等人，他们以上的传教师尊有10余位，至少有600年以上历史。村中民间至今信仰道教的民众普遍，民间生活有受道教影响的痕迹，道教已经成为域内民间文化组成部分。凡家中有人身故，乡下称“白事”，多请道士。家中如有人逝世，请道士到家做斋，如果做三天大斋，道士们会在孝家墙壁上、堂屋中挂满菩萨，孝子贤孙舍得出钱，超度亡者升天，去极乐世界。

开　路　村中有人去世后，必须请道士开路。开路法事不多，起尸、入材、开咽喉、迎童子、陪无常，如果家中老人无法医治，在世时间不多时，一般请道士写两道文书，一道是请水牒，一道是告终牒，刚落气时儿子跪在床前将告终牒和落气纸（3斤3两）火化于盆中，然后带一个瓶子，带上请水牒，烧纸、香烛、铜锣到水井边，死的人有多少岁，就敲铜锣多少下，男人计虚岁，女人计周岁（称男进女出），然后点燃香烧和请水牒后，用带的瓶打一瓶井水回。水的用途是"净五心"，用白布条将此水湿透后，擦死死者心口、两手心和两脚心。然后再将死者穿戴整齐后，盖上"盖脸纸"，道士做法事，将死者从床上"起尸"，再入材到棺木中。

做　斋　做斋是道教仪式大型功德法事，纸称为斋醮，斋就是齐，祭祀之前，整齐心身，醮就是设坛修建祈禳法事，道教的斋醮可分为三个类别，即黄箓、金箓、玉箓。黄箓专用门于超度亡者。金箓除超度外还包含延寿受生的内容。玉箓专用于消灾祈福，祈求国泰民安。道场以天为计，有一天、两天、三天，在村中家中老人逝世一般为一至三天。封建社会时，大户人家也有七天的，甚至四十九天的。做一天斋只需4个道士，如果做三天斋必须13个道士，要四天四夜才能完成法事。做三天大斋要请专业"花蕊"师傅扎"故事"（天兵、天将、兵马、神佛、花轿轿佚……）。还要在屋外田块中扎城，按八卦八门挂上旗幡。主要法事有：清衣、借乐、预告、扬旃、借地、建坛、藏棺、劄灶、驻将、提荧、享食、赈度、安坛、开启、开坛、早朝、签押、渴望、请水、亡、荡秽、启师命魔、申发、发牒、神佛、窜城、祭驷、啟白、开方、沿盆、解结、呈献、一经一忏、二经二忏、三经三忏、午朝、返架。包括开路，共有40道法事。

年复一年，春复一春，道教思想渗透于人们社会文化及生活中，村中不仅是丧葬之事由道教开式办理，包括建房、修吊脚楼，除看风水外，选址也考虑左青龙、右白虎、前朱雀、后玄武道家文化。至今，人们婚配嫁娶、开张远行、修房盖屋均择期看日。

四、儒　教

村中儒教兴起于清代，尖龙坪向氏家庭自明代向国宾（贡生）任崇宁里里长开始，文人辈出，清乾隆年间，自向允魁、向碧新（字如玉）到向应长（字鹤龄）等一批文秀才，从向国宾任里长后，村中地方政权、保长、乡约、到联保主任后到鸦鹊水乡乡长，都为向氏控制历代政权，乾隆年代的几个文人世袭儒生，这些富有的文人家庭接受着"四书""五经"的教育培养，此间，儒教属官方宗教，村中儒教自此兴起，沿袭至今，尖龙坪向氏家庭信奉儒教，其主要活动在家庭之中。从事家庭中在祠堂的活动，如：告祖、点主、扫墓、男婚女嫁、丧葬、择期看日、看风水，较有名气的向应逵（字子鸿），邑痒生、文秀才，精准推算，通医术。

儒教在从事"白事"时，大型葬礼是行堂祭、堂祭仪式很多，具体有降神礼、朝祖礼、省牲礼、献毛礼、初献礼、亚献礼、终献礼、侑食礼、挽酌礼、通献礼、辞祖礼、利成礼、送神礼。从事丧葬礼仪时，用文书特多，大致有开路文、朝奠文、莫奠文、承服文、封殓文、封灵文、落殡文、安灵文、入棺文、设灵文、开灵文、起殡文、转棺文、书主文、贺主文、合主文、啟师文、谢师文、迁旌文、迎旌文、啟神文、迎神文、降神文、送神文、茅沙文、初祝文、二祝版文、三祝版文、初献文、亚献文、谢神文、朝祖文、宰牲文、毛血文、配享文、叔伯配享文、伯配享文、侑食文、挽酌文、河泊文、冠裳文、服饰文、利成文、冠裳服饰通用文、方相文、大兴文、辞灵文、祀门神文、起棺文、发引文、鉏钱文、祀路文、井泉文、桥梁文、东岳文、土地文、后土文、斩草文、开圹文、下殡文、掩圹文、安圾文、安家神文、安灵文、谢土文、安三福文、安土府文、通名文、路祭文、小文、大文、交更文。

安家神文,如果合葬在一起,又有合塚开坟预告文、合塚开坟文、合塚安坟文。葬坟后回家有承服迎亲于归文,安坛神文,观音文,安祖神文,安灶神文,安门神文,诸神文,财神文,龙王文,寺观文,城隍文,药王文,祖师文,帝主文,雷祖文,杨泗文,火神文,关斋文,禹王文、江湖文……系一套完整的堂祭,每一送文即为一堂法事,共需77天才能完成。民国时期尖龙坪做过堂祭。

向氏家族处理丧事,信奉"题主",也谓点主,是儒教活动之一。先设官棚公案,珠盒笔架,香炉台烛。设盥洗、先阙二所(牌位)、铺毡结彩。一般选用神主式、铭旌式。歌唱的词很多,有啟神辞、迎神辞、果品辞、冠裳辞、书册辞、服饰辞、杯棬辞、灵床辞、重器辞、粢盛辞、殽馔辞、酒樽辞、香帛辞、盥洗辞、祝文辞、鸠杖辞、冥袱辞、葩骨辞、安坐辞、毛血辞、讲书辞、侑食辞、冀歆辞、匙箸辞、羹汤辞、利成辞、武圣辞、弓失辞、良马辞、交更辞、谢神辞、送神辞、望燎辞、彻豋辞、思亲辞、洋烟辞、花鸟词、鈛贯辞、茅沙辞、香茗辞等,每歌一道辞即为一个法事。村中仅限于向氏家族有此活动。

除"白事"外,家中男子结婚也行嘉冠礼。村中有送匾习俗,家中有喜事,至亲好友邀约亲朋一道送匾,显示主家门户兴旺,来人越多主家越高兴。亲朋送来匾后,就请儒教"喊拜""升匾",无非是歌桃夫三章,标准的周公六礼,新科状元(新郎)居中站立,礼生们依次点名新郎长辈,叩头谢恩。对亲戚送来金字牌匾及一切礼物,歌唱赞辞、答谢亲友,行嘉冠礼可复杂也可简单,一般请四个或六或八个礼生。

儒教无固定组织系统,从事此活动的是当地有文化或有声望的人。每个姓氏有自家的家礼仪式,由几个内行的人"掌礼",其余班子临时组合。儒教活动均是义务,无报酬。

五、天主教

清光绪十四年(1888)比利时籍神甫戈氏、潘德林和华籍神甫栗林泉(湖北利川人),到恩施鸦鹊水传教,在离鸦鹊水集镇约1千米的韩家铺子坎上,建天主教堂。天主教堂原来是座民房,房主陈洪顺。是座四合天井大屋,屋后是山林,屋前是个石框大门,前有山田数亩。传教神甫借清朝官府势力,强行要买此屋,陈只得将自己住屋及屋前田地一并卖给神甫,得银4锭。

传教神甫将房屋稍作改修,充作经房,堂屋左边配房改作祭衣房,厢房一隔为二,一间会客室,一间神甫的寝室。右边的配房改作厨房,厢房也一隔为二,一间是西药房,一间是副祭先生(是神甫做弥撒时,也穿着祭衣跟在神甫身后捧经书的)的寝室。前面厅屋一长条,只挂一面大铜鼓,逢早晚各打一次锣,神甫就上班徽弥撒;逢礼拜日或瞻礼日,晨、午、昏就打三次锣,教徒们入经堂诵经,神甫做弥撒。大门外系一场坝,两边各种大柏枝树1棵。

鸦鹊水天主教堂,属宜昌比籍教区管辖,天主教外依列强,内享特权。当地富者仗其保护财产,贫者望其施舍或避免兵役,所以一旦传人便得到迅速发展。以鸦鹊水天主教堂为总堂,逐步扩张,下辖白果、熊家、响板溪、和湾、崔家坝、汪家垭和建始花坪、隔马潭、白杨扒洞峡等 9 个分会,共有教徒 900 人。

1907 年,鸦鹊水天主教总堂神甫(也称"神父""司甫")潘德林,比利时人,利用办学校、没医院来吸收教徒。当时许多贫苦百姓的子女无钱到远处读书,近处又无学校。按照潘神甫安排在焦庄的白果坝天主分会,由会长李进贤办一所男生"语言学校";在鸦鹊水天主教堂办一所女生"语言学校",教师姓王,荆门人。两校共有学生 50 余人,"语言学校"学生,有教友子女和教外爵姓子女,不收学费。教师工资由天主教堂支付,另给教友子女发经书和纸笔墨。教外自己出钱买,实在困难的免费发给。

潘神甫又办西药西医诊疗所,借助听诊器、血压表、体温表等先进诊疗器材和盘尼西林(青霉素)、阿司匹林、麻黄素、小檗碱、维生素等西药,免费为教友和乡民治病,开展种牛痘预防天花(俗称"麻子"),以此吸引教民。1934 年,潘德林神甫调走,施神甫(比利时人,名施仕能)接任鸦鹊水天主堂总堂神甫。

1935 年,施神甫在鸦鹊水天主教堂的老学堂旁边,新修一座两层楼的学堂,比原来的老学堂大,修有男女厕所,外面修有一道围墙。尚未竣工,施神甫被调到沙地,潘神甫又回鸦鹊水任总堂神甫。1937 年,潘神甫把修学堂的事交给天主教信徒李进珍的丈夫向佑之(鸦鹊水向伯衡的祖父)代管,直至竣工。

1939 年,李振声(荆门人)调任鸦鹊水总堂神甫。到任后,不管学校,不搞医务,不与外界接洽,只念经做弥撒。1942 年,学校由乡公所接管,改名为"保国民"学校。1945 年,李振声被调往恩施城关天主教堂任司铎,此处由栗林泉(利川人)接替。栗与李神甫一样,只做弥撒,不问世事,1948 年,调往利川花犁岭分会,此处复由潘德林接管。1952 年 7 月,潘德林称病回国,鸦鹊水天主教堂自此无人问事。

1888—1952 年,先后在该教堂传教或负责的神甫人员有外籍神甫戈氏、德希圣、余文金、史美德、施仕能、潘德林;华籍神甫李振声、栗林泉、梁泽生等。其间,鸦鹊水建有分堂,即 1902 年由总司铎德希圣负责建堂的鸦鹊水瓦屋场教堂;1958 年成立人民公社后充作公用,后陆续撤毁,现仅剩遗迹。

第四节　口头文学

一、故事传说

1.坛　神

坛神是向氏祖先为神后设祭的神位。相传第四世祖是第一位为"神"的人。查现存碑志记:他是"明封钦命总理五省州湖讨寇军门右协镇副总兵都督府都督,同知加升三级向公官讳霖龙"。他死后,在一天夜里给侄子日葵报一梦:"我为了向氏族中'神',你明天早晨起床后到蕉庄胡画匠家中拿回我的画像。”葵醒后顿觉奇怪，天亮后即乘桥去胡家，胡见有轿来家，即出门迎至堂屋就座。请茶后，胡便先开口说明老爷的来意，葵大惊，反问道，你怎么知道我是来拿画像的？胡答：昨天晚上一老者托梦给我，要我画好他的像，明天有人来拿。葵诚邀胡一道去家作画，胡推辞说：“请老爷先回家待我画好后随即送来。”葵说“你怎知道他老的相貌。”胡说：“昨晚在梦中他老嘱我仔细看过了，记得清楚。”胡在自家作有一副名叫“候伯爵爷”的神像送去供祭祀用。后来相继封为神的有“白马将军”“黑马童子”“白太娘娘”“金花小姐”等七位神灵，《县志》记：“向允善女，五姑，六姑年及笄，均许字未嫁，两婿相继亡，姊妹矢志守义终身。督学鲍奖以‘姊妹双清’。”“白太”“金花”就是指的她俩。这就是向家独有备受尊重的坛神。家中求生儿子继承香火，或因病求保平安吉利，如有应验，就请“端公”（巫师）跳一次坛神名叫“还香愿”。请的“端公”来家时，除师傅（掌堂师）带有一把“宝剑”（司刀）和竹卦外，每人身挂一只漂亮的牛角号，进村口时齐吹号角，说这是招“兵马”，一到主人家就去供奉坛神的家里把神像和坛钵一起接来供在案桌上开始跳唱，这叫“开堂”，其中以祭猪和用人头血祭祖先尤为独特。天黑后，把宰杀的一头祭猪抬到法堂中，用两条凳子摆好，将屠夫也请来站在一旁，由一名男端公和一名男扮女装的“端公”打“耍耍”。男的手执扇子，女的手拿长丝帕以不同的舞姿对噣，不时又合唱。在交槽一折中唱道：“猪儿啊，我把你嘴巴敲两敲，你在旋主家没吃过酒糟，我把你咀磕两磕，你在施主家没过好生活”。转掘接唱：“猪儿，你先前还在圈上哼，屠夫师傅起狠心，一刀杀你见阎君。”转板又唱：“师傅啊，你仔细听，下头要下齐耳朵根，下蹄要下弃背梁筋，好让猪儿来世转人身。我为祭神把你用，今天割下你的尾巴根，愿你早早离猪群。”这沿袭古巴人杀牲畜祭祀神灵的礼节。天亮以前是最后一堂“法事”。叫作“扎坛钵”，由掌堂师以人头血祭奠祖先神灵。用一床篾席围在堂屋的一角，中间放一把小椅子，一张簸箕内放一把小刀和皮纸剪成的不同图案，掌堂师坐在椅子上，中念念有词，作起法来，把坛钵中久放的物品倒在箕中。取出肉片、鸡蛋及五谷，时间虽长，物品是完好的，东家还要吃此肉，叫作吃“冰肉”，掌堂师不断作法，叫作“招兵买马、安营扎寨”。并手执小刀，大声唱道：“……太阳出来喜洋洋，弟郎打红山，太阳出来光赤赤，不打红山等几时，血大姐来血二娘，挑担血水走忙忙，叫你流来你就流，叫你回头就回头……”随着就用小刀在脑门上划一条口子，将血流在箕内的皮纸图案上，事后主人把血纸贴在屋内主要门窗上，以避邪气，这是古巴人杀人祭祀的遗俗，复将倒出的香灰和新从祭猪身上取下的肥肉片、鲜蛋、谷物和稻草节与写有“千千雄将、万万兵马”的字符装入坛钵为“神”兵马准备的粮草，叫安营扎寨，这便是具有土家特色的坛神。

滚龙坝土家族向氏在这里繁衍生息，耕读传家三百余年，逐步形成土家文化，留下独特的民风民俗，实为本家族史册之重要一页。

2.滚龙坝的传说

相传，古时候有两条龙触犯了天条，被龙王爷贬下凡尘，羁押在两个荒无人烟的地方，公龙藏在山南要龙坝的水洞里，母龙藏在山北龙潭的水洞里。长期隔山相望，总不能在一起嬉游,彼此过着孤单寂寞的生活,心里很是不自在,常常兴风作浪。它们的恶作剧搞得地方不安宁,人们焚香化纸求神保平安。香烛烟雾缭绕,惊动了玉皇大帝,于是就令太白金星去查个究竟。遂请龙王爷发慈悲。放它们出洞相会。那年六月的一天,天空乌云密布、狂风大作、雷鸣电闪,顿时瓢泼大雨,平地起水,河水暴涨,两条龙同时出洞,离开被羁押的地方。摇头摆尾,张牙舞爪,随着大水向前游去。它们经过的地方,山崩地裂,森林倒伏,山岩裂口。凶猛的公龙一出洞就向北游,经要龙坝穿天心眼游尖龙坪,直向前游去。母龙出洞后,破石穿山,直向南游去。在雷声的镇压下,它们在一个地方相会了。碰面的时候,高兴得又是摇头,又是摆尾,相互拥抱打滚,滚出了一块平坦的坝子。突然,雷声小了,雨也渐渐变小了,它们一条经乌云岩,一条经简槽口向西游去,又在一起狂欢乱舞一阵后一同钻进洞里,游向远方去了。它们经过的地方,南边留下了深山峡谷中的尖龙河,北边留下了悬崖峭壁中的马铃薯沟,西边留下了上孔坝,中间拥抱打滚的地方就是今天二龙戏珠之势的滚龙坝。

几百年的时间过去了,但在滚龙坝人们中间长期传说着"解蛟"和"祭龙神爷"的故事,说得活灵活现。这里的河流每隔十余年左右在农历的六七月要涨一次洪水,下雨时,总是乌天黑暗,狂风大作,雷声不停,大雨如注,河水猛涨。如果洪水把河面上的木桥冲走了,就是有"蛟龙"经过。据说"蛟龙"是不从桥下过的。为了镇住"蛟龙"不故意作恶,救雷声不齲。每次洪水总少不了给人民带来灾难,人们为了求神灵保平安,就在青龙山修建了一座"龙神庙",祭祀"龙神"。每年农历正月玩龙灯时,总要备好祭品,置于神庙前,出灯时,由一位懂礼仪的老人焚香化纸,用一只雄鸡的鸡冠血对彩龙行祭礼。口中念道:"点你龙眼、眼观四方,点你龙耳、耳听八面,点你龙尾、龙尾摆下水……日月星光,求神保平安。"最后一天龙灯玩过后,正月十五的晚上把一切灯具和彩龙火化在河中,送"龙神爷"上天去了。

3.妖精洞

荆竹园老屋场之西南一里有一山洞,洞中有永,其水冬暖夏凉,饮之甘洌。周围人家,皆汲取洞中之水为饮。世传,有一家贫之人娶媳,困于无桌椅侍客,在洞中担水时乃自语之。翌日晨,是者洞中挑水,见洞前置精美桌椅四套,洞门石壁书云:专置借用,用毕速还之。是者大喜。事传乡邻,无不称奇,尔凡乡邻遇困,虔祈洞仙,无不应验也,故名"仙人洞"。时有贪婪者,见祈借洞中器物精美,不思归还,欲据已有。五日后,贪者家中听借之物皆化乱石也。自此,世人以讹传讹,本仙人洞传为妖精洞。

4.汤传瑛传奇

汤传瑛,荆竹园汤正海六世孙。身长四尺余,形侏儒,自幼苦练,终成奇功。素不显其技,常人也。一日,旅居驿站,主东欺其矮小,倍索房银。汤传瑛浅笑而言曰:吾体瀌弱,理该半银,而何倍加乎?东主讪笑曰:是因客体瀌弱,与之房同,兼而防盗刺,乃孰理。汤传瑛不语,将所执竹兜烟斗,掷于桌,以掌搓之,顿成齑粉。主东太惊,失色汗颜。汤传瑛掷一钱于桌,愤然而言曰:岂可门缝觑人?乃拂袖而去。主东悻悻然,觑其所掷之钱,嵌没木中深矣。惊骇不已,手凉股颤。施南之盐,肩掮客自川贩给。某日,掮客对汤传瑛曰:奈何?贩盐被强人所惊，欲求公助取。汤传瑛应允。公随捎帮至盗巢，盗巢数十人持械以待，森严壁垒，恶颜相向。捎客趋前，拱手善言以对盗首曰：祈请放盐。盗道不肖，曰：尔思文取、武取？捎客问曰：何谓文取，何谓武取耶？盗首曰：文取乃以银赎，武取，胜吾方可。捎客曰：若有银，何为捎客乎？唯武取耶。盗首哧鼻。捎客曰：免伤身命，先演示如何？盗首应允，窃笑。汤传瑛见盗首霸气太盛，受气难忍。攥拳矮身，飞身直奔门前香椿而去，劲风掠过，房上瓦片纷飞。一拳击中香椿丈二高处，二人合围香椿犹如狂飙骤至，枝叶纷落殆尽，躯干犹遭雷劈，杆裂皮开。盗众瞠目。遂将所掠之盐加倍奉还；送于五里之外。自此，汤传瑛名声大振。

5.檀楸神树

荆竹园汤家老屋门前有古檀楸，高百轫，十数人可围，中空，可容数人博弈，冠盖近商。逢春夏，鸟雀筑巢其上，晨曦，百鸟争鸣，犹仙乐合奏。民国三十四年(1945)，时介之公任湖广粮道，差居武昌。至晚，取水浴足于蟾宫下，见盆水中隐现巨树，其状簇熟，细观之，故居门前檀楸是也，乃大奇。荆竹园距武昌，千里之遥，其树能现其形，可谓神奇也。

6.仙人桥

荆竹园老屋场之右有一崖，名朴家崖，施南至宜昌南北官道经此。此有天生石板一块，宽三尺，长丈余，上有逆向行男女足坑各一。深约五寸，距三寸，坑底相通，坑面相连。天雨，坑中注水，两水相汇，融为一体，犹一塘一桥焉。世传，乃“八仙”之蓝采和、铁拐李曾路遇于此，是因各负其责，匆匆而别。为记此分手之处，遂于此石之上各踩一足印为记，故名“仙人桥”是也。

7.洪家窝坑

洪家窝坑位于鸦鹊水集镇西南，三面环山，远观酷似太师椅状，前有笔架山，与鸦鹊水七大窝坑连为一体，构成蔚为壮丽的地质奇观。

在洪家窝坑后山主峰的山腰中，凸出一巨石，状若石狮，其五官端庄，眺望远方。石狮下方约20米处，一股泉水从形似癞蛤蟆的石头口中，喷涌而出，长年不断，清甜可口，沁人心脾。主峰左侧山垭，一条青石板路，连接着如今的鸦沙公路和318国道，是古代白杨坪集镇通往沙地，连接恩施东乡的必经之道。路旁有一石洞，洞口3尺见方，洞内两股清泉从左右小洞潺潺流出，汇聚于洞外水池，不仅为过往商贾提供歇脚乘凉的好地方，也养育着窝坑的汤氏世代族人。

洪家窝坑因窝坑中央的椭圆形池塘，形似巨型墨砚，池水久旱不干，长涝不溢，常年呈浑浊颜色，故名“浑家窝坑”，后口误为“洪家窝坑”。相传，清朝末年，汤氏族人先祖汤先儒落脚于此，在长槽旁的山脚下建茅屋而居。清末进士、滚龙坝富豪向若兰相中此地，愿与八个庄户置换未果。后经仙家点化，汤氏先人便在主峰山脚拓基立业，代代子孙聚居于此，成为远近闻名的殷实大户。

更为神奇的是，屋基下右有石人，左有石龟，中有石马，皆为天成，其形酷真，初识者均疑为人工雕作。后不慎将石人、石马毁坏，自此门前池塘积水瞬间消失殆尽，成为茂密旺盛的竹园。如今尚存的石龟,龟口可容拳,其背纹络清晰,首仰后岭,呈现昂扬向上之势。石龟初现之时,生长在一块巨大的石盘之上,静卧于清澈透亮的水池之中。建房时,工匠用锤打,用火烧、冷水浸,龟然不动。由此,石龟远近闻名,不少达官贵人,过往行人,前来观之,甚为惊叹!据传,还有石蛇和金龙,深藏地下,未曾谋面。虽无从考证,但相传甚广,更加增添着它神秘的色彩。

随着时代的变迁,社会的发展,现今的洪家窝坑,青山环绕,幽然宁静,令人神往。世居汤氏后裔,人丁兴旺,栋才辈出,遍布在祖国的大江南北。老屋虽残,她仍在向人们娓娓述说着往日的繁荣与热闹。石龟抬头,它预示着洪家窝坑的明天会更加美好!

8.盐的传说

很早以前,鄂西土家族生活是最苦的。有"辣子当盐、合渣过年"的说法。

宋朝时,恩施被称为施州。施州人为抵抗官府的欺压,常在土司的带领下和朝廷作对。官府为制服施州百姓,封锁外盐的进口。

有个叫侯廷赏的来施州做巡捡使。他在与施州百姓的接触中,觉得山里人淳朴忠厚,并不像传说的那样野蛮。有一回侯巡捡回到京城,真宗帝召见了他。真宗一向把施州称为蛮地,他问侯巡捡:"你在蛮地为官,那些蛮民服你管辖吗?"

侯巡捡想了想,便扎实回答说:"启奏皇上,施州百姓其实最好治理,他们只要有盐吃,就不会和官府对抗了。"

皇帝于是下旨,停止封锁,从奉节云阳一带运盐至施州并让云阳县专门熬盐给施州各地,把施州的粮食物产运给云阳。后来,利川建南发现盐井,但官府始终不让开采,传说如果"打开建南一口井",就要"饿死云阳一县人"。

9.赶毛狗

土家族人有在正月十五赶毛狗的习俗。

传说很早的时候。土家族先民原在树上搭篷,岩洞里藏身。后来先民们走出岩洞,在清江沿岸打猎赶仗垦荒种田,建造了一座座茅房,把一口口烟灶也建在屋里,吃饭再也不必在山上挖坑埋灶了。

土地神却不满意,认为风水被破坏,土家族越发迹,土地神就越遭败。这样,土地神就跟他的外外,在天宫当差的火德星君下凡商议,想办法赶走土家族人。

火德星君变作一只毛狗,窜到土家族人的住处,凡遇草房,毛狗只将嘴一张,一团火苗立即燃烧草房。顷刻间,房屋屋倒塌,人畜烧死。不多久,土家人的住房被火德星君烧得所剩无几。

屈死的冤魂都去阎王那里告状,阎王就上天宫禀告玉帝。玉帝发怒,就派值星官雷神下凡,捉拿火德星君上天问罪。

雷神到凡间,正逢正月十五。他向土地神宣读了玉帝的圣旨,土地神只得交出火德星君。雷神又吩咐土地神,叫土家族山民用白蜡叶子、竹尖子、玉米秆搭成篷篷;在雷神押送火德星君上天时点火烧篷。男女老少都要大声呼喊:“赶毛狗!赶毛狗喔!……”这样,火德星君就再也不敢下凡造事了。

从此,赶毛狗的风俗就这样一代一代流传下来了。

10.杂　种

过去,有个私塾先生在南乡教书。一天他给学生周瑞出个对子的上联:

“白水泉中女子好,少女认妙。”

要周珍对下联,周珍默了好久,怎么也对不上。

先生说:“今天对不出算了。回去仔细默,明天对不上小心十板屁股。”

周珍回家闷闷不乐,被他姐姐桃云看到,忙问:“弟弟,今天为啥愁眉苦脸?”

周珍说:“先生出个对子我对不到。”

桃云问:“是哪门个对子吗?”

周珍说:“先生出的上联是‘白水泉中女子好,少女认妙’。要我对下联。”

桃云说:“不要紧,奠急,去帮我背点柴回来,我帮你对。”

姐弟俩来到山上,桃云捂着岩前一根枯枝树对弟弟说:“你看,那不就是对子的下联吗?记住:‘山石岩前古木枯,此木是柴。’”

第二天,周珍来到学堂,把下联交给了先生。

先生一看,劈头就闷:“是哪个帮你对的?”

“是我自己对的。”

先生说:“你哄我,不说实话,罚你十板屁股,加上昨天的,一共二十板。”

周珍害怕,忙说:“是姐姐帮我对的。”

先生一听心想,这女子倒还有一点才学。让我来试一试她的深浅:“我再给你出个上联,你拿回去叫你姐姐对。”

周珍回家,将先生写的上联递给桃云一看,只见上面写道:“山大林茂让樵夫早点动手。”桃云马上挥笔对上:“滩宽水浅劝鱼儿快些回头。”

周珍来到学堂,又将对联交给先生。先生一看,知道姑娘瞧不起他。便又题一个上联,要周珍带回去。桃云一看,上匾写着:“竹本无心,遇节岂能空过。”桃云又随笔对上:“松原有籽,过时尽是干包。”

周珍交给先生,先生一看很不服气地又出一联:“马牛羊鸡犬豕,尽皆师尊好菜。”

桃云最后对的是:“稻粱菽麦黍稷,都是先生杂种。”

11.儿子当先生

有个教书先生给学生出题对对子。上联是:“马过木桥脚打鼓。”全堂学生没有一个能对出下联。

放学回家后,有个学生把先生说的上联告诉母亲,母亲随身抓起一把米放在铜盆里,唤来一群鸡啄得叮叮当当直响,儿子顿时醒悟,脱口对道:“鸡啄铜盆嘴敲锣。”

第二天上学，学生向先生对出下联，并说明是在母亲的诱导下对到的。先生心里想：我何不会她一面。

他来到学生家，进屋就说："走到堂间无人问。"学生的母亲正睡午觉，随口答道："睡在牙床有客听。"先生把帽子拿在手里说："一顶帽子有四两。""两个奶子有半斤。"

先生讥笑道："奶子大了有何用？"

"养的儿子当先生。"

12.认女婿

从前，尖龙坪有个穷秀才到施州赶考，路过一户有钱人家，天色已晚，他饥渴难熬，便倒在吊脚楼下的灰棚子里歇息。忽然闻到一阵瓜香，原来小姐正在绣楼上吃香瓜，他失口叹道："好香的瓜啊！"

小姐听他说的可怜，便叫丫鬟用丝线吊下一块瓜给他吃了，哪知秀才是个穷作乐，吃完瓜，便自作多情在灰棚子上写了一首打油诗：

"楼上吃瓜楼下香，丝线吊与有情郎；

有朝一日时运转，佳人才子配鸳鸯。"

第二天清早，穷秀才还在睡梦中，就被主人家捉住锁在黑屋里了。原来，小姐的父亲是土司掌管文墨的师爷，他吩咐家人，等他朝拜土司回来再收拾这个书呆子。

师爷来到土司衙门，碰巧土司昨晚梦见红白轻重四个东西，要师爷圆梦。师爷想了一阵说："红的是火，白的是雪，轻的是灯草，重的是毛铁。"土司劈桌一巴掌："放屁，限你两天圆出，不然定斩不饶！"

归得家来，他同女儿默了又想，想了又默，总是圆不拢，两爷子急得茶不思，饭不想。还是女儿想得到："不知那个穷秀才圆不圆得了？"师爷赶忙把穷秀才请出来一问，他连声答应："圆得了，圆得了。"第二天，师爷把秀才带去见土司，土司问他何为红白轻重？秀才说：红是太阳照九州，白是月亮顺水流，轻是乌云层层散，重是江山永不丢。"圆得好，圆得好"文武百官赞不绝口，土司高兴地指着秀才问："你是何人？"师爷忙说：他是我女婿。"结婚没有？""没有"。土司说："佳人才子美鸳鸯，本司做主配成双。"师爷拉着女婿回家去了。

13.考先生

从前有个聪明的姑娘，名叫玉兰。婚后不久，丈夫便离家上京赴试。

玉兰思夫心切，日夜挂念。这天下午，他碰见一算命生生，想问一问丈夫的吉凶祸福。算命先生问玉兰："你的丈夫离家多久了？"

玉兰说："请先生给我算一算。"

算命先生说："请报来。"

玉兰说道："日西下，去卜郎君卦。夫别离，人去影留下。我玉兰，流去一滴辛酸泪，无一句赶忙话。罢罢罢，到而今，罢去吧。吾满怀心思，无口难说话，论相交，也不差。皂白分明，奴身洁白无瑕。分别时，割去奴心刀一把。抛热泪身无一点力，误掉好才华。思想起，日心皆是假。”只好向玉兰求教。

玉兰答道：“先生，丈夫离家已整整十日，我是从第一天依次说到第十天的。”

算命先生说：“姑娘，现在我可以给你算丈夫的吉凶了。”

玉兰叹了口气，说：“先生连这么简单的都算不了，还算什么命罗！”

14.吸叶子烟的来历

古时候，有一对恩爱夫妻，生活上你疼我，我疼你，说说笑笑，形影不离。可惜好日子不长，不到三年，妻子就暴病去世了。丈夫挂念妻子，茶不思，饭不想，欠成了相思病，不久便倒床了。

丈夫睡在床上，迷迷糊糊梦见妻子对他说：“你欠我欠成病了，没有么子谢，我坟园上有根烟芝草，你把草弄云晒干，用火点燃吸烟子，可以治好你的病。”他醒来后，半信半疑地拄着棍子到妻子坟上一看，坟上真的长有一些花花丛丛的烟之草，便扯了点回去照梦中说的做了。真的见效。精神一天比一天好了起来。哪知他吸烟子成了瘾，天天要弄烟芝草吸，叶子弄完了割秆秆，秆秆割完了挖根根，挖呀挖，最后才发觉是从他妻子的脚丫里长出来的，才知道是妻子在戏弄他，一恶心，口水一串一串地吐了出来。现今吸叶子烟的人吐口水就是这个由来。久而久之。人们吸烟芝草成了习惯，慢慢地把吸叶子烟喊成吸烟了。

15.测　字

从前，有兄弟二人，弟弟老实，哥哥占强。两人分家时，弟弟只得到一床旧蚊帐和一点点生活用具。

有天弟弟从外边回来，那床夏挡蚊虫、冬遮风雪的蚊帐突然不见，便跑到测字先生那里，请求指引“迷津”。测字先生是这一带的老住户，左邻右舍非常熟悉，但他还是要弟弟报个字。弟弟报了个“四”字，测字先生便不加思索地说：“赶忙回去，是你哥哥拿了，他正盘腿坐在蚊帐里得意哩！”弟弟飞快跑到哥哥家里一看，果然哥哥坐在蚊帐里面。弟弟上前要蚊帐，哥哥只好还给。但是，他不明白怎么弟弟知道是他偷了。弟弟说：“测字先生说四字乃兄藏足入内之谓也。”哥哥等弟弟走后，也跑到测字先生面前，口称蚊帐被盗，请帮忙测算。测字先生也要哥哥报个字，哥哥想：弟弟报的是“四”字，我何不也写个四字呢？他平时懒散惯了，办事马虎，就提起笔在纸上写了个“四”（草书“四”字）字。测字先生对这个“四”字仔细看了一阵子，突然将醒木一拍喝道：“胡说！你分明是一条点蚊烟的命，哪里有蚊帐被盗？”哥哥不解，测字先生眼睛一瞪：“这个四字不是像一根蚊烟吗？”

二、民　谣

1.劳动歌

背佬儿歌　九十九道拐不算多，皮头有个欢喜坡；欢喜坡你莫笑，皮头有个麂子坳。麂子坳你莫想，皮头有个猴儿岗。猴儿岗你莫愁，皮头有个马咬牛。马咬牛你莫叫，皮头有个三步跳。三步跳你莫怕，前面就是三角坝。

这是反映村中背佬儿中石乳关上云阳背盐，历尽艰辛的歌谣，此歌几近失传。

烟袋荷包系（赶号子）（叫歌）烟袋荷包系，荷包烟袋系，小郎要吸烟，烟在荷包里。

……

歌词：吃袋烟来把灰磕，唐王围困污泥河，有人救得唐天子，他为君来我为臣。有人救得李世民，万里江山平半分。

手提锣鼓下田来。

扬　歌　早晨不是东路来，望见西路一树槐。槐树上面结槐子，槐树下面挂金牌，金牌上面四个字，字字行行写歌才，大字写的歌师傅，小字写的歌秀才，歌师傅，歌秀才，抡起锣鼓下田来。

双脚下田来（叫歌）双脚下田来，举手来参拜。老者安乐少开怀。

刚才扬个歌（叫歌）刚才扬个歌，薅草一大坡，可惜声音耐不何。

各路星君下凡来（请神调）

一请东方甲乙木，木德星君下凡尘；

二请南方丙丁火，火德星君下凡尘；

三请北方庚辛金，金德星君下凡尘；

四请北方任癸水，水德星君下凡尘；

五请中央戊已土，土德星君下凡尘；

送　神（连八句）　早晨有个请神到，黑嗒有个送神回；请神到，送神回，把神送到哪里回；把神送到十字街，遇到公媳杀牛卖；公公说是拆嗒本，媳妇说是本还在；折打本，本还在，明天还是现买卖。

说白：天上有个张巴口，地上有个口张巴；张巴口，口张巴，都把活路放嗒它。收工。

薅草锣鼓（15首）

清早起来好唱歌（引腔）　清早起来好唱歌，一人领唱众人和；引得太阳东边起，引得河水流下坡；山歌越唱人越多。

想起情哥当长年（扬歌）　火红太阳冒山尖，家家户户飘炊烟；长工上坡老半天，老板起床才洗脸；可怜可怜真可怜，想起情哥当长年，半夜还在把磨推，不等天亮又下田。

众位歌师友（叫歌）　众位歌师友，大家要开口，十年难逢金满斗。太阳东边出，歌从东边起，唱了天来又唱地。打早做到黑，活路忙不撤，喊起叫歌把气歇。世上受苦郎，命运都一样，不如出门要刀枪。

帮人做活真伤心（叫歌）　帮人做活真伤心，早上上坡满天星，一天尽吃马铃薯果，收工等到月亮明。

无钱汉子帮长工（姐罗也）　无钱汉子帮长工，一年四季都受穷。老板睡的纱罗帐，蚊子咬的是长工。十冬腊月吃雪风，无田无地当长工。朝朝吃的猪狗食，夜夜睡的牛马棚。看到太阳落了西，老子把牛赶回去。老板若论长和短，想些办法瞒过去。

天下老板都缺德(姐罗也) 太阳当顶渐偏西,长工热得汗直滴。叫声情妹我的妻,长工不是人做的。茶饭不好犹似可,最难受的冤枉气。老板催工也不怕,难得听那肮脏话。天下乌鸦一般黑,天下老板都缺德。长工是财主养身父,欺负长工要不得。

长工真造孽(排歌) 长工真造孽,一天做到黑。晒得像煤炭,汗水用瓢接。帮人真帮心,起床天未明。上坡天不亮,收工要点灯。

叫声情歌小兄弟(排歌) 叫声情歌小兄弟,明年一定落屋里。我把私房借给你,手拿私房买块地。从此不再做长年。

帮了老板整五年(排歌) 帮了老板整五年,不见家神朝那边,吃饭尽在坡上吃,牛圈旁边睡草席。

牛皮绷的鼓(排歌) 牛皮绷的鼓,响铜铸的锣,黄杨木的鼓槌,叮咚几家伙。

我背晒得像煤炭(冲天炮) 喊声老板听我讲,长工我要把工放。你在家里乘风凉,我背晒得像煤炭。

有朝一日霹雷响(尾歌) 太阳落土四山黄,有朝一日霹雷响,长工跳出鬼魔掌。

山歌不唱冷秋秋 山歌不唱冷秋秋,芝麻不打不出油,唱起山歌劲头大,几句山歌解忧愁。

有请歌师唱起来(五句子) 高山顶上一丘秧,风吹谷秧搓成行,粘谷口里出白米,糯谷口里出砂糖,秀才口里出文章。

高山顶上一枝槐,槐树底下搭歌台,先生出来敲边鼓,弟子出来打闹台,有请歌师唱起来。

老板还在睡懒觉(五句子) 这山望到那山低,望到那山好田地,不修房的住新房,不种田的吃白米,不养蚕的穿绸衣。

太阳当顶心里潮,肚子饿得像瓜瓤,筲箕还在高挂起,甑子还在坐水牢,老板还在睡懒觉。

2.生活歌

十杯茶(劝诫歌) 我有十杯茶,奉劝奴冤家,句句都是心里话,哥哥要记下。

一杯茶戏郎,切莫睡晏床;鸡鸣早起做田庄,朝为田舍郎。

正月正立春,哥哥莫懒心,一年之计在于春,莫误好光阴。

有些贫穷人,自己不发奋,好吃懒做混时辰,甘当下流人。

为人要勤奋,发奋种阳春,锄头口上出黄金,能做人上人。

劝郎二杯茶,郎要当好家,柴米油盐酱醋茶,天天都要它。

劝郎要耐烦,莫把妻子嫌,乖乖丑丑一样看,福在丑人边。

劝郎莫贪色,贪色要不得,伤风败俗良心黑,十个九人诀。

你不淫人妻,能把纲常立,人有脸来树有皮,羞耻要顾及。

三杯茶劝哥,劝哥莫赌博,输了银钱倾家产,那是害人窝。

几个结成伙，一个邀一个，到处偷来到处摸，强盗出赌博。

劝郎莫害人，莫起坏良心，恶人到头有报应，仁义值千金，

劝郎茶四杯，莫要说是非，是非自由人评定，不要到处吹，

有些坏奴才，样样说得来，生嚼萝卜熟嚼腮，惹出是非来。

说来又说去，说得不和气，无事当中加几句，打架又扯皮。

劝郎走正道，莫与人计较，团转四邻都和好，犹如捡个宝。

五杯茶儿鲜，再把哥哥劝，我劝哥哥莫吸烟，伤身又费钱。

有些泼皮汉，专门吸大烟，肉里卧来酒里眠，家产如崩山。

不顾大和小，自己吃得好，妻子就是出气包，无事找她吵。

一点不小心，棍棒就上身，不是跳岩就跳坑，官司到衙门。

六杯茶满酌，情哥听我说，有有无无慢慢过，拉账切莫作。

财主进了门，说话呕死人，他的言语重千斤，贫富两样分。

借钱三分利，少的还多的，越久越是还不起，当卖田和地。

七杯茶儿斟，劝郎有孝心，父母恩情如海深，要报养育恩。

树木都要本，人人父母老，父子亲来夫妇顺，都要盘儿孙。

父母年纪大，耳聋眼昏花，屋檐水儿点点滴，都要盘娃娃。

人人有父母，十月怀胎苦，为人若不孝父母，禽兽都不如。

八杯茶斟满，再把我郎劝，盘儿养女要教练，莫要教不严。

从小你不教，长大就放刁，一失足成千古恨，后来把神淘。

教子教得严，身教教在先，要学法年窦燕山，世代把名传。

学乃身之宝，装在肚里好，做到老来学到老，才学自然高。

九杯茶劝你，切莫做生意，生意不是好做的，不如种田地，

古人说的话，句句都不差，生意买卖眼前花，为钱就要滑，

赚得几两银，揣起几担心，见财起意多得很，怕的遇强人，

生意哪些好，天天往外跑，挑柴卖来买柴烧，还要点子高。

劝郎十杯茶，尽是知心话，今朝劝了一铺拉，哥哥莫忘嗒，

奉劝我冤家，庄稼一枝花，十人过路九人夸，全靠肥当家，

劝郎十杯茶，句句是好话，唱到这里把腔刹，留给后生家。

情哥做的苦生意（五句子） 姐儿住在响板溪，相交一个背盐的，半夜三更打杵响，姐在房中叹冷气，情哥做的苦生意。

穷人莫与富人交（要要） 穷人莫与富人交，穷富相交硬无聊，岳父发财身荣耀，见了穷人就长毛，

岳父昨日寿诞到，夫妻二人拜年高。送的礼物也不少，萝卜白菜一大挑，

又抬一坛甜醪糟，外搭两提殃红薯，走拢岳父家中到，喊声岳父拜年高。

烟不装来茶不倒，翁起鼻子叫莫消，我快妥快妥就坐到，夫妻二人悉着眉毛，

我默到幺姨妹人才好，一筒鼻子像红薯，默到席面当真好，几碗白菜豆腐条，

一碗肚子没炒好，两碗肥肉光是毛。我在席上没吃饱，外添半碗过茶泡，

岳父见我吃多了，鼓起眼睛像尿脬。夫妻一见事不好，梭下席来就开逃，

槽门外面一声叫，永世不认老杂毛。

只怪外婆我的妈（要要）　过了初七是初八，媳妇收拾回娘家，

天上在下毛毛雨，走起路来溜溜滑。

刚刚走到坡脚下，扑通一跤跌扑扒。

左手跑掉肥鸡母，右手跌掉老南瓜，

按得瓜来鸡要跑，抓得鸡来瓜要滑。

奶娃在背上哇哇哇！边哭边在喊妈妈。

心肝宝贝你哭啥？娘心头这阵像猫抓。

我背时嫁个男人爱玩耍，终日浪荡不归家，

我的心肝宝贝莫怪我，只怪你的外婆我的妈。

单身汉歌　斑鸠树上喊脚酸，鱼在河里喊口干，两口子床上喊脚冷，挖苦我们单身汉。单身汉，单身郎，单身汉儿睡的床，两边睡成牛滚山，中间睡成薄刀梁。睡到半夜唱个歌，隔壁说我穷作乐，谁人知我单身汉，脚头无妻睡不着。

说起单身好不苦，衣服破了无人补，吃了几多含浆饭，穿嗒几多鸡屁股。单身汉来单身郎，单身汉儿睡破床，里边做起老鼠窝，外面滚龙乱麻穰。

丑哥哥　奴在房中泪如梭，思前想后没奈何，我的男人无其可，他比八戒丑得多。一又眼睛红线锁，歪起鼻子像海螺，张起嘴巴像吞口，牙齿暴出一大撮。挖起额脑起陡坎，脸上长满马铃薯坨，耳朵硬有蒲扇大，头上癞子有几多。手又残来脚又跛，躬起腰杆像骆驼，千怪万怪怪父母，不该嫁给丑哥哥。

忍在心中一团血（长工歌）　吃了中饭得半天，过了六月得半年，长工只望月月满，短工只望太阳偏。新打锄头五斤铁，一天拿起挖到黑，手板打起果子泡，前世作嗒么子孽。帮人做活难开交，不是抬来就是挑，虾子爬到犁耙上，哓得几时能伸腰。帮年长工吃年亏，三餐菜饭不顶对，一身骨头往外长，一对眼睛落了亏。想一想来默一默，前三后四想不得，团鱼背上着牛踩，忍在心中一团血。

背佬儿苦　荣阳县，路难行，我郎一年窜断魂，衣服挑得巾巾吊，裤儿挑得吊吊巾，挑力磨骨难养身。裁缝穿得补巴坨，放痘先生麻子多，原来是个病壳壳。木匠没有板凳坐，裁缝穿的补巴坨。

迎春歌　正月逢春好唱花，好是新官坐旧衙。文武百官来饮酒，九盘果子十盘花。

二月逢春好唱花，后园阳雀叫喳喳。一来催动阳春早，二来催开迎春花。

三月逢春好唱花，新打犁头配旧耙，旧铧铧得千条路，新犁犁开水仙花。

四月逢春好唱花,后园荆竹正发芽,十八幺姑去挖笋,上穿绫罗下穿花。

五月逢春好唱花,新造龙船下河坝,二十四把花桡手,桡去桡来栀子花。

六月逢春好唱花,太阳出来热喳喳。将钱买把油纸伞,上遮日头下遮花。

七月逢春好唱花,阎王放鬼转回家,年年有个七月半,家家烧去纸钱花。

八月逢春好唱花,八十公公捡棉花,上屋捡到下屋转,看得众人眼睛花。

九月逢春好唱花,九个姑娘纺棉花,根根棉条出细线,要织绫罗缎子花。

十月逢春好唱花,请个机匠到我家,机匠不织粗大布,织笼蚊帐万字花。

冬月逢春好唱花,请个染匠到我家,染匠不染粗大布,要染五凤朝阳花。

腊月逢春好唱花,请个裁缝到我家,裁缝不做粗大布,要做西兰卡普花。

月月歌 正月来把莲香打,二月来把风筝扎,三月清明把坟挂,四月秧子田中插,五月龙船下河坝,六月扇子手中拿,七月亡人回家下,八月中秋观月华,九月重阳推粑粑,十月霜打平地下,冬月大雪纷纷下,腊月就把年猪杀。

情　歌 歌是郎的媒婆婆,放开喉咙喊山歌,歌儿落到对门坡,坡上妹子快开口,开口同唱一支歌,歌是郎的媒婆婆。

打猎歌 火药有几升,枪子有几斤,唱个山中(舍)打猎人。

枪儿端几端,狗儿唤几唤,吹起那处号筒(舍)进深山。

走到大茅坡,一对好鹦哥,鹦歌情意好(舍)把它留到着。

走到那山染,一对黄鼠儿狼,叮咚一炮火(舍)打到尾巴上。

走到对门坳,一对锦鸡叫,叮咚一炮火(舍)两个都打倒。

走到大田坝,一户好人家,不知姐儿(舍)可在家。

猎人定一计,忙把火捏熄,要到姐家(舍)点火去。

烟往这边飘,狗往这方叫,林笆那个响(舍)郎来了。

望见朗来了,不知说啥好,口含那个衣襟(舍)只管笑。

心里扑扑跳,锅里呼呼叫,柴干那个火大(舍)水开了。

胡椒茶儿辣,花椒茶儿麻,打开那个箱子(舍)取细茶。

猎人你坐下,我洗手去泡茶,泡碗山里的(舍)毛尖茶。

茶儿捞两捞,水儿鼓泡泡,你又不是旋涡风(舍)猎人你坐到。

左手来接茶,右手把姐掐,把姐那个掐得(舍)笑哈哈。

猎人忙问话,你妈可在家?在家你就(舍)把眼眨。

那年说的话,猎人我忘不下,我无钱无米(舍)难成家。

枪儿不离手,身边一条狗,为饱口食(舍)山里走。

太阳偏了西,猎人要回去,药角声声(舍)不停息。

喜鹊闹梅花 隔河望郎笑颜开,小河过河采茶来,手中还拿一本书,文武双全好人才,这样男儿谁不爱。

娘骂女儿不成才　娘骂女儿不成才，下河挑水不回来，头上青丝怎么散？腰抹罗裙怎么开？背心黄泥哪里来。女说娘的嘴巴多，哪里闲言你来说，头上青丝风吹散，腰抹罗裙自然开，背心黄泥桶上挨。

踩不断的铁板桥　叫声哥哥听我说，不知何事把我磨，折天吃饭都在想，晚上睡觉睡不着。睡不着来睡不着，想起情哥打赤脚。前夜熬到月亮起，昨夜赶到星星落。多谢情姐好情意，莫怨小郎心犯疑。闻听旁人闲言语，我猜情姐变了意。乌鸦要叫尽它叫，风吹杨柳任它摇。二人主意拿得稳，踩不断的铁板桥。

3.历史传说歌

王母请八仙　王母娘设蟠桃大摆酒宴，筵席上请着那八洞神仙，

张果老坐中庭笑容满面，蓝采和拿蟠桃十指尖尖。

吕洞宾驾云头身背宝剑，何仙姑现出那三雨金莲，

汉钟离轻飘飘摇风打扇，铁拐李原是个独脚神仙。

曹国舅喜的是渔鼓筒板，韩湘子吹玉笛庆贺八仙。

十字歌　一字下来一条枪，甘罗十二为丞相，甘罗十二年纪小，太公八十遇文王。

二字下来二条街，红罗演出女裙衩，三天未满去出阵，跳出辕门太子来。

三字下来三步棋，纣王无道宠妲己，贾氏夫人坠楼死，黄家父子反西歧。

四子下来不留门，黑脸包公不留情，张穆二嫂慌张了，黑脸张飞守城门。

五字下来把脚蹬，混世魔王程咬金，瓦岗为王三年整，打马奔过喜鹊城。

六字下来一朵云，说合六国是苏秦，苏秦错杀亲生母，到了终时五马分。

七字下来两脚赶，张飞勒马自回头，拍一巴掌桥上过，大喊三声水倒流。

八字下来两面排，飞虎反过西歧来，飞虎又被罗棒打，哪吒太子保驾来。

九字下来右脚弯，目莲寻母到阴间，十八地狱去寻母，留得美名万代传。

十字下来一条河，杨家有个老令婆，杨宗保来穆桂英，夫妻同破天门阵。

二十八宿闹昆阳（莲香）　一字英雄王柏当，二哥古城斩蔡阳，三人哭活紫金树，四马投奔小秦王。

五里云下生太子，六郎把守三关上。七里兴兵来交战，八里紫金汉张良，

九龙山前活埋母，十里才逢楚霸王。十一长枪花关索，十二又刀扈三娘。

十三太保李孝存，十四捷篙王彦章，十五大陷忠诚庙，十六杨贵火烧山，

十七夜打貂蝉案，十八罗汉云投唐。十九王莽追刘秀，二十八宿闹昆阳。

康名敬造反（小调）　正月里，正月正，造反就是康名敬，一心要破施南城，

二月里，惊蛰过，屯埠有个黄开科，他的人马要几多，

三月里，是清明，建始有个陈开钧，一口答应几千人。

四月里，立夏节，屯埠有个康名德，花费银钱七八百。

五月里是端阳，多多拜上幺铁匠，造起刀枪过船装。

六月里,热茫茫,走脚报信姚绍堂,破嗒施南下宜昌。

七月里是月半,贼子扎在小龙潭,四门委员把门关。

八月里,中秋过,贼子扎在北门河,八月十五把城破。

九月里,是重阳,四门在捉姚绍堂,头颅悬在柳树上。

十月里,冷凄凄,四门在捉康皇帝,一刀杀得血直滴。

冬月里,冬至到,四门在捉王开宝,撵到宜昌才杀到。

腊月里,喜讯到,四门委员都来到,康家贼子杀完了。

附:清咸丰秋八月,康名敬,徐先弟等,约聚20余人,意欲起事,知府向大经,知县任海晏风闻其事,指挥施南协驻防兵丁,尽数捕获余匪。

留客歌 各位朋友和亲戚,劳驾花钱又费力,主东实在不过意,让我这里来感激,恭请各位听仔细,今朝是个好天气,万里无云好玩要,主人留客天有意,无论老的与少的,都要款留在这里,明朝过了早饭席,要是有事再回去,想要回去是空话,今日根本就莫提。

众位亲朋好心意,贵脚来到我这里,粗茶淡饭对不起,实在没有好吃的,到屋又没亲候你,烟茶都没有装齐,都是至亲和好友,恳请各位莫见气,在下交代不过细,自有主东来填席。

亲朋听我把口开,今日席上无招待,淡酒三怀表情意,老的少的都莫怪,回去莫对外人摆,不好莫往心里埋,宽宏大量请忍耐,耐心下棋和打牌,睡觉有的是铺盖,受罪也在这里挨。

各位亲朋听我说,今日这里来会合,您们来玩礼性多,就是桌上少吃喝,希望大家莫见过,如果要怪就怪我,千根柱头落我脚。在下交代有差错,栽的尾巴扯得脱。

三亲六戚到我家,过沟爬坡辛苦嗒,随便来玩几方便,何必要把东西拿。一路行程不容易,浑身都是稀泥巴。适才主东传下话,今日你就莫溜哈。

各位亲朋听我提,招待不好莫见气,有的年高过古稀,自从没有到这里,粗茶淡饭难得吞,席上无菜慢慢吃,客中那些年轻的,端起饭碗莫性起。有请大家多劝酒,相互帮到夹菜吃。

上下左右好几席,座位又远不整齐,走路还要稳到起,泥巴渗水是稀的,今日天色本不济,柴木是个大问题,烤火到处打个挤,怪就只怪我小气。

各位亲戚和朋发,且听在下说根由,刚才主东传下话,今天莫让客人走。拉拉扯扯几别扭,岂止期靠这时候,很少来这走一走,这回来了就玩够,主人诚心来款留,你就安心往一宿,交人交心亦相知,我们的日子很长久。

4.陪十姊妹歌

开台歌 石榴开花叶叶翠,你家接我十姊妹,十姊十妹都请坐,听我唱个开台歌。说开台来就开台,开台歌儿唱起来。新打剪子才开口,剪个牡丹对石榴。一个石榴十二格,今晚姊妹怎会得。东剪日头西剪月,当中剪起梁出伯。梁山伯、祝英台,二人杭州读书来。男读三年不会写,女读三年考秀才。张秀才、李秀才,接我歌本唱起来。

堂前红灯团团圆 堂前红灯团团圆,十姊妹来喜笑颜。姊妹今夜来陪伴,新娘请坐在中间。三亲六戚来送礼，明日清早各一边。花花轿子高抬起，之子于归配美男。恭喜你来贺喜你，天长地久到百年。

一张桌子圆又圆　一张桌子圆又圆，中间摆的十大碗。吃碗美酒唱一段，看谁先把歌头占。碗中出现十样锦，美酒糕点摆得全，不唱歌的喝冷水，会唱歌的把歌献。

一张桌子四只角　一张桌子四只角，张郎鲁班亲手合，上面刻起龙和凤，旁边雕起一绫罗。姐恭喜来妹恭喜，富贵根苗从今起。鸳鸯飞起永不落，百年偕老天作合。

一张桌子四角方　一张桌子四角方，红漆板凳四下放。玉石杯子摆十个，乌木筷子摆十双。备位姊妹都请坐，恭喜新姐唱个歌。叫我唱来我就唱，不是人小不出堂。人又小来面又窄，唱个歌儿得罪客。得罪少的犹是可，得罪老的莫笑我。一张桌子四只角，四只角上站喜鹊，喜鹊口里含白米，会唱歌的从头起。

十杯酒　一杯酒儿正月正，朱洪武打马下南京，保驾将军胡大海，三打才子常遇春，二杯酒儿是花朝，神机妙算孔明高，刘备东吴把亲招，要借东风破曹操，三杯酒儿桃花红，三国英雄赵子龙，长坂坡前救阿斗，百万军中逞英雄，四杯酒儿竹叶青，渔鼓简板吕洞宾，身背一只青锋剑，八仙过海显神灵，五杯酒儿是端阳李渊围困灵通山，秦琼打马来救主，昏军杨广败江山，六杯酒儿是三伏，唐王围困淤泥湖，薛仁贵打马来救主，盖苏文亲自交人头，七杯酒儿七月七，七岁安安来送米，始发奋来读书籍，口骂祖母吴道理，八杯酒儿八月八，行兵布阵姜子牙，七十二变是杨戬，风火轮上李哪吒。九杯酒儿九月九，杨广兵陷在幽州，只怪当初无道理，万里江山一旦丢。十杯酒儿满满斟，孟姜女子把夫寻。走一步来哭一声，万里长城一齐崩。

园台歌，十个姐儿织绫罗　一对鸳鸯飞过河，十个姐儿织绫罗，大姐上天等一招，娘说女儿手段高。织女仙子来下凡，手拿梭子云中绕。二姐上天显手段，娘说女儿真好看，手像花盘散花来，铺云踏雾站云端。三姐要织菜盘样，娘说女儿织得像。织个菜盘圆溜溜，又织金盏在里头。四姐要织火盆样，娘说女儿织得像，织个火盆四角方，又织炭火在中央。五姐要织瓦屋样，娘说女儿织得像。织厢瓦屋四支角，四支角里安喜鹊。六姐要织对门岩，娘说女儿织得来。织个青岩对白岩，又织牛郎织女来。七姐要织天上星，娘说女儿织得真。织个大星对小星，又织美女对书生。八姐要织天上月，娘说女儿织得绝。梭罗树下一白兔，嫦娥起舞舞明月。九姐要织天上云，娘说女儿手高明。云中花子采花来，好似仙女下凡尘。只有十蛆织织好，织件大花红袄袄，不用剪予不用裁，合身合体样儿乖。

各位陪客劝新姐　一张桌子四角方，八把椅子圆又圆，四盘果子九盘酱，上席坐的新姑娘。两边坐的是陪客，各位陪客劝新姐，一劝新姐你莫怄，二劝新姐想开些。官家小姐都改姓，皇帝老儿也娶亲，早娶亲来拾把伞，迟娶亲来晚点灯。——《各位陪客劝新姐》

解　歌　随在一，唱在一，什么开花在水里？随在二，唱在二，什么开花起苔苔？

随在三，唱在三，什么开花红半出？随在四，唱在四，什么开花一包刺？

随在五，唱在五，什么开花赶端午？随在六，唱在六，什么开花乌兜兜？

随在七，唱在七，什么开花一般齐？随在九，唱在九，什么开花造美酒？

随在十，唱在十，什么开花霜打死？随在冬，唱在冬，什么开花一口钟？

随在腊，唱在腊，什么开花齐刷刷？

倒解歌 唱在腊，随在腊，枇杷开花齐刷刷？唱在冬，随在冬，梧桐开花一口钟？

唱在十，随在十，烂草开花霜打死？唱在九，随在九，菊花开花造美酒？

唱在八，随在八，桂花开花香万家？唱在七，随在七，谷子开花一般齐？

唱在六，随在六，茄子开花乌兜兜？唱在五，随在五，蒿枝开花赶端午？

唱在四，随在四，黄瓜开花一包刺？唱在三，随在三，桃子开花红半出？

唱在二，随在二，油菜开花起苔蘚苔？唱在一，随在一，莲蓬开花在水里？

鸭子过河脚步矮，自家唱、自家解。

教女歌 正月教女儿正月正，你在婆家切莫起高声，

外头狗儿咬，切莫往外跑，哪个不说女儿好。

二月教女儿二月八，你在婆家切莫嘴喳喳，

妯娌要和气，起手昂高低，都说女儿会事的。

三月教女儿三月三，你在婆家早起早梳妆

早起多顺当，迟起两头忙，忙得女儿心里慌。

四月教女儿麦子黄，你在婆家早起进灶房。

铜盆来打水，洗筛来漏沙，折冲沙子为婆家。

五月教女儿是端阳，你在婆家早起绣鸳鸯，

一绣龙现爪，二绣虎观身，三绣童子拜观音。

六月教女儿热茫茫，你在婆家早起烧茶汤。

脚像乌鸦爪，手像掏火扒，头发搭到嘴巴吖。

七月教女儿七月半，亡人进屋要叫板，

早晨要烧香，晚上要烧钱，前人做事后人看。

八月教女儿八月八，你在婆家切记要听话。

有事家中坐，无事纺棉花，都说女儿好巴家。

九月教女儿九月九，你在婆家莫把身子扭。

你把身子扭，别人看到丑，都说爹娘没教育。

十月教女儿正教完，你在婆家切记莫贪玩。

爹娘说的话，你要记在心，莫与为娘一平身。

十枝花（陪十姊妹歌） 一枝花，关大王，路行千里，赤兔马，偃月刀，曹操赐衣。

二枝花，猛张飞，独占古城，叫二哥，杀蔡扬，斩草除根。

三枝花，刘皇叔，三请孔明，赤壁战，用火攻，大破曹营。

四棱花，薛仕贵，跨海东征，恨奸臣，张仕贵，是我仇人。

五枝花，伍子胥，神童太保，保佑我，登门外，直上朝廷。

六枝花，杨六郎，三关守镇，有焦赞，和孟良，随我同行。

七枝花，杨七郎，南京射阵，射一百，单八箭，箭箭穿心。

八枝花，杨八郎，八大金刚，上四川，过荒山，打垮番邦。

九枝花，杨九妹，人人称颂，习武艺，战缰场，累建战功。

十枝花，穆桂英，破天门阵，鼓锣鸣，礼炮响，迎进朝廷。

十枝梅（陪十姊妹歌） 隔年梅花对雪开，梅香请出姑娘来，梅香来把姑娘劝，劝你姑娘记心怀。

一枝梅花雪中托，一劝姑娘孝公婆，端茶送水莫懒惰，油盐菜蔬要温和。

公婆打骂莫顶嘴，将来媳妇也做婆。二枝梅花雪中铺，二劝姑娘学丈夫，

一学丈夫孝公婆，二学丈夫苦读书，百岁和谐同到老，儿孙满堂享天福。

三枝梅花雪中红，三劝姑娘和弟兄，大的面前要有礼，小的面前要宽容，

一家和气人尊贤，家中富豪定兴隆。四枝梅花雪中低，四劝姑娘和妯娌，

他是大的要尊敬，他是小的你莫欺，侄男侄女好好待，张公百忍要牢记。

五枝梅花映白雪，五劝姑娘待宾客，装烟倒茶莫懒惰，煮饭炒菜要清洁，

堂前教子远远送，这才称得女君德。六技梅花白雪映，六劝姑娘和乡亲，

借东借西莫吝啬，闲言闲语要少听，左邻右舍要和好，犹如得个聚宝盆。

七枝梅花雪中横，七劝姑娘要尊敬，男女不可同蹲坐，喜笑颜开莫高声，

无事莫把人家走，恐怕遇到是非人。八枝梅花雪中香，八劝姑姑巧梳妆，

梳头裹脚莫怠慢，洗脸穿衣要快当，衣服穿得周周正，手儿麻利比人强。

九枝梅花衬雪梅，九劝姑娘要巴家，清早开门七件事，油盐柴米酱醋茶。

早起打扫堂前地，喂猪纺棉养鸡鸭。十枝梅花雪中挂，十劝姑娘心莫花，

红梅不怕霜雪打，数九寒天开鲜花。要学红梅红到底，枝头喜鹊闹梅花。

陪十弟兄歌（开台歌） 石榴开花一口钟，今晚唱个十弟兄。各位老少都满座，听我唱个开台歌，

今晚开台就开台，从大依小唱起来，说开台，就开台，开台歌儿唱起来。

新打剪子才开口，剪起牡丹对石榴。东剪日头西剪月，当中剪起梁山伯。

梁山伯来祝英台，二人同学读书来，男读三年做文章，女读三年考秀才，

张秀才来李秀才，接我文章做起来。大树蓬蓬枝叶多，千年凤凰我做窝，

凤凰窝里开粮巢，弟兄口里好盘歌。你在唱，我在想，一下想在孟子上，

孟子见了梁惠王，文武出在诗书上，讲得文来孔夫子，文武出在诗书上，

才智过人小孟尝，兼文搭武诸葛亮，三根杉树尖对尖，阳鹊生蛋在天边。

哪个捡到阳雀蛋，人人叫他活神仙。唱得高来还得高，半天云里要双刀，

谁人接到双刀要，文武官员都是他。说天星，道天星，天上雷公几千斤？

谁人弄到提到起？谁人弄到过秤称？说天星，道天星，天上雷公九千斤，
张郎弄到提起走，李郎弄到过秤称。说天洲，道天洲，天上银河几条沟？
几条沟里出海马，几条沟里出犀牛？谁人放，谁人收，谁人制下铁笼头？
说天洲，道天洲，天上银河九条沟。四条沟里出海马，五条沟里出犀牛。
张郎放，李郎收，老君制下铁笼头。说天话，讲天话，天上梭罗几百丫？
几百丫枝解得板，几百丫枝雕得花？说天话，讲天话，天上梭罗九百丫，
四百丫枝解得板，五百丫枝雕得花。说天边，道天边，银河边上几丘田？
几丘田里出甘草？几后田里出黄连？说天边，道天边，银河边上九丘田，
四丘田里出甘草，五丘田里出黄连。有位先生身穿青，坐在席上不作声。
不会唱歌你莫来，莫占场口莫占台。走进门来打一望，满堂坐的是歌郎。
亲戚朋友都到齐，文武全才坐满堂。歌师唱歌我在想，少读诗书难开腔。
一张桌子四只角，四只角上站喜鹊，喜鹊口里含白米，会唱歌的从头起。
你一方来我一方，粉壁墙上画牡丹。牡丹画在粉壁墙，听歌容易唱歌难。
四川下来三根桩，不种谷子种高粱，吃酒要吃高粱酒，唱歌要找高对手。
十个弟兄两边排，我是南方歌秀才，你要吃酒跟我走，你要唱歌跟我来。
唱歌要唱童子音，骑马要骑响铜铃。马骑千里铜铃响，唱歌十里有人听。
桑木扁担软溜溜，挑起歌本寻对头。三山五岳摆歌台，十回唱歌十回在。

一对凤凰飞出林（十弟兄歌）　一对凤凰飞出林，一对喜鹊随后跟。凤凰含花花结果。喜鹊含花果团圆。

花结果来果团圆，花果团圆万万年。恭喜你来贺喜你，五子登科穿朝衣。

人之初　正月里来是新年，韩湘子修行在终南，
“人之初，性本善”，我劝世人多行善。
二月里来元宵过，商路儿读书爱闯祸，
“教不严，师之惰”，秦梅守孀慢慢过。
三月里来是清明。王宝钏住在玻窖巾，
“曰春夏，曰秋冬”，薛平贵封她为正宫。
四月里来四月四，祝英台读书人不知，
“性相近，习相远”，梁山伯思祝害相思。
五月里来五月五，唐王跳在淤泥湖。
“头悬梁，锥刺股”，薛仁贵打马来救主。
六月里来热茫茫，曹操领兵下江南。
“百而千，千而万”，火烧滕甲败江山。
七月里来七月七，七岁安安来送米，
“始发愤，读书籍”，可恨祖母无道理。

八月里来是中秋，张公九代家不分，

“孙而子，子而孙”，张公百忍得金人。

九月里来是重阳，伯牙弹琴震江山。

“八百载，至纣王”，妲已入朝败江山。

十月里来小阳春，王祥为母卧寒冰，

“曰仁义，礼智信”，天赐鲤鱼跳龙门。

冬月里来落雪天，观音修行坐宝莲。

“四百年，终于献”，普陀崖上朝神仙。

腊月里来雪满地，霸王自刎乌江里，

“戒之哉，寅魅力”，韩信打马要回去。

十 字 一字下来一条枪，张飞站在古城上。

云长要往古城去，擂鼓三声斩蔡阳。

二字下来两条龙，二郎老爷显神通。

那个神通才叫大，水洞大战孙悟空。

三字下来三条街，红罗公主女裙衩，

再过三天就出战，救出月龙太子来。

四字下来紧关门，黑脸包爷不拘情，

他在陈州去放粮，杀了皇帝伯丈人。

五字下来安五方，花官二人鲍三娘。

花官二人我不怕，鲍氏三娘手段强。

六字下来绿茵茵，杨家有个六总兵，

六郎儿子杨宗保，说的媳妇穆桂英。

七字下来单脚勾，张飞勒马自回头。

拍一巴掌桥上过，大喊三声水倒流。

八字下来右脚翘，仁贵征东扶唐朝，

一刀杀死香哥庙，才说仁贵有功劳。

九字下来一曲弯，昭君娘娘去和番；

出门遇到毛延寿，手拿琵琶马上弹。

十字下来满天星，皇帝老爷把位登。

真命天子登龙位，十八罗汉两边分。

盘 歌 唱天园来讲天园，银河边上几丘田？几丘田里水对水？几丘田里湾对湾？一丘田里打几石？

唱天园来解天园，银河边上九丘田，五丘田里水对水。四丘田里湾对湾，一丘田儿打九石。

歌师傅,老兄台,唱个雀名你来解。什么雀儿来得早?什么雀儿来得迟?什么雀儿正当时?

歌师傅来你且听,你这个雀名我解得清,正月麻雀来得早,九月鹦哥来得迟,三月阳雀正当时。

歌师傅,老兄台,唱个物名你解来。什么出世满山跑?什么出世尖对尖?什么出世把手卷?

歌师傅,老兄台,唱个物名我解来。葛藤出世满山跑,竹子出世尖对尖,魔芋出世把手卷。

歌师傅,老兄台,唱个花名你解来。什么开花爬墙走?什么开花两夫妻?什么花开倒吊起?

歌师傅,老兄台,唱个花名我解来。冬瓜开花爬墙走,珠顶红开花两夫妻,茄子开花倒吊起。

歌师傅,老兄台,唱个歌谜你解来。什么抱儿隔山抱?什么抱儿水里埋?什么抱儿两根柴?

歌师傅,老兄台,唱个歌谜我解来。溜子抱儿隔出抱,蚂蚁抱儿水里埋,鸦鹊抱儿两根柴。

歌师傅,老兄台,唱个谜歌你解来一把筛子好多眼?一间瓦屋好多槽?一个鸡公好多毛。

歌师傅,老兄台,唱个谜歌我解来。一把筛子十个眼,一间瓦屋九十槽,一个鸡公万匹毛。

歌师傅,老兄台,唱个谜歌你解来。什么药儿它为主?什么药儿它为尊?什么药儿要酒浸?

歌师傅,老兄台,唱个谜歌我解来。黄连做药它为主,肉桂做药它为尊,甘草做药用酒浸

歌师傅,老兄台,我俩唱歌合得来。另有好歌从头起,另有好花满园开,恭喜新郎大发财。

一朵香花鲜又鲜,插在新郎帽沿边。插在左边生贵子,插在右边生状元。

白铜烟杆嘴又长,装袋香烟敬新郎。新郎不吃这袋烟,一心只想新姑娘。

岩上滴水响叮当,贵脚走在贱地方,粗茶淡饭怠慢你,请你多多来原谅。

岩上滴水响叮当,贱脚走在贵地方,满盘盛席多谢你,阳雀过海把名扬。

盘花歌 什么开花高齐天?什么开花把地牵?什么开花红似火?什么开花白如棉?

梧桐开花高齐天,阳雀开花把地牵,石榴开花红似火,栀子开花白如棉。

什么开花卷筒筒?什么开花细绒绒?什么开花颠倒挂?什么开花打灯笼?

梧桐开花卷筒筒,绣球开花细绒绒,豇豆开花颠倒挂,茄子开花打灯笼。

正月梦花都开尽,二月李花开满园,三月桃花红似火,四月荞麦架筛盘,

五月石榴迎端阳，六月荷花满池塘。七月菱角浮水面，八月风吹挂花香，九月菊花恋重阳，十月芙蓉配海棠，冬月是花都落尽，腊月梅花傲雪霜。

三、民　谚

1.哲理谚语

一个师傅一个令，一个和尚一个磬。

一个鸡蛋吃不饱，一身臭名背到老。

一砖难砌墙，一瓦难盖房。

一娘养九子，九子九个样。

人怕伤心，树怕刮皮。

人要忠心，火要空心。

人多好种田，人少好过年。

人逢喜事精神爽，月到中秋分外明

儿不嫌母丑，狗不嫌家贫。

儿大不由爹，女大不由娘。

大家一条心，黄土变成金。

山不转路转，河不弯水弯。

千主张，万主张，各人还要自主张。

不贪意外财，不饮过量酒。

不会烧香得罪神，不会讲话得罪人。

不听老人言，吃亏在眼前。

不想吃锅巴，不在锅边站。

不忧不愁，能活白头。

不种今年竹，哪来明年笋。

不端人家的碗，不受人家的管。

天上下雨地下滑，自己跌倒自己爬。

天天待客不穷，夜夜做贼不富。

天不下雨则旱，人不读书则愚。

只怕懒汉不耕，不怕地里不生。

只种不管，打破饭碗。

宁可明枪交战，不可暗箭伤人。

有田不耕仓库虚，有书不读子孙愚。

有山必有路，有水必有渡。

有恩不报非君子，忘恩负义是小人。

有借有还，再借不难。
在生不把父母敬，死后何必哭灵魂。
吃要吃个有味，说要说个有理。
吃尽美味还是盐，穿尽绫罗还是棉。
吃你无钱的饭，误我有钱的工。
吃不尽的苦，学不完的乖。
当将有日思无日，莫到无时想有时。
灯盏不明有人拨，事情不平有人说。
会说话的两头笑，不会说话的两头翘。
吃不穷穿不穷，划算不好一世穷。
冷水要人挑，热水要人烧。
君子爱财，取之有道；小人爱财，抓到就要。
非亲有义须当敬，是友无情不可交。
夜夜防贼不吃亏，年年防荒不受饥。
穷居闹市无人问，富在深山有远亲。
朋友面前莫说假，夫妻面前要说真。
说话要在理，煮饭要有米。
说话不算话，阎王也害怕。
莫学蜘蛛各牵网，要学蜜蜂共采花。
莫学灯笼千只眼，要学蜡烛一条心。
酒逢知己饮，诗向会人吟，
得放手时须放手，得饶人处且饶人。
福是积的，祸是作的。
丈夫能干妻子贵，丈夫无能妻受罪。
瓜无滚圆，人无十全。
处世让一步为高，待人宽一分是福。
讲理者君子，行蛮者小人。
兴家如同针挑土，败家如同浪推沙。
论吃还是家常饭，说穿还是粗布衣。
宠妻别母子不孝，替儿嫌妻母不贤。
树老根多，人老话多。
根深不怕狂风摇，人正何愁影子歪。
射人先射马，擒贼先擒王。
善恶不同路，冰炭不同炉。

寒从脚下起，火从头上生。

人勤力气大，人懒病痛多。

静坐常思己过，闲谈莫论他非。

滴水积成河，粒米积成箩。

碾谷要碾出米来，说话要说出理来。

冬吃萝卜夏吃姜，不用郎中开药方。

种田不埋沟，好比强盗偷。

晴天多打柴，雨天不湿鞋。

出门不勾腰，进门无柴烧。

一日南风三日曝，三日南风狗钻灶。

南风吹暖北风寒，东风多雨西风干。

云跑东，一场空；云跑西，披蓑衣。

云跑南，滚铁环；云跑北，雨不歇。

火烧乌云盖，大雨来得快。

有雨四方亮，无雨顶上光。

一点一个泡，大雨还没到。

有雨山戴帽，无雨起河罩。

早上地罩雾，尽管洗衣裤。

日晴夜雨，存谷烂米。

月儿亮，星儿稀，明儿是个好天气。

早晨烧霞，等水烧茶；晚上烧霞，干死蛤蟆。

一日黄沙三日雨，三日黄沙九日晴。

晚虹晴来早虹雨，东虹日头西虹雨。

日晕三更雨，月晕午时风。

月亮长毛，大雨滔滔。

2.天象与气候

日出红云，当日雨淋；日落红云，难定雨晴。

朝日猩红色则雨，落日呈红色则晴。

日出早，有雨到；日出晚，晒死南来雁。

日出东南红，无雨必有风。

日头当午现，三天不见面。

日焰带过午，明日晒破鼓。

日落胭脂红，无雨必有风。

西落与云连，半夜雨绵绵。

日落乌云暗,半夜听水响。
太阳反照,晒得鬼叫。
日悬如弓,不雨多风;月如仰瓦,不求自下。
日焰长江水,夜焰草头枯。
月亮长毛必有风。
月亮长毛,大水淹桥。
月亮毛乎乎,无雨必有风。
初三月儿弯,十五月儿圆。
十七十八,月起灯发。
十七十八,月起庚发;十九二十,月起亥时。
二十五六,月起放牛。
二十七八九,月起鸡开口。
今晚满天星,明日大天晴。
星头稀,好晒衣;星斗密,戴斗笠。
毛星毛月,干断田缺。
星星闲眼,有雨不远。
明星照湿地,马上雨落地。
月明星稀。
天上起了鲤鱼斑,明天晒谷不用翻。
天起鲤鱼壳,有雨不多落。
天上勾勾云,地下雨淋头。
鱼鳞天、无雨也疯癫。
云交云,雨淋淋。
云跑黄泥坝,十天九天下。
云跑恩施城,十天九天晴。
乌云接太阳,半夜听水响。
前黑雨,后黑晴;当中黑,搞不赢。
“天三白”,雨淋淋;“地三白”,起灰尖。
早看东南黑,势必午时雨;晚看西北黑,半夜听风雨。
早看东南,晚看西北。
早看东南若有云,中午必有大雨淋。
早黄雨,夜黄晴。
一日黄沙三日阴,三日黄沙九日晴。
天黄有雨,人黄有病。

东白有云,日出暂晴。
收暮无云,明日天晴。
云跑东,雨不凶;云跑西,穿蓑衣;云跑北,雨溪溪;云跑南,雨不长。
云掩中秋月,雨打上云霄。
春雾日头夏雾雨。
早雾晴,夜雾雨。
早晨满天雾,尽管晒衣服。
雾重见晴天。
早罩晴,晚罩雨,半夜起罩打连阴。
朝霞不出门,暮霞行千里。
朝霞暮霞,无雨泡茶。
早上烧霞,等水烧茶;晚上烧霞,干死蛤蟆。
晚霞烧是顶,明日必天晴。
东虹日头西虹雨,南虹北虹涨大水。
东虹风、西虹雨,南虹北虹卖儿女。
虹胜日,大雨来;日胜虹,灰尘飞。
早上起风,刮到点灯。
屁是屎头,风是雨头。
南风送九九,干死荷花气死藕。
春日南风当日雨。
大雨下不了一天,细娃哭不到一天。
一点一个泡,大雨马上到。
暴雨有三阵。
早晨雨儿不停工。
人狂有祸,狗狂有雨。
早雨晚晴,晚雨难晴。
早雨晚头晴,迟雨一天淋。
早雨晏不落,晏雨如瓢泼。
早饭雨不过中,中饭有雨“头空”,
雨下天刚亮,行人不用愁。
落雨见星,难得天晴。
久雨见星光,明日雨更旺。
有雨四脚悬,无雨顶上光。
有雨四方亮,无雨顶上光。

一黑一亮,大雨“三仗”。
有雨雾“缠腰”,无雨起河罩。
雷公先唱歌,有雨也不多。
先雷后雨,一场露水。
早雷不过午,夜雷十日雨。
闪电行千里,雷声响八百。
东扯日头西扯雨,南扯天干北扯晴。
东闪西闪无一点,南闲北闪大雨点。
南闪北闪开,北闪有雨来。
白龙扯一扯,无雨三天黑。
阴霜冻死狗。
大雪年年有,不在三九在四九。
雪下高山,霜打平地。
天气急剧热,必有风雨雪。
下雪不冷化雪冷。
雷子垫底,准备柴和米。
腊雪是被,春雷是鬼。
大嚣小翁,煮饭不撤。
热在三伏,冷在三九。
久晴大雾阴,久阴大雾晴。
久晴西风雨,久雨西风晴。
久晴必有久雨,久雨必有久睛。
晴天带雨色,晴得了不得。
日晴夜晚下,越晴越新鲜。
时晴时雨,陈谷烂米。
两阴夹一晴,谷米一般平。
水灾一条线,旱灾一大片。
天干三年吃饱饭,地淹一日饿死人。
天干莫望朵朵云。
“龙会”三点雨,秋干四十天。
天干误甲子,人穷无信实。
干不干,单看五月二十三。
昼暖夜寒,东海也干。
一山有四季,十里不同天。

山高一丈，大不一样。

天冷各冷各，天热一样热。

山高一尺，水冷三分。

高不过于太山庙，冷不过于石灰窑。

阴坡阳坡，相差很多。

3.气节与气候

立春一日，水暖三分。

立春落雨到清明，一日落雨一日晴。

立春最好晴一日，农夫不用犁耕地。

春打六九头，前后隔一天。

年内交替你莫赶，开年立春你莫懒。

十年难逢金满斗，百年难得岁交春。

雨水有雨天气好，大春小春一片宝。

未到惊蛰先闻雷，必有四十五天晴。

惊蛰不冻，冷期芒种。

惊蛰不冻土，冷到五月中。

惊蛰不动风，冷到五月中。

过了惊蛰节，一夜一片叶。

不管你数不数，惊蛰五日就出九。

春分昼夜一般长。

出九不出九，春分看“苞口”。

清明前后一场雨，胜似秀才中个举。

清明要晴，谷雨要淋。

清明不明，谷雨不淋。

清明断雪不断雪，谷雨断霜不断霜。

清明清半山。

立夏雨，蓑衣斗笠高高举，立夏晴，蓑衣斗笠跟着行。

立夏不下，犁耙高挂。

小满不“满”，干断田坎。

小满不满，芒种不管。

芒种夏至天，走路要人牵。

芒种日赶日，夏至时赶时。

端阳有雨是丰年。

三个端阳晴，摆子打死人。

三个端阳下，泡在水里都不怕。

夏至五月头，边吃就边愁。

夏至五月中，种田歌儿一场空。

夏至在尾，边吃边悔。

夏至风从北边起，瓜果园里受熬煎。

夏至下雨下九江，九河大水到重阳。

夏至无雨见青天，纵然有雨在坎边。

夏至至短，冬至至长。

小暑小暑阳似火，晴热少雨伏旱多。

立秋一日，水冷三分。

交秋脱伏，生的晒熟。

立秋十八暴，雨过地皮湿。

二十四只秋老虎，单件皮层巴不住。

处暑下雨，烧破锅底。

处暑遍地蓼，白露一扫光。

白露处暑节，早晚凉快白天热。

白露无雨，百日无霜。

白露身无露，来年要饿肚。

白露秋分，昼夜平分。

分在社前，斗米斗钱；分在社后，斗米斗豆。

重阳接霜降，十家烧火九家旺。

重阳有雨大宜禾，来年丰收不消说。

重阳无雨一冬干。

不怕重阳三日雨，只要立冬一天晴。

立冬明，一冬晴。

立冬阴，一冬淋。

立冬之日怕逢壬，来年种田枉费心。

冬至以阳生，夏至以阴生。

冬至未过不寒，夏至未过不暖。

冬至三更进九，夏至三庚进伏。

冬至天日无日色，来年更唱丰收歌。

小雪见雪雪盈天，来年必定大吉昌。

头伏露，干死豆。

头干起高仓，尾干断种粮。

三九润三伏。

头九一场雪，九九像六月。

不怕九九起大风，只怕出九一场风。

一九二九，冻脚冻手。

三九四九，冻死猪狗。

五九六九，河边看柳。

七九八九，摇脚摆手。

九九八年一，黄狗睡阴地。

九九加一九，耕牛遍地走。

九九八十一，穷人伸了皮。

4.月　令

正月雷打雪，二月雨不歇，三月无秧水，四月秧长节；五月龙前水，六月一望白。

十月十五打湿灯，滴滴答答到清明。

正月打雪冷冻大。

三十连初一，连到初六七。

三十初一不同天。

二月打雷春难做。

二月花朝洗，四十五日洗洗雨。

二月十五打湿了，四十五日夜雨涝。

二月二十晴，树叶发两层，二月二十下，鱼儿晒沙坝。

二四八月乱穿衣。

二四八月的天，后母娘的脸。

三月打雷莲花开。

长三月，短六月。

风雨相逢三月头，沿村瘟疾万人忧。

三月三，抽“茅尖”。

三月三日晴，桑树挂银瓶。

四月打雷五谷旺。

四月不动，五月不空；六月长果，七月长托。

五月打雷洗端阳。

吃了五月粽，才把寒衣送。

干不干，要看五月二十三；大落大干，小落小干，不落不干。

你不给我磨刀水，我不赐你晒龙袍。

五月不怕旱，六月不怕涝。

有钱难买五月旱,六月连阴吃饱饭。

五月南风下大雨,六月南风飘飘晴。

五月凉风涨大水,六月凉风老天干。

五月干六月下,七八九月忙几下。

六月打雷雨水凉。

六月打连阴,遍地是黄金。

六月雨儿隔田坎。

六月连阴,百谷盛登。

六月初一动一流。七十二个风云头。

六月初一动一流,七十二暴到中秋。

六月初一动一点,薅草男儿晒破脸。

六月初三雨不收,一天一阵下到秋。

六月六日晴,大米如白银。

六月六把雨降,四十八个反太阳。

七月秋,般般收,六月秋,样样丢。

七下八不下,九淋是现话。

七月打雷收成好。

七月荷花一时鲜,八月高粱老来红。

八月打雷“兵马动”,十月打雷小阳春,腊月打雷起黄堆。

八月秋风渐渐凉。

有沾不“沾”,八月十三。

九月十三晴,皮匠嫁女人;十月十三下,染匠也是那个话。

九月十三下,皮匠笑哈哈。

过了九月九,穷汉不离灶门口。

九月若是逢立冬,只有梳头洗脸工。

十月打雷小阳春。

十月初一落,泥鞋不离脚。

十月无霜,碓里无糠。

十月雪绵绵,高山也是田。

冬月无雷打。

腊前叵有三分雪,麦豆丰收“蚕”死绝。

九天打雷百日阴。

腊月打雷迎春花。

春是娃娃脸,一日有三变。

春风不雨雀鸟饥。

春不出,夏无日;秋不干,冬不湿。

春三夏一秋半天。

春雨不湿路,冬雨不湿衣。

春雨贵似油,不让白白流。

春寒有雨夏寒晴,秋寒必定打连阴。

春寒有雨夏寒晴,屁股冷起油光凌。

春寒雨不休,夏寒江断流。

春干路,夏干田。

夏走十里不黑,冬走十里不亮。

春受牛羊夏爱谷,秋贵丝棉冬贵肉。

施南府生得亚,雨从周围落;河里起浑水,田里起蹦壳。

手冷天色脚冷晴。

5.天干时辰

四季不利甲子雨,四季不得丙寅晴;甲子下雨丙寅晴,四十八天满天星。

甲子下雨丙寅落,四十八天打赤脚。

四月不要甲子雨,季季不要丙寅晴。

四月甲子庚辰露,定有蝗虫损初禾。

春甲子雨,撑船入市;夏甲子雨,赤地千里;秋甲子雨,禾木生耳;冬甲子雨,飞雪不止。

春犯甲子雨淋淋,夏犯甲子火烧天;秋犯甲子木生耳,冬犯甲子路不干。

春犯甲子,秧烂苗死。

不怕甲子晴,只怕"牛"困犁。

秋犯甲子活木生耳。

春己卯风果木空,夏己卯风猪圈空;

秋己卯风谷桶空,冬己卯风牛圈空。

春丙阳阳,无水下秧;夏丙阳阳,干断长江。秋丙阳阳,干谷满仓;冬丙阳阳,无雪无霜。

甲日申日如下雨,春"煮"油盐夏煮谷,秋煮丝棉冬煮肉。

丙好吃,"丁难过",戊辰己巳受折磨。

久晴逢"火"下,久雨逢"水"晴。

久晴逢庚下,久下逢庚晴。

晴庚午,晒破鼓。

彭祖活了八百五,没活到几个晴庚午。

戊也晴,已也晴,还有几天晴。

戊己不"同天",同天有几天。

戊寅己卯动了风，十个秧田九个空。

七月逢三卯，秧苗处处旱；八月逢三卯，牛食烂稻草。

寅时不见光，卯时亮堂堂。

月大看三十，月小看初一。

初一初二“不见面”，初三初四一根线。

初一下雨满天红，初二下雨到月中。

天坏初二三，半月路不干。

初三初四淋，一月只有九天晴。

上怕初三雨，下怕十六阴。

初三下雨十三晴，十三下雨打连阴。

七晴八不晴，九晴放光明；七落八不落，九落像瓢泼。

二八开天一早上。

四六开天，七九“还原”。

四六开天不久晴。

上旬发雷春多寒，中旬发雷禾遭殃，下旬发雷虫蝗多。

前月二十三，后月路不干。

6.物　候

燕子飞得高，明天像火烧。

燕子飞得低，明日披蓑衣。

燕子飞得低，有雨在黑些。

燕子低飞蛇过道，水缸穿裙山戴帽。

燕子扑水久久晴。

一哇晴，二哇阴；三哇四哇打连阴；五哇六哇涨大水；七哇八哇淹北门。

斑鸠叫要天晴，老鸹叫要死人。

阳雀叫过伏，穷人饿得哭。

阳雀叫过七月半，狗子不吃大米饭。

猪予刨圈板，明日雪满山。

鸡子飞上树，天将落大雨。

鸡在高处吟，雨止要天晴。

鸡子上笼早，明天天气好。

鸡叫鸟又鸣，雨天要转晴。

鸡子吃草晴，猫子吃草阴，狗予吃草打连阴。

蜻蜓“朝王”要落雨。

千百蜻蜓绕天空，不过三天雨蒙蒙。

蜢虫扑脸，下雨不远。

蜘蛛挂网晴，蜢子扑脸雨。

蜘蛛添丝屋角边，一定是个好晴天。

飞蛾抬水抬上天，下雨不要等几天。

蟋蟀叫，懒妇惊。

螳螂“拦西”，干断河溪。

蚂蚁搬窝，大雨滂沱。

鱼儿水上跳，大雨就来到。

蚓蚯满路绞，必有大雨到。

蛇跑下坡，必有雨落。

蛇跑上坡太阳照，蛇跑下坡大雨到。

瓮穿裙，大雨淋。

午时石汗起，未时下大雨。

磉礅出汗盐出水，不出三天下大雨。

石板发汗，连阴不断。

底起青苔，必有雨来。

锅燃跨，灶燃雨。

茅屋烟晴，瓦屋烟下。

天晴生烟晴不久，久雨生烟天不晴。

地起潮，风雨嚎。

山潮有雨，水潮要晴。

风吹树叶若翻白，定有大雨下不撤。

腰骨痛，腿发酸，不过三天雨直淌。

脚冷天色手冷晴，屁股冷绞油光凌。

人不知春，草木知春。

7.歇后语

歇后语是由两个部分组成的一句话，前一部分像谜面，后一部分像谜底，通常只说前一部分，而本意在后一部分。鸦鹊水村民间流传的歇后语，具有多个民族特点，受汉族文化生活影响，汉文化特点的歇后语居多。即录：

纸糊的窗户——一捅就破。

卒子过河——只进不退。

一头栽到黄河里——死也洗不清。

钥匙挂胸口——开心。

哑巴吃黄连——有苦说不出。

瞎子吃汤圆——心中有数。

王木匠起猪圈——百口不开。

外甥打灯笼——照旧(舅)。

乌龟垫床——硬撑(生挨死挨)。

土地菩萨放屁——神气。

瘫子赶仗——坐着吼。

太上老君开处方——灵丹妙药。

三本经书掉两本——一本正经。

肉包子打狗——有去无回。

热锅上的蚂蚁——团团转。

染坊里的衣料——任人摆布。

七窍通六窍——一窍不通。

七尺汉子六尺门——不得不低头。

屁股长疮脚扎刺——坐立不安。

判官要饭——穷鬼。

泥菩萨过江——自身难保。

脑门上钉门板——好大牌子。

木匠的刨子——抱(刨)打不平。

蜜饯黄连——同甘共苦。

猫儿搬泼饭甑子——替狗赶一仗。

驴子赶到磨道里——不愿转也得转。

两样布做夹袄——表里不一。

老鼠过街——人人喊打。

老鼠钻书——咬文嚼字。

老鼠进粮仓——吃住都不愁。

老鼠钻风箱——又着杆子又受气。

口技表演——全凭嘴劲。

口传家书——言而无信。

看着天摸着地——眼高手低。

开水泼老鼠——不死也要脱层皮。

叫花子拨算盘——穷有穷的打算。

脚板心擦油——溜之乎。

黄鼠狼给鸡拜年——没安好心。

狐狸骑老虎——狐假虎威。

狐狸钻罐子——藏头漏尾。

秏子爬秤钩——自称自。

蛤蟆晒肚——仰面朝天。

狗撵秏子——多管闲事。

高粱杆挑水——担当不起。

擀面杖吹火——一窍不通。

蜂蜜待客——给点甜头。

饭店里卖服装——有吃有穿。

二大娘腌咸菜——有言(盐)在先。

豆腐炒韭菜——一清二白。

冬天里卖凉粉——不识时务。

丢西瓜捡芝麻——因小失大。

戴着斗笠亲嘴——挨不着。

大炮上刺刀——远近全能对付。

打破嘴巴骂大街——血口喷人。

大水冲龙王庙——一家人不认识一家人。

锤子炒菜——砸锅。

穿没底的鞋——脚踏实地。

吃香蕉剥皮——吃里爬(扒)外。

吃鱼不吐骨头——说话带刺儿。

城墙上的麻雀——吓大胆的。

扯着胡子打秋千——谦虚(牵须)。

苍蝇会蜘蛛——自投罗网。

苍蝇叮鸡蛋——无孔不入。

菜板上的肉——任人宰割。

白灰店里买眼药——找错门。

白糖拌苦瓜——又苦又甜。

矮子里边拔将军——短中取长。

四、对　联

域内人家逢年过节、红白喜事喜贴对联。酷爱作对联的有鸦鹊水向社极、贺云峰,居民常向其索联,每每了联难求。

1.云峰对联集

婚　联　燕舞莺歌瑞气盈门接淑女,鸾翔凤翥春光满院贺新郎。

鸾鸣翠柳欢庆佳偶,凤栖高梧喜迎新婚。

佳节好春光鸟语花香奏佳乐,新年缔良缘月圆人寿谱新章。

鸾凤翠柳喜咏关雎,凤栖高梧欢歌窈窕。

茅屋迎瑞气庆晚婚唯有家风接淑女,寒舍耀祥光设粗宴愧无美酒待嘉宾。

自主自愿喜结幸福伴侣,同心同德创造美好家园。

喜期喜事喜中添喜,新婚新偶新上加新。

鸾凤双飞祥云辉绣辇,鸳鸯对舞瑞气映华堂。

莺歌燕舞瑞气临门迎淑女,鸾翔凤翥紫云绕堂庆嘉冠。

相敬如宾也可夫随妇唱,情深似海休言男尊女卑。

地春物苏于归难舍掌中珠,天马行空喜酒好留城乡客。

婚嫁喜迎座上客,于归难舍掌中珠。

当庆必庆邀亲友共醉天伦,而立即立逢良缘喜结连理。

多彩人生同圆中国梦,非凡事业共荡爱情舟。

选佳期送淑女远嫁海外,择吉日迎侨婿迁居陋室。

惜女如惜珠终须离掌,酬人先酬客快点摆筵。

嫁女结亲何必门当户对,联姻择婿只需意合情投。

喜气盈庭红烛艳,嘉宾满屋笑声甜。

比翼双飞云路美,同心共枕福音多。

礼炮声声迎淑女,烟花朵朵庆新婚。

琼楼月皎祥云辉绣辇,珠联璧合嘉酒迎青梅。

诗咏关雎承喜气,花开富贵笑春风。

携手花前天上鸾凤成伴侣,倾心月下人间男女配夫妻。

秦晋联姻天赐宏恩如祖愿,鸾翔凤翥奇男靓女结良缘。

花好月圆笙笛和鸣迎淑女,风和日丽夫妻联袂建新家。

紫燕双飞百年伴侣创宏业,丹莲并蒂四季温馨耕爱田。

宾客贺喜心添喜,贤媳临门福满门。

容貌心灵双俊秀,才华事业两风流。

爱貌爱才犹爱志,知人知面更知心。

长兄娶亲皆弟喜,大嫂贤淑合家欢。

望子媳举案齐眉,愿亲朋不醉莫归。

薄酒薄肴情不薄,新人新事风更新。

洞内琵琶弹鸦韵,房中琴瑟乐良宵。

座上飘香飘上座,堂中溢喜溢中堂。

今朝淑女台前笑,来年新生床上啼。

金屋佳偶手牵手，锦帐良宵心连心。

喜鹊佳期报喜讯，新人新婚闹新房。

妙手名厨调美味，良辰吉日宴嘉宾。

三杯薄酒酬乡邻，一餐家常宴贵宾。

新婚宴上宾皆满，畅饮杯中酒宜空。

令郎嘉期艳阳高照，贵客驾到满院生辉。

红烛生辉百年鸾凤，银灯焕彩一水鸳鸯。

恋情培成长青树，恩爱催开幸福花。

花开静处香能久，爱到深时品自高。

凤栖梧桐梧栖凤，莲浮水面水浮莲。

爱重情深双得意，志同道合一条心。

爱恋花开香四季，姻缘果硕美百年。

门书喜字良缘一世同天长，家到新人夫妻百年共地久。

新婚新偶如意新人重重喜，佳景佳期称心佳侣岁岁欢。

恩爱夫妻义重如山千载乐，征途伴侣情深似海万年欢。

向府淑媛职就医界欣跨凤，朱第快婿智睿讲台喜乘龙。

秉父愿攻翰墨处闺早立学者志，遵母训备从德临嫁还听夫子言。

此日陪嫁虽简朴，他年勤奋自荣华。

莫嫌出阁妆奁少，但愿于归幸福多。

龙引凤归双栖影，鸳翩鸯舞并蒂莲。

新岁新婚谈世海山盟，佳景佳期话叙英姿美。（嵌名联杨世海、范叙英）

何府新郎新岁新婚千载好，谭门佳女佳景佳期万年红。（嵌名联何好、谭红）

向府新郎程亮政绩铸燐烂，周第淑女娥曼讲台写华章。（嵌名联向亮、周曼）

闺居寒窗翰墨诗书知天地，阁出名门科技讲台写春秋。（嵌名联）

新婚佳偶熊府新郎人乐，美景良辰杨门聪慧美君。（堂口联）

傅姓俊郎美姿潇洒睿智敏，潘府国秀文静贤淑容彩虹。（堂口联）

贺府族中淑女于归迎贵客，儒府堂上快婿临门宴嘉宾。（堂口联）

陈府王第欣遇知心伴侣，昆欢君爱专营美满家族。

春　联　本村新修房屋，皆有两间房三根柱子的，贴对联必须三张两横批。

左：廉风善政襄民富，中：紫燕祥云送瑞春，右：金猴贺岁乐丰年。横批：人和政通欢庆佳节

左：羊年招来八面宝，中：猴灵引进四方财，右：绿柳迎春万户兴。横批：恭贺新禧四季发财

左：三阳开泰人间喜，中：五福临门大地春，右：四海欢腾盛世歌。

猴铺新岁金光道，羊迎盛世传捷报。
羊传喜讯归山云，猴捧蟠桃献寿来。
人兴财旺全家乐，廉风善政庶民欢。
盛纪呈祥别兔岁，曙光啟瑞入龙年。
春贺福门福进喜，运掬寿礼寿呈祥。
马岁才迎家富贵，羊年又遇国辉煌。
马岁繁荣光六合，羊年蓬勃暖三春。
惠政三农春万里，党恩百姓福千秋。
三农齐旺山河壮，四海同春气象新。
人庆丰年年庆余，天开美景景天春。
千祥云集和谐地，万马风驰锦绣程。
三阳开泰山河秀，万象更新喜事多。
马岁奋进中国梦，羊年高唱大潮歌。
车水马龙高速路，鸟语花香小康村。
利剑擎天惩腐败，廉风动地畅山河。
大治平安弘政德，小康幸福乐尧天。
饮酒喝茶畅谈盛世，打牌下棋娱乐身心。
克己奉公忠正为民谋发展，投身国梦守廉敬业促繁荣。
又是一年春草绿，依然十里杏花香。
万井楼台凝锦绣，百般红紫斗芳菲。
三阳气转风开甲，六合回春月建寅。
天赐与一门吉庆，春送来两字平安。
五福喜临君子地，三星并照吉人家。
紫微高照三公瑞，黄道新开五凤祥。
杂　联　继往开来先辈光华夏，与时俱进后贤转乾坤。
玉兔出宫机关报春喜气普天下，金龙闹海改革波涛遍地来。
株守岂能空待兔，云兴还应早乘龙。
读书方觉乾坤大，下笔始知天地宽。
改革成就发财路，开放打开致富门。
万事均非神主宰，一生全靠自安排。
书山有路休停止，宦海无边不问津。
艰难奋进云霞蔚，颠沛无移气节高。
自学路畅通东南西北，成才花绽放春夏秋冬。
寄寓客家牢守寒窗空寂寞，远迁迷道退还蓬迳返逍遥。

清河金凤寒窗苦读登虎榜，张第淑媛得志奋程科地质。

人中贵子奇男能有何许地，掌上明珠才女可支半边天。

志恭宜尼勤学易，逸少偷窥枕内书。

立志读尽人间书，发奋识遍天下字。

龙虎金榜标应燏，沛国淑媛晋湖北。

自勉联　贺云峰以裁剪缝纫为业，技艺高人一筹，但生性喜舞文弄墨，酷爱之深，他与国家级、省级多家书法协会组织亦来往。

书声喜有剪声和，翰墨虽无研黑香。

学写古今字，习撰天下联。

逢年过节字画酬亲友，婚丧嫁娶文运外世情。

学写红白喜事古今字，习撰逢年过节天下联。

名医济世轻利重德仲景术，良药救人求真去伪时珍功。

德智定应小博士，荣才直可中宏词。

年齐大衍德品富，学到知非荣才华。

寿　联　父遇周甲青山雄伟人长寿，女逢大顺绿水秀丽花永红。

岁贺新年春满乾坤延福寿，父享耄耋海屋添筹祝高龄。

腊月送嘉平庆堂上金萱日茂，婺星显灿烂喜庭前翠柏冬荣。

愈花甲十年天赐稀龄春不老，祝萱闱七秩门悬彩悦色常新。

甲满花龄经霜沐雨椿萱茂，耳顺寿诞子孙绕膝庚婺长。

椿萱并茂河山并寿，庚婺同明日月同辉。

海屋添筹古来稀者今来盛，华诞庆衍耄有耋兮颐有期。

年届古稀蟠桃椿茂，德膺天眷桂馥兰芳。

艺园双兴南山寿，宝婺齐辉北萱春。（向尖山、崔辉萱花甲双寿联）

挽　联　硕德昭彰哀乐声声催泪雨，高风卓著吾曹事事效忠魂。

齿德兼备犹执谦恭延后辈，典型俱在尚留声望啟斯民。

亡乎未亡大德常留天地内，归也已归忠怀永在子孙间。

玉兔尝百草声泪痛无救母药，金马跃千山贵庚哭煞断肠人。

梦慈母东来抚谕暴深萱草，仰彩云西云献觞悲断黄花。

病疾沉疴天命西归名望在，仪列典范贻谋后世美誉存。

常忆音容铭肺腑，每思父训断肝肠。

泪烛双流儿辈泣，心香三熟父魂归。

晴天霹雳严椿折，寒舍凄凉孝眷哀。

严父跨鹤随云逝，孝子摧肝动地哀。

父德虽酬悲罔极，子心未尽恨终天。

泪洒冰天悲失怙,父归乐土痛无依。

归儿不见倚门望,思母徒劳陟岵瞻。

从前未训劬劳苦,于今方知养育恩。

岳母胜亲母毕生艰辛婿觅良医难救母,慈心如佛心满怀仁爱女思音容最伤心。

果有血池乎凭佛力而渡彼岸,非无苦海也沾经叻以超仙乡。

权秉三教老聃李耳为道君,昌应十方释迦牟尼是佛祖。

墓　联　酿酒师方仕统:师法杜康留青史,义薄云天启后昆。

看青山先灵安在,观绿水后裔成林。

有功有德名永著,无忧无虑乐长眠。

立德力行为楷模,尽职敬业垂典范。

聚气藏风千载祥,钟灵毓秀万代兴。

百代风骨昭日月,千秋懿德啟人文。

一生慈善仕义厚,百世子孙贤德存。

慈恩泽沛儿孙念,母德馨香梓里传。

立身忠厚铭梓里,处世勤劳励儿孙。

青山有德埋忠骨,黄土长眠佑后人。

缅慈母良操美德,佑儿孙长发其祥。

不朽青山长做伴,绵延后裔永续宗。

慎终勿忘先父志,追远常存孝子心。

带堂口:承嗣弘扬陇西德,离宗铭世广平风。

影形虽隔三千界,恩泽长存一念中。

福寿翁长眠犀牛宝地,真龙脉永发虔诚子孙。

慈云浩荡祖德厚,光华常昭子孙贤。

酒店联　优酒名厨时尚佳肴千人乐,温馨雅座热情服务万众欢。

席上飘香酒醉李白诗作颂,盘中味美肴鲜刘备亡思蜀。

都井香飘老少共谋开基业,山泉甘清叔侄相商创名优。

酿成春夏秋冬酒,醉倒东南西北客。

乔迁联　锦楼辉煌乔迁福宅腾紫气,华构焕彩安定德门振家声。(胡锦华、黄树怀嵌名联)

树基业安居福宅腾紫气,怀仕智江夏德门振家声。

喜临华堂瑞气缭绕百事顺,乐迁新居祥光普照万代兴。

跳上跳下庆幸跳过八败运,搬东搬西欣喜搬进万年莊。

锦楼绕祥云重续良缘,华堂腾紫气喜迁新居。

喜盈盈再婚夫妇踏征途,乐呵呵携手伴侣迁新居。

鼓瑟鼓琴鸾胶再续，肯堂肯构莺迁呈祥。

金屋玉堂固称结构，德门仕里自是安居。

紫气高接三台瑞，黄道新开五凤祥。

华屋初开新甲第，福门先辟小蓬莱。

架金梁广获新朋助力，立玉柱多谢戚友帮忙。

美奂美伦大啟尔宇，肯堂肯构长发其祥。

巧奇天工梁印月，别开生面栋盘龙。

2.神龛联

谢氏　陈留堂　两晋宰相门第宝树家声远，三世太傅家声陈留世泽长。

谭氏　济阳堂　十载父子双进士，一时兄弟两将军。

彭氏　陇西堂　孔子顶礼膜拜，刘邦开国元勋。

丁姓　济阳堂　刻木事亲锦世泽，梦松应兆振家声。

曹氏　谯郡堂　平阳世守三章约，子建才高七步诗。

肖姓　兰陵堂　制律功高能固汉，选文心瘁继传经。

万氏　扶风堂　辞官留光彩，拒赌播美名。

徐姓　东海堂　望居东海名贵府，德及孙子世泽长。

田姓　原门堂　金树有花兄弟乐，砚田无税子孙耕。

李氏　陇西堂　三千余口文章弟，五百多年孝义家。

吕氏　河东堂　三任两朝真宰相，一生大事不糊涂。

大体立朝宏世业，宽厚为人树丰碑。

王氏　三槐堂　祀神祝祖祝福祉，绳缨缵绪绘经纶。

施姓　吴兴堂　泗东寻芳参理境，后渠讲易见天心。

龙氏　武阳堂　思源德泽武阳郡，念祖宗功世师堂。

傅氏　清河堂　泽庇百年状元后，同称三代宰相家。

杨氏　弘农堂　清白传家无惑志，忠诚报国有高风。

贺家　儒宗堂　元朝官拜廉访使，东晋御赐世儒宗。

向氏　河内堂　竹林贤秀恩文德，蜀国将宠纪武功。

汉时将军弟，宋朝宰相家。

宋氏　京兆堂　先河天工开物，后唐梅花宰相。

方姓　河南堂　周朝执印老帅，明代拒撰诏书。

身后诗名传宇宙，骂贼正气壮山河。

朱氏　沛国堂　明朝百年帝王，宋代四书理学。

紫气台展三千里，白鹿洞藏万卷书。

汪氏　平阳堂　唐封越国三千户，宋赐江南第一家。

曾氏　天水堂　宗有南丰撰史，帝赐秋雨名家。

胡氏　安定堂　唐时寿齐九老，宋初名列四真。

汤姓　中山堂　敬恭明神则笃其庆，昭穆列祖载锡之光。

邓姓　南阳堂　千秋齐仰云台像，四时长留古柏名。

孔姓　东鲁堂　尼山根柢家声远，泗水渊源圣泽长。

毛氏　西河堂　脱颖片言呈九鼎，处囊壹是靖诸侯。

孙氏　乐安堂　兵法卓绝传后世，药方回春救苍生。

3.尖龙坪向氏祠堂对联

宗德远传继祖继谱别昭穆，族基永固奉耕奉读藏诗书。

将相光前传世业，读书裕后振家风。

4.高秉江逝世挽联

逢浊世清贫一瓣心香将哲命灵台守护不移定秉性，叹人生苦短满腔热血使慧源天际涌流依旧有江声。（湖北省哲学史学会副会长教授邓晓芒挽）

演现象学游教学智慧独造惜乎英年早逝再阐哲学谁可倩，发武陵山定喻家心神偕宁幸矣精简久传终登道山人不忧。（中山大学教授马天俊挽）

哲人不朽襟怀可参日月古，斯文永在书卷长流天地间。（华中科技大学教授张廷国挽）

自余身后名山业，空泣风前锦瑟弦。（华东师范大学教授潘斌挽）

悼栗无常追胡塞，高天蔽日起雾霾。

秉烛采寻意向性，江城雅典娜共哀。（湖北省社科院哲学所所长梅珍生挽）

天御异禀聚其志，何妒英才不年。

地缘清江出武陵，直引长风留作育。（复旦大学教授邓诗鹏挽）

月色孤寂照我床，寒风阴沉虐西窗。

隆冬凛冽通幽冥，山河悲摧哭秉江。（武汉大学教授欧阳祯挽）

哲人不朽襟怀可参日月古，斯文永在书卷长留天地间。

得山水情其人不朽，怀凌云志儿孙必贤。（高秉江墓联）

第五节　医疗卫生

一、清代至中华民国时期

清末至民国时期，主要医疗活动，以中草药防病治病，民间草医均为个体私家经营，中草药绝大多数自采自加工。清咸丰年间（1851—1861）尖龙头坪向应奎是村中著名中草药医生，除治病用药还兼风水术士，远近闻名。1893 年，向若灿在鸦鹊水街挂牌开设“向久如药铺”，是较早的挂牌药铺。1934 年，陈颜明开设“陈家中药铺”。1935 年，向洪钧开设“洪泰荣中药铺”。1945 年，刘厚斋开设“刘三泰中药铺”，鸦鹊水街开设的中药铺，服务范围包括蕉庄、南里渡、水坪、黄广田、朱家坪、龙潭、大地龙、公龙坝、贺家村、社塆坪等。

村中草药医生，以向应奎最有名的，其次是民国初年(1922)的向应赓，尖龙坪人，是向应奎的传人，自学医学古典《金匮要略》《内经》及朱丹溪诊疗法，20岁后拜白杨坪著名中医刘斯安习学中医。中年时期成为鸦鹊、沙地、麦塆、崔坝、熊家岩等地有名的坐诊郎中。

清光绪二十八年(1902)引进西药，比利时传教士潘德明到鸦鹊上街谌家垭设天主教堂传教、行医。借助听诊器、血压表、温度计等医院器械，以西药为主，常用西药有盘尼西林(青霉素)、阿司匹林、麻黄亙、小檗碱等以行医招纳教徒，扩大影响。

谌家垭即是天主教堂，又是学堂、医院。抗日战争时期，日本飞机轰炸恩施南门外国民党第十五后方医院，医院房屋建筑被毁，为确保伤员安全，遂将该院迁于谌家垭天主教堂，仍称作第十五后方医院。抗战胜利后解散。

二、中华人民共和国时期

医疗机构　新中国成立初，人们求医治病仍沿袭中华民国时期的旧体制，背至私人诊所就诊。1952年8月，张肇汉、姚碧生(女)、柳顺华(女)3人受恩施县卫生科指示来建立公立卫生所，始称"恩施县第八区卫生所"，所址在鸦鹊水街。当年底，第八区党政机关迁址崔家坝街、卫生所搬迁崔家坝街后，鸦鹊街原卫生所设立联合诊所。同时成立第八区医联会，鸦鹊区党委副书记熊应召任医联会主任，当年12月更名为"卫生工作者协会"，1954年8月，鸦鹊水联合诊所确定为集体性质。

1976年春，鸦鹊公社卫生院(原卫生所易名)在鸦鹊街设卫生分院，名"鸦鹊公社卫生院鸦鹊分院"。1982年12月，崔坝公社卫生院撤销鸦鹊分院，恢复集体卫协分会和滚龙乡卫生所，鸦鹊分院公立医技人员调崔坝卫生院，财务划归滚龙卫生所。

1996年9月6日，崔坝中心医院在鸦鹊街设立鸦鹊卫生分院，同时撤销滚龙卫生所，其人、财、物并入鸦鹊分院，分院设门诊部、住院部、中西医药房，方便鸦鹊片区村民就诊。

赤脚医生　赤脚医生20世纪60—70年代，每个大队配备赤脚医生1名、生产队卫生员1名，身份是生产队的劳动力，持农业户口，从事半农半医。来源是医学世家子女、高中毕业生有文化的青看、部分上山下乡知识青年。赤脚医生在管理区卫生所指导下，进过短期培训，为解决农村缺医少药做出很大贡献。

赤脚医生和卫生员进行培训后上岗，无固定薪金，实行误工、补工，由管理区卫生院开具证明，生产队记工分。赤脚医生是管理区医疗队伍的主要力量。20世纪60年代初，建立鸦鹊卫生培训学校，姚依林担任校长，陈世珍任教员，校址在鸦鹊联合诊所，分期分批对赤脚医生进行培训。1976年9月12日，鸦鹊公社革委会创办"医科学校"，实为赤脚医生培训学校，徐文彦任校长，校址设在云台卫生所，由公社卫生院派刘心和、陆水泉、喻燕芬等任教，每期三个月。培训内容有中、西药基础理论知识、农村常见病、多发病临床论断，中草药验方、针灸，以及大队合作医疗站财务管理知识。是年，鸦鹊公社率先创办社队联办合作医疗站，辖区内各大队陆续开办，此际，管理区卫生所撤销。1982年，恢复管理区卫生所，各大队医疗站全部撤销，时值农村土地一轮承包，赤脚医生大多回家承包土地。尔后赤脚医生不复存在。

合作医疗 鸦鹊水村合作医疗起源于20世纪60年代初，发展于70年代，80年代出现波折严重萎缩，从90年代起在市场经济条件下，实行新的农村合作医疗制度，采取“以个人投入，政府补贴的合作医疗制度，建立合作医疗基金”办法。21世纪后，政府把“人人享受基本医疗服务”确立为全面建设小康社会重要目标之一，全面推进、全面覆盖，建立新的合作医疗制度，即新农合。

20世纪60年代，遵照毛泽东主席“把医疗卫生工作的重点放到农村指示”的，各级卫生部门抽调医务人员组成医疗队来到农村，除给农民看病服务外，还培训一批赤脚医生，一个大队一名赤脚医生，一名接生员，一个生产队一名卫生员。兴办起大队合作医疗服务站，资金来源由各生产队按人口从公益金中按比例抽取，合作医疗制度的建立，解决农民看不起病，吃不起药的困难，深受农民欢迎。

20世纪80年代，逐步落实农村家庭联产承包责任制，撤销大队合作医疗站，新的合作医疗机构尚未建立，生产队核算制度解散，合作医疗基金来源无着，合作医疗一度萎缩。90年代后，新的农村合作医疗制度在村中逐步推行，资金来源由个人上交以户设立账户，由国家拨款构成，参加合作医疗者，任个人身份证在就诊，医院按照不同情况，不同比例报销。“五保”户、特困户、低保户等报销比例为100%。其他人员报销比例在70%左右。

第十章　习　俗

鸦鹊村是一个以土家族为主的多民族聚居地。在世世代代生息劳作中形成自己的精神生活世界、思维特点和价值取向,既保持自己的传统精神,又吸纳汉文化先进思想,逐渐走出长期封闭的状态,无论是民间文学还是人文文学,都浸润着浓郁的地域风情,折射着村域历史变化。民情习俗较邻村即有共同之处,又有不同之点。村域内旧时文化底蕴深厚,民间歌谣、民间舞蹈、民间戏曲、民间习俗、民间传说,构成鸦鹊水村古老文化独特的风景。

传统民俗古朴典雅,民族风情浓郁醇厚,村中嫁女时哥嫂背新娘上轿,家中守丧时跳丧鼓,情趣别致;五句子、山歌号子,朴实无华。玉米饭、马铃薯饭、合渣菜,风味独特,营养丰富。

第一节　民情撷要

一、节　俗

村中节俗,全年约有30种。农历的正月,有迎春日(初一)、拜年日(初二、三、四)、破五(初五)、上九日(初九)、元宵节(十五)等;二月有土地节(初二),惊蛰节(又称射虫,一般在正月末或二月初)、花朝节(十五)、春社节(春分前后,有先分后社或先杜后分的说法)、寒食节(清明前一天)等;三月有清明节(有时在二月末)、谷雨节等;四月有立夏节、嫁毛虫、牛王节等;五月有端午节(初五称小端午、十五称大端午、二十五称末端午),磨刀节(十三日)等;六月有晒龙袍(初六)等,七月有乞巧节(又称少女节初七)、月半节(又称亡人节十五日)等,八月有中秋节(又称团圆节十五)等,九月有重阳节(又称老人节初九)等;十月有朔日(初一)、立冬(十月初),寒婆婆过生(十六日)等;冬月有冬至(又称冬年节,东月末或腊月初)等;腊月有腊八节(初八)、祀灶神(二十三)、过小年(二十四日)、团年(二十九日或三十日)等。众多节俗中,村民最注重的是春节、端午、月半、重阳、过冬5个节庆。

迎春日　正月初一,即新年第一天。迎春日是指从头年腊月三十夜"守岁"后到第二年正月初一"出天行"的时候,是按农历书上推算出来的辞旧岁、迎新节的交替时间而进行的。一般是在半夜子时后寅时之前进行。到时,由当家人把大门轻轻打开,边开边念:"财门大大开,圆宝滚进来。滚进不滚出,滚满一堂屋。"随后香纸、蜡烛敬祖人,祭天地,遥望东方,燃放鞭炮,有的人家还放"三眼统"。一家响鞭炮,千家万户便接着燃放,如逢盛世,迎春鞭炮达旦不绝。“出天行”这一习俗，以示开门大吉，招财进宝，全村盛行。

拜年日　“出天行”完毕，家家户户便把大门关上，请长辈至中堂正坐，由晚辈一一拜年。这天，各家各户不出门，出门拜年，须从初二开始，叫作“初一不出门，初二拜丈人，初三初四拜家门，初五初六拜亲朋”。拜丈人，指拜岳父大人；拜家门，指拜同姓本家。拜岳丈大人和拜家门，均都应送礼。一般送自产的粑粑、豆皮、火腿.红公鸡之类，也有送糖食糕点等。送粑粑，一般是送有图案的大糍粑。给同姓本家的长者，要选一对“白鹤迎松”图案的，或有“福禄寿喜”等字样的粑粑，表示祝贺长寿。同时还得看他家里有几个小孩，相应送上几个“印子头儿”，送5个叫“五子登科”。送6个叫“禄位高升”。送8个叫“八发”，送10个叫“满贯”，送十二个叫“月月红”。若给岳父大人送礼，大女婿要选“双龙闹海”图案的粑粑，二女婿得选“金凤棒日”图案的粑粑，三女婿选“鸳鸯戏水”图案的糍粑。若给亲朋邻里拜年，可选“喜鹊闹梅”图案的粑粑。送豆皮，表示祝贺对方长寿，双方情谊长久，因豆皮又名豆丝。呈螺艇长条状，故有此寓意。火腿，是很珍贵的礼物。用的是猪后腿。红公鸡是有象征意义的礼物，红色表示喜庆，报晓表示领衔，会叫表示有声望。一般给自家一号长者送，给岳丈大人非红公鸡不可。未成婚的男方给媒人拜年，非送糖食糕点不可，意思是说媒人的一张嘴巴本来就会说，把双方心里话说得甜蜜蜜的，好似吃糖食糕点甜食，今后更会说。乡下拜年，比较讲究，要送礼、备饭、留宿、返情，叫作“礼尚往来”。每到一家，都拱手祝颂，寒暄数语，之后马上到别家去拜年，称作“拜跑跑年”。

破五日　破五日是农历正月初五。相传这天是五谷菩萨的生日，也有说成是大米的生日。按规矩这天不能煮饭，各家各户须在头天备好饭菜，该天只吃“现饭”。此外还不能动土，因是“牛日”，不动土才能保证整年风调雨顺，五谷丰登。

上九日　上九日是农历正月初九，称为“天日”，俗称“天公生”。传说是玉皇大帝的生日。民间自古有“七不出，八不归，上九办事一大堆”的说法。七不出，是指初七不要出门做生意、办事情，做也做不好，办也办不成；八不归，是说初八不要从外面回家，“归”有完成之意，“八”与“发”谐音，应该“出发”，而不是有“完成”，所以叫“八不归”；上九办事一大堆，是说初九这天办事能办成，而且办得又多，效果最好，“一大堆”，借天帝的生日之喜。古代认为“九”表示多数，有最多、最大、至极的意思。上九日这天，各家各户得准备丰盛酒宴，愉愉快快庆贺一下，表示节日过完。

古历正月十五为元宵节，又称上元节、正灯节、花灯节。上元节，是说农历正月十五这天，是一元复始，大地回春的第一个月圆之夜，故称“上元节”，又说是天官赐福的日子。村过元宵节，家家户户吃元宵。元宵，圆子和汤圆。有的元宵中包有糖食、糕点、醪糟、枣仁等馅儿，也有的煮熟后外面粘黄豆面、糖类的粉状物，称为“马打滚儿”。正灯节、花灯节，这天晚上须燃灯，玩灯老人们常说“三十晚上的火，十五晚上的灯”，十五晚上的灯，指各家各户当天晚上室内室外都点上灯(烛)，又指地方上组织的玩灯娱乐活动。

点灯当天晚上家家户户室内室外都点上灯。室内，每间屋子都要点上灯，把点燃的蜡烛或油香(给香上浇熔化的木油冷却后的烛)插在灶台、磨盘、碓旁、牛栏、猪圈、鸡笼、大门、财门等处,还要烧纸、点香,让室内通亮,大放光明。室外的土地庙、菜园地、水井旁也要点上灯、燃上烛。大门口的两端,还要顺路向两边依次点灯、燃烛,一排一排地插着,叫"放路烛"。光亮照得远,那么这家一年的耕作就万事如意,稳操胜券,这天夜里放路烛后还要赶毛狗、炸跳蚤,白天在屋后空地用竹枝、白蜡树枝搭成一草棚子,天黑时燃烧掉,连燃边喊:赶毛狗,炸死你。赶毛狗、点路灯、炸跳蚤,有螟蛾、送瘟神、驱邪恶之意。

玩 灯 是地方上组织的以玩龙灯、狮子灯等为主的群众娱乐活动。初九日,龙灯、狮灯驱疫,至十五日乃止。上九至元宵,有龙灯,杂以狮、象、麟、鱼诸灯,或老背少,或猪八戒背媳妇,或扮童子,联袂欢歌,箫鼓争喧,爆花竞放,观者喧阗达旦玩灯,灯象各具形态,最常见的有龙灯、狮灯、虾子灯、车车灯、蚌壳灯、高脚灯、采莲船等。艺术性最强的故事灯,其玩法如八仙过海,各有风采。

龙 灯 龙灯一般分为游龙、滚龙、腾龙等几种。游龙,是一般的玩法,属自由式,走一走,转一转,绕一绕即可。滚龙,是要用比较活的玩法,要把龙的"喜""乐""狂"等情态玩出来,要求要珠的要玩得活,左右摆动自如:玩头的要玩得得活。不仅左右摆动自如,而且要吞吐有致;玩身的各节配合要好:玩尾的最要玩得活,上下左右来回交叉不断出现。

狮子灯 玩狮子灯时,除了要狮者、演员、举牌灯的外,另有一个或几个略俱文学才华的高参,称为赞狮子先生或测字先生。主人家在狮子未进门之前,便在院子里摆上字或物。摆上的字或物有一定含义。前面来"侦查"的人一见此物,便派人回去告诉测字先生或赞狮子先生。测字先生或赞狮子先生一听,便要想点子,帮玩狮子的演员给主人家"还"字或"还"物。主人家常喜欢用筷子摆"金玉满堂""人寿年丰""五谷丰登""三阳开泰""喜庆有余""万事如意"等字,摆"车、马、鱼、象"等物。摆字、摆物、测字、测物很有时代感,生活气息也很浓。1974 年春节,大屋场有户人家摆四个字"日新月异",赞狮子的人说四句话:"日出东方红,新事舞东风,月月唱凯歌,异口同声高唱东方红。"有次玩狮子灯时,张家在院子里依次摆出四样东西:一口升子,一包化肥,一把锯子,一根皮带。是"深化改革"的意思。"升"与"深"谐音。"化"只用化肥的前一个字,"锯"子可以把木料"解破",用谐音的"改"字,"皮带"是皮革制成的,用它后一个字。摆这四样物,别具匠心,寓意深远。赞狮子就是在玩狮子时,由赞狮子的人抓住狮子头上的毛对着主人家的堂屋说几向奉承活:如:"狮子进门把字测,前来拜望张大爷;金玉满堂不用愁,万事如意定到手。莫怕你今年六十八,又修屋来又买马;屋子修得宽,马儿跑得欢,于他三百六十天,人增寿来地增产,日子越过越香甜……"赞狮子的人一般要眼尖、心灵、嘴快,见什么说什么,要恰到好处,说得主人家心里甜蜜蜜的,就可以多得"红包"。有的一赞再赞,主人家便一赏再赏,皆大欢喜。

故事灯 根据历史故事的情节扎成的一座一座或一台一台的故事灯。以前是用人抬(有的要八人,十六人才抬得起),后来用车拉。一台或一座是一个完整的故事。像唐僧取经,就扎有唐僧师徒四人和一匹马,去取西天的某一处景,若遇有妖怪,扎出来。又如八仙过海,在一条船上扎上八位仙人,再像水漫金山,扎一群虾兵蟹将,显露出争夺而上的丑态。扎白娘子英勇奋战和催许仙抱着婴儿快走的形象,栩栩如生,活灵活现。有的请真人扮演。每适玩故事灯时,长者周围,便围满大人小孩,听老者一一道来。20世纪60年代后此俗消失。

除玩灯外,家家户户还挂灯。灯形有心形、斗形、伞形、瓶形、方形、圆形、花形、盘旋形、折叠形、葫芦形、转动形等,名称有鱼形灯、鸟形灯、兔子灯、老虎灯、扇子灯、蝴蝶灯等。有皮纸糊、竹帘纸表、丝绸蒙的,多绘山水、人物、花鸟、历史故事等彩画。鞭炮有小鞭炮、大鞭炮,电光炮、子母炮、冲天炮、连珠炮、降落伞、地老鼠、天女散花、烟花等。

立　春　立春俗称打春,古时为二十四节之首。“立”是开始的意思,立春意味着春天的开始。旧对农家从冬至开始数九,立春正好是“六九”的开始。故民间谚语中有“春打六九头”“几时霜降几时冬,四十五天就打春”的说法。

雨　水　雨水为阴历正月的一个节气。立春之前天气寒冷,水汽凝结成霜雪。立春之后,天气逐渐暖和,雨水多起来,故名“雨水”。

土地节　二月初二是土地节,相传是土地公公的生日。当日各家各户都要去土地庙前给土地菩萨点烛燃香,烧起大火,摆上酒菜,磕头礼拜,为菩萨做生。俗传:土地菩萨是一方的“总管”,很有权威,一切都得听它的。人们给土地菩萨做生,以求家事顺心,农业丰收。过土地节这天,人们非常关心天气,想通过这天的晴雨来判断春天气候和春季作物长势好坏。农谚:“土地老儿打把伞,荞麦豌豆光秆秆。土地老儿晒出汗,一碗荞麦打一担。”是村民世世代代对农业气象的经验总结和期盼。现在,农民过此节日,不敬土地神,对土地老儿是“打伞”还是“出汗”仍然很关心,以便预测夏粮收成。

春龙节　也有一部分人把二月二日也当作春龙节来过。相传,二月二日这天,龙开始抬头,意思是龙将从沉睡中醒来。为使龙带给人们吉祥、如意之福,农民们兴用草木灰从门外弯弯曲曲地一路撒入厨房内,再环绕水缸撒几圈,称作引龙回,该天,不准妇女动针线,以免“伤了龙眼”。

射虫日　射虫日是指惊蛰节的前一天晚上。这天晚上人们要用石灰在地上画一把弓箭,称作“射虫”。“惊蛰”是农历二十四节之三,意思是从这天开始,天气转暖,春雷震响,蛰伏在泥土中的冬眠动物苏醒出土四处活动,与“龙抬头”意思相同。惊蛰节的前一天——射虫日的晚上用石灰在地上画一把弓箭,指要用这把弓箭把虫害消灭在萌动之中,以免损害庄稼,贻误农事,伤害百姓。

花朝节　二月十五日为“花朝节”,相传是“百花的生日”。从此,便是“春到花朝碧染丛,枝梢剪彩袅乐风”的景象。过去把这天认为是给女儿“穿耳”“蓄发”“取名”等的吉日。一到这天穿耳的师傅、理发的师傅、有学问的老者都忙碌起来。花朝节这天下雨,叫烂花朝,有48天夜雨下,气温太低。气温一低,谷种下到田里,出芽率无保证,农民就犯愁。“秧好半季谷”,是农业丰收的一个重要基础。

春　社　立春后第五个戊日为春社。农历二月初二为社日。社,土家族传说是土地神生日。“社日,作米祭社神。值戊日,禁锄犁,否则云妨农事。切腊肠和糯米,蒿菜为饭,称社饭,彼此馈赠。凡祭扫新坟,不过社。”祖辈相传“新葬之坟,则以社前祭之,本家男妇及内戚皆往。祭毕,即于坟间饮食。”这里也有“家家扶得醉人归”之说。新中国成立后,春社祭坟之风已不多见,代之以清明扫墓。但吃社饭的风俗传承至今。社饭的做法很讲究,先把新发起的蒿草(社蒿)又叫粑粑蒿采回,洗净后切细、捣烂,将少量黏米煮熟后掺糯米拌社蒿蒸熟就成了社饭。全家吃饭忆苦,咽菜度荒。后来把吃社饭当作一种尝新,且社饭越做越精,把嫩蒿菜切碎去尽苦水,掺入糯米(含少量黏米),再加上腊肉碎丁,干豆干颗,大蒜苗,野蒜苗等各种香料拌和,做成百宝饭,色、香、味俱全,堪称鸦鹊一独特佳肴。

春社和农事二十四节气之一的春分连在一起的,春社有的在春分前,有的在春分后。若春社在春分前,农民就认为这一年的收成好,粮食要跌价,若家有存粮,可以在春分时出卖。若春社在春分后,就认为这一年的收成不好,粮食将要涨价,有饿饭的可能。即使家有余粮,价高也不卖,以免下年饿饭。谚语:“先社后分,谷米倒崩;先分后社,有谷莫借。”

惊 蛰 惊蛰为阴历二月的一个节气。雨水过后,天气转暖,逐渐有春雷轰鸣,蛰伏于地下冬眠的动物将苏醒过来爬出洞,故名“惊蛰”。域内民间有“过了惊蛰节,春耕不停歇”的说法。

春 分 春分之日昼夜平分,又是春天的中期,故名“春分”。域内民间有“春分麦起身,一刻值千金”的说法。

寒食节 清明前一天为寒食节,又称“禁烟节”“冷食节”。此节源于晋文公博念介子推一事。相传春秋晋公子(重耳)与介子推(晋臣)等流亡到列国,公子在逃亡途中因无处觅食而饿倒在随行大臣身上。正当公子饥饿难忍时,忽见介子推手捧香喷喷的肉汤献给公子食用。他食毕问:“此处何以得肉?”介子推答曰:“臣之股肉也。”公子垂泪曰:“怜人子甚也,将何以报?”后来公子回到晋中登上王位为晋文公,他举行复匿大赏,封赏群臣时,唯独没有介子推。子推的邻人解张为此不平,便写书夜悬朝门。第二天,公子见了解张的不平之书,便亲自带领群臣到介子推隐居的绵山求贤,但寻找数日,仍不见子推。文公得知子推是个孝子,不敢弃母露面,便下令放火烧山,迫使子推背母下山。谁知子推却抱着母亲被烧死在一棵柳树下。为悼念子推,文公下令烧山之日这天为寒食节,不动烟火而食冷食,并到寺庙供奉,于门前插柳,日久演进成习。

1949年前,有少部分人家过寒食节,多取二义:其一,介子推即是忠臣,又是孝子,人们以不动烟火、食冷食来过这个节,有悼亡人、祭祖先之意。其二,寒食节当天,叵有疾风暴雨,那就是丰年的预兆,所以也值得一祭。相传“寒食宜十,主岁丰”。谚语云:“雨打墓头钱,今年好丰年”。土家人以酒食野祭,日祭山,方邑候诗:“一盂玉米三杯酒,便祝篝车岁岁丰。”

清明节 清明节是土家族的一个重大节日。清明是指古历二十四节气之五,“物至此时。皆以洁齐而清明矣。”这个时候,大部分地区气候温和,草木开始萌芽生叶。农民多忙于春耕春种。农谚有:“清明谷雨雨相连,浸种耕田莫迟延。”清明这天,农民最希望是晴天,农谚说:“清明要明,谷雨要淋。”清明要明,就是说这天的天气要是晴天,近一段时间的气温就高,便于浸种、下种、催芽、抽叶,出苗整齐、壮实:谷雨要淋,就是说谷雨这天最好是雨天,因为这天下了雨,最近一段时间都会有雨,有了雨,田中水活,便于春耕、春播,不会误农时。以上这些农谚,都是恩施人民几千年来对农业生产经验的总结。清明节是人民开展扫墓、踏青、画卵、斗鸡、拔河、荡秋千、作假花、放风筝等活动的日子。历代相传“清明扫墓,以竹悬纸钱,用各色花纸做成宝盖,旗锣鼓伞,插于坟上,叫作‘标墓’,挈榼(盛酒器具)提壶,上坟祭扫,祭毕席地面而斋饭。其修理坟者,皆于是日弄土成之。因置寒食前后,动土勿忌。”清明扫墓,可以说是家喻户晓,既有一家一户的,也有同姓同族的,既有民间的,也有官方的。一家一户多指给自己的祖人扫墓;同姓同族的,为自家姓氏的英模扫墓。

谷　雨　谷雨是二十四节之六,时间在三月中旬,源于“雨生百谷”之说。

谷雨宜雨,故曰“清明晴,谷雨淋”。这季节降雨量比以前有所增加,对谷物生长大有帮助。谷雨的时间是农村牲畜配种的时候。牛马猪羊猫犬的配种方法也有不同。马的配种还分冷配、热配,春天多是热配,即让公、母马见面后,便由一人牵着母马让其离开公马,再骑上马背让其跑一圈,跑出汗来,这时再让公马去交配,这种配种叫作热配。母猫到了谷雨前后找公猫时便整天嚎叫,这叫作喊春。主人家听到母猫喊春,便在晚上用一长竹竿顶着一把筛子靠在屋檐前,帮母猫寻找公猫。据传:筛子的洞眼多,洞察力强,可以找到十里、八里外的公猫。主人家往往只要这样把筛子在屋檐前靠一夜,第二天母猫就不再嚎叫了,因为它与公猫已经交配了。

立　夏　立夏是最忙的农事季节,立夏宜下雨。农谚有“立夏不下,犁耙高挂”的说法。立夏这天,农村兴饮“七家茶”。即各家多沏新茶,配上各色细果,送给亲戚邻舍,以示消除夏疫。有的还吃立夏饭,即以未蒸熟的饭里掺上小豌豆、豆腐干颗粒、肥肉颗粒、野蒜等蒸熟后吃,以便肖夏袪病,叫作“吃了立夏饭,家家保平安”。有的地方,立夏这天还有尝“三新”的习惯,即将鲜樱桃、鲜梅子、鲜大麦粑粑先用来供神,再各自品尝,以示贺节。

小　满　小满为阴历四月的一个节气,小满之意为麦类等夏熟作物颗粒丰满起来,但还不到收割的时候。古人则认为“四月乾之终,谓之满者言阴气自此而生发也”,故名“小满”。

牛王节　四月十八日是牛王菩萨的生日。这天,家家都将牛栏整修一新,或打扫干净,这天人们用各种东西来喂牛:有的用五色糯米饭喂牛,有的用煮黄豆喂牛,有的用玉米糊糊喂牛,有的用生鸡蛋和酒喂牛。喂牛时。还给两只牛角上套上红纸圈,表示喜庆。有的长者还给小孩唱牛歌,歌词是这样的:“世人听我说根由,兽中最苦是耕牛,春夏秋冬出苦力,四季耕种求全收……奉劝世人惜耕牛,人畜两旺乐悠悠。”总之,这一天要给牛以好的吃,不让它耕作,让它好好休息一天。有人说,把牛当作牛王菩萨来敬奉。它除了给人们耕作一年苦到头处,逐有救土家人性命的大恩大德。传说土家人在某年四月十八日的一次战斗中失败,遇到江边断了去路,正在这紧要关头,一头水牛从江那边游过来,土家人便拉着牛尾巴游过河去,最终得救。从此,即称牛为“牛王菩萨”,这天,也便成了牛王节。

端午节 端午节又称端阳节、重午节。端午节细分成三个节日，五月初五叫小端午，五月十五叫大端午，五月二十五叫末端午。“端”是“初”的意思，“五”通“午”。接地支顺序推算，“五月”为“午月”，故“如五”称作“端午”。因“午时”为“阳辰”，故称作“端阳”。端午这个节日始于春秋战国对期，传说较多，其中以纪念屈原的传说最广，最有影响。端午这天有吃粽子、躲午、划龙船、戴艾蒿、悬蒿蒲、带香包、驱五毒、饮雄黄酒、挂长命缕、挂老虎素等多种习俗。

粽子是端午节的应节食品，它是用蓼竹叶把糯米包成尖角形后煮熟的一种食品。商朝梁吴均《续齐谐记》载：“屈原以五月五日投汨罗而死，楚人哀之，每于此日，以竹筒贮米祭之。”这是最早的粽子，称之为筒粽。有的以刮竹叶包糯米煮之，有的还夹有枣、粟、柿干、银杏、赤豆等，吃时，大多囊糖，色泽鲜亮，味道甘甜。

端午因五月酷暑来临，瘟疫滋生，便认为五月初五这天为不吉利之日，于是年轻夫妇多在这天将未满周岁的小孩带到外婆家躲一躲，以避不吉，即为躲午。戴艾蒿，艾蒿味辛辣，是一种芳香化浊麴物。这一天，人们有的采艾扎成一把一把的，挂在大门两边，有的把艾叶束成一小把戴在胸前，以禳排毒气。

悬菖蒲是比较盛行的端午习俗，菖簿又叫剑水草。《本草纲目》记载：“菖蒲乃蒲类之昌盛者，故曰菖蒲”，菖蒲根茎可作香料，具有提神、通窍、杀菌之功效。每逢端午，人们采集菖蒲悬于门户，以药香驱毒，以剑形祛邪。有的人户还将菖蒲熬的根茎割成“小人儿”“小葫芦”等装饰品，挂于儿童脖项。有的人户用草蒲泡酒而饮，据说可以驱毒祛邪、延年益寿。有的中医还用“少年佳节倍多情，老去谁知感慨生；不效艾符趋习俗，但祈蒲酒话升平”这样的诗句向世人宣传推崇。

带香包也是端午节的一种习俗。香包多用棉织品或丝线绣制而成，村中封建社会时期有些习俗，一般绣制得精巧玲珑，有桃形的，有锁形的，也有葫芦形的。每逢端午，大人们便给香包里装上雄黄、苍术等芳香药物，带在小孩或年轻妇女胸前，用以驱毒、散邪。

驱五毒也是端午节的一种习俗。五毒是指蝎子、蜈蚣、蛇虺、黄蜂、鬼蜮共五种毒虫。端午期间，有专门人用纸印出这五种毒虫的形状，并各画一针刺指向这五种毒虫的头上，印好后各家买去贴在大门，以驱毒虫。有的买来系在小孩手臂上，以避病邪。

饮雄黄酒是端午节的饮食习惯。雄黄为中药，有解毒杀菌的效力。酒和以雄黄，散发的气味可驱虫散污。据科学分析，雄黄有毒，不宜与酒和着食用，若内服微量可治惊痫、疮毒等症。农村多在屋内外撒些雄黄酒，以驱赶蜈蚣、蛇蝎，也有涂在小孩耳、鼻、额部的，作解毒、杀虫之用。

挂长命缕又叫缠五色丝，也是端午期间的一种习俗。五色丝又叫朱索、百索等，是用五色花线或丝线微成的。端午这一天，人们把它缠在手腕或脚腕上。以驱邪避瘟。据五行阴阳之说，五色丝象征五色龙。有的用彩色丝线缀吊金锡或金锁于脖项，有的扎成人形吊于发鬓，有的用丝线缠在折成菱形的纸帛上缀于胸前，有的用丝线缠在粽子上赠给亲友。由于民间风俗不同,形式多样,各具特色。

挂老虎素也是端午节的习俗之一。它是用彩绸制成粽子、辣椒、萝卜、扫帚、簸箕、老虎之类形状的小饰物,串在彩线上,挂于小孩的肩头或胸前。既可用来驱毒除邪,又可当作儿童玩具。端午节是春节后的一个大节,村中人民过得比较隆重,加上拜长敬老、寻亲访友,气氛更是浓烈。曾有三节两寿之说:其中之二节“端午节”“春节”各为一节,加上中秋为“三节”。两寿即孔子诞辰、塾师生日,或指官员本人和夫人的生日。

磨刀节 五月十三日是磨刀节,又称雨节。据说这天应下雨为好,下的雨便称“磨刀雨”,农谚有“你不赐我磨刀水,我不赐你晒龙袍”的说法。意思是这天不下雨,六月初六就下雨,无法晒龙袍。

芒 种 芒种节正当“麦秋”之季,麦类等有芒的夏收作物成熟:民间有“芒帮忙种忙忙种”“芒种打火夜插秧”的农谚。

夏 至 这时已进入炎热的盛夏,古人认为“一以明阳气之至极,二以明阴气之始至,三以明日行之北至”,故名夏至。民间有“暑前不热,五谷不得”的说法。

晒龙袍 农历六月初六这天,家家户户将衣服、被子、书画等物拿出来翻晒。相传,元朝派兵镇压当地人,民族英雄覃垕抗击暴元,在六月初六这一天不幸战败,血染战袍,但他威武不屈,终被元军杀害。从此,每逢这一天,都以晒衣服代替战袍(因覃垕战袍,上绣有龙,故称龙袍)表示哀悼,有的地方先屠牛。取“十全”蒸饭至土王祠供土王。然后聚会聚餐。六月初六日阴,牛草贵如金,六月六日晴,牛草吃不赢。”这一天逢卯时,即尝新谷,品鳝鱼,以示有“余”。但不食鸡,不食苦菜,因谐音“疾苦”不吉利。有的这天举行“烧黑神”祭祀活动,即将黑神偶像从庙内抬出,沿村游走,并不断用鞭炮在黑神头顶燃放。据说鞭炮燃放越多,黑神越笑,次年收成越好。有的地方则在这天敬奉飞山神,到飞山庙举行祭祀活动,以求风调雨顺,事事顺利。

小 暑 夏至以后,天气开始炎热起来,故名“小暑”。民间有“小暑大暑,快把草锄”的农谚。

大 暑 大暑比小暑更为炎热,是一年中极热的时节,民间有“小暑不算热,大暑正伏天”之谚。

乞巧节 七月初七为乞巧节,又叫七夕节、少女节、女儿节等。这个节日源于古代神话牛郎织女在天河相会的故事。“七月七日看云色,谓之看巧云,以天河去来久暂占秋收丰歉。”还有谚云:“天河搭屋脊,天天有饭吃。”

月半节 七月半是土家族重要的纪念性节日之一。相传,居住在武陵山区的土家族村寨中,有个后生名叫廷大用,身材魁梧,力大过人,素以打猎为生,精骑善射。其祖父和父亲均因朝廷苦役而死去。后来,昏君又一次到土家族地区征苦役,廷大用义愤填膺,于是挺身而出,组织发动以土家族为主体的少数民族农民起义,与封建王朝开展针锋相对的斗争。起义军队伍推举廷大用为领袖。并决定农历七月十五日为正式起义的日子。因军机泄露,官府派兵镇压,义军被迫提前到七月十二日起义。为了晚上行动方便,义军要求每人系五尺折布头巾做标志。后因寡不敌众,起义失败,廷大用战死沙场。土家人为了纪念这个英雄,纪念自己的民族领袖,议定七月十五为“月斗节”,又称“鬼节”或“中元节”。届时,要给祖仙摆供果,化纸钱,男女老少都要缠白布头巾,以示对起义日的纪念,对领袖的缅怀和先烈的祭奠。

中元节 七月初十到十五日为月半节,俗称“过月半”,又称“中元节”“鬼节”“亡人节”,人们对月半节极为重视,有“年小月半大”的说法。意思是过年是指活人之节,故小;月半是死人之节,故大。也有“月半胜清明”的说法,意思是清明,后人到墓前去祭奠祖先,给祖先放清、化钱。月半,后人要把祖先“请”回家,供饭、化钱(在屋前烧包),是自己家的祖人,烧的“包”上都写有姓名,另给一些“无后之鬼”也烧一点散钱。有的这天还做斋,现在过月半做斋的少了,但“告祖”几乎家家如此,唯向氏家族每年月半全族人在祠堂告祖。

立　秋 立秋表示炎热的夏天即将结束,凉爽的秋天已经来临,民间习惯将其作为秋天的开始。民间有“立秋雨淋淋,遍地生黄金”;“立秋一日,水冷三分”的农谚。

处　署 “处”意为终止,躲藏。“处暑”表示暑天结束。

中秋节 八月十五日为中秋节,又叫“仲秋节”“团圆节”。“中秋”一词,最早《周礼》解说:“秋”在冬夏之间,八月居“秋”之中,“十五”在八月之中,故叫“中秋”。唐代,唐明皇梦游月富。飘游到月宫后,他看到匾额上写“广寒清虚之府”,进府一著覆惊呆了,成百上千的仙女,如花似玉挥动长袖,伴着霓裳羽夜光,于缥缈之太空翩翩起舞。他看着了迷,不想离去,忽然梦醒。他念念不忘梦中所见,以梦成真,于是根据自己的记忆、编排一套霓裳羽衣舞。每到八月十五这天,便摆上供品“赏月”“祭月”,歌舞伴之。从此后,民间的百姓越发对月亮产生神秘之感,“喜庆中秋佳节”风行全国,中秋节成为同春节、端午节齐名的民间之三大节日之一。节日里,鸦鹊有祭月、拜月、赏月、吃月饼、摸秋等习俗.

祭月是指这天有的人在院坝里,在桌子上供上梨、石榴、柚子、月饼一类的食品,让月中仙姑嫦娥出来享用。

拜月是指摆上供品后让小孩叩头礼拜,欢迎月中仙姑嫦娥早点出来。并说嫦娥出来时,月中会发出巨大的响声,叫作“开天门”。天门一开,嫦娥一出来,便会给小孩带来很多好处,小孩要什么就会有什么,但不能用语言表达,只能用动作表示。所以,这一夜,很多小孩遵宵嬉戏不散,一等待天门大开,以便得到所想得到的东西。据说,有一年的八月十五日,天上月中突然一响,有个小孩认为天门开了,嫦娥会出来,他把手往下巴一摸,结果长出了一下巴胡须。

赏月多属中年人、老年人的事,若他们有亲人因在外经商,游历,做官等未归。这一天他们便会总是望着圆圆的月亮,寄托对亲人情思,希望团圆。即使这夜不能团圆,也借月怀人,“独在异乡为异客,每逢佳节倍思亲。”表现出一种“但愿人长久,千里共婵娟”的思绪。没有亲人在外的人家,若有雅致,便全家或登台观月,或泛舟赏月,或饮酒对月,情趣盎然。

吃月饼，首先足以饼喻月，饼是圆的，喻八月十五的月亮是圆的，取团圆之意。鸦鹊水一带，吃月饼最先是家庭制作、一家人只制作一个大月饼，合家分食，一人一块。饼中多用甜食馅儿。饼外有“嫦娥奔月”“西施醉月”“银河渡月”等一类的图案，一家人能吃上这样的月饼，不仅口中感到香甜可口，就是心中也感到超然脱俗了。

摸秋是本村一带八月十五特有的习俗。传说元朝为了强化帝王官府的统治，五户人家派一官兵监督，五户人家供养一位官兵。这些官兵倚权仗势，无恶不作，使这一带山民深恶痛绝。山民们便决心除掉他们，称之为杀“家鞑子”，约定八月十五日这天晚上统一行动.行动暗号叫“摸秋”。结果，除掉了这批无恶不作的官兵。为纪念这个有意义的日子，当地人便把“摸秋”作为一种娱乐活动传演下来。后来的“摸秋”，是指当天晚上，广大农村青年都到外面去“偷”人家的瓜果吃。这种“偷”，是善意的，不在偷得多，只在偷到手。偷到手吃了就表示胜利了、有收获，被偷的人家无论发现对方还是没有发现对方，都是不能骂的。各家都可以防，但是防，有时也发现不了，这说明对方“摸秋”的技巧很高明。第二天，各家见面了，都会告诉对方昨晚“摸秋”的情节。若能得到对方说“你们的手段真高明，我那么防都没有防住”的赞语，是最令人开心的。“摸秋”这一习俗，在农村流传至今，风趣不减当年。

白　露　白露时，天气渐渐凉起来了，空气中的水汽在树木、花草上结成白色露珠。古人认为，“秋属金”，金色为“白”。故名“白露”，民间有“白露天气晴，谷米白如银”的农谚。

秋　分　秋分之日，昼夜平分，恰为秋天中期，故名秋分。民间有“秋分有雨来年丰”之说。

重阳节　九月初九为重阳节，又称“重九节”“茱萸节”“老人节”。《易经》中将九定为阳数，两个阳数相重，便称为重阳节，亦称“茱萸节”，是因茱萸这种落叶小乔木香气浓烈，能驱虫除湿、逐风邪、活寒热、消积食、利五脏，所以农村男女在九月九日折茱萸插头上，以避恶气而御初寒。之所以称为“老人节”是因为九月九日这天，围绕老人活动多、对老人有祝愿、敬举之意。这天，有登高、赏菊、饮菊花酒、吃重阳糕、插茱萸等习俗老人深秋登高，赏秋悦目，呼吸新鲜空气，以强健身体、延年益寿。

寒　露　寒者，冷也，凉也。寒露之时，露水很凉，故名“寒露”。

霜　降　霜降意味着开始有霜出现了，历来有“寒露豌豆霜降麦，种了小麦种大麦”的说法。

朔　日　十月初一为朔日，又叫“寒衣节”。这一天是冬天的开始，有的人家用五色彩帛做成冠带衣履，在门外烧掉，叫作给祖先送寒衣。

立　冬　立冬多在农历的十月初，它标志着冬天的开始。冬，终也，表示万物终成。农村里很重视这个节日，都希望这天天晴，谚语有“立冬晴，一冬晴”的说法。

小　雪　表示天气开始变得寒冷，将要下雪，但寒未甚而雪未大也。小雪过后，已不再适合种小麦，故农谚云：“过了小雪，迟了小麦”

大　雪　小雪过后，寒气日重，到大雪时节，积寒凛冽，雪至此而大也，农谚云：“过了大雪,迟了大麦。”

寒婆婆生日 十月十六日是寒婆婆的生日。这天,寒婆婆要上山打柴,若是晴天,寒婆婆上山就打到了柴;若下雨,寒婆婆上不了山,打不了柴,就要受冻。农村人认为,寒婆婆打到柴,整个冬季天气就好,气温就高,贫寒的人就少受冻,所以都希望这天天晴。特别是早上不能有雾。

冬　至 冬至节有时冬月,有时腊月。冬至这天,地处北半球的中国白天最短,夜晚最长,气候变冷,故称“冬至”。很看重这个节日。“数九”从这一天开始,叫作单日连冬数,双日出冬数。“数九”是指九天为一九,一直数到九个九,即第二年惊蛰节后的六天,共八十一天。

腊八节 腊月初八为腊八节。相传释迦牟尼这天饿极了,得一牧女施食,后在菩提树下静坐不久便得道成佛。后民间争相效仿,用杂粮干果煮成粥,叫腊八粥,馈赠亲邻,以示友好。

祭灶节 祭灶即祭祀灶神,腊月二十三日前,各家各户都要打扫扬尘、灰尘,清理厨房。将天篷、窗户、橱柜、灶台等打扫得干干净净,并把扬尘送到野外堆着。一般在二十三日晚备制刀首、糕点、麦芽糖等敬奉灶神。灶前一般设有神位,有的写上“灶王府君神位”,有的写上“东厨司命摊位”,有的还贴上“上天言好事,下界降吉祥”的对联。敬奉时,要放鞭炮,在锅中点上清油灯,给“灶王府君神位”处粘点麦芽糖,意在封住灶神的嘴,让他上天后向天神说人间“环境卫生、爱惜粮食、没有恶习”这一类好话,以保人间平安。等到腊月三十夜再点烛、供香、烧纸接灶神回家过年,希望灶神给来年赐福。“扫扬尘”,过小年腊月二十四称为小年。一切农活、工务、雇佣关系都于此时停止,称为“长工短工,二十四日满工”。家有雇佣关系的,结算工钱后还吃餐团年饭,叫过小年,一般都是受雇人在主人家团年后再回家过年。家中无雇佣关系的,这天也要准备简单的酒肴,庆小团圆,或盼游子早归:从这天开始,到腊月三十日,每户便开始向又关人“打年节”。改土归流之前的打年节只是向恩师、恩医送礼物,以示不忘恩情,送的礼物多是糍粑、豆皮、腊火腿、红公鸡等一类自产品。改土归流后的打年节发展到给流官、乡绅送礼物,含有“巴结”之意。新中国成立后的打年节,多是亲朋间友好往来的表示。

小　寒 “小寒”表示冷气积久而寒,但天气寒冷还未达到极点。

大　寒 此时天气十分寒冷,“寒气之逆极”故名大寒。有民谚:“一九二九不出手,三九四九冰上走,五九六九沿河看柳,七九河冻开,八九燕子来。九九加一九,耕牛遍地走”;“一九二九拗脚拗手,三九四九冻死猪狗,五九六九沿河看柳,七九八九摇脚摆手,九九八十一,黄狗歇阴地”;“天九尽,地九出,出九三日霜,大麦一把糠”等。这些农谚表述虽然各不相同,但都能反映出数九寒天的更替变化。

二、年　俗

过　年 过年是最隆重的节日,有“百节年为首”的说法。年最初是丰收的意思,在甲骨文中“年”就是果实丰收的形象。一般从古历腊月十五以后就忙起来了,这一段时间俗称“忙年”。忙年就是为团年、过年做准备,吃的、用的、敬的(敬祖敬神)、玩的等都要预筹齐备。俗语:“忙到腊月二十八,又打粑粑又浇蜡,还把年猪杀。”这就是说,从腊月十五要一直忙到二十八,把一切准备工作都做好了,以便二十九或三十好团年。

打粑粑 粑粑又称糍粑,是土家人过年必须准备的一种食品,呈圆形,小的直径10厘米,大的直径50厘米,最大的有100厘米。粑粑有圆满吉祥的意思。其常用立春前的井水泡上三四个月可以不腐不变质。打粑粑的用料很讲究的,有的用纯糯米,有的糯米黏米对半掺和。不产大米的地方就用去皮的糯玉米米或舂去壳的糯高粱、糯小米。方法是将这些米黍蒸熟后放在石碓用木杵捣碎,或用木槌打烂,达到粑米粒捣成泥的的程度再捞起来分成一份一份的,抟圆后放人印模(有的不用印模)压成饼,统称为糍粑。没有用印摸的叫“白糍粑”,用印模的叫“印糍粑”。印模有的雕成花,有的雕成字。雕成的花一般都有“戏文”,如“喜鹊闹梅”“白鹤迎松”“白鹤闹莲”“唐僧取经”“太公钓鱼”“鲤鱼上滩”等。雕成的字.一般都是表吉祥的话,如“福禄寿喜”“金玉满堂”“温文尔雅”“龙凤呈祥”“恭喜发财”“人寿年丰”等。这一类印模,一般都是四块一套,或八块一套,或十二块一套。各类印模都表现出±家、苗家文化的高雅特色,给人一种艺术享受。但是这样的印模,只有经济上比较宽裕的人家才有。一到打粑粑时,没有印模的人家都会去借,并且人们都特别喜欢借雕有鱼类图案的印模,以示年年有“余”。印模有大有小,大的直径七八寸,印出的糍粑主要是正月拜年时送情用;小的直径两三寸,一般自己食用。用小印模扣成的粑粑又叫“印子头儿”。俗话说:“低山的糯糍粑,高山的腊豆腐。”在产大米的地方,过年还要磨豆腐。或做成腊豆腐干,或与猪血、猪肉碎丁拌成血粑粑炕腊了吃,花色品种很多,极受人们喜爱。

浇　蜡 浇蜡是用木油,漆油配以红色涂料浇在缠有灯草的竹竿上,铸成照明用的蜡烛。这种蜡烛为敬神祭祖的必需品,一般的家庭都是自己制作,有的也到街上去买。蜡烛有大蜡小蜡之分,制成柱状或宝塔状。大蜡多用于腊月三十团年、正月初一出行、上九日团聚、元宵节掌灯用。原因有二:一因形状大,看起来赏心悦目,给人以丰满、喜庆之感;二因杆儿长,照明的时间久,取光亮、长久之意。小蜡多用于平时在堂屋敬家神或给祖坟送个亮。

杀年猪 杀年猪的时间,一般在冬至前后。因当时天气较冷,猪肉便于腌制。这个时候杀的年猪不易腐烂,到团年时都能吃到腊肉。腊月二十八杀的年猪,到团年时都还能吃到新鲜肉。杀年猪时一般都要看日子,即选择一个吉日,多半选择属土或与户主属相不同的日子。不会选择吉日的就在“冬至”这天或腊月二十八这天杀年猪。腊月二十八,已是一年将尽,在吉凶上也可以不必忌讳太多,杀年猪那天,一般都要请亲朋来吃饭,叫作“吃杀猪饭”,或“吃刨汤”,有庆丰收之意。年猪杀后,猪头、猪尾是不能先吃的.要保持原型,示意有头有尾,并且留到团年时敬神、祭祖用。

团　年 腊月最后一天为团年日,也是一年中最隆重的节日,特别讲究,几乎是家家张灯结彩,户户张贴对联。当天一般由理事的男人一早去洗家神菩萨,给家神菩萨披红挂绫,再由家长用托盘或筛子托出煮熟的猪头、猪尾、礼酒,依次摆在神龛前、土地庙前、泰山庙前、水井前等地祭祀。然后再在中堂设宴。红烛高照,闭门鸣炮,敬奉祖先,举家入席,庆贺团圆,这就是过年。过年期间的饭菜、语言都很讲究,菜饭要准备得比较多,表示丰满,且不能让大家吃完,表示一年到头吃不完。完鱼这道菜是少不得的,一直要端出好几天,表示天天有鱼(余),年年有鱼(余)。其间即使某种菜吃完了,也不能说吃"完"了,要说吃"满"了。小孩不会这么讲,大人要教小孩这么讲。即使小孩一时转不过弯,讲错了,大人不能责怪小孩,只要说"童盲无忌",这样就可以"圆"过去了

压岁钱 团年后,长辈要给晚辈压岁钱。一是表示一年到头有余钱剩米;二是给晚辈以安抚、奖励。此举可以使得全家老少和睦、欢乐。

守 岁 腊月三十日的晚上,一家人坐在火坑(在取暖的房间里)旁。围着熊熊的柴火取暖。这天晚上火要烧得大大的,特别要准备一个大树蔸子,让它一晚上都烧不完,这叫作"三十晚上的火,十五晚上的灯"。一家人坐在火坑旁叙旧、话新、讲故事或谈来年的打算,一家人欢欢喜喜的,即使讲错了也不要紧。大家一笑了之、有时还可以得到长辈纠正。若是想象能力很强,把对来年的打算谈得又美又好,有鼓动性,是很能得到家人赞赏的。在谈的过程中,有时还饮酒,借酒助兴。饮酒,少年先饮,老人后饮,意思是少年增岁,值得庆贺,必领先饮。老年添寿,延缓衰老等,必须顺饮,这叫作守岁:在守岁的过程中,全家老少都要依次洗澡、换衣,以示准备迎新。即便不洗澡,也要把一对膝盖洗一下,这叫作"洗客洗佬"。预示来年的"口福"好。守岁,一直要守到"出天行"为止。除日,洁治酒馔,祀祖先,曰烧年纸,燃不必定除日也。自二十日后,日日行之,合家聚食曰团年:长幼次第揖拜,亲友互相往来,曰辞年。多做饭,曰隔年饭,又曰压甑饭,井中下花椒,云诸神下界,水中有毒也。明灯于厨厕等处,谓之照虚耗。阶墀墙角,遍燃红烛,谓之迎年。折蜡树一枝,乱贴金银纸钱于上而供之,谓之安财神。围炉宴集,通宵不寐曰守岁。是夕,爆竹之声达旦不绝。

喂年饭 在农村吃了年饭后,还要给果树喂年饭或说成是给"定钱"。给果树喂年饭。是指各家各户都派两个小孩,端着饭菜,拿着砍刀,来到房前屋后的果树下,先用刀在树干上砍一条口,再往口内塞上一些饭菜。两人一个在树前,一个在树后,恭恭敬敬地站好,前后一问一答:"你(指果树)结不结?""肯结";"落不落?""不落";"甜不甜?""清甜"。直到给每棵果树都喂了饭才回家。实际上,在春节时给果树开口放水,有利于果树多结果,这是符合科学道理的。给果树"下定钱",是指各家各户的大人(两个)用黄纸剪成钱的样子贴在所有的果树上,贴纸钱的人用斧头敲树干,问:"今年你结不结果?"另一人躲在果树背后答道:"结果";"结的果子大不大?""大得很";"落不落果?""不落果"。得到满意的回答后,二人才把黄纸钱贴在树干上,然后离去。

第二节　习　俗

一、生产习俗

插　秧　插大田兴打直刈，即对准对面目标，把四行秧插得直直的。插秧的人对准了目标。四行秧友谊，还兴放鞭炮、封红包。插秧还兴撵趟子，即看谁插得又快又好。

除　草　旱田除草用薅锄、扁锄、铲锄、挖锄等工具。锄掉杂草，把土锄松。水稻中耕除草不用工具，只用手把杂草拔掉，把夹在秧中的稗草清除掉。松泥用脚薅，即用脚窜松泥，用脚去绊秧苗的根。方法有两种，藤门槛秧，即以脚按秧的横排进行横式窜泥。这种薅门槛秧，又有薅单门坎和薅双门槛之分。薅单门槛即秧的一横排只用脚窜一次，薅双门槛即秧的一横裢排用脚米回窜两次；照薅窜四蔸，即脚掌绕一横排四蔸秧窜，既窜秧根，又扫蔸间杂草，并把泥堆在秧蔸下。薅草兴打"薅草锣鼓"。无论是旱田、水田，在刈口(农活开始的地方)前，先由鼓师用锣、鼓、钹等商有节奏地敲打一阵，再由歌师(鼓手)引吭高唱"傩原腔"，内容多以前朝后汉的历史传说或故事为主，有事也以现场情况即兴编词，插科打诨，语言很诙谐。这种演唱能激起薅草人的热情，达到提高功效的目的。"薅草锣鼓"的唱腔，粗犷豪放，诙谐有趣。

收　割　水稻用板斗在田间脱粒，用箩筐挑回，在场坝晒干、车尽(用风车去掉气壳)后上仓。

板斗用杉木板制作，斗长五尺，宽四尺，使用时用竹篾编成长一张三尺，宽六尺的席子，围斗口三方，留一边放脱粒的"木刹子"。

"木刹子"形似木梯。刹条间隔很密，一头置于斗底，一头装一横粗木搁在斗口上，打谷的人抱一把稻谷，站在斗前用力在刹子上磕碰。

打谷时，双方配合得很有节拍，其声可谱曲，如甲、乙二人对打。甲先乙后，打出引子是：甲：砰咚，乙：砰咚，甲：砰咚咚，乙：砰咚咚，甲：砰砰咚咚咦咚，乙也砰砰咚咚咦咚，最后，甲砰一次，表示结束，乙也只砰一下。甲乙最后这一下，尽全力打下去，让粒脱尽，使声音响亮。一般是"三打四磕，不掉的是瘪壳"。甲、乙各打四五把后将草扎成一大把放在田间立晒，扎好后二人各抓斗耳，向前移动一段距离。扎草时双方有对口词：

"甲：扎草一个，乙：挽草一双。甲：帽子戴起，乙：甩过河去，甲：带马上前，乙：喂猪过年。"

田间割谷人数不定，打谷子女两人如人多则轮换进行，打法有"龙缠身"也有"牛摆尾"等姿势。

收苞谷，现将坡上的包苞托扳下，用竹篮挑回，或用大背篓背回，堆在一间屋里。晚上收包苞的人或一家大小在屋里撕苞谷，即把壳叶撕开，大的、好的就渣成托，一提一提地挂起来；小的，差的就把叶撕掉，摊在炕楼上。撕苞谷的这天晚上要弄好的吃，叫"宵夜"。撕的时候,可以对歌、猜谜、讲故事,有庆丰收之意。青年男女还可以对歌或传情谑戏,或以娱消劳,常常通宵达旦,以撕完为止。

再生产过程中,为活跃劳动气氛,增加劳动情绪,恩施人民喜欢唱山歌,多为一人领唱众人合唱,有时独唱,对唱时还有锣鼓伴奏。有经验的老农民,指导生产不用说话,只用唱歌来引导。

修造业本村山多林茂,修屋多用木材。

立屋(木屋)时,掌墨师一手拿斧头,一手提雄鸡,一只脚蹬在中堂的中柱上,口里高声念着:“此鸡,此鸡,不是非凡之鸡,别人拿起无用处,弟子拿来止煞气。天煞、地煞、年煞、月煞,日煞,唯有此鸡来止煞。法锤一响天门开,主家请我起扇来,各位亲邻齐使力,起——!!”

说着往柱上猛击一斧背,人们便齐声喊,一下子就把扇立起来了。待所有的扇架立稳之后,就上屋梁,将做好的屋梁放在中堂上,梁上写着“富贵双全”“荣发富贵”等字样,刻有“龙凤呈祥”等图案。掌墨师与大徒弟手拿斧头、凿子,分别站在屋梁的东西两头,师傅先说:“忙忙走、忙忙走,主家请我开粱口。开粱口,开个金银灌百斗。”

说完,用凿子铲去梁东头一块木屑,徒弟便接着说:

“师傅开东我开西,后院骡马笑嘻嘻。我问骡马笑什么?主家代代穿朝衣。”

说完在粱本的西头上削去一块木屑。

这时,站在扇架上的人抛下吊梁木的绳子,师傅说:“玉带软如棉,栋梁口里缠,左转三转生贵子,右转三转出状元。”说完,师徒二人分别用绳子缠住梁木的两头,由两人把梁木拉上去抬放到中堂的两边中柱上安好,然后,师徒先后从东西两边攀梯到屋梁边。

此时师徒二人相对坐于东西梁头,齐道:

“坐在东头打一望,主家坐个好廊场:前有三步朝阳水,后有八步水朝阳。朝阳水,生贵子;水朝阳,出文章。”

接着师徒二人一问一答,盛赞一番。这时,主人家给师徒各呈上一个托盘,盛着好菜好酒,师徒各执一只酒杯,自东向西,自西向东,在梁木上走来走去,边走边弹酒于梁上。师徒放下酒杯,又各拿一个糯米粑粑,讲起来。师傅先说:“说粑粑,道粑粑,讲起粑粑几多话。”

徒弟接着说:“正月立春雨水多,二月惊蛰犁耙响,三月清明撒谷种,四月立夏栽秧忙,五月芒种忙薅草,六月立秋秋风凉,七八九月稻谷老,主家开镰喜洋洋。”师徒赞颂道:“大板斗架了九百九十对,小板斗架了九百九十双;糯谷打了送进碓,粘谷打了送进仓;糯米舂得白如银,粘谷舂得白如霜;大甑子架了一对,小甑子架了一双;一炉二炉三炉火,糯米蒸得气昂昂。”

徒弟接着说:“又请两个猛儿郎,七八九捶打得粉丝麻瓤,再请两个体面姑娘,粑粑做得圆似月亮,大粑粑做了九百九十对,小粑粑做了九百九十双。”接着师徒合念:“张厨子不敢吃,李厨子不敢尝,弟子拿来抛发梁。”说完,师徒二人将托盘中的粑粑和其他食品抛在地上,大人小孩,男女老幼一齐抢粑粑,此时鞭炮齐鸣,唢呐高凑,师徒离开梁头,边下边念:弟子二人离梁木手扶云梯往下缩一二三四到十步，一哈梭到金银窝来到地面上，算是上梁仪式完毕。上梁仪式不仅很降生，而且很有特色，这种仪式渐渐失传了。

祭　祀　随着生产的发展，祭祀活动也相应增加。大致如下。

敬山神，正月十五后开工山上铲火土那天，备办“刀头”（大块熟肉）香、纸、烛、酒。主人点燃香、烛用托盘端到要铲的那片山脚下敬山神。参加铲土的人员要敲打手中的农具，口中重复念：“万事如意、万事如意……”直到主人连续高呼三声“万事如意”后才各自将工具放在地上，回家吃过年早饭了在上坡动工。

祭鲁班，凡装修、盖屋、建桥等大的建筑，动工之前，木、石等工匠都得敬鲁班，为求施工安全顺利。祭鲁班，一般是木匠在马凳前点香、烛、烧纸钱，向木料、石料祭酒，口中还念念有词，表示对鲁班师傅的怀念、祝福或祈福，以保工程安全、顺利。

敬杜康，传说杜康是用高粱酿酒的发明者。为了多出酒、出好酒，再开作前一般均要烧香纸敬杜康，有的还杀雄鸡洒血。

送田灯，为减少虫害，正月十五晚上到田头送灯，或用稻草在田头点燃照明。

祭青苗土地，民为使苗稼健壮，每年农历三月初三必杀雄鸡，现将鸡血洒到纸上，然后将血纸挂在树枝或竹竿上，插到田间，或将血纸焚烧在地。

吃项圈肉，村中种玉米时，要专吃猪项圈肉，认为吃了项圈肉，一是劳动时可以减少流汗，二是能使玉米长得饱满。

敬秧母神，平整秧田那天收工时，先用纸钱绘制两个秧母神，用头发缠在蔑竿上，插在田埂上，再备酒肉饭（五谷）在田头，让秧母神吃后，平秧母田的人再吃。开（即插秧），也要敬秧母神。下田插秧的那天清早，主人将刀头、香、纸、烛、鞭炮。酒置田埂上。主人先焚香化纸，后放鞭炮，这时插秧者才无声无息地下田拨秧，必须拨三个后才能开口说话。

厨师敬，詹天传说詹厨师回答皇帝提问时说：“盐最耐久、最寻味、最好吃。也最难掌握放的分量……”因而被皇帝误杀，皇帝醒悟后而祭之，以后詹厨子便奉为厨业神灵。

金、银、铜、铁、锡等工匠敬老君。俗传老君是金属工匠的始祖。

商贾敬财神，做生意的企冀生意兴隆，财运亨通，开业那天必敬财神。

敬钟馗，凡商行、作坊都悬钟馗像或做门神贴在门上，借钟馗而避鬼邪。

敬梅山神（猎神），猎人希望每次上山打猎能丰收而归，对梅山神特别崇拜，每次进山打猎必以香、烛、纸、野兽肉敬梅山神。

劁匠做阉割术前敬华佗。特别是阉牛骟马时，祭祀仪式特别隆重。设案，立“青囊圣医华元化先师神位”牌，秉烛焚香，化过纸钱，三拜九叩，念咒语：“乘舟备马过山河，一路奔波到沛国。山回路转千千万，我把先师来拜托。先师高风传万世，关公起颂神医歌。阳春有脚恩惠遍，鬼城瘟厉无处躲。弟子坛前来拜请，骟马（牛）一术平安过。起眼观青天，师傅在身边；起眼观南天，师傅在旁边；牛马经隔骟，膘肥体更圆；主人大吉利，完事保平安。”

医生祭药王时，同祭十三代名医。一边祭一边唱歌，歌曰：“药王菩萨本姓孙，他是湖北孝感人，跨虎征龙得了道，第十三代名真人。一代伏羲治人佗，二代神农见分明。三代皇帝轩辕氏，四代岐伯老先生。雷公炮药乌代盛，六代炼丹李老君，苍公先生居七位，泸医扁鹊第八名。九代长沙张仲景，十代华佗妙回春。十一王焘？有《秘药》，十二即是喻真人。十三唐朝孙思邈，十人得病九人宁。弟子虔诚齐相敬，祛瘟逐疫保安民。”

私塾学堂多供“大成至圣先师孔子”牌位，也有挂孔子面象的。每年古历八月二十七日举办圣人会，纪念孔子生日。学生、家长都参加，向孔子牌位焚香敬礼扣头后，先生讲一年来学生学习情况，向学生、家长提出要求等。

木匠在修造猪圈时敬姜太公，猪圈修好后，还在猪栏上贴一条红纸标语：“姜太公在此，诛邪回避”。

烧炭、烧石灰窑时要祭老君。

晚清、中华民国时期，行业祭祀活动频频，大多带有浓厚的迷信色彩。特别是1966年，横扫一切牛鬼蛇神，随着社会的发展、科技的进步，逐步消失。

二、生活习俗

随着时代的进步，社会的发展，共性的东西越来越多，个性的东西越来越少，幼儿已成了“珍宝”，人们一了解，觉得这类东西不应失传，应一代一代传下去，并发扬光大。

服 饰 土家人的衣料，多为自纺、自织、自染的土布，称为“家机布”，多为青(黑)、兰色。

男女服饰以贫富分，贫者仅足蔽体，富者夏葛冬裘。“大率士大夫之服雅，商贾之服华，城市之服时，乡村之服古。男人多以青丝帕或五、六尺长的白布、青布包头。额前现出人字路。帕之一头在左耳旁留下二寸许，上较古老的琵琶襟”，安籽扣，衣边贴梅花条，绣银钩，后来逐渐满襟衣(中年人)和对襟衣。青年人对襟衣，正中安刘至七对布扣。

裤子以青布或蓝布加白布裤腰做成大裤腿。鞋子多为高粱色或青面白底，不穿袜，冬天缠一幅青布或蓝布裹脚。老年人用白布做成袜子，半筒形象朝靴。

妇女多喜大衣大袖，头上缠两米长左右的青丝帕或青布帕，不缠“人”字形。上装多为矮领左衽的大袖布质段衬，老年尚青蓝色，中年尚粉红色、蓝色。寡妇忌讳穿红色，在守孝期间(一般为三)多穿黑色。三年以后，若为再嫁，就穿月白色。一般人平时都是大蓝布，大帛冠，衣领高，上嵌小花条，衣襟右上侧镶三条他色布边，下着“八幅罗裙”，裙褶多而直，庄重大方。改土归流后，改裙子为裤子，女裤也用青、兰布加白布腰，裤腿惯用蓝底加青边、青底加蓝边，后边再贴两、三条宽度不等的梅花条。

女鞋除鞋口滚出边挑狗牙齿形外，面布多用青、兰、粉红丝绸，在鞋尖正面用五种色丝线绣上各种花草、蝴蝶和蜜蜂之类的图案，不穿袜子，冬天用一块方形白布裹脚。闺女的发梳成独长辫，用红、青色绒线作头绳。妇女在耳朵上戴金、银质耳环，手腕带金、银质或玉石圈子，手指上戴戒箍。老年妇女还在胸前挂“牙钱”，上系银练、银牌、银牙签等一大串，行走时发出叮当声。

姑娘从十二三岁开始做鞋、绣花，把蝴蝶、梅花、仙桃、喜鹊、鸳鸯等花绣在鞋面、手巾或围腰上。十七八岁的大姑娘穿着自己做的花鞋赶场、串亲、约会。

小孩服饰，突出在帽子上，一般按年龄、季节确定其帽形。大抵是春季戴“紫金冠”，夏季戴“冬瓜皮”，冬季戴“狗头帽”或“风帽”。这些帽子除用五色线绣“凤穿牡丹”“喜鹊闹梅”“长命富贵”“福禄寿喜”等花、草、字样以外，还在帽子正面戴上十八罗汉样的菩萨，帽顶，帽后吊着银铃、银牌等。

晚清，男女青年，特别是读书人，很崇尚汉族服饰。

新中国成立后，土家族的服饰与汉族的服饰已无多大区别，特别是近几年来，青年男女穿着讲求时髦，款式不断更新。边远高山地区，年老人和妇女头缠丝帕的习俗依然存在。

如逢场期，仍可看到不少中老年人头缠黑、白长帕（长达五、六尺，缠成“人”字路），上穿对襟短衣，外套黑布单褂，“以布缠腿，不常穿鞋”。青年人则赶时髦，烫头、蓄发、饰耳环、戴首饰的，甚至描眉毛、涂口红的也不鲜见。

男女上装一式，只女裤长不到脚踝，以青、蓝布居多，用他色布三条压边，呈栏杆状，而上衣外常在胸前穿绣花围腰。土家人制作围腰十分讲究，除镶边外还要挑花绣朵，据传是“罗元秀才”所赐，脚下以布缠脚，着绣花梭形鞋。冬季缠青色头帕，直到 60 年边远农村仍以青丝头帕为婚娶时男方给女方必备的礼物。

农村婴儿热天戴凉帽，圆形无顶，冬季戴瓦帽或虎头帽，两种帽前都缀五枚至七枚银菩萨，周围绣花，下颌带荷叶式的“隔儿”（又叫兜兜儿），穿百家衣（多家凑合的布条连缀而成），项带银项圈和百家锁。满周岁的小儿在手腕上系一指头形的花椒木木棒，供其吸吮，称“揣牙棒”。据说小孩儿吸了花椒棒的质水，以后牙不生虫。

从前女式的发型。未婚女打长辫，已婚女挽髻于脑后，俗称“粑粑缵儿”。以后妇女流行剪发，未婚女剪齐耳短发，已婚女剪短后向后合拢，倒折向上，用银夹绾住。

有的地方自种棉花，自纺纱，自织家机布（土布），自染颜色，自做服装。染布，采“五倍子”、木梓树叶（乌桕），取其浆，染成蓝色、黑色，也有取“玉米（玉米）芯子烧成灰染成灰色的”。

男女服装，大袖口、大裤脚。男穿长短褂（当地称汗褂），冬天穿长棉袍或短棉袄（当地叫滚衫）。中老年人多系腰带，有“腰间系根绳，胜如穿几层”的说法。女衣过膝盖，右开襟，矮圆领，袖短而口大，哺乳的妇女，搂起袖子就可以给婴儿哺乳。

男人生产时穿满耳草鞋，穿布筒袜子（当地叫“山袜子”），平时穿凉草鞋。凉草鞋鞋内是布底。由线索耳子制成。穿上脚，走起路来轻便凉爽。土家族女子多穿绣花鞋，从小畜发扎辫子，系红头绳，出嫁时梳成粑粑缵儿，插管、簪。（簪，家富贵者为金、银所制，上还嵌玉器；贫者钢制，再贫者用竹、木制成）土家男女都缠头巾，短者四尺，长者丈余，男青年外出，前腰系一个装饰物，叫“裸肚子”，椭圆形，布面绣花，内有荷包，两端有带，男女订婚时，由女方缝制成,送给男方作应聘礼物。

饮　食　中华民国时期,主食仍以玉米、马铃薯、红薯为主。广大农村,“因山多故农民散居,距场(贸易集镇)数十里者,固贫穷之故,不食盐之家,多以自种辣椒代替,以漆油烹调。高山终年以玉蜀黍、马铃薯、甘薯等为食粮,以获之大豆于前脱浸水中,翌日磨之食,时置锅中加菜叶辣椒烹而佐膳,谓之合渣。有的则以玉米浸而磨之,晒干加辣椒末拌藏,炒以佐膳,名酢广椒。以上二种,自制佐膳芳品,为农民日常最普通佐膳之珍珠。”(《湖北省政概况》载)

新中国成立后,低山以稻谷为主,辅以杂粮;二高山以稻谷、玉米为主,辅以红薯、马铃薯;高山则以玉米、红薯、马铃薯为主。

清嘉庆年间(1796—1820),“黄豆浆、玉米饭,山农一饱胜珍馐”,两百年来城乡皆如此。马铃薯是半当主粮半当菜。有民谣曰:“好玩不过山沟沟,玉米马铃薯是对头,要想吃碗大米饭,八月十五过中秋。”由于交通便利,流通活跃,粮食已不是独家经营,居民可全年吃米。农村,即或是不产米的地方,也以“金包银”(米中掺玉米粉拌匀)的两掺饭为主。面条,从前多从外地运进,价高。清代以前,绝大多数人不知馒头、包子是何物。以后,引进小麦种植,使饮食结构发生了变化。面食已占主食和小吃的三分之一。

菜肴有酸、辣、干三大特点,每家都有一个或几个酸菜坛子。春天的青菜,冬天的白菜、萝卜等,用大缸大盆做成酸菜,一吃数月。农村喜宴上也有酸菜的席位。菜喜辣味,以前农村有“辣椒当盐,合渣过年”的说法,无一家不种辣椒,无一个人不吃辣椒。备干菜过冬成为会统,鲜菜边吃边晒,在气温较高的热天,便把鲜肉、鲜鱼切成块,加佐料(如花椒、辣椒、香料)与玉米粉或米粉一起拌匀后放入小口坛内,用壳叶(玉米外壳)或稻草、棕片等覆盖其上,再用硬蔑撑住不让下滑,最后翻倒(让坛口浸于盛有水的石槽里),称之为“倒扑坛”。里面的肉食叫“酸酢肉”。该法储藏肉类是相当绝妙的,各地均采用这一传统做法制作“酸酢肉”吃,味道鲜美,真是别有一番滋味。

还有“三罐一老酒,泡菜土腊肉,盐菜酢广椒,合渣懒豆腐”的食谱闻名。汤菜多以黄豆磨浆,不去渣,掺菜叶煮之,名叫“合渣”。合渣与酢广椒是最好的下饭菜。人民还善储越冬小菜。采红辣椒、葱头、萝卜等,用盐水浸于坛内,放少许白酒、冰糖或玉米糖,使其变得清脆。该法俗称泡菜。采红辣椒剁碎,拌玉米粉,储于坛内倒仆,俗称“酢广椒”,随需随取,如炒腊肉,或蒸鲜肉,其味美且长。“合渣”“酢广椒”久食不衰。几乎家家都有泡菜坛子,户户种,栽花椒树。善吃腊肉、大肉。冬天,将鲜肉冷却后,用盐淹上七八天,再烧柏枝树叶慢慢烘干,以瘦肉变成深红色为宜,制得好的可放数年,名曰“腊肉”。外地人称“土腊肉”,尤以香柏枝熏出的腊肉味道极佳,腊猪蹄子可与金华火腿比美。食腊肉不去皮,去之认为可惜。将腊肉切成大片、大块来炒,或切成大砣砣来炖,最有特点的是砂罐以文火烧砣砣肉和用砂罐煨“罐罐肉”和“罐罐饭”吃,土家人以此为上等生活,叫享“罐罐福”。有的乡民极喜饮茶,习喝“罐罐茶”,取茶叶放砂罐内,以火焙枯、沸水冲泡、反复冲三次,俗话说“茶冲三道自然香”,其茶叶既浓又香,可解酒提神。有的地方,冲茶时一次冲水不多,连冲九次,叫“九点头”。这是工夫茶。前辈们喜爱自酿米酒,特用糯米酿成甜酒,再用白烧酒泡,储于坛中,密封后置于地窖中,数年后取出来喝,味甜、醇香、易醉,故称老能米酒。俗话说:“喝了三罐老米酒,保你活到九十九。”在不产水稻的地方,多将玉米磨成较粗的面熖,酿制甜酒,作零食吃。

第三节　礼　仪

一、世俗礼仪

1.称谓礼仪

鸦鹊水村传统称谓一览表

表10-1

关　系	自　称	回　称
祖父(母)	家祖父(母)、家大父(母)	令祖父(母)、令大父(母)
殁后祖父(母)	先祖父(母)、先大父(母),先祖考、先祖妣	令先祖(母)、令先大(母)、令祖考、令祖妣
伯、叔祖父(母)	家伯、叔祖(母)	令伯、叔祖(母)
外祖父母	家外祖父(母)	令外祖父(母)
外伯、叔祖父(母)	家外伯、叔祖父(母)	令外伯、叔祖父(母)
父(母)	家父(严、君、尊、大人)家母(慈)	令尊、尊公,尊翁、令堂、尊堂、尊萱
殁后父(母)	先父(严、君、尊、大人)先考、先母(堂)先妣	令先君、令先堂
父子	愚父子	贤桥梓
伯叔父(母)	家伯、叔(母)	令伯叔(母)
妻父(母)	妻岳父、妻父(母)	令岳翁、岳父(母)
妻伯、叔父(母)	妻伯、叔(母婶)	令伯叔岳、伯叔父(母)
舅父(母)	家舅父(母)	令舅父(母)
姨丈(母)	家姨丈(母)	令姨夫(母)
姑父(母)	家姑父(母)	令姑丈(母)
兄弟(嫂)	家兄(嫂)、舍弟(妇)	令兄(嫂)、令弟(妇)
表兄弟	家表兄、弟	令表兄、弟
表姐妹	家表姐、妹	令表姐、妹

续表10-1

关 系	自 称	回 称
胞姐妹	家姐、舍妹	令姐、妹
姐妹夫	家姐、妹夫	令姐、妹夫
妻子	爱人、内人	夫人、尊夫人
妻兄弟	内兄、弟	令舅
连襟	敝连襟	令襟兄弟
子(女)媳	小儿、犬子、(小女)、儿媳	令郎、(令爱)、令媳
侄(女)女	舍侄(女)	贵(令)侄(女)
女婿	小婿	令婿
侄妇	舍侄妇	令侄妇
外甥(妇)	舍外甥(妇)	令外甥(妇)
内侄(妇)	舍内侄(妇)	令内侄(妇)
孙(侄孙)妇	小孙(媳)舍侄孙(妇)	令孙、(侄孙)妇
老师	敝业(老)师	令(贵)业(老)师
门徒	愚徒、敝门人	令徒、贵门人、门生
姓氏	小姓、贱姓	尊姓、贵姓
乡县地址	敝府、敝乡	府上、贵乡
铺行	小铺、敝行	宝铺、贵行

传统称谓用语

用于祖父母、父母:膝下、膝前。

用于亲族朋友的长辈:尊前、尊右、尊鉴、慈鉴、赐鉴、座下、侍右、侍下。

用于老师:函丈、帐下、左右、吾师。

用于兄弟、姐妹:手足。

用于亲戚朋友中平辈:阁下、足下、台右、台鉴、惠鉴、大鉴、执事、同志。

用于平辈中的年幼者:青览、青盼、如握、如晤、如见、如面。

用于同学:研右,砚席、文几。

用于小辈:知悉、见悉、阅悉、亲阅、亲览、收阅、收览,入目、入览。

用于长辈妇女:懿鉴、懿座、妆前。

用于平辈妇女:妆阁、妆次、绣次。

用于著作家:史席、著席、撰席。

用于教育家：讲席、座右。

用于新进学者：英鉴、伟鉴、台席。

按人事叙别的用语

用于父母：自违慈训，倏忽经旬。叩别尊颜，已逾数月。

用于尊长：揖别尊颜，瞬经匝月，不瞻光霁，数月于兹。疏逖德辉，忽经一稔，睽违道范，荏苒数年。

用于师长辈：不坐春风，倏经旬日。奉违提训，屈指月余。不亲讲席，瞬已经年。疏奉教言，寒暄几易。

用于平辈：不奉清谈，忽将一月，揖别丰标，瞻园几度。不亲芝字，裘葛已更。睽违丰采。数易春秋。

用于妇女：不亲懿表，瞬已浃旬。奉违闺范、倏尔逾时。

自隔壶仪，年华如驶。忆别芳颜，星霜几换。用于文官：不瞻福曜，又复经旬。睽违钧字，萱葵履新。拜逖钧颜，倏将一载。不亲仁帡，弹指数年。

用于军官：自违幕府，蟾月几圆。不赡旌节，忽已经年。

自共事而别：某地共事，长荷云情，别来星序频移，未由一晤。

自同学而别：忆自某校研摩，获亲麈海，别后山川间隔，时序频迁。

自送行而别：忆昔行旌远指，趋送长途，别来物换星移，几经屈指。

自迎接而别：忆昔停车某市，荷蒙握手言欢，别后岁序迁流，不觉星霸几易。

承送行而别：忆昔驱车某处，荷承把袂流连，别后天各一方，彼经停云两地。

承赐物而别：忆某地握手，畅叙情怀，别时依依不舍，荷以厚仪相贶，至令篆腑，感何可育。

承赐饯而别：昔时会晤，盛意频叨，临赋骊歌，复承赐宴，商人未散，早已心镌。

2.按节令叙别的用语

自春别及夏：东风握别，倏届朱明。忆风雨别离，正绿野人耕之候，乃光阴迅转，目下已是碧荷藕熟之时。

自春别至秋：知己阔别，春复徂秋。赋别离子昔日，杨柳依依，数景物于今晨，蒹葭采采。

自春剐至冬：春初话别，倏忽岁寒。鸟弄春园，折杨柳而握别，驿驰冬岭，抚梅萼以增怀。

自夏别至秋：麦天一别，容易秋风。昔听螂鸣青槐，方摅别意，今睹鸿飞紫塞，顿起离思。

自夏别至冬：不通闻问，经夏涉冬。炎日当空，方赋离情于凉馆，寒风吹沼，忽牵别恨予灞桥。

自秋别至冬：自经判决，秋去冬来。玉露初凝，迩日别离不舍，雪梅将绽，今宵感慨偏多。

自近处分别：不亲淑度，倏忽迩时，咫尺相违，如遥百里。

自远处分别：关河修阻，跋涉维艰，忆隔光仪，递更节序。

3.恭维语

传统恭维用语

对亲长使用的恭维语:恭维福躬安吉,德履绥和。恭维杖履优游,林泉颐养。

恭维福祉骈蕃,起居康健。恭维慈躬康泰,福履安绥。

恭维顺时纳祉,福体增绥。敬谂福与日增,德随年劭。

对平辈使用的恭维语:辰维眠食千祥,起居万福。辰维履祺集吉,潭祉迎祥。

比维佳祉绥和,潭祺畅茂。近维眠餐叶吉,动定咸宜。

对挚友使用的恭维语:比维堂上安康,闺中静好。

对妇女使用的恭维语:恭维祥凝彤管,福迓璇闺。敬维镜阁延禧,璇闺叶吉。

敬维坤贞叶吉,豫预凝庥。辰维兰院凝禧,琼闺辑庆。

对老师使用的恭维语:恭维道履清高,讲坛隆盛。敬维春风霭吉,化雨温良。

对学界使用的恭维语:敬维文祺懋集,佳趣频增。辰维著述丰宏,履躬清胜。

比维文坛纳福,著业延禧。藉谂撰祉延鸿,文祺纳燕。

对军界使用的恭维语:敬维绩显虎符,功高麟阁。敬谂戎旌著绩,幕府扬威。

对商界使用的恭维语:辰维骏业日新,鸿禧云集。比维筹祺协吉,履祉迎祥。

藉悉清祺多福,诸务顺怀。藉知利路亨通,财源广进。

遥想权衡掌握,经济丰盈。

通常使用:启者兹启者敬启者。

请求时使用:敬恳者敬托者兹恳者。

丧家讣告时使用:哀启者。

传统请安用语

用于祖父母、父母:敬叩金安,敬请福安。

用于尊长:恭请福安,敬请康安,顺请福履,顺叩崇祺。

敬请崇禧,虔请崇安,恭请福绥。

用于老师:敬请讲安,虔请诲安,肃请座安,祗叩教安。

用于上级:恭请德安,敬请勋安,祗请钧安。

用于平辈:祝你安好,此颂曼福,即请道安,敬颂台安。

敬颂大安,顺颂时绥,即颂时祺,此颂时祉,敬候佳祉。

即颂佳胜,即颂近祺,此祝康吉,即候日祉,顺候起居,祝你健康。

敬颂禔福,并祝安健。

用于小辈:顺询近祉,此询近佳,即问近好,即问日佳。

用于文化人:敬候撰安,敬祝著安,即颂著祺,敬请文安。

祗请著安,祗颂道安,顺颂撰安,即颂文祉,即候文祺。

用于长辈妇女:恭叩慈安,恭请懿安,敬请坤安,敬请淑安。

用于平辈妇女:敬颂壶安,敬候坤祺。

用于小辈妇女:此询壹佳,即询闺好。

用于商人:即请财安,顺颂筹安。

用于旅途者:敬请旅安,顺请客安,顺颂旅棋,顺候旅祉。

用于贺喜信:敬请俪安,恭贺燕喜,顺贺大喜。

用于贺年信:敬贺年禧,敬贺年祺,顺贺新祺,顺贺新禧。

用于季节:敬请春安,即颂春祺,并颁春禧,顺候夏祉。

此颂暑安,即候夏安,即请秋安,顺颂秋祺,并请秋安,敬颂冬绥,此请炉安,即请冬安。

二、民间礼仪

鸦鹊水村自古称礼仪之乡,很讲究礼仪,以重情、重义、重礼而著称。讲究最普遍的礼俗是诞生礼、成年礼、婚礼、寿礼和丧礼。

1.诞生礼

很注重新生婴儿礼节仪式,既祝贺新生命吉祥,又为产妇驱邪,封建社会时期并带有浓厚的神秘色彩。

接　生　新中国成立前,村中妇女生小孩请“接生婆”,接生婆进门时多在大门坎上跺三脚,进门后将房中屉桌的屉子拉关三下,故弄玄虚。小儿生下后,接生婆用白线给小儿扎脐带,也有的是用剪刀剪断,接生婆接生危险性很大,事故率高,很多妇女在临产之前,先给自己做一双寿鞋(又叫老鞋,人死后穿的鞋),有句俗语说的是“娘奔死儿奔生”,婴儿出生后,接生婆用白纸剪一个打着伞的纸人贴在火塘墙壁上,称“巴山婆”,可保母子平安。村中有酬谢接生婆的习俗,或荷包蛋,或肉丝面,或办一桌酒席,或封红包,不等。

小孩出生后,家中来的第一个人叫“逢生人”,也叫踩生人,对逢生人要煮红糖糯米醪糟加鸡蛋招待,因为逢生人是婴儿出生后所见的第一人,逢生人知道是自己逢生,要向婴儿说一些吉利话,长命富贵,一养成人之类语言。逢生最好是男逢女生,女逢男生。有句古话叫女逢男福寿全,男逢女家中喜。传说小孩长大后的情性行为与逢生人当时的情绪很关联,所以产妇家必须很好招待逢生人,使之愉悦。

报　喜　婴儿出生后,第一件事是向父母报喜,给岳父母报喜要带上一只鸡,谓报喜鸡。如生男孩带一只公鸡,如生的是女孩带一只母鸡,岳父母接过报喜鸡就知道生的是男孩、女孩。报喜时岳父母按婴儿性别置办“三朝礼”和“望月礼”。

三　朝　婴儿出生第三天为三朝,岳父母及至亲好友挑猪蹄、提着鸡、带鸡蛋、买红糖、背糯米醪糟、扯毛彩(三尺花布)等物,前来贺喜,称“打三朝”又叫“洗三”,这天要给婴儿洗澡,大多用艾叶煎水,待冷到水温30℃后给婴儿全身擦洗干净,换上全身新衣。晚上先摆上一桌酒席,由家中族长或德高望重乡贤,打发家神,观音娘娘,送子娘娘、痘诊娘娘等各路神仙、烧钱纸、点鞭炮、化冥裕。然后恭请本家内戚老幼三代亡人入席,之后重新摆设酒席宴请前来道贺亲友,在席间由岳父母约定好日期“整喜酒”,称祝米酒,也叫作整噶噶酒。

出窝窝 生小儿满月后，要给婴儿放脚，穿外婆送来的衣裳。还有一种习俗是婴儿在月子里，无论炎夏严冬，皆要用布包裹于脚，且包裹足月，传说婴儿在二二八肌肤的布包裹手脚，女孩长大后会“走脚”，意思是自己找男人、喜欢跟男人跑。男的长大后会不干净，喜欢小偷小摸。土家族人以前见到女人喜欢跟男人跑或小偷小摸的人，总是说“总是在月里娘没有包好手脚”。满月后放脚，将婴儿抱在灶前作三个揖，并用灶门上黑烟在婴儿额上画个“十”字记，取得避邪压煞的护身符。然后产妇带着煮熟的两个鸡蛋，一把小米、一束香、一叠烧纸、抱婴儿到水井边，将小米撒到井中，烧上纸钱香烛，将井水给婴儿喂点，再用茶壶装水回家给婴儿洗澡，洗去灾疫。出窝窝一般都回产妇娘家，外公外婆要给婴儿用银制或金制打造“长命锁”，挂在婴儿颈上，也是婴儿人生第一个信物。

查红庚 也叫算八字。婴儿出月祭井，出窝窝后，村中有多术士，家中人请术士来家，将婴儿出生的年月日时，按农历纪年演变成八字，如甲子(年)、乙丑(月)、丙寅(日)、丁卯(时)，按年月日时排成甲子，乙丑丙寅，丁卯即八字进行推演，推算出流年远程生克关系、吉凶祸福、官煞财运等一生的一切，包括婚姻家庭、官运财富、健康疾病、幸运坎坷。按五行什么多、缺什么，要补什么，然后在取名字时做出参考，婚姻上作为依据等，查红庚婴儿八字恶，生身父母八字弱难带好，就要拜继给人，一般查出婴儿一生灾难较多时，就要拜继一位吃百家饭，做手艺串乡穿村的人为干爹，保官煞。

待小儿百日时，常在外婆送来的摇窝(竹制的称摇窝，木制的叫摇床)底层放一件刀或斧之类铁器，还要用扁担放在婴儿肩上压三下，这种礼仪表示婴儿长大后有担当，挑得起重担，同时也是做阳春的好手。

2.成年礼

在村中，行成年礼多为男子，又叫嘉冠礼。一般都在婚礼时一并举行。有记载：冠礼，将婚之前日，父母祀祖先，致祝词，宴客醮子，请年少未婚者陪之，谓之陪郎，亲友或制小扁因其名而为之字，书以金泥，先期鼓乐送至，谓之送子，则由古者冠而字之，以敬其名之，意也。女家亦于次日，则贤妇人为之为笄。谓之上头，请未嫁者数人陪笄者安，谓之带花酒。

男冠礼 一般都在迎亲前一天，新郎穿戴一新、富人家堂中红灯高悬，神龛红烛高照、香烛香烟袅袅，堂中铺设浣洗、拜跪、酒樽、豕羊、果品、肴馔、侑食、加冠等生员，请鼓乐队伍奏乐，新郎头戴礼帽，插花，身披红彩，由九个“黄花崽”陪侍，由引礼生引入堂中，冠礼仪式开始，先行昭告礼，由主礼生致辞、词毕、乐队事金者鸣金三响、由赞礼生致赞词、赞词毕，再由引礼生引金鼓，八仙于堂中绕堂三周，诸生各执香一炷，绕堂并奏绕堂乐章，一唱众合，送唱三章。引礼生引新郎出位，整冠洁服、纳履、至浣洗所、酌水授巾、与新郎洗浴、赞礼生致赞词“瓷之花盆、净水所盛、庆贺新婚、双洗(喜)淋身”。浣洗后，引礼生引导新郎依次致各所、将所设各所叩见赞毕，引礼生引新郎至祖先牌位前叩拜祖先后，引新郎至加冠所加冠，赞礼生致加冠词：“新婚加冠、富贵双全、花之成果、竹生笋筝。”加冠要加三次，每次要赞词，加冠毕，诗歌生唱《关雎》诗以示祝贺，并排宴席向新郎祝酒，陪新郎的“黄花崽”陪酒，每敬一杯酒要说四言八句祝酒词,总之,加冠礼是要很有文化的人参与,争奇斗艳,比文才比口才,情趣绝妙。

女冠礼 俗称"上头""开脸"。出嫁前一天举行,届时,堂中点香烛,出嫁姑娘的父母亲友齐聚堂中,请两位大嫂将出嫁姑娘搀扶于堂前行告祖仪式,礼毕,两位大嫂给出嫁姑娘上头,开脸,上头即梳头,把新娘打扮成妇女的装束,梳成"粑粑髻",别上银簪,插上花,也称冠笄。开脸就是用男家送来的红头绳,在出嫁姑娘眉额上绞三下,眉梢绞三下,后颈绞三下,然后用男家送来的熟鸡蛋在姑娘脸上滚3下,按规矩姑娘脸上的汗毛不准扯乱。上头、开脸完毕后,便告别"闺姑娘"身份,正式成为媳妇。当晚陪"十姊妹"。待次日上花轿就成夫家之媳。

三、婚　礼

村中最早的婚礼是比较自由的。改土归流以后,由于汉文化的影响,流官们为"严肃风化",强制推行"父母之命、媒妁之言"的封建伦理教化,自此,男女婚爱便走向包办婚姻,至20世纪50年代以后,经过多年社会变革,又恢复到婚姻自由的社会风气,尽管如此,由于长期以来的婚姻礼仪深入,至今还残留着旧时婚姻礼俗的形式。

婚姻程序,改土归流以后,随着汉文化的深入,婚姻讲究门当户对,礼到仪周,一般的婚姻程序如下。

讨口气与放话 男家请媒人到女家提亲,第一次实行试探,称"讨口气",女家允婚叫"放话"。

过门和看人家 媒人讨口气女方同意后,男方备好礼物去见女方家人叫"过门"。过门以后,男方择定日期按女方到男方家"看人家",看人家时男方可接本家亲族,至亲好友,兴办酒席,燃放鞭炮,女方一般由女孩母亲带领女儿、婶婶等人去男家看人家,看人家后如女方同意婚事,男方给姑娘打发红包,同去的人也打发礼物。这就算开亲了,男女双方父母便是"亲家",男孩可率先叫女方父母爹妈。自此后来往甚密,所谓"不开亲是两家,开了亲是一家"。一旦时机成熟便可进行下一步。

认　亲 也叫订婚,讨红庚,择大香,有爱简单的也同时"报期"。订婚是男方到女方。在订婚时女方将本家亲戚好友都接到家,并由族长之类人员主持,大摆宴席,铺设礼桌,红烛高照,欢迎男方"亲家过门"。男方则邀约本家兄弟姐妹,男方舅舅姑父等人,带上礼物和媒人一道前往。认亲的主要议程是双方互相介绍亲属关系称呼,请求女方父母"发女孩八字"。也有"订婚报期"同时一天举行,男方将看定佳期写成期单,进门后将"期单"放置女方神龛上,这天主要商议结婚事宜,彩礼以及一切。

预报佳期 盖闻。婚姻者为人伦之始,夫妇者乃王化之源,自古迄今致礼矣。

承蒙×府不弃,月老撮合。姻联秦晋,好结朱陈,并蒂莲花,届时开放华实。男娶女嫁,乃螽斯之衍庆。寒门微仰×府××先生客下,俯允令爱如期于归,仅择于××年×月×日大喜大吉之日,百辆迎之,行大雅文明结婚典礼。伉俪对偶,举案齐眉,白头偕老,子孝孙贤,长发其祥也。

敝戚××××率子××敬拜

××年×月×日

过 礼 喜期一到,准备迎亲。男方请一位押礼先生,一位路都管。一位陪郎,一位陪红。备置好一切礼物、衣物、茶礼、烟酒等。衣物及蜡烛、鞭炮、红包彩礼用盒盖装好,到女家后,由女方都管开盒,女方都管和男方押礼先生并立堂中,作揖。

都管:红漆抬盒四只角,主家请我来开盒。

开盒开盒,众亲听我说:

一根树儿生得高,鲁班拖斧来砍倒,解分板、打抬盒、打起抬盒装彩货,

上装孔雀开屏,下装二龙戏珠,左装丹凤朝阳,右装锦绣衣着,

东装半猪整羊,西装酥食花果。装盒已毕,请押礼先生开盒。

押礼先生答:

先作一揖,步入礼桌前

主家请我上华堂,开啟抬盒福禄长,一开天长地久,二开地久天长,

三开荣华富贵,四开金银满堂,五开酥食花果,六开半猪整羊,

七开鸳鸯一对,八开凤凰一双,九开花果团圆,十开锦绣衣裳。

开盒完毕,百世其昌。

都管叫姑娘嫂子或姐妹,将抬盒物品一一点清交付,同时喊道:新郎就位。此时新郎联陪郎,站立堂中,都管赞道,新郎新娘,衣帽堂堂,男儿成人,走进书房,拿起笔杆,做出文章,女儿成人,走进绣房,绣花绣朵,绣起鸳鸯,鸳鸯成对,凤凰成双,双亲配合,福寿安康,天长地久,地久天长,荣华富贵,金银满堂。

祖宗堂前一鞠躬,再鞠躬,三鞠躬,礼毕。过礼仪程结束。自古以来这些礼节大同小异,但一至沿袭至今。

陪十弟兄(十姊妹) 陪十弟兄是在迎亲的前一天晚上,由都管主持行“告祖礼”后,将几张大方桌相连,然后请少年和年轻人围桌而坐,新郎居中,周围坐一些能唱歌的亲友们,桌上用盘盛满糖果点心,果品之类,红烛高照,鞭炮连声,选一位歌师“开台”。

开台歌:石榴花开一口钟,今晚唱个十弟兄。

各位老少都请坐,听我唱个开台歌。

说开台来就开台,开台歌儿唱起来。

新打剪子才开口,剪起牡丹对石榴。

东剪日头西剪月,当中剪起梁山伯。

梁山伯来祝英台,二人同学诗书来。

男读三年做文章,女读三年考秀才。

张秀才来李秀才，接我文章做起来。

大树蓬蓬枝叶多，千年凤凰来做窝，

凤凰窝里出凤凰，弟兄口里好盘歌。

你在唱来我在想，一下想到孟子上。

孟子见了梁惠王，文武出在诗书上。

讲得文来孔夫子，讲得武来杨家将。

才智过人小孟尝，神机妙算诸葛亮。

三根杉树尖对尖，阳雀生蛋在天边，

哪个拣到阳雀蛋，人人叫他活神仙。

唱得高来还得高，半天云里要双刀。

谁人接到双刀耍，文武官员都是他。

开台歌后，依次轮流唱歌，陪十弟兄时有唢呐伴奏，也有竹笛，二胡之类，非常热闹，到第二天清晨，由歌师收令，唱圆台歌，散席。

圆台歌：一对鸳鸯飞过河，十个姐儿织绫罗，

大姐上天等一招，娘说女儿手艺高。

织女仙子来下凡，手拿梭子云中绕。

二姐上天显手段，娘说女儿真好看，

手像花盘散花来，铺云踏雾站云端。

三姐要织菜盘样，娘说女儿织得像。

织个菜盘圆溜溜，又织金盏在里头。

四姐要织火盆样，娘说女儿织得像，

织个火盆四角方，又织炭火在中央。

五姐要织瓦屋样，娘说女儿织得像。

织厢瓦屋四支角，四支角里安喜鹊。

六姐要织对门岩，娘说女儿织得来。

织个青岩对白岩，又织牛郎织女来。

七姐要织天上星，娘说女儿织得真。

织个大星对小星，又织美女对书生。

八姐要织天上月，娘说女儿织得绝。

梭罗树下一白兔，嫦娥起舞舞明月。

九姐要织天土云，娘说女儿手高明。

云中花子采花来，好似仙女下凡尘。

只有十姐织得好，织件大花红袄袄，

不用剪子不用裁，合身合体样儿乖。

陪十姊妹 姑娘化好妆后,跟陪十弟兄一样陈设,步骤也一样,陪十姊妹歌。

石榴花开叶儿翠

石榴花开叶儿翠,你家接我十姊妹。

十姊十妹都请坐,听我唱个开台歌。

说开台来就开台,开台歌儿唱起来。

新打剪子才开口,剪个牡丹对石榴。

一个石榴十二格,今晚姊妹怎舍得。

高堂红灯团团圆,十姊妹来喜笑颜。

姊妹今夜来陪伴,新娘请坐在中间。

三亲六戚来送礼,明日清早各一边。

恭喜你来贺喜你,天长地久到百年。

陪十姊妹也叫哭嫁,在旧时往往堂中在唱歌,娘躲在房中哭泣,这是常事,在陪十姊妹时唱歌内容有恭贺,有规劝,有伤感。

十哭:一哭我的妈,把女儿养大,女儿就要到婆家。

二哭我的爹,当家劳累些,把多把少任你给。

三哭我的哥,姊妹也不多,正头七月要接我。

四哭我的嫂,待我实在好,上敬老来下敬小。

五哭我的妹,从小一头睡,不知几时能相会。

六哭我兄弟,勤奋诗书籍,知书识礼人人喜。

七哭我的娘,陪我哭一场,母女从此各一方。

八哭我的叔,一屋两头住,大事小事要帮助。

九哭天快亮,哭的爹和娘,哭干眼泪痛断肠。

十哭天已明,婆家来接人,吹吹打打轿出门。

迎 亲 至喜期,男方由押礼先生(又叫掌礼先生)带领迎亲队伍,去女家迎亲,其迎亲队伍由压礼,路都管,新郎陪郎、红叶陪红吹吹打打到女家搬取嫁妆,迎接新娘,这就叫迎亲,也叫娶亲,60年代前是打轿,自后来是开车迎亲。

迎亲的男方压礼先生并非易事,旧时去迎亲女方有"拦铁门槛"这一礼俗,第一拦在院门,第二拦在中堂门槛,每处都以长凳堵门,凳上搁一个大酒坛,两个碗一把壶。迎亲队伍到女家大门外时,压礼先生命鸣炮奏乐,自己前去与女方都管搭话,要经过你一番我一番唇舌之战,一关一关才能将迎亲队伍带入女方堂中,如败下一轮就得喝一碗酒,除非海量否则醉倒。一旦压礼舌战成功,女方都管高声喊道:

"千金铁锁手提起,万斤岩头脚踢开,

把门将军把天门,月老礼客请进来。"

至此拆除"铁门槛"、唢呐齐奏、鞭炮连声、迎亲的男方路都管高呼"恭喜",带领迎亲队伍进中堂。

迎亲队伍待酒足饭饱，女方发亲，迎亲队伍回转至男方门外，花轿至院门外停下，在旧时有“拦车马”一说。也叫堵煞入门。男方都管在院内放一长凳，门内点上七星灯，罩上筛子摆上雄鸡、刀首、香纸、酒肴，都管道：

远望一轮车，只见裙罗四角遮，男来须下马，女来飙下车，车来车拦住，马来马卸鞍。新人移一步，暂立一时间，向闻说此车，高山松木车，张郎来设计，鲁班造成车，文王生一女，嫁与孟尝君。今日××××率新婚男子××仅以香烛酒礼肴馔之仪，回请东方青帝，车马神君，西方白帝车马神君，南方赤帝车马神君，北方黑帝车马神君，如遇天煞、地煞、年煞、月煞、日煞、时煞，一切凶神恶煞，今有雄鸡来止煞，男方香火出来迎，女方香火转回身。

新娘在门前跪拜后，不准回头望，直入华堂，拜堂入洞房。

迎亲回来后，男方请有三人铺床，新娘给铺床人有红包，缝制在被子角上，铺床二妇人要伶牙利口会说，要说四言八句，一般都说：

“铺床铺床，儿孙满堂，先得贵子，再生姑娘，贵子成龙，姑娘凤凰，十年八载，龙凤呈祥。或“铺床铺床，喜气洋洋，生儿生女，都是一样，只生一样，好好教养，成龙成凤，自会吉祥。”

新娘入洞房，喝了交杯茶，都管接着迎高亲（送亲客），也称上亲，都管说道：

“柑子叶儿层上层，开的花儿白如银，结的果子黄金金，打起茶盘接上亲，接到路上路不平，接到席上席不正，接到堂屋讲礼行，接到绣房陪新人。”

在村中婚姻礼仪中，在封建社会时期迎亲回来后还有典礼的习俗，向氏家庭是典型代表。

典　礼　红烛点燃后，新郎、新娘分别由交亲婆牵至华堂中央，男左女右站立，二礼生对唱：“肃静，执事者各执其事，执事者已执其事，击鼓者击鼓三通，鼓止。鸣金者金鸣九转，金止。司乐者奏大乐，大乐止，奏中乐，乐止，奏细乐，细乐止。”

接诵：“花烛交辉喜气浓，合卺之仪古相同。新郎新娘齐就位，轻移莲步入华堂。”

或“赤绳结鸳鸯，吹箫引凤凰，花烛齐结彩，新人步华堂。”

或“香烟缥缈，灯烛辉煌，新郎新娘，步入华堂。”

或“张灯结彩万户开，天降玉女下瑶阶，今朝良辰并吉日，恩鹤引出凤凰来。”

后新人跪拜，上香、敬香、献帛、焚帛、献爵、敬爵、献馔、敬馔、献毕、新郎新娘俯伏，听读贺文。

“岁辞，×年×月×日，××仅以香帛酒肴薄礼之仪，面告本宗×氏历代始远高尊祖考妣之神位前。祖德流芳，记赐家庭之福，宗人笃庆，宏开后世之祥。强业威恒，获陈萍藻，今嗣孙先年聘定×氏之女为室，即日成婚，叩见先祖，俯请庇佑。两姓既合，水调琴瑟之欢，百岁相偕，并长乾坤之寿。既宜家而宜室，亦俾职而俾昌。不敢不告，告之以文”。读文毕，新郎新娘行八拜之礼，揭罗帕，赞：

“女工巧织锦罗帕，蒙天盖地似无纱；奉请红娘高揭起，新人头上现金花。”

或“广东轻纱，美而且华，红娘高揭，头现金花。”

再行合衾二礼，赞：

“男秉乾纲，移坐中堂，女成坤柔，转归绣房。夫妇齐肩，百世其昌，天长地久，地久天长。村中男婚，亲戚朋友多邀约送匾，也有很多人家有升匾的礼仪，升匾礼生多歌桃夭三章，赞匾答谢亲友等，待喜期第三日晨，还有陪高亲、安席答谢、回门等礼俗。”

四、寿 礼

在鸦鹊水村一带，祝寿是最平常的事，四代同堂者较多，一般六十花甲都大庆（当然也有不喜欢在家做寿的），举家庆贺，大多数以整十岁，如七八十岁称大寿，请客庆贺，在大寿庆贺时也有邀约亲友送寿匾的，在家唱花灯戏，表示热闹。村中，人到50岁称半百，60岁为上寿，也按旧时历法叫一辈子。六十花甲已满。70岁为高寿，村中做寿有代称，如50岁称知命，60岁为耳顺或花甲，70岁为古稀，80岁为耄年，90岁为耋，百岁为期颐，120岁为花甲重花，140岁为古稀重庆，被祝寿者男性为“寿星佬”，女性为“福婆婆”。

逢整生寿诞之日，多由子女张罗做寿，有送寿联寿匾，内容较丰富，但都离不开“福如东海长流水，寿比南山不老松”之类，女寿联多有“金萱淑德照女范，宝婺光辉映中天”之类，寿匾有讲究，多为木质，也有用绸布蒙制印成，多用烫金大“寿”或大“福”字，也有四字匾额如二老60岁多写：“椿萱并茂”或“花甲同周”，男寿写“耳顺耆英”“望重三豆”，二老70岁寿书“眉案古稀”“古柏齐眉”“宝婺齐辉”“寿介古稀”。70岁男寿书“寿同海岳”。80岁双寿书“眉案花果”。80岁男寿书“谓水奇遇”。80岁女寿书“花烂冰桃”等。一般人家送寿匾多为“海涯缘筹”“欢迎九如”，女寿书“彩凤腾辉”或“宝婺先声”。

祝寿联种类繁多，分通用寿联，男女寿联，分年寿联，总之只要恰到好处就行。

五十寿联：“五岳同尊嵩极竣，百年大寿日方申。”

六十寿联：“桃树正茂花果茂，兰开几阅寿筹添。”

七十寿联：“儿平生德风高尚心灵美，届古稀躯体安康福寿长。”

八十寿联：“白发朱颜登八十大寿，丰衣足食享五福晚年。”

九十寿联：“堂北萱花荣九秩，天南宝婺耀千秋。”

百岁寿联：“乐奏寿弦歌百岁，德辉彤史祝千秋。”

五、丧 礼

十里不同风，百里不同俗。同是棺土葬，就本村因地域的差异和家庭成员构成不同亦有差别，总的表现为家中老人过世“丧事喜办”哀而不悲，称丧事为“白喜事”。

村中丧礼非常传统，自古至今没有因时代变迁而变化，家中老人于病重弥留之际，儿女必侍候于床前，待其呼吸停止，合室举哀。随之在床前化纸3斤3两，接着为死者净身穿戴，给亡者净身时用一块小白布，擦洗死者“五心”，以示已尽孝心。布晾干，待出殡前燃掉，燃时布灰现花纹，示死者再生时投女性，现字时再生变男胎，给死者穿衣“五领三腰”即五件衣服三条裤子。通过道士“请尸迎櫂”,棺木停放中堂中间,收敛入棺不封梓口,棺下点菜油灯,昼夜不熄,开“五方”、解“十王”,用斋粑豆腐祭亡灵,吊唁者至,燃香烛匍匐灵前与死者诀别,死者子女男女各一人手拿匍棍守候于灵堂,分别跪接男女往吊客人。亡者停放期间有道士开路做斋,请风水先生择期下葬看风水。此间亡者晚辈披麻戴孝,大宴亲朋。封殓前,亲属齐聚,揭棺视遗容泣别,此时儿女哭得死去活来,以示诀别之哀。发丧前道士燃火纸(称火棍)赶鬼,抬丧出门时,旌幡前导,孝子俯于灵前,亲戚朋友必送至孝地,沿途丢买路钱,灵柩抬至墓地,孝子单腿跪地用挖锄挖三下,然后由八金刚刻井,下井前道士在井中用大米画八卦,藏地契,用雄鸡祭酒,入土后,孝子围坟前接禄米,此后孝子三天内下午送火把,三天后复山。至“回煞”后,此孝当大事算结束。

丧礼繁多,如给亡者做三天大斋,其礼节有上百种,不可细表。

第四节　节令　语言

一、岁时节令

干支、四时、月日、美名异称。

我国自古以来,对于岁干、岁支、四时节气、阴历月份日子,有着许多华美得当的隐喻别称。这些异名别称,在我国诗、辞赋、文章、书籍甚至老一辈人言谈中,随处可见。熟知这些异名别称,便可在阅读、言谈中明了其隐喻含义,也可在写文作赋灵活运用。

岁　干　甲:阏(yān)逢,阏蓬,焉逢。乙:旃(zhān)蒙,端蒙。丙:游兆,柔兆。丁:疆圉,疆梧。戊:著(zhú)雍(yōng),徒维。己:祝犁。庚:上章,商横。辛:重(chóng)光,昭阳。壬:玄(yì),横艾。癸:昭阳,尚章。

岁　支　子:困敦。丑:赤奋若。寅:摄提格。卯:单(chán)阏,蝉焉。辰:执徐,执除。巳:大荒落,大芒(huāng)落。午:敦祥(zāng)。未:协洽,什(xié)洽。申:涒(tūn)滩,涒汉,汭(tūn)滩。酉:作噩,作鄂。戌:阉(yān)茂,掩茂,淹茂。亥:大渊献。

如果是“甲子”年,就可写作“岁次阏逢困敦”;如果是“乙丑”年,就可写作“岁次旃蒙赤奋若”,其余仿此类推。

四　时

春:青阳,阳节,苍灵,韶节,艳阳,阳春,淑节,三春,九春。

夏:朱明,炎序,炎夏,清夏,朱夏,长赢,炎节,朱律,三夏,九夏。

秋:素商,金天,萧辰,凄辰,高商,白藏,素节,商节,三秋,九秋。

冬:玄英,岁余,玄冬,严节,清冬,严冬,寒辰,安宁,三冬,九冬。

正　月　孟春,太簇,泰月,端月,嘉月,孟阳,首岁,寅月,陬月,春王,初月,首春,元阳,正阳。

初一:元月,元旦,鸡日,上日,端日,弥勒菩萨圣诞。绛老生日。天陬。初二:犬日。敬财神。初三:豕日,天庆节。初四:羊日,接神日,开基节。初五:牛日,财神生日,天基节。初六:定光佛生日,马日。初七:人日,灵辰。初八:谷日十二:云开节。十三:试灯。十五:上元,元宵,元夕。十六:耗日,耗磨日,耗磨辰。十九:燕九节,丘真人生日,宴丘。二十:圣眷节,天穿。廿一:麦生日。廿五:仓神生日,添仓日。廿七:老龄七。廿九:穷九。

二 月 仲春,夹钟,大壮,皓月,杏月,卯月,如月,仲阳,令月,酣春。

初一:中和节,天正节。初二:龙抬头,挑菜节,踏青节,花朝,孟子生日。初三:文昌帝君圣诞(此日习字作文以取吉利)。初四:圣寿节。初五:白乐天生日。初八:释迦牟尼佛出家。芳春节。十五:释迦牟尼佛涅槃。真元节(老子生日),小分龙日。十九:观世音菩萨圣诞。廿一:普贤菩萨圣诞。廿二:嘉会节。廿八:天和节。

三 月 季春,姑洗,央月,蚕月,辰月,宿月,桃月,晚春,暮春,杪春,雩风,桃浪。

初一:大昕,万春节。初三:王母娘娘圣诞。上巳,元巳,除巳,踏青节。十一:麦生日。十三:长春节。十六:准提菩萨圣诞。二十:嘉会节。清明:前一日为寒食节。清明日为小寒日。寒食日又为冷节。

四 月 孟夏,仲吕,乾月,槐夏,乏月,槐序,首夏,巳月,余月,清和,麦秋,春余,樱序,麦序。

初一:天祺节。初三:舍利放光日。初四:文殊菩萨圣诞。初八:释迦牟尼佛圣诞。佛生日,浴佛日。初九:乾会节。初十:同天节。十三:乾部节。十四:乾天节,吕洞宾生日,菖蒲生日。十八:碧霞元君圣诞(全称"东岳泰山天仙玉女碧霞元君",俗称"泰山娘娘")。十九:浣花日。二十:小分龙日。廿八:药王菩萨圣诞。天休节。夏至:短至,朝节。

五 月 仲夏,蕤宾,姤月,午月,皋月,榴月。

初一:端月,东方朔生日,女儿节。初二:端二。初三:端三。初四:端四。初五:端五,重五,重午,端午,地藏,蒲节,解粽节(这天午时为天中节)。十二:宁贶节。十三:伽蓝菩萨圣诞。关帝君圣诞(亦称:关公磨刀日)。竹醉日,龙生日。十五:大端午。十六:寿庆节。二十:大分龙日,种莲日。廿一:天申节。三十:分龙节,四皓降现日。

六 月 季夏,林钟,精阳,未月,旦月,荷月,暑月。

初一:波斯岁首,清灵真人降生。初三:韦驮菩萨圣诞。初六:天贶节。初十:金粟如来降生。十二:庆阳节。十三:太乙朝元。十四:太乙真君下降日。十九:观世音菩萨成道日。廿一:寿阳节。启圣节。廿三:火神爷圣诞。廿四:观莲节,荷花生日。廿八:火节。廿九:九华真妃下降,桐柏真人下降。

七 月 孟秋,夷则,否月,巧月,申月,相月,首秋,肇秋,上秋,瓜月,凉月,闽月,闽秋,初秋。

初一:先天节。初六:天清节。初七:魁星圣诞。七夕,巧日,双莲节,乞巧节,七巧节,穿针节,道德节,乾明节。初八:八夕。十三:大势至菩萨圣诞。十五:佛欢喜日。中元日,广圣节。廿二:财神圣诞。廿四:龙树菩萨圣诞。十八:西王母圣诞。廿八:永寿节。三十:地藏王菩萨圣诞。

八　月　仲秋,南吕,中秋,桂春,竹春,酉月,桂月,正秋,仲商。

初一:天医节。初五:秋节(唐玄宗生日),后改天长节。初八:竹醉节。初九:元成节。十五:月光菩萨圣诞。中秋节,月夕,秋三五团圆节,牡丹生日,移花日。十七:长庚星下降。廿二:燃灯佛圣诞。廿六:寿星节。廿七:孔子生日。

九　月　季秋,无射,剥月,菊月,杪秋,暮秋,凉秋,穷秋,霜序,菊序,戌月,玄月,季商。

初一:天寿节。初三:地平天成节。初四:重明节。初九:重九,重阳节。初十:小重阳。十五:朱文公生日。十九:观世音菩萨涅槃日。展重阳。廿四:天清节。三十:琉璃佛圣诞。药师佛圣诞。

十　月　孟冬,应钟,坤月,小春,开冬,初冬,上冬,良月,阳月,亥月。

初一:下元,岁腊。初七:乾明节。初十:天宁节,庆成节。十四:延庆节。十五:下元节。十六:盘古氏圣诞。十九:天佑节。廿一:会庆节(宋孝宗生日)。廿四:降圣节。廿五:天符。

十一月　仲冬,黄钟,复月,龙潜,子月,辜月,葭月,畅月。

初一:波斯会。初五:天应节。初六:天竺冬至。初七:五色舍利归塔。十四:延庆节。十五:占城国冬至。十七:阿弥陀佛圣诞。十九:日光菩萨圣诞。润泽东方圣诞。廿六:妙果天启降现。廿七:谢灵运生日。冬至前一日:小至,冬住。冬至:长至,亚岁,南至,升辰,冬节。

十二月　季冬,大吕,临月,杪冬,丑月,涂月,末冬,腊月,蜡月,暮冬,冰月,严冬,嘉平,岁杪。

初一:八仙会蓬莱日。初二:承天节。初七:尖龙节(宋哲宗生日)。初八:释迦牟尼佛祖成道日。腊日,过腊八。十二:百福月。十三:太乙朝元。十五:占城祭天日。十六:天竺腊日,星回节。廿一:多宝佛生日。廿三:监斋菩萨圣诞。祭灶王。廿四:送神日。降圣节,小年夜,王侯腊,交年。廿九:华严菩萨圣诞。小除。三十:接灶王。接先祖。除日,除夕,大除夜,大年夜。

二、方言熟语

土家族人讲汉话,形成土家族特色方言。主要表现有两个特点,即句子和单词带“儿化”,单和少数单词与汉语表示意思不同。如:

好“确博”(风趣)

搞“拐嗒”(糟)

他好“巴家”(顾家)

搞事“见番”(灵活)

他的“老汉”(父亲)

好“火色”(利害)

爹、哎呀、答答（父亲）

爹爹（爷爷）

嘎爷（外公）

嘎嘎（外婆）

老巴子（老太婆）

丈老儿、老丈人（岳父）

嘛妈（婶娘）

幺爸儿（小叔叔）

嫂儿（嫂嫂）

细娃儿（小孩子）

牙牙（姑姑）

屋里的、我屋里（妻子）

棒老儿（土匪）

打冷子（下冰雹）

映山（回声）

杠（彩虹）

凌钩子（冰凌）

麻麻雨（细雨）

茅私（厕所）

摇裤（短裤）

靛笔（钢笔）

以作是以作（破罐子破摔）

眼泪水巴撒的（哭得伤心落泪的样子）

见子打子（做完这件事又捡起那件事做）

鸡娃儿鸭娃儿广椒茄秧儿（小事啰唆）

刺巴笼（乱无头绪遭透）

抓个急抓（求个稳）

消停（不慌不忙）

格古（古怪）

吹客（说大话者）

哈二（傻子）

葛巾怕子（毛巾）

偏水儿（偏房）

手笼子（手套）

打家业(打锣鼓)
晒楼(阳台)
斗笠壳儿(斗笠)
枋子(棺材)
寿(老)衣(为老人去世准备穿的衣服)
广椒(辣椒)
马铃薯(土豆)
大豌豆(蚕豆)
腰子(肾脏)
水牯黄牯(公水牛公黄牛)
水砂黄沙(母水牛母黄牛)
牙狗(公狗)
脚猪(公猪)
骒马(母马)
骚马(公马)
男猫女猫(雄猫雌猫)
鸡公鸡婆(公鸡母鸡)
蛐蛐儿(蟋蟀)
曲曲儿(蚯蚓)
老鸹子(乌鸦)
鸦鹊子(喜鹊)
黄鳝(鳝鱼)
偷油婆(蟑螂)
一遍脚手(紧接着)
皮条子、梭子、溜子(蛇)
绊支(故意)
日牯子(不正经)
淡茬茬(无聊的)
港港儿(一会儿)
才今儿(刚才)
今儿干(今天)
梭哒(跑)
团鱼(脚鱼即鳖)
娃娃鱼(大鲵)

骒蚂(青蛙)
癞骒包(蟾蜍)
推屎爬(屎克郎)
洋丁丁儿(蜻蜓)
屎蚊子(绿头苍蝇)
饭蚊子(苍蝇)
螺蛳壳(蜗牛)
这们(这样)
那们(那样)
这嗒儿(这里)
那嗒儿(那里)
皮头(上面)
斗里(里面)
哪个(谁)
哪门(怎样)
么子(什么)
几多(好多)
过早(吃早点)
糊渡(稀粥)
疙瘩(圆)
肖夜(吃夜宵)
架势(开始)
遭活天孽(造孽到极点)
有几弯刀儿(有本事)
造孽巴撒的(可怜的样子)
郎场儿(地方)
点埠儿(地方)
利索(干净)
陈狗屎烂浆巴(旧事务)
磕到(很快、好快)
歇稍(工间休息)
刁著(专门)
溜达(悄悄走)
明儿干(明天)

报靠语 过去，由于交通不便，运输全凭肩挑背驮或众多人一起抬运。在抬运过程中，前面摇尖子的人要向后面报告路面情况，前面掌捎的人唱一句，后面跟随的伙计接唱一句，前后配合，步调一致，以求安全。此种语言称为“报靠语”。抬运的人精细，配合默契。

前唱	后和
飘石滑，	紧紧夹；
夹得紧，	踩得稳；
大路一埫平，	走路像腾云；
大路一根线，	走路像标箭；
满天星，	看得清；
幺二拐，	左右摆；
一路花滩，	一脚踩干；
一路莲花滚，	步步踩得稳；
花花路，	走干处；
滑得很，	踩得紧；
桥梁虚空，	踩在当中；
当中有眼，	踩在两边；
左边擦墙，	右边摸梁；
环沟，	满步；
环沟一尺八，	三步当作两步跨；
稀泥烂凼，	各踩各望；
前转左，	后转右；
转得急，	踩得一；
前头之字拐，	后头两边摆；
下脚踩蹬底，	两手高端起；
说端就端，	免得拖滩；
两边夹道，	各踩各照；
左边虚得很，	右边踩得紧；
点子花（牲畜粪便），	不踩它；
黄丝缠脚（路有绊脚草），	金蝉脱壳；
照高（顶上有矮物），	弯腰；
抬头望（上坡），	把坡上；
平阳大路，	开开脚步；
左边有枝花，	右边刺来抓。

土家方言

上面——皮头、顶上、浮皮、上头

下面——读角、底下

前面——前头、前头儿、前头点、当门

后面——后头、后头儿

里面——斗里、里头

外面——外头、外头儿

旁边——边上、边头儿

中间——中杆、中头

自己——各人、各自、本人

别人——人家、别个

做梦——扯混老儿

魔鬼——麻猫儿、麻猫子

拳头——定老儿、定子、锤托

脖子——顶扛、顶顶、格顶

漆黑——区妈子黑、黑的黑、火柴头

湿透——区妈湿、湿得湿、湿透打

地方——螂场儿、点布

滑——区溜逛、溜逛、溜的溜

受不了——支不住、过不得

结束——末了、搞完打

肮脏——赖呆、哪跨、龌龊

岳父——丈老头儿、丈老儿、汉老汉儿、亲爷老头儿

岳母——丈母、丈母娘、亲妈

毛巾——手巾、葛巾、帕子

调皮捣蛋——二杆子、吊儿郎当

吝啬——啬巴、小气、鸡眉小眼

刚才——才今儿、马上、这歇

厉害——猫、火色、猫劲、扎实

吃饭——逮邛、逮饭、逮邛邛、掰饭

睡觉——睡告告、睡告儿

打盹——喷哈、喷起

看——视哈、瞄哈

跑步——跑趟子

蹲着——咕起、跩起

思考——默哈儿、想哈儿

硬着来——古斗搞、驾硬搞、一掐二古

打耳光——产耳实、产耳巴子

潜水——钻觅子

摔了一跤——达一扑爬、搞一座笃

欺骗——烫别人、赖别个

糟糕——拐哒、搞施垮打

盛气凌人——耍二

能力——哈数

假装——假巴意思

胡说——嚼腮、嚼牙玉米

捉弄人——涮坛子

有本事——有几下子、有几弯刀

讽刺——挖苦、日决、歹视

跑了——梭打成

小腿——脚肚子、肋杆儿

短裤——瑶裤

手套——手笼子

细雨——麻麻儿雨、雨飞飞儿

好——来事、要得

运气好——行时、行运

不理睬——不甩视、不沾他

灵活——活泛、活便、活车

弱智——憨家伙、哈老二、笨家伙

不听话——不落教

谢谢你——劳慰你

第十一章　中国历史文化名村

滚龙坝民俗文化，以其独特的古民居、古墓碑、古名人和古树木闻名遐迩。2006 年，被列为湖北省级文物保护单位。2007 年 9 月，被建设部、国家文物局评选为第三批中国历史文化名村。

滚龙坝拥有恩施市最大的明代、清代古建筑群，村落整体风貌保存较为完整，具有较高的保护和研究价值。崔家坝镇人民政府及上级文化部门深入滚龙坝调查，从生态、生产和生活空间等 3 个方面，综合评估出村落文物资源和历史文化价值，结合自然、人文和农业景观，制定保护措施。将古村落定位为土家族村落文化景观参与型及深度体验型模式，致力发展人文旅游，扩大滚龙坝社会影响力，提升知名度，增加居民收入。

第一节　古名人　古建筑

一、古人物

滚龙坝人杰地灵，人才辈出自向大旺来滚龙坝繁衍生息，至民国时期在外做官者达数十人之多，其中五品以上官中就有十数人（因年代久远，部分人无记载不可考究）。

向大旺，原名向大发，字八斗。随父投衙，明皇赐军饷膳食职。明末年间携眷征战，更名向大旺，字云峰，战败后领其子孙落籍滚龙坝，奠基立业。

向霖龙，向云龙、向霈龙为同胞三兄弟，向大旺之曾孙（四世孙），同因武勋授官。据《恩施县志》记载："向霖龙，崇祯七年投义勇，以功授予守备职。向云龙，以功授标旗鼓游击。向霈龙，以功授游击。"

经考证：向霖龙官至川湖五省总兵。向云龙官至南直安庆协助剿寇军门游击，向霈龙封凤卫伯爵。均为五品以上官员。

向存道、向发道、向致道为同胞三兄弟，皆经科考步入仕坛。

向发道，字云魁，为壬午科（1822）中武举第四名，道光己丑年（1829）中武进士，官至直隶正定镇守备，天津泰宁镇白石口都阃府蓝翎都司。清代抗倭将领，民族英雄。

向存道，道光己酉科（1849）中武举第二十四名，后官至施南府千总。

向致道，字奎文。咸丰己未科（1859）中文科进士，官至侯选学正堂。

向日葵，明封副将。

向正书，官玉麟，因子发道有功赠封昭武都尉。武职正四品。

向德新，因孙发道有功，朝廷赠封为昭武都尉，武职正四品。

向万杰，字遇春，清同治年间广东盐运使司经历，候选知府（妻崔氏诰封夫人）。

向必正，清乾隆贡生。

向夔龙，清嘉庆年间卫政大夫。

向天钟，字子美，清末秀才，于1904年考取官费留学日本，在东京早稻田大学法科毕业，中国同盟会会员，民国初年（1912），曾任湖北省长公署咨议，夏口，安陆等县地方审判厅推事等。后在武昌、恩施执行律师业务，恩施县参议会议员。

向　炯，字明斋，原名向兴科。曾任湖北省议会会员，恩施县议会议长，来凤到知事。

二、古建筑

滚龙村是以土家大姓向氏家庭居住为主的自然小村落，也属恩施州“民族民间生态文化保护区”之一。因坐落在山间小平地，左有“黄龙”尖龙河，右有“青龙”洋鱼沟，如滚龙滔滔汇入天坑，源源不断地保佑着向氏家庭的绵延子孙，由800年前的独姓落业、四房发达，成为200余户、800余人的小居聚、大杂居的民族村落而得名。村内现存有明清古建筑及有保护价值的近现代建筑群3处13个、房屋200多间，建筑总面积超过3万平方米，70%保存较完整。主要类型是木构、砖、石混合而建的四合院式天井屋，四周以墙体围合“回”字形；有的两山施以封火山墙，墙帽有装饰浮雕及彩色纹饰，屋顶有悬山和硬山两种形式。

1.茅坎山古建筑群

老　屋　位于茅坎山中段，三正房、一头两厢房的“钥匙头”木结构建筑，左边正房及厢房拆毁，堂屋与右边正房保存基本完整。相传为明代滚龙坝向氏到此最早修建的房屋。也有说是黄姓建造，尖龙坪向氏来后黄姓迁走，尖龙坪向氏居住于此。

并墙屋　位于老屋右侧，石门、正三房、单天井、两边围屋、围墙组合的砖木结构建筑。今剩门墙、石门及门前石鼓。传建予老屋稍后。

四房屋基　位于茅坎山脚坪坝边沿，前三房、后三房、四侧房四合天井式砖木结构建筑，保存基本完整，风火墙高耸，石柱础、门扇、窗扇等雕花古朴繁杂精美。建地并墙屋之后。

长街檐屋　三石门、三进、前九房、后九房、八侧房、三抱厅（亭子屋）、四天井、后花园、两头十多间围屋组合的砖木结构建筑，为滚龙坝古建筑群中规模最大的屋场之一，因成长条形，故有长街檐之称。除右侧围屋、抱厅拆毁和前屋中门改建新房，其余保存较好。风火墙残留壁画依然鲜艳夺目，石门、石鼓、天井石栏板、石水缸和门窗雕刻生动活泼，门墙出檐砖砌花牙别具特色。建于四房屋基后。

老学堂屋　位于长街檐下，一字形连五间木结构建筑，为向氏族人所建学堂，保存基本完好。

向子美屋　位于老学堂屋后，门楼、前三房、后三房、四间房、右带围屋四合天井式砖木结构建筑，除右侧房拆毁外，余保存尚好。

向若青屋　位于向子美屋右侧，门楼、正三房、四侧房、单天井、围墙组合的砖木结构建筑，三间正房保存较完整

向氏新屋　位于向子美屋右侧，四合天井式双层十四间木结构建筑，虽建于民国晚期，但高11米的楼房全由整根杉木为柱支撑构建，实属罕见，亦有审美和保护价值。

新学堂屋　位于并墙屋前，长方形十多间双层木结构建筑，虽建于新中国成立后，立柱整木到顶，规模大，建筑形式独特，亦有保护价值。

2.中村古建筑群

中村古建筑群大多为向甲三屋。位于长街檐屋左侧山下坪坝边沿，石门、前六房、后六房、八侧房、两天井、两边围屋组合的砖木结构建筑，除围屋与左边侧房拆毁，余保存较好，石门、石柱础、门窗等雕刻精美。左房堂屋大门为拱形门楣，镂雕花饰，很有特色，建于清代。

3.石狮子屋

石狮子屋，三门九排间多厅进砖木结构建筑，分左中右三屋。中屋为石门，门两边墙上各饰一石狮头，头前踞立清道光十八年(1838)打造石狮一对，故有石狮子屋称谓。该屋三进十房、两天井；后设花园，花园后设四间雇工住房，二进为亭子屋，抱厅前大厅过去设为向氏祠堂。右屋出檐木门，七进十五房五天井，二进为亭子屋，六进设两个对称的小亭子，后设花园，右侧十余间围屋。左屋五进十一房、二天井，天井两侧设对称小亭子，左侧设十余间围屋。三屋间有风火墙隔离，但在二进间设有石门，形成横向通道，居住之人不出屋可相互走动。中左屋为清进士、候选学正堂向致道居住，右屋为清武进士、蓝翎都司向发道修建。整幢房屋除左屋前二进及中屋亭子屋毁塌，余保存较好。风火墙画和石、木雕刻古朴精美。

从历史与文化的角度，对始建于清代的石狮子屋朝廷大量文献资料查阅，以及详细的实地调查，从石狮子屋的平面布局及建筑细部分析，石狮子屋的建筑景观意象，包括其墙体、屋顶、花窗、抱厅、石雕、台阶等细部分析，石狮子屋是由传统细微派建筑，四川抱厅式天井屋及土家文化相结合的建筑景观，石狮子屋景观意象体现人神共居的理论观，传统封建理论观和民族文化，地域文化的融合。对现代的地域建筑设计有借鉴作用。

4.向存道屋

向存道屋位于石狮子屋左上台地上，两处相距不足50米，原有房屋相连，因失火烧毁，向存道屋自成一体。该屋原有两道门楼，进第一道门楼为院坝，院坝后为三米多高的石砌保坎，上多级石阶为第二道门楼，门楼与前厅屋相连，两侧为对称的住房六间；第二进中为大厅，两边为对称的书房、天井、亭子，其后为横贯的通道；通道后为第三进，中为抱厅(大亭子)，两边为对称的第二天井、四住房，其后为第二条横贯的通道；通道后为第四进，中为后大厅，两边为对称的四间住房，住房两边为直行通道，通道外为对称的二天井、二亭子、八间住房；后大厅后面左为花园，右为火坑屋、餐厅、天井、厨房；正房两边砌高大的风火马头墙，墙外为直行通道，通道外为长形围屋，从正房后面山体直达院坝前沿，后半截与正房平齐，前半

截伸出保坎外为吊脚楼结构。左围屋由四个天井、一个亭子、两间火坑屋、两间厨房、两间餐厅、两间雇工住房、一间农具屋、两处猪牛圈屋组成(后屋靠山一处,吊脚楼下一处);右围屋由四个天井、一个亭子,一间餐厅、一间厨房、一间火坑屋、两间雇工住房、一间农具屋、两处猪牛圈屋组成(后屋靠山一处,吊脚楼下一处),吊脚楼靠院坝内侧建木结构铺石板晒台。该屋为向存道任施南府千总时建造,规模宏大,气势雄伟,结构复杂,充分展示封建家庭分家不分屋的居舍建筑构造。现除第一道门楼、围屋前半截废塌,前后堂屋与抱厅于1942年失火被烧毁,余保存较好。

第二节　古墓　古树

一、古墓群

茅坎山墓地　又称祖坟岭(因滚龙坝向氏高祖向大旺下葬于此而得名)。是滚龙坝向氏墓葬主要分布地,共有墓葬数10座。最早的墓下葬于明末清初,大多数为清道光、咸丰、同治、光绪年间墓葬。有特色墓碑、墓葬26座处,其中4座墓碑为虎头碑。

在所有墓葬中,最具特色的是"明待封高祖大旺云峰向老大人之墓"——"龙飞皇明隆武岁丁亥癸卯月丙申口",碑前有一照碑:"明浩封将军始祖考向公讳大旺字云峰老大人之墓"——"大清同治甲戌岁季冬"。照碑前有2002年向氏族人新立照碑。另有"皇清任南直安庆协理剿寇军门游击向公讳云龙老大人之墓"——"大清道光六年"。虎头碑。

"向公讳绪新老大人之墓"——"大清光绪八年"。

"清待封显考向公讳造新老大人之墓"——"大清同治十一年"。

"清待赠显妣向母黄太君老孺人之墓"——"大清同治十一年"。

"清待诰故显妣向母黄太君老孺人之墓"——"天运辛亥年腊月(清代共有五个辛亥年,属那一个辛亥年待考)"。

"清待赠显考向公讳正川老大人之墓"——"大清宣统辛亥年"。

"清待诰故祖考向公讳太新老大人之墓"——"大清同治十年"。虎头墓碑。

"清待诰孺人故显妣向母谭老孺人之墓"——"大清光绪八年"。

"故显妣向母黄君老孺人之墓"——"大清光绪十年"。

"皇清赐进士出身原任泰宁镇都阃府显考向公讳元魁府君之墓"——"大清同治十一年"。

"皇恩追封故显妣向母黄太君老孺人之墓"——"道光十六年"。

"清故显妣向母谭君老孺人之墓"——"大清光绪二十七年"。

"皇恩追封实授副府故显考向恺新老大人之墓"——"道光十六年"。

"皇清例授安人晋封夫人故显妣向母崔太君之墓"——"大清光绪三年"。

"明待封高祖大旺云峰甫向老大人之墓"——"龙飞皇明隆武岁在丁亥癸卯月丙申日"。

碑前有照碑:“明诰封将军始祖考向公讳大旺字云峰老大人之墓”——“大清同治甲戌岁季冬”。照碑前有2002年向氏族人新立照碑。

“皇清任南直安庆协理剿寇军门游击向公官讳云龙老大人之墓”——“大清道光六年”。虎头碑。

“戚祖黄公老大人之墓”——“大清同治六年”。

“清例赠儒人继曾祖妣向母谭君之墓”——“大清光绪五年”。

“清例赠庠生故长兄向公讳应科字炳铁大人之墓”——“咸丰六年”。虎头碑。

“清待诰故显考向公讳程道老大人、妣向母于太君老孺人之墓”——“大清同治九年”。

“清故副府向公讳应珍老大人之墓”——“中华民国八年”。虎头碑。

“清待诰故显考向公讳应兴老大人之墓”——“大清光绪十二年”。

“清例赠儒人显妣向母谭君老孺人之墓”——“大清光绪十二年”。

“大清覃恩例赠文林郎显考向公讳应朝老大人之墓”——“中华民国”。龟座碑。

“清待诰故婶妣向母崔君老孺人之墓”——“大清同治三年”。

“清待诰故显妣向母谭君老孺人之墓”——“光绪二十九年”。

“待赠故显考向公讳必得老大人之墓”——“大清咸丰八年”。

马鞍山墓地 “清故显妣李母向君之墓”——“大清光绪二年”。

“明封风卫伯爵向公讳霈龙老大人之墓”——“大清道光已酉年”(原碑毁残,向存道重立)。

尖银山墓地 “明封钦命总理五省川湖讨寇军门右协镇副总兵都督府都督同知加升三级向公官讳云龙老大人之墓”——“嘉庆三年”(前面已述茅坎山亦有向云龙墓,晚于此墓,为他的后辈迁建)。

以上墓葬最早的墓碑为明隆武年。隆武是南明唐王朱聿键年号,成在不到两年时间,即公元1645—1646年,此时清王朝已建立,为顺治二年至三年。次后为清嘉庆三年(公元1798)。大多数为清道光、咸丰、阀治、光绪年间墓葬。其中四座墓葬为虎头碑,这在其他地方罕见。

向氏古墓群已被列入为湖北省文物保护单位

滚龙坝虎头碑 恩施市崔坝镇滚龙坝因向氏自明崇祯九年(1636)迁居于此,建业300多年,创造当地的社会文明,不仅居住建筑形成独特的古村落文化,其墓葬建筑也极有艺术特色,其中尤以虎头碑值得研究。考古调查中,仅在矛坎山古坟岭墓地就发现4块虎头碑,分别是“皇清往南直安庆协理剿寇军门游击向公讳云龙老大人之墓——大清道光六年”;“清例赠庠生故长兄向公讳疲科字炳铁大人之墓——咸丰六年”;“清待诰故祖考向公讳太新老大人之墓——大清同治十年”;“七赦副府向公讳应珍老大人之纂——中华民国八年”。

为什么要立虎头碑,有这样几个猜测,一是巴人崇虎,向氏为巴人之后,以虎头碑纪念祖先。但滚龙坝向氏自称为汉景帝驸马向述之后,其族源似乎与巴人无关。二是虎为兵之神威,《周礼》夏官之属有虎贲氏,为王之近卫官,领虎士800人。后擞多取其名,置虎贲中部将,以统宿卫兵。后为行伍之代称。滚龙坝向氏明季世代军籍,立虎头碑代表军人身份。但从立虎头碑之墓主人身份看,有些是并非军人的文秀才,用虎头碑表明身份不符,而墓葬中有些是名副其实的军人则未用虎头碑。三是虎在民间宥避邪的功用,立虎头碑意在墓主人生辰流年或葬曰不利等因素,立虎头碑以破邪扶正。究竟以谁为准,神秘英测,尚待研究。图为滚龙坝虎头碑。

"表里不一"墓葬—向元魁墓 20世纪末,一天晚上,恩施市崔坝镇滚龙坝茅坎山向氏墓地向元魁墓被盗,第二天天亮,村民除发现墓葬被盗感到惊愕外,还因见墓内棺材朝向与墓外碑向不一致感到惊诧。按传统的葬俗,墓塘定好朝向后,棺材头与坟头及墓碑中线绝对要在一条直线上,所谓三点成一线。而向元魁墓的坟头与墓碑与其他墓葬朝向一致,棺材头却偏向右边,按俗话说,棺材与坟头墓碑成"错牙苞谷"。

其实村民这种惊诧,是因为不了解恩施土家葬俗中的一种破解现象。按恩施土家葬俗,凡凶死之人,不得葬入祖茔。但对一些身份显赫,即使是凶死,又不得不葬入祖茔者,负责看地的阴阳先生自有破解之法,即将坟头墓碑与祖茔其他墓葬朝向一致,棺材则取另一朝向,外面看不出端倪,里面却另有文章,向元魁墓就是这样一个实例。滚龙坝向氏于明朝崇祯九年(1636)移民至此,到恩施的始祖为向大旺,死后葬入茅坎山,后死者陆续葬入,形成向氏祖茔墓地。向氏明清两朝人才辈出,向元魁即是向氏家族的一个杰出人物,他于清道光壬午(1822)乡试中武举,己丑(1829)会试中武进士,"钦点营守府分省湖南,因剿捕狙匪,赏戴蓝翎,部选直隶正定镇守备,旋因海防调任天津蔼沽,开补泰宁镇白石口都阃府历营龙用营兴赢隶督标游府。"他因三次战功晋升三级,其祖父、父、兄因此被朝廷封昭武都尉。后因母亲去世,回家奔丧,因故误了假期,按律犯了死罪,于道光丁未岁(1847)自缢身亡。朝廷仍不放过,将尸首腰斩,其后人扶梓回归故土安葬。向元魁的死明显是凶死,葬入祖茔犯制,但对于这样一个于向氏家族带来荣耀的人物,不葬入祖茔又说不过去,于是便按阴阳先生的破解之法下葬,也就有了上述表里不一的墓葬奇观。

向明斋碑文 堂侄明斋予堂尼宗元公之长子也。原派名兴科,明斋其字也。与余同庚少余二十四日,动同学,长同试,并为父兄所期许,清光绪甲辰年(1904)、乙巳年(1905),学制更章予留学东瀛,明斋即投考鄂省方言学堂肄业,因更名炯,与同郡甘穆卿、牟猷轩、周鹏程、袁汉南诸君友善。时革命风潮东渐,而鄂中尤甚,青年学子之有志者多与焉。明斋与甘牟周袁诸旁日夕谈论,团结尤深。如鄂中之"文学社""共进会"等诸秘密团体,均列名与闻。辛亥武昌首义,明斋即参事内务。疑解职赴沪,民国二年选举议员时,遂西里组织共和党,被举为鄂省议会议员。后袁氏僭国,军阀坏政,旧同志举义南方,多以施郡为策源地,明斋回里赞襄诸务,被推为本县议会议长,后充来凤县知事。旋改组,即游粤闺,奔走数载,迨北伐告成,政府统一,又充汉口公安局行政科长数月。积劳病故,享年四十六岁。时予因修缮家居,闻耗深为厄惋,商之家人遣其季第兴铨扶榇回里,安葬于鸦鹊水后山之阳,阡作丁山癸向。

民国二十五年(1936)堂叔子美氏天钟志

1885 生于甲申七月廿四寅时

殁于己巳六月初五

向元魁碑文　府君号星垣派讳发道行二生于嘉庆乙丑岁二月二十四日亥时身长伟貌十六即入胶庠联中道光壬午乡试经魁己丑会试进士钦点营守府分省湖南因剿捕狙瑶匪,赏戴蓝领部选直隶正定镇守备旋因海防调任天津葛沽开补泰霉镇白石口都阃府历署龙固营与直隶督标游府屡经战阵不避艰险于道光丁未岁九月十五日酉时在本任寿终享年四十三岁,不肖等扶榇归里附葬于祖茔之前阡作卯山乙向。

大清同治十一年壬申岁仲秋之吉日

二、古树名木

滚龙坝四面环山,林木葱茏,古树参天,风景秀美。滚龙坝现存百年古树达 10 余棵,其中树龄 500 年以上的达 7 棵。分别为青檀(俗称糖果树)、银杏、侧柏、楠木等。经林业部门测定,向义极屋坎下一棵青檀生长期为 550 年,高 36 米,胸径 141 厘米,冠幅 22 米;滚龙坝河边的一棵青檀树龄 547 年,高 20 米,胸径 127 厘米,冠幅 16 米;石狮子屋坎下一棵银杏树树龄 600 年,高 34 米,胸径 159 厘米,冠幅 12 米。

2013 年滚龙坝古名木一览表

表 11-1

生长地址	树种	树龄(年)	保护等级
向义极屋前	青檀	550	一级
水平桥旁	青檀	547	一级
石狮子屋前	青檀	533	一级
石狮子屋前	银杏	600	一级
石狮子屋前	青檀	360	二级
茅坎山	青檀	620	一级
下孔坝	侧柏	127	三级
下孔坝	侧柏	141	三级
下孔坝	侧柏	126	三级
楠竹园	楠木	226	三级
楠竹园	楠木	226	三级
茅坎山	银杏	因雷击死亡	

三、文化遗存

滚龙坝民俗文化以其独特的古民居、古名人、古树木、古墓葬而闻名遐迩。2006 年,被列为省级文物保护单位。2007 年 9 月,被建设部、国家文物局评选为第三批中国历史文化名村。

古代居主要分布在茅坎山、中村、老虎山脚 3 处,共有明清古建筑有保护价值的建筑 13 处,房屋 200 余间,建筑总面积 3 万多平方米。大部分保存完好,主要类型是木构、砖石混合而建的四合院或天井屋,大多数由封火砖墙,石砌天井、抱柱冲楼、书房绣阁、正房偏屋、火坑杂间、猪圈畜舍组成。最大屋场为长街檐、石狮子、老虎山三处,由三进、五进、七进多排间房屋组合,屋内冲亭相连,天井相间,其中最大一组房屋有 26 多个天井。房屋台柱、门窗多为石木雕刻、有龙戏火珠、狮子滚球、仙猴捧桃、喜鹊闹梅、富贵牡丹、文房四宝、人物花鸟等各种图案,古朴繁杂,工艺精美。

滚龙坝向氏家族为区域内第一名门望族,明清两代自向霖龙同胞三兄弟因武功授官,官至五省副总兵,五品以上有 16 人,不乏家门大富,家中无论是家什器物,穿戴饰品,文房四宝,练武兵器,古董字画多得无数。后被毁。

2008 年 3 月,湖北省文物局对已列入历史文化名村(镇)的地方立项给予抢修保护,特别是对村内的基础设施和生产生活环境进行综合治理的有关精神,崔家坝镇政府组织人员对“四古”现状及抢修保护进行详细的规划设计,对散落民间和村民收藏的文物登记造册,进行收集。并在崔家坝镇文化站建成历史文物陈列室,将收集的文物集中展示。

2013 年滚龙坝民间文物登记一览表(部分)

表 11-2

名称	特征	尺寸或规格	收藏人	文物年代
宫灯	形制完好,六个支架保存完好,支架雕刻有龙凤头	高 80 公分,直径 74 厘米	向兴雄	清乾隆年间,约 1788 年
木扁	残缺,只剩半块保存完好	约长 2.2 米,宽 48 厘米	向兴雄	清代
六方花瓶	保存完好		李杰	清代
山石狮 1 对	保存完整,形态逼真,雕工精细	高 16 厘米,底宽 11 厘米,长 17 厘米	李涛	清道光十八年(1838)
《说文解字繁传》	保存完整,共 8 本,雕版印刷	—	李涛	清道光十八年(1839)
石柱础 6 个	方形人物雕刻 1 对,狮子雕刻四个狮子只剩 2 个半	方形一对高 60 厘米,宽 38 厘米,残缺的圆形高 58 厘米	向义极	清代

续表11-2

名称	特征	尺寸或规格	收藏人	文物年代
花窗	无主窗，左右护窗完好	长 226 厘米，高 168.5 厘米	张昌造	清代
花窗	罗上一个更完整	—	张昌造	清代
西瓜罈1对	无盖，通体白色	高25厘米，腹径28厘米	张昌造	清代
饼墙屋门口石鼓	雕刻太阳图案	高112厘米，宽88厘米，直径66厘米	谭大树	明末黄氏建造
石碾子（旗子座）	下粗上细圆柱形	高68厘米，直径38厘米	向兴俊	清代
《最新应用尺读教本》	保存完整	—	向兴俊	宣统元年（1909）四月
分类尺读观海	保存完整	—	向兴俊	民国六年九月二十七日
保卫桑梓扁	保存完整	长256厘米，高98厘米	恩施谭某	清道光年间
诰命夫人牌子	保存完好	长1米	恩施谭某	清代
三进木床	龙凤雕刻保存完整	—	向清极 向奥极	民国
七进木床	原属向子美父亲所用	高达房顶	民宗局	清代
三进木床	熊家岩平角坝向兴文陪嫁床	—	谭征	民国
太师椅	木质	—	向兴俊	清代
向存道房屋前石鼓1对	—	—	向义极	清嘉庆年间
洗脸架2个	龙凤雕花	—	向兴俊 崔喜远	清代
神柜大	龙凤雕花	—	向兴俊	清道光年间
神柜小	福禄寿雕花	—	向业极 姑姑家	清道光年间
印模一套	雕刻有花卉、喜鹊闹10个梅、喜字、寿字图案	—	向金极	清代
印模20块	散布在10户人家中	—	多户人家私人所有	清代
石雕花栏4块	雕刻有状元打马游街2块，花卉2块	—	向兴俊	清代
青花瓷盆5个	花纹盆	—	向兴俊	清代

续表11-2

名称	特征	尺寸或规格	收藏人	文物年代
青花磁罈	保存完好，西瓜形	—	向极刚 李明桂	清代
木雕花窗5块	雕刻有花鸟、花卉福禄寿图案	—	李明桂 向兴春	清代
铜质席壶1对	做工精细、酒席之用	容量1公斤	汪业青	清代
铜质饮壶	烧开水用	容量5公斤	向兴俊	清代
水烟袋5把	雕刻寿星、铜质	—	向兴俊	清代
木质笔筒	—	—	向兴俊	清代
粉彩瓷罗汉	五子罗汉	高20厘米	向兴驹	清代
白瓷罗汉	保存完整	高25厘米	向成栋	清代
梳妆盒2个	—	高25厘米，宽28厘米，宽15厘米	向极成	清代
压花皮箱	牛皮，花鸟图案	长70厘米，高30厘米，宽40厘米	向极成	清代
衣柜	全雕，有龙凤、花卉、鸟、福禄寿喜图案	高2米，厚40厘米，宽2米	向成勇	清代
刺绣4块	花卉、鸟图案	—	向兴俊	清代
鼓	形制完整	直径40厘米，高90厘米	崔远成	民国
砚石	—	长20厘米，宽10厘米	—	清代
衣帽镜	水银镜	高1.5米，宽70厘米	向兴卯	清代
双筒盐罐	两圆筒相连	高10厘米，口径11厘米	向兴春	清代
弹棉花工具1套	保存完好	—	郑兴明	民国
马鞍	保存完好	—	向成舟	民国
石狮子屋场前石	雕刻有麒麟	高84厘米，鼓径57厘米	村委会	清道光十三年（1833）
鼓1对	图案	—	村委会	清道光十三年（1833）
石狮子屋场厂狮子1个	雕刻有万字花纹和兽形图案	高32厘米，长73厘米，厚43厘米	村委会	清道光十八年（1838）
石狮子屋场前石狮1对	雕工精美，保存完整，最初带底座高2.77米	整体高55厘米，宽49厘米，狮高105厘米，座长80厘米	村委会	清道光十八年（1838）

续表11-2

名称	特征	尺寸或规格	收藏人	文物年代
石狮子屋场对面石鼓1个	保存较好	高80厘米,直径56厘米	村委会	清道光十八年(1838)
石狮子屋场内石凳1对	雕刻有云纹	高55厘米,直径56厘米	村委会	清道光十八年(1838)
石狮子屋场石水缸1对	上有雕花	宽70厘米,高1.1米,长1.8米	向高极	清道光十八年(1838)
洗脸架	龙凤雕花	—	存崔坝文化站	清代
宝塔帽	完好	—	存崔坝文化站	清代
木床	保管完好	—	存崔坝文化站	清代
泮官继美匾额	保存完好	长256厘米,宽96厘米	存崔坝文化站	清代

第十二章　人　物

人物章设人物略传、人物简介、人物名录。人物略传按照生不立传的原则，分历史人物和现代人物（新中国成立之前为历史人物，之后为现代人物）。历史上有诸多名人，但由于无史料记载，无法弄清其生平、生活、业绩等状况。近代人物，自解放后，凡家庭成分为“地、富、反、坏”的子女，在外读书或当兵或工作者，举家在外不归故土者，无法取得联系获取资料，故只能记载姓名和官职。

由数百年来，区域内产生众多优秀人物，对国家、社会做出许多贡献，在职业活动中多有建树，或立有功勋，均应旌表。但因历史久远，资料查找殊难，遗漏在所难免。

第一节　人物略传

一、明清　中华民国时期人物

向霖龙　向朝柄之长子，《恩施县志》载：“向霖龙，明崇祯七年（1634）投义勇，以功授守备，崇祯九年（1636）剿安陆池太光，固勒黄等处，擢都督指挥。十二年（1639）东虏犯阙，奉旨擒王，加升副总兵。”经考，向霖龙官至川湖五省总兵职。

向云龙　向朝柄之次子，《恩施县志》载：“向云龙，明崇祯七年（1634）随兄向霖龙投义勇，以功授标旗鼓游击。”后官至南直安庆协助剿寇军门游击。均属五品武官职。

向霈龙　向朝柄之三子，《恩施县志》载：“向霈龙，明崇祯七年（1634）随兄向霖龙投义勇，以功授游击职。”据考，向霈龙后因功封凤卫伯爵。均属五品武官职。

向日葵　字光玉，向云龙之子，明封副府之职。

向存道　向德新之孙，向正书之长子。清道光二十九年己酉岁（1849）中武举第二十四名。后官至施南府千总。

向致道　又名奎文，向德新之孙，向正书之三子，清咸丰九年己未岁（1859），中文科进士，官至侯选学正堂。向存道、向发道、向致道皆同胞三兄弟，经科考入仕途，向发道贵三次战功晋升三级，其祖父向德新、父向正书、兄向存道因此被朝廷封昭武都尉。

向必正　清乾隆贡生。

向夔龙　清嘉庆年间卫政大夫。

向万杰　清同治年间广东盐运使司经历,候选知府。

向正书　字玉麟,邑诸生,性刚直,严正不阿,生平敦笃实行,事继母极孝,毋瞽,躬亲侍养,至老无间,其仁心义质,恩德颂于三闾,子三,长子存道、次子发道(元魁)、三子致道(奎文),孙入胶庠者八。清道光二十五年(1846),诰封昭武都尉。

向允柱　字维松,生于乾隆元年(1736)二月初八,邑庠生,义勇录功,奖六品顶戴,委授戎部府例赠武赠德佐骑之职,卒于清嘉庆戊午年(公元1799)九月七日辰时。

向国宾　生于明成化十六年(1480),滚龙坝茅坎山生长人氏,贡生学位,崇宁里里长职,向氏宗族族长,曾在大垭门立有族长碑,该碑毁于1966年破四旧、立四亲革命运动中。卒于嘉靖四十三年(1564),葬于茅坎山。

向元魁(1805—1847)　发道,鸦鹊水村滚龙坝人,少年时期读私塾,道光元年(1821)卒已岁,16岁入胶庠。道光二年(1822)壬午岁,乡试经魁。道光七年(1829)乙丑岁,会试进士,钦点营守府,分省湖南。围剿捕狙徭匪有功,朝廷赏领,部选直隶正定镇守备,旋因海防,调任天津葛沽开补密镇白石口都闲府,兰湖都司,屡经征战,不畏艰险。于清道光丁未年(1847)九月十五日在任寿终。

向　炯(1884—1930)　字明斋,派兴科。滚龙坝人,毕业于湖北省方言学堂。辛亥革命时期积极参加活动,与同乡青年组织"文学社",加入革命秘密组织"共进会"。武昌首义时立有功绩,1913年被选为湖北省仪会议员。袁世凯称帝期间,被推为恩施县议会议长,后任来凤县知事、汉口公安局行政科长等职,在"讨袁"时返恩施活动。1930年病故家中。

向天钟(1884—1951)　字子美。滚龙坝人,清末秀才。1904年考取官费,留学日本。在东京早稻田大学法科毕业,中国同盟会会员。民国初年(1912),任湖北省长公署咨议,夏口,安陆等县地方审判厅推事等职,后在武昌、恩施执律师业务,曾任恩施县参议会议员。1932—1934年,担任鸦鹊区区长。

向云新(1776—1868)　字如龙。尖龙坪人。生于清乾隆四十一年(1776)。少年习武,会试冠军,文武兼备。清嘉庆元年(1796),川楚教徒滋事,贝子福督师进剿,向云新集少壮数百人从军,屡建殊勲,获授六品顶戴。守备胡万超阵亡,即命云新分带兵管,实授宜镇右营千总。后因母亲年迈,告老还乡,养居甚有德厚,且九旬五世同堂。

八大轩　中华民国年间,在鸦鹊水乡第八保八大轩远近闻名。八大轩为兄弟式结拜,喝雄鸡血酒,举杯发誓,唇齿相依,患难与共,同生共死。其宗旨是追随孙中山三民主义。八大轩每人一根文明棍,文明棍前端用金丝线署名,并镶有一枚孙中山遗像。八大轩义举在维护地方百姓,无恶迹。

八大轩是向芹轩、向南轩、李龙轩、马东轩、陈南轩、向寿轩、陈德轩、朱龙轩。

八大斋　八大斋是滚龙坝向氏家庭兴字辈的一班弟兄,在当时八大斋都是文人,很有出息的八弟兄,八弟兄派字都带金傍,号为一斋。向俊斋(向兴铭)向金斋(向兴镕)向钰斋(向兴鈇)向锐斋(向兴鏕)向瑶斋(向光钰)向献斋(向兴锴)向杰斋(向兴镇)向耀斋(向兴铨)

鸦鹊水村明、清、民国时期人物简表

表12-1

姓名	出卒年	简介
向大旺	—	字云峰、明诰封将军
向国宾	—	崇宁里里长、贡生
向霖龙	—	明崇祉年间，都督指挥，副总兵
向霈龙	—	以功授游击
向云龙	—	以功授标旗鼓游击
向日葵	—	明封副府
向必正	—	清乾隆年间、资恩贡
向恺新	—	清嘉庆年间，武生军功外委
向应珍	—	清道光，六品军功
向元魁	1806.2—1849.9	清道光壬年科经魁四名举人、会试进士
向存道	1797.6—1876.1	清道光乙酉科二十四名举人，诰封昭武都尉
向奎文	—	派致道、科贡、候选训导
向正书	—	字玉鳞、赠昭武都尉
向德新	—	清道光，赠昭截止都尉
向万杰	—	字遇春、清同治，御党员戴花领，广东盐运司
向夔龙	—	清嘉庆，卫政大夫
向仕龙	—	明奉刺行营
向明斋	1884—1930	清末秀才，派兴科，汉口公安局行政科长
向大新	1755—1817	清乾隆年间武秀才
向朝新	1760—1825	清乾隆年间武秀才
向著道	1825—1898	派牧若，清嘉庆实武秀才
向悟道	1820—1895	字文炳，清道光秀才
向应儒	1836—1907	清末武秀才
向友道	1824—1923	清末秀才，字曙，庠生
向应长	1860—	同治中期秀才，字鹤龄，团总
向允柱	1738—1799	字维松，庠生，义勇录功奖六品顶戴，授戊部府例赠武德佑骑
向纯道	—	字清，湘门公，博士生
向云新	1776—1868	字如龙，授农镇右营千总，奖六品顶载

续表12-1

姓　名	出卒年	简　介
向之骐	1838—1890	派牧若,国学士
向允魁	1736—1801	字东升,截止秀才,庠生
向传道	—	字瀛,进士
向殿甲	—	派若石,清末进士,团总
向应煊	1860—1925	国学士
向应逵	1843—1920	字子鸿,清末秀才
向应鱻	1841—1899	字鱼村,清末秀才
向友孟	1448—	明成化副将
向碧新	1775—1848	字如玉,清末秀才

二、现代人物

向极祥(1929—1951)　鸦鹊水村大垭门人。1947 年 5 月参加革命。抗美援朝战争时,任志愿军二十九师八十七团二连排长。1951 年在朝鲜战场上牺牲,英年 22 岁。

罗吉存(1949.2—1978.11)　鸦鹊水村人。1971 年 1 月参加革命,共青团员。曾任中国人民解放军 00423 部队 602 分队副排长,立三等功一次。1978 年 11 月在陕西省韩城县牺牲,英年 29 岁。

向极大(1932.12—1989.6)　鸦鹊水村人。初中学历,1951 年土改运动时期参加工作,1956 年 12 月加入中国共产党。

1951 年 9 月参加工作后,进入恩施专区财经干校学习,毕业后于 1951 年 1 月调任来凤县粮食局。1956 年 2 月—1958 年 9 月在来凤县财贸工作部工作。1958 年 10 月—1978 年 7 月任来凤县城关区区长,书记。1978 年 8 月—1980 年 4 月担任来凤到革命委员会副主任。1980 年 5 月—1984 年 10 月任来凤县委统战部部长。1984 年 11 月—1989 年 6 月任来凤县政协副主席。1989 年 6 月因病逝世,终年 57 岁。

冉传远(1947.9—1999.2)　鸦鹊水村尖龙坪人,大学学历。1971 年参加工作,当年加入中国共产党,任滚龙坝乡党委委员,1971 年 10 月—1972 年 12 月,在恩施县革委会政工组工作。1973 年 1 月—1978 年 12 月在恩施县共青团工作。1978 年 12 月—1982 年 1 月在恩施县工交办公室工作。1982 年 2 月—1984 年 12 月到武汉大学经济系学习。1985 年 1 月担任恩施市一轻工业局副局长,1986 年 8 月调任白果区区长、党委副书记。1988 年—1990 年,任恩施市一轻工业局副局长,1999 年 2 月 1 日因病逝世,终年 52 岁。

向极弟(1933.4—2000.7)　鸦鹊水滚龙坝人。1951 年参加工作,1956 年 12 月加入中国共产党,曾先后在恩施、咸丰、来凤百货公司工作。20 世纪 70 年至 80 年代,历任来凤县大河区供销社主任,大河区革命委员会副主任,来凤县特产局局长等。1990 年 12 月明确为副县级干部。2000 年 7 月 15 日因病逝世,享年 67 岁。

胡连海(1941.3—2001)　鸦鹊水村荆竹园人,中国共产党党员,中专学历。1961 年 9 月参加工作。在鸦鹊区教书,后担任崔坝教育站站长。后调恩施县教育局、恩施市教委、恩施市教育局工作,担任恩施教委副主任、副局长、工会主席等职务。2001 年退休,2011 年因病逝世,享年 70 岁。

肖绍义(1927.1—2009.7)　鸦鹊水村荆竹园人。1950 年参加工作,参加土地改革运动。1957 年加入中国共产党。大跃进运动时期任国营磺厂党支部书记。1960 年进恩施地区党校学习。1961 年调建始县苗坪区任中共苗坪区委书记、区长。1976 年调任建始县林业局副局长。1987 年退休,2009 年 7 月因病逝世,享年 82 岁。

向兴前(1930.2—2011.1)　鸦鹊水村尖龙坪人。4 岁启蒙于私塾学堂,16 岁以考入恩施县简易师范学校,1949 年毕业,就任于麦垴小学教书。1950 年,推荐到恩施专区革命干部学习班学习,培训班结业后分配到建始县官店参加土地改革运动。1953 年任巴东县副县长。1957 年调任巴东清太坪区区长。1967 年降职为清太坪供销社营业员。党的十一届三中全会后复职。1990 年退休。2011 年农历正月二十三,去世,享年 81 岁。

向义极(1954.12—2013.4)　土家族,初中学历,鸦鹊水村滚龙坝人。1972 年,中学毕业后回家务农。1975 年,在宣恩县酒厂学习酿酒技术。1976 年回家当个体司机。后在家开办酿酒厂,同时发展养猪事业。1980 年,投资请幼教在家办幼儿园,免费招收幼儿 15 名,受到恩施市、崔家坝镇政府表彰。20 世纪 90 年代,扩大养殖规模,自建猪场,自繁猪源,自学防疫,自配饲料,年均出栏肥猪 200 余头,累计向国家交税 40 余万元,受到湖北省、恩施州、恩施市政府表彰。1999 年,任滚龙坝村书记,2001 年,被湖北省人事厅授予"乡土拨尖人才"称号,2002 年 1 月,被授予恩施市劳动模范,2003 年,当选为鸦鹊水村副书记。2011 年因病离开工作岗位。2013 年 4 月因病逝世,终年 59 岁。

向极昌(1927.4—2013.7)　社垴坪村人。1953 年 2 月参加工作,任恩施县大集区卫生院中医。1955 年 4 月到湖北省中医进修学校学习,当年 9 月分配到红土区卫生所任所长。1956-1962 年在湖北医院中医科、恩施地区人民医院(今州中心医院)中医科工作。1962 年 4 月任恩施县中医院医疗股长。1964 年 1 月任恩施县卫生工作者协会秘书。1966 年任恩施县卫生学校教员。1970 年 6 月任恩施县人民医院中医科中医师。1987 年晋升为副主任医师,并相继任鄂西自治州中医学会恩施市医学会副理事长、恩施县人民代表大会第六届委员会常务委员。1983 年 5 月当选为第六届全国人民代表大会代表,当年 7 月,被国家民族事务委员会、国家劳动人事部、中国科学技术协会授予"少数民族地区科技工作者"称号,当年 12 月,自制"劳宁药酒"获恩施县政府科技成果奖。

1988 年 9 月退休。1990 年 1 月 20 日,被编入《中国高级医师咨询辞典》(中国大百科全书出版),当年被选为中国国际名医名药联合会会员。1993 年 10 月 6 日,被录入《中国当代高级医师大全》。1999年4月1日,被中国国际名医名药联合会聘请为主任医师。2000年9月,被《世界科技专家人才》编委会授予“成功中国人”优秀人才称号,个人成就与业绩登录“成功中国人”国际互联网络。

2013年7月,因病逝世于恩施,享年86岁。

高秉江(1963.4—2013.10)　鸦鹊水上街人。曾任华中科技大学哲学系教授,博士生导师,中华全国哲学史学会理事,湖北省哲学史学会常务理事,美国天主教大学访问学者。

高秉江天资聪慧,勤奋好学,先后就读于恩施师范学院、湖北教育学院、吉林大学和武汉大学,获吉林大学硕士学位、武汉大学博士学位。曾在崔坝中学、恩施市第一中学、武钢党校任教。1999年,调华中科技大学工作。是国内著名的外国哲学专家,个人专著有《胡塞尔与西方主体主义哲学》《西方知识论的超越之路》《现象学视域下的视角中心主义》。译著有《宗教现象学》《现象学导论》《存在巨链》。发表论文70余篇。在古希腊哲学、德国古典哲学、现象学等领域均有深入独到的研究创获,具有卓著的理论建树,受到国内外学术界的高度肯定。因在华中科技大学哲学系开设的多门专业基础课程与核心课程中,授课艺术出色,常被国内各大名校邀请授课,深受学生追崇,其著述被各大院校作为教学范本。在学术研究和人才培养工作中做出卓越贡献。2013年10月因病逝世,终年51岁。

汤迪保(1908—)　字介之,鸦鹊水村荆竹园人。少年入私塾学习诗书,成绩优秀。成年后被抽丁当兵。曾担任二十编训处军需佐书记,湖北省民政厅粮调处书记股员、粮局科员。民国三十二年至三十六年(1943-1947),任湖北省田粮处工作督导兼第三科第一股主任科员。1948年回乡后,任崔家坝乡乡长,到任后厌倦世俗,因与伪地方官员志向不合,辞职回家务农,在家设私塾育人,学做木工,以农为生。

第二节　人物简介

马建军　曾用名司马朝政、司马建军。生于1979年7月2日,鸦鹊水村尖龙坪白果端人。中国民主建国会会员,在职研究生学历。骨科副主任医师。任职于重庆渝东医院副院长,关节学组组长,重庆市骨科专委会青年医师分会委员,重庆市奉节县医学会会员,重庆市奉节县知识分子联谊会会员,重庆市奉节县工伤鉴定专家组成员。

2003年毕业于湖北民族学院临床医学系本科,毕业后分配到奉节县人民医院从事临床骨科工作,2006年到第三军医大学附属西南医院骨科进修一年半,师从全国著名骨科专家许建中教授。并在第三军医大取得在职研究生学历,2008年2月任奉节县人民医院骨科主任。2009年再次到第三军医大学附属西南医院关节外科进修。2010年代表奉节县参加重庆市现场急救医疗大赛,获二等奖。2012年任重庆渝东医院副院长,期间先后赴河北省骨科医院参加“髋、膝关节置换高级进修班”学习,赴中国人民解放军总医院(北京301医院)关节外科学习复杂关节置换及关节翻修术,应欧洲骨科界邀请,到捷克共和国首都布拉格参加第十六界欧洲骨科与创伤年会。

积累包括肩、肘、髋、膝等关节的置换与翻修，关节镜检查及病灶清理，关节镜下半月板修整及交叉韧带重建等医疗手术经验，自2010年以后，年开展肩、肘、髋、膝等关节手术平均300例左右，手术例数及难度在渝东北片区处于领先水平。在《临床骨科》《局部解剖》等杂志上发表论文多篇，并参与《新编现代骨科临床诊治学》一书关节疾病的编写工作，同时担任该书副主编。连续九年评为“先进个人”。

向　波　生于1973年12月，鸦鹊水漂五组人。中共党员，理学学士学位，中学高级教师、中国数学学会会员、湖北省数学学会会员。恩施州数学学会理事。自幼在鸦鹊水小学念书。1990年6月以崔坝中考第一名，恩施市前三名的中考试成绩录取到恩施市第一中学。1993年9月，就读于湖北师范学院数学系本科教育专业。1997年6月毕业获学士学位，当年分配到恩施市第一中学任教，担任校团委副书记、教工团支部书记。2002年7月加入中国共产党。2004年任年级党支部宣传委员。2006年11月被学校聘为校保卫科科长兼政教处副主任。2007年7月任年级党支部书记、教务处副主任。2010年8月担任学校教务处主任、年级党支部书记。2011年1月调任龙凤高中副校长（恩施市第三中学），同年7月，提拔到恩施州一中（恩施高中）任教、任年级教学副主任。2012年2月任恩施市第一中学副校长、党委委员。2013年5月，任恩施市第二中学党总支书记、校长。

向　荣　生于1959年1月，土家族，大学学历，鸦鹊水村人，1975年7月参加工作，1987年6月加入中国共产党。1975年7月—1978年9月，恩施县鸦鹊区红光大队下乡，任民办教师，1978年9月—1980年7月在恩施县师范文科班读书，1980的7月—1982年9月先后在土桥高中、屯堡高中任教，1982年9月—1984年7月在湖北省教育学院政教系读书，1984年7月—1993年7月在恩施市委党校理论室副主任、主任，1993年7月—2003年任恩施州委党校学员管理处处长（副教授、教授）。在从事教学工作之余，对恩施州工农业经济发展问题进行较为深入的调查研究，出版《改革与经济研究》《恩施州工业发展道路》等著作。主编和参与编写《恩施面对人世》《经济改革实践》《社会主义思想教育讲话》等教材。在国家、省、地（市）级刊物上发表经济研究方面的论文50余篇，有20余篇论文在理论研讨会上获奖。近几年发表的主要文章有《我国分配制度的再创新》《关于重建按劳分配的思考》《对恩施州承接产业转移的思考》《关于恩施州发展特色农业的思考》《恩施州工业化初期阶段政策取向》《恩施州旅游业发展的政策取向》。

向　熙　生于1968年3月，土家族，大学学历，鸦鹊水村人，1987年7月参加工作，1995年6月加入中国共产党。1987年7月—1988年3月在恩施市特产局工作，1988年4月—1992年10月任恩施市红庙特产站副站长，1992年11月—1997年3月任红庙开发区金子办事处副主任、主任，1997年4月—1997年9月任恩施市红庙街道办事处领导小组成员，1997年10月—1999年11月任恩施小渡船街道办事处副主任，1999年12月—2000年12月任恩施市政府办公室政研室副主任，2001年1月—2003年12月任舞阳坝街道办事处党委副书记、主任。

向仪臣　生于1943年6月,大学学历,鸦鹊水村人,中共党员。1968年9月参加工作,1975年1月加入中国共产党。1968—1980年任利川县粮食局工业基建股股长。1981—1983年恩施地区粮食局工业科科长。1984—1992年任恩施州粮食局副局长。1992—1998年任恩施州轻纺工业局局长、党组书记。1998—2003年任恩施州人大常委、州人大委员会民族委员会主任委员、州人大委员会民族工作委员会主任。1983年出席中共湖北省第四届代表大会。2003年退休。

向兴然　生于1932年12月,土家族,鸦鹊水村人,大学学历,1950年参加工作。1956年加入中国共产党。1949年11月20日考入恩施军政干校学校。1950年任恩施军分区教导大队文化干事。1951年随中国人民解放军老八团入朝。1951—1975年,在中国人民解放军17军工作。1976—1979年,任武汉军区步兵学校、兰州政治学院指导员(副团职)、组织处副处长。1979年转业任武汉市桥口区邮政局党组书记,1992年退休。

向成舟　生于1953年6月,土家族,鸦鹊水滚龙坝人,大专学历,1972年12月参加工作。1975年8月加入中国共产党。1972年12月为新疆南疆军区警卫连战士,1977年12月—1979年12月任南疆军区警卫连排长、副指导员。1980年1月任南疆军区独立营指导员。1983年3月任新疆军区守备团指挥协理员。1986年12月任恩施市委办公室秘书科副科长。1990年12月任恩施市芭蕉区区长、党委书记。1993年2月任恩施市民委主任。2001年1月任中共恩施市委办公室副主任、党组成员,2013年12月任恩施市政协副主席。

向成谋　生于1951年8月9日,鸦鹊水村大垭门人,副主任医师。1978年毕业于湖北医学院口腔系,分配到恩施地区医院(恩施州中心医院)口腔科工作。曾任口腔科主任,湖北省口腔医学会理事,湖北省牙防领导小组成员、恩施州医疗事故鉴定专家组成员。2011年退休。

向亚锋　生于1963年10月,土家族,鸦鹊水村人,研究生学历,1985年参加工作,1985—1998年任武汉大学讲师,1998年—2003年,在日本东京电子系统中心工作。

向兴坤　生于1959年6月,鸦鹊水村卖铧沟人,土家族,大学学历,中共党员,正科级干部。1986年加入中国共产党。1988年10月参加工作。1988年10月—1993年12月任恩施市崔家坝镇香炉坝乡党委书记。1993年12月—1995年4月担任中共恩施市崔家坝镇委副书记。1995年5月—1997年9月任中共崔家坝镇委副书记、镇长。1997年10月—2001年3月,任中共太阳河乡党委书记,2001年4月—2003年11月,任恩施市科技局党组成员、副局长。2003年12月—2013年12月任中共恩施市委统战部副部长、恩施市工商联党组书记、恩施市政协常委。

向极钎　生于1967年11月27日,鸦鹊水村卖铧沟人,硕士研究生学位,中共党员。1991年毕业于长江大学本科,分配到恩施州农业科学研究院工作。1998年7月加入中国共产党。1999年获华中农业大学硕士研究生学位。2001年被湖北省人社厅评为二级研究员。

2008年被中共湖北省委、湖北省人民政府授予“突出贡献专家”称号。2009年10月担任恩施州农业科学研究院副院长、恩施州硒研究院院长。

向极航 生于1956年8月,土家族,大学学历,鸦鹊水村人,1980年3月参加工作,中共党员。1980—1983年在恩施州药品检验所工作。1984年在恩施报社工作,在职考入中南民族大学文秘专业学习,1987年毕业后回恩施报社工作。1990—1992年任州委宣传部副科长。1992年9月—1994年1月任恩施州精神文明建设委员会办公室主任。1999年8月—2001年5月任恩施州宣传战线党委专职副书记兼纪委书记。2001年6月—2001年9月,任恩施州社科联主席。2001年10月—2003年12月任恩施州直机关工委副书记。

向极鄢 生于1948年10月,土家族,鸦鹊水村人,大学学历。1976年参加工作,研究员,正高级职称。中国民主同盟党员。1976—1984年在恩施地区(州)医学专科学校工作。1984—2003年任恩施州文化馆美术摄影部主任兼恩施自治州美术家协会主席、中国国画艺术研究院副院长、中国农大艺术系客座教授,湖北省美术家协会理事。

向晓红 女,生于1972年3月,土家族,鸦鹊水村人,研究生学历,中共党员。1992年9月参加工作,1997年加入中国共产党。1992年9月—1994年11月在恩施市工商局芭蕉工商所工作,1994年12月—1997年8月在恩施市工商局六角亭工商所工作,1997年9月—1998年11月任六角亭办事处团委书记、党政办副主任,1998年12月—2003年4月任恩施市计生局副局长,2003年5月-2003年12月任恩施市妇联主席。

向雄极 生于1942年6月,土家族,鸦鹊水村人,高中学历。中国农工民主党党员,经济师。1963年在崔坝食品所工作,1964年在沙地食品所工作,1967—1970年在沙地供销社工作,1970—1972年在芭蕉供销社工作,1972—1985年在宣恩乡国营酒厂任副厂长、厂长,宣恩县第一届政协委员会委员。1985—2001年任恩施市供销社副股长、股长、副主任,恩施市第二届、四届、五届政协委员,第四届政协常委、中国农工民主党总支委员。2002年在市供销联社退休。

宋　平 女,生于1967年4月15日,土家族,鸦鹊水村向家湾人,博士。1987年7月毕业于湖北民族学院特产专业,1996年7月为华中理工大学经济学院硕士研究生,获经济学硕士学位。2009年6月为武汉理工大学管理学院,在职博士研究生,获管理学博士学位。

1987年7月-1993年7月,在恩施市罐头厂工作,1996年9月—2013年12月,任武汉理工大学经济学院教授、硕士生导师、博士生导师、国家自然科学基金项目评议专家;国家教育部优秀学位论文评审专家,主持国家自然科学基金项目2项、教育部人文社科基金项目1项,湖北省教育厅教研课题1项,武汉理工大学人文社科创新研究重点项目1项,参与国家自科基金重点项目1项,国家自科基金会项目1项,教育部人文社基金项目1项。获湖北省科技进步三等奖,发表论文30余篇,出版学术专著1部。

李　进 生于1970年1月,土家族,鸦鹊水村人,大学学历。1990年6月加入中国共产党,1990年7月参加工作。1990年7月—1990年12月在恩施州民委工作。1991年1月—

1992年6月在利川市凉雾区花梨乡工作。1992年6月—1994年2月在恩施红庙开发区工作。1994年2月—1994年11月在恩施州委组织部工作。1994年12月—1997年3月在来凤县卷烟厂工作。1997年4月—2003年11月任恩施州委组织部副科长、科长、主任。2003年12月在恩施州委办公室督查室副主任、办公室副主任。

汤吉华　生于1962年8月，鸦鹊水村人，土家族，大专学历，中共党员。1987年7月加入中国共产党，1984年12月参加工作。1984—1991年任崔家坝镇公龙坝乡党委副书记，副乡长。1991—1992年任斑竹园乡副乡长。1993—1994年任中共斑竹园乡党委书记。1994—1996年任崔家坝镇副镇长。1996—1999年任沙地乡党委副书记。1999—2001年任恩施市龙马乡乡长、党委书记。2001—2005年先后任小渡船街道办事处副书记、人大主席，舞阳坝街道办事处副书记。2005—2013年，任恩施市人大常委会农业工作委员会主任。

汤吉炳　生于1942年10月7日，鸦鹊水村向家湾组洪家窝坑人。中学一级教师，中共党员。1950年入学读书，1962年7月高中毕业，当年参加教育工作。2002年退休。在40年的教育生涯中，先后任教过小学、初中、高中。担任过茅田小学、鸦鹊水中小学、崔坝高中、崔坝民族农业高中等学校校长、党支部书记等职。在任农中校长期间兼任中共崔家坝镇委党校副校长，1985年在湖北教育行政学院学习进修。1991年参加国家教委在湖南农学院举办的南方职业高中校长培训学习。多次被评为“优秀教师”“优秀教育工作者”“优秀共产党员”称号。多次受恩施州、恩施市党委政府表彰。1981年出席恩施地区第二次教育战线先代会，获奖章1枚。1991年应邀出席湖北省职教先代会。1992年被中共恩施市委、恩施市人民政府通报表彰。

2002年退休后，积极参加基层组织各种社会活动，曾分别担任鸦鹊水村多届财务公开监督小组组长和民主理财监督小组组长，是崔家坝镇人民政府关心下一代工作委员会成员。2004年被当地村民推荐为“治安中心户长”，其工作得到国家公安部、湖北省、恩施州、恩施市各级领导的表扬，相关事迹被多家媒体宣传报道，人民公安报刊发的《抓治安的好户长——汤吉炳》一文被编入大型文献巨著《情系人民》。2005年被恩施州委、州政府授予“优秀治安中心户长”，连续六年被州级表彰。2007年被中共恩施市委、市政府表彰为“老有所为先进个人”。

汤吉舜　曾用名汤吉顺，生于1962年9月，鸦鹊水村向家湾人，中共党员，大学学历。湖北大学地理系地理教育专业理学学士学位，湖北省特级教师，恩施州有突出贡献专家，任恩施州教科院院长，恩施州中小学教师研修中心主任，恩施州地理学会理事长。1983年8月，在恩施市崔家坝镇从事小学、初中地理教学工作。1987年8月，在龙凤高中从事地理教学工作，先后任教研组长、政教处副主任。1993年8月-1997年12月，在恩施市教研室工作，从事中学地理教学研究，任办公室主任。1998年4月-2013年12月，任恩施州教科院办公室主任、教科所副所长、教科院副院长。2004年1月—2005年2月，为湖北省教科所访问学者、湖北省教育规划特聘专家。2012年1月任恩施州教科院院长、恩施州中小学教师研修中心主任,重点从事中学地理教学研究,教育科研规划与课程管理研究,中小学教师专业发展研究。

主要研究成果与突出业绩为主持湖北省教育科学以及“十五”规划课题“中学地理教育中创新精神和实践能力培育研究”,研究成果获全国一等奖。研制并在恩施州推广“高中地理高考复习专题辅导”和创建《世界地理、中国地理框图是位》复习教学法,教学效果在全省处于领先水平,普通高考全州地理平均水平多年连续居全省第一。主持湖北省基础教育研究课题《农村中学地理教师与新课程适应性研究》《恩施州农村中学地理教师与新课程适应性研究调查报告》获全国一等奖。承担湖北省教育厅重大研究项目“湖北省高中新课程改革地理课程设置指导方案”研制,参编的《湖北省普通高中新课程地理教学指南》由湖北科学技术出版社出版。在湖北省教育厅重大研究项目《新课程学科课堂有效教学研究》中,承担的全省地理学科课堂有效教学指导工作取得显著成效,研究成果《普通高中课堂教学标准与教学安全案例·地理》由湖北教育出版社出版。长期致力于课堂资源开发与教学研究,成果显著。撰写的《农业土壤的污染与防治》研究论文连载于《环境报》。著作《新编中学地理图形图像语言教程》由长江出版社出版。主编中等职业学校课程改革试验成果教材《常用职场礼仪指导》由高等院校出版社出版,参编全国课程标准试验教材《义务教育课程标准(实验)教科书·地理》由商务印书馆、星球出版社出版。曾获全国教学研究成果一等奖5项。全国教改成果二等奖1项,湖北省教改成果一等奖1项。先后获省教育科研百佳个人、恩施州优秀科技工作者、优秀教育工作者、优秀共产党员等荣誉。

高安平 生于1947年3月25日鸦鹊水村人,中共党员。1965年8月参加中国人民解放军,在47军新兵营。新兵训练期间,报名转入中国人民解放军高炮63师628团入越作战,抗美援越,由战士先后提升为班长、排长。1966年2月回国,1966年7月加入中国共产党。1969年6月—1970年3月任高炮628团政治处书记,组织、宣传干事。1970年4月—1977年6月,任高炮63师政治部宣传科新闻干事、宣传干事。1977年7月—1980年1月任高炮609团政治处宣传股长、政治处副主任。1980年1月—1983年3月任高炮63师政治部宣传科长,其间在西安政治学院学习6个月。1983年4月—1986年2月任高炮628团副政治委员、纪委书记。1986年2月—2007年5月,任武汉市汉阳区委组织部综合科长、干部培训科长、区委党校第一副校长、区人大常委会办公室副主任、人事任免工作委员会主任。2007年5月—2013年12月,任武汉市福盛达酒店管理有限公司党支部书记、行政总监。

胡贵祥 生于1964年9月,鸦鹊水村荆竹园人,大专学历,中共党员,正科级干部。1982年10月参加工作。先后在恩施市芭蕉区税务所、六角亭税务所、六角亭国税分局、恩施市税务局、国税一分局、国税施南分局、恩施州国税局稽查局、恩施州国税直属分局工作,并担任副局长、局长。2008年评为湖北省国税系统优秀分局长。

柳德熊 生于1966年9月生,鸦鹊水村人,中共党员。1987年7月毕业于鄂西大学林学系,1993年7月毕业于湖北大学政治教育专业,获法学学士学位。2001年7月毕业于华中科技大学法学院民法学硕士学位班,获副研究员职称。历任湖北民族学院林学系政治辅导员、社科部专职教师、后勤管理处科长、副处长、教育学院副院长、院长、后勤产业集团总经理、基建管理处处长。

彭鼎文　生于1968年5月,鸦鹊水村尖龙坪人,大学学历,中共党员。1990年8月参加工作。1992年6月加入中国共产党。1990年8月-1992年12月任龙凤区佐家坝乡副乡长、乡长、龙马镇镇长。1993年1月-1999年10月任崔家坝镇团委书记、党政办副主任,斑竹园乡乡长、滚龙坝乡乡长、书记。1999年10月-2001年3月,任新塘乡党委副书记兼组织委员。2001年3月-2003年12月沙地乡党委副书记、纪委书记、乡长。

第三节　人物简表

鸦鹊水高等学历职称人员一览表

表12-2

姓　名	性别	任职单位和职务	学历职称等级
高秉江		华中科技大学	博士生导师
宋　平	女	武汉理工大学	博士、研究生导师
向　丽	女	湖北社会科学院	博　士
向剑极		武汉职院教务处长	教　授

鸦鹊水村硕士研究生一览表

表12-3

姓　名	性　别	姓　名	性　别	姓　名	性　别	姓　名	性　别
向伶双	女	向俐双	女	向　博		向亚峰	
冉传慧		向红玲	女	向　筱	女	向　闸	女
向　真	女	向艳玲	女	—	—	—	—

鸦鹊水村研究生一览表

表12-4

姓　名	性　别	姓　名	性　别	姓　名	性　别	姓　名	性　别
向晓红	女	向源苑	女	张　涛		向　达	
冉文权		周　曼	女	潘　琴	女	向亚锋	
张　乾		柳德雄		向　昊		向　鹏	
向亚荣		马建军		向极钎		李　伟	
李　瑞		—	—	—	—	—	—

鸦鹊水村大学学历人员情况一览表

表 12-5

姓　名	性　别	姓　名	性　别	姓　名	性　别	姓　名	性　别
汤吉舜		向欣然		李　进		李结华	
向　华		向　进		彭鼎文		黄向前	
向成谋		向兴坤		汤　渊		汤　文	
汤　堃		汤吉品		汤宝权		向成和	
谭秋燕	女	高　玲	女	王长见		崔建远	
向极鑫		向金菊	女	向芝芬	女	向仪臣	
向　阳		胡　欢	女	汤　乐	女	汤　力	
汤　璐	女	黄志镕		汤克凤	女	汤　菲	女
向振华		胡　乐		向　琪	女	向成琴	女
向成宗		向　莹	女	彭垚瑶	女	向　波	
柳春风		向极元		向永极		向美成	
向东华		向青林		向济生		向成坦	
向晓明		向成舟		向忠良		向　煦	
向　红		汤济厚		潘　倩	女	潘　薇	女
汤吉槐		李　伟		黄永胜		张　斌	
向苗苗	女	向建军		王艳平	女	苏　鑫	
陈　珊	女	向振军		向菁菁	女	姚　艳	女
向　震		王凯旋		向　姗	女	姚　艳	女
向小宇	女	向贻曼	女	向全夫		周　涛	
周　毅		向　奎		向　慧		向海成	
向巧灵		许怀毕		汤　平		汤　峰	
张　维		崔　伟		向华丽	女	向极兰	女
向春宜	女	向　卞		向　亮		向成彪	
向贻秋		彭甜甜	女	向　上		向　荣	
向海鸥	女	向　娟	女	向成明		向　甜	女
冉传远		冉文娟	女	冉　文	女	冉文鑫	
向　越	女	冉　武		向　佳	女	向　娜	女
向成松		向唯仁		向敬轩		向成文	

续表12-5

姓 名	性 别	姓 名	性 别	姓 名	性 别	姓 名	性 别
胡锦成		向东风		向成涵		冉文昌	
向 航		向 媛	女	向晓羽	女	向成玉	
张 帆	女	付纯明	女	向红梅	女	彭亚娥	女
司马琴	女	彭 斐		司马学垚		司马智超	
司马晓玲	女	司马经礼		向 睿		周 娟	女
崔 维	女	向银成		向极甫		向锦成	
向雅菲	女	向极文		李婉炜	女	向成梅	女
张朝霞	女	赵梅荣	女	冉 义		向极波	
陈 姗	女	赵 艳	女	向成飞		向廷极	
向成统		向剑极		冉文倩	女	冉小蒙	女
向 琪	女	向 喆		向雅雯	女	向 东	
向 瑶		向 可		向雅倩	女	周恩敬	女
向 霄		向成展	女	崔 青	女	向 迪	女
廖艳丽	女	向成维		向芙蓉	女	曾庆梅	女
姚剑侨		姚楚侨	女	向极航		李泽明	
向极鄢		袁艳国		向兴然		向 猛	
向 嵬		向慧萍	女	陈 文		张 健	
张 浩		黄海燕		李代富		宋 勇	
张 琼		汤 山		向贻品		刘守卫	
向 瑞		刘诗文		向 嫚	女	向 榕	女
曹小娟	女	范 鑫		王雨果		王 念	女
刘 伟		刘 维		韩新星	女	向东山	
向 力		向 量		郑 美	女	曹雁青	女
曹雁林	女	罗尚玲	女	黄 维	女	黄 琳	女
吴 茜		向 静	女	向 波		朱 星	
朱癸霖		聂 辛	女	易雪涛		崔玉梅	女
朱炎玲	女	沈远东		杨 玲	女	陈 果	
范孝天		李泽民		李 瑞		李刚学	
李 玲	女	李 佳	女	李 明	女	向成锐	

续表12-5

姓 名	性 别	姓 名	性 别	姓 名	性 别	姓 名	性 别
廖德洲		向凤英	女	姚传涛		朱 姣	女
黄玉堂		黄 杰		核电杰		曾 净	女
向 华		向 艳	女	向慧芳	女	向贻炯	
向成谦		向寿红	女	石小艳	女	汤翔宇	
张 军		朱 舟		魏 奎	女	向玉珍	女
朱胜兰	女	杨汉民		—	—	—	—

鸦鹊水村大专学历人员情况一览表

表 12-5

姓 名	性 别	姓 名	性 别	姓 名	性 别	姓 名	性 别
李 平		向曼极		张 军		沈远东	
向东风		汤吉华		胡 敏		汤吉柱	
胡贵祥		高贵清	女	张胜美		许怀碧	
向兴松		胡 乐		向兴巧		黄晓华	女
向成琴		—	—	—	—	—	—

鸦鹊水村籍副科级以上人员情况一览表

表 12-6

姓 名	性别	职称	政治面貌	工作单位和职务
许怀碧		正科	中共党员	恩施州国税局主任科员
李杰华	女	正科	中共党员	恩施州人大常委会民族工委办公室主任
向成舟		副县级	中共党员	恩施市政协副主席
胡连海		正科	中共党员	恩施市教育局局长
向立群		正科	中共党员	六角亭街道纪委书记
周 骥		副科	中共党员	龙凤镇党政办公室主任
彭孝全	女	副科	中共党员	崔家坝镇福利院院长
向网极		副科	中共党员	恩施市纪检室主任
向成和		副科	中共党员	恩施市委党校
向极怀		副科	中共党员	恩施市委党校常务副校长

续表12-6

姓　名	性别	职称	政治面貌	工作单位和职务
向兴坤		正科	中共党员	恩施市委统战部副部长
向从英	女	副科	中共党员	恩施市财政局
汤吉舜		正科	中共党员	恩施州教科院院长
彭鼎文		正科	中共党员	恩施市移民局副局长
高桂清	女	副科	中共党员	恩施市工商局副主任科员
向极大		副县级	中共党员	来凤县政协副主席
向极弟		副县级	中共党员	来凤县革委会副主任
肖绍义		正科	中共党员	建始县苗坪区委书记
冉传远		正科	中共党员	白果区区长、轻工业局副局长
汤吉华		正科	中共党员	恩施市人大农业工作委员会主任
向　波		正科	中共党员	恩施市第二中学党组书记、校长
高安平		正科	中共党员	武汉市汉阳区人大常委会办公室副主任
向晓红	女	正科	中共党员	恩施市妇联主席
向　荣		正科	中共党员	恩施州委党校学员管理处长
向仪臣		副县级	中共党员	恩施州人大常委会民族工作委员会主任
向极航		副县级	中共党员	恩施州直机关工委副书记
向　熙		副县级	中共党员	恩施市人大常委会副主任
向兴然		副县职	中共党员	武汉市桥口区邮电局党委书记
向极仟		正县级	中共党员	恩施州农科院副院长
李　进		正县级	中共党员	州委办公室副主任
黄廷贵		副科	中共党员	崔家坝镇副镇长
胡贵廷		正科	中共党员	通城县司法局局
向兴泮		正科	中共党员	崔家坝镇副镇长
向　进	女	副科	中共党员	恩施市检察院
张胜美		副科	中共党员	舞阳坝街道办事处党政办公室主任

退伍军人

1.已故人员(25人)

向极祥　罗吉存　向极华　赵先美　冉仕明　向极朝　鲁运禄　马相才
汤迪元　汤迪刚　李新福　崔显满　崔显明　向若轩　向极勇　向兴寿

向带极　姚道明　向欣然　胡连德　汪本立　周发贵　向富若　向天勇
向兴顺

2.抗美援朝时期(12名)

向忠良　向兴沛　向兴刚　向兴胜　向兴波　向松极　向极梅　向笃生
向春极　向兴藻　张治西　向均成　向若轩

3.和平建设时期(103名)

彭华廷　彭南廷　张胜美　张希平　向凤极　向兴德　向极汝　向极坤
向成珍　汤尚成　向　毅　向睿　向民杰　司马朝华　司马立美
向俊极　崔存荣　向成财　张胜坤　向厚极　向成裔　向成果　向极会
向极林　赵业鹏　张学权　向成仁　王宗杨　余以坤　高安平　向志成
李　义　谢作社　向　巍　向登平　王明玉　冉龙轩　许义寿　黄发成
幸运清　宋永隆　向爱极　马兴福　崔喜元　陈兴社　向鹏举　向　恩
姚道富　向建华　谭大顺　崔显宏　李宗云　向成淦　向良军　朱怀忠
谭志军　谭大立　曾以元　向升阶　向成林　谭明华　崔应华　向海波
向　威　杨昌权　李刚强　黄树木　在　朝　向浩极　周秀廷　向荣臣
黄君仁　汪绍清　向　田　谭　勇　辛　越　向东江　王　毅　罗　京
曹志国　郑仕东　付世和　郑庆和　向　勤　李小龙　黄文轩　夏朝举
罗尚淇　汤　涛　汤　堃　汪　松　向良忠　张　仲　肖世万　张昌敏
程灼远　朱祥斌　黄树斌　魏国清　向兴泽　李朝如　向　华　李朝如
向兴寿

1916-2013年鸦鹊水村民间艺人简表

表12-7

姓　名	出生年月	专　长	家庭地址
张仁怀	1961.7	木　匠	尖龙坪
崔显华	1970.7	木　匠	尖龙坪
张胜坤	1958.11	木　匠	尖龙坪
崔显杰	1968.8	木　匠	尖龙坪
张德荣	—	木　匠	尖龙坪
向　林	1969.7	石　匠	尖龙坪
向小平	1971.8	石　匠	尖龙坪
彭朝鑫	1938.10	木　匠	尖龙坪
向极清	1940.11	木　匠	尖龙坪

续表12-7

姓　名	出生年月	专　长	家庭地址
向极孝	1952.10	石　匠	尖龙坪
向极雄	1963.12	石　匠	尖龙坪
向成华	1965.11	木　匠	尖龙坪
向极松	1953.9	木　匠	尖龙坪
冉传华	1962.4	木　匠	尖龙坪
向极爱	1956.11	石　匠	尖龙坪
向极武	1960.12	石　匠	尖龙坪
冉传必	1949.12	木　匠	尖龙坪
冉文刚	1973.11	木　匠	尖龙坪
冉仕成	1918.12	木　匠	尖龙坪,已故
冉传林	1946.5	木　匠	尖龙坪,已故
冉仕相	—	杀猪佬	尖龙坪,已故
冉传富	1961.9	杀猪佬	尖龙坪
冉仕州	1941.6	木　匠	尖龙坪
向极庆	1962.5	石　匠	尖龙坪
向成伟	1988.2	杀猪佬	尖龙坪
向极忠	1963.4	石　匠	尖龙坪
向极坤	1961.12	石　匠	尖龙坪
向极科	1945.7	木　匠	尖龙坪
向极厚	—	木　匠	尖龙坪,已故
向极秘	1958.6	木　匠	尖龙坪
周祥华	1966.5	石　匠	尖龙坪
向极炳	1961.4	杀猪佬	已故
黄玉银	1955.9	杀猪佬	尖龙坪
向明爱	1957.11	杀猪佬	尖龙坪
向兴儒	1938.2	石　匠	尖龙坪
许怀安	—	石　匠	尖龙坪
周克武	1960.4	石　匠	尖龙坪
向明忠	1950.7	木　匠	尖龙坪

续表12-7

姓　名	出生年月	专　长	家庭地址
向兴山	1953.10	木　匠	尖龙坪
向　银	1967.1	石　匠	尖龙坪
冉传波	1961.9	木　匠	尖龙坪
向极庆	—	木　匠	尖龙坪
司马朝登	1952.11	木　匠	白果垴
司马朝国	1953.1	杀猪佬	白果垴
胡又社	1948.8	木　匠	白果垴,已故
向极尚	1950.4	木　匠	尖龙坪
冉传怀	1971.6	劁猪佬	尖龙坪
崔辉友	1945.3	杀猪佬	尖龙坪
向兴文	1933.1	木　匠	尖龙坪,已故
马朝荣	1940.9	木　匠	尖龙坪
马朝松	1942.9	木　匠	尖龙坪
黄金山	—	篾　匠	尖龙坪
向平极	—	石　匠	滚龙坝
向兴维	1944.12	漆　匠	滚龙坝
郭义敏	1963.7	石　匠	滚龙坝
陈代发	—	蔑　匠	滚龙坝
向品极	—	花　匠	滚龙坝
陈兴社	—	蔑　匠	滚龙坝
向成安	1946.12	石　匠	滚龙坝
向贻宏	1971.4	木　匠	滚龙坝
向极寸	1968.7	石　匠	滚龙坝
崔远成	1959.2	杀猪佬	滚龙坝
向爱极	1961.9	花儿匠	滚龙坝
向兴永	1945.11	石　匠	滚龙坝
向宣极	1940.8	石　匠	滚龙坝
马立发	—	石　匠	卖铧沟
向兴创	1944.9	石　匠	卖铧沟

续表12-7

姓 名	出生年月	专 长	家庭地址
向兴俊	—	石 匠	卖铧沟
朱声斌	1967.4	劁猪佬	卖铧沟
姚义春	1902.7	蔑 匠	鸦鹊水
许典清	—	木 匠	鸦鹊水
朱声友	1971.4	劁猪佬	鸦鹊水街
朱和碧	1938.3	木 匠	鸦鹊水街
朱和银	1935	木 匠	鸦鹊水街
范学初	1926	漆 匠	已故
金和清	1900	漆 匠	已故
张邦喜	1921	铜 匠	已故
高维成	1920	丝 烟	已故
梁习三	1916	丝 烟	已故
李正林	1918	剃头匠	已故
向平安	1901	剃头匠	已故
向天普	1930	杀猪佬	已故
向兴顶	1926	杀猪佬	已故
向宝斋	1915	杀猪佬	已故
胡义祥	1938	杀猪佬	已故
向兴考	1952	杀猪佬	下马台
王友明	1955.4	杀猪佬	鸦鹊水
王连发	—	补祸佬	向家湾,已故
汤迪太	1916.5	补祸佬	向家湾,已故
张德明	—	木 匠	向家湾,已故
向兴远	—	石 匠	向家湾,已故
魏国友	1941	木 匠	向家湾
汪本轩	1949	漆 匠	向家湾
张昌甫	1949	木 匠	向家湾
汪培庆	1946	木 匠	向家湾
刘后宣	1945	补祸佬	向家湾

鸦鹊水村历代医疗工作人员简表

表12-8

姓　名	性别	出生年月	医护岗位	备　注
向应逵		1843.11	中草药医生	清咸丰年间著名医生、精通风水
向若灿		—	中草药医生	清道光年间著名医生,又名向东洋
汤迪安		1921.1	中草药医生	
王文山		1886.8	中草药医生	
陈彦明		—	中草药医生	民国时期鸦鹊街开药店
向洪钧		—	中草药医生	民国时期鸦鹊街开药店
刘后斋		—	中草药医生	民国时期鸦鹊街开药店
向极艳	女	1981.2	护士长	
曾茂元		1949.10	乡村赤脚医生	
向兴沛		1949.4	乡村赤脚医生	
许兴莲	女	1994.9	护　士	
向丽娟	女	1995.10	护　士	
周　毅		1974.8	医师	恩施州卫生计生委办公室主任
周　玲	女	1989.5	护　士	
鲁和英	女	1972.3	护士长	
向兴卫		1923	中草药医生	
向　鹏		1961.1	赤脚医生	
周　涛		1978	医生	
向极丽	女	1985.3	—	
向　进		—	—	
马建军		1979.7	副主任医师	
向成谋		1951.8	副主任医师	
向极昌		1927.4	高级中医师	
汤吉顺		1946	赤脚医生	
马东轩		1926	中　医	
向极相		1953	中　医	
鲁绍敏	女	1990.12	护　士	小渡船医院办公室
周维菲	女	1995.11	西医师	恩施市中心医院
刘　妮	女	1981.3	西　医	

续表12-8

姓　名	性别	出生年月	医护岗位	备　注
赵　艳	女	1979.3	中级护士	
朱　文	女	1983.7	护　师	
郑士军		1962.8	药剂师	
向成琴	女	1974.2	药剂师	
向成洁	女	1966.2	医　师	
向成安		1946.12	医　生	
向成统		1969.6	医　师	
向　飞		1977.6	医　师	恩施州中心医院外科
焦敢贵	女	—	医　师	
周秀廷		1944.9	药剂师	
郑朝静		1927	医　生	
郑仕东		1955.10	医　生	
向成宗		1944.8	医　生	
向　奎		1971.8	主治医师	秘尿科
向　可		1978.11	主治医师	
崔彩元	女	1947.11	主治医师	
向吉福		—	医　生	
高安胜		1952.2	赤脚医生	
向玉珍	女	1968.1	妇科医生	
向颐极	女	1958.1	医　生	
吴锦淑	女	1941.2	医　生	
黄晓华	女	1988.4	护　士	恩施市中心医院崔坝分院
李永红	女	1983.6	妇科医生	恩施市计生委
李晓燕	女	1993.3	护　士	恩施爱尔眼科医院
黄　芹	女	1995.4	护　士	恩施市中心医院崔坝分院
高　玲	女	1993.6	护　士	恩施爱尔眼科医院
向海成		1984.6	主治医师	
张　军		1976.8	中级主治医师	
魏　奎	女	1989.5	医　师	宣恩县万寨卫生院
向玉玲	女	1968.10	副院长	舞阳坝街道卫生院

续表12-8

姓 名	性别	出生年月	医护岗位	备 注
张 丽	女	—	—	
向兴安		—	中医师	
周秀廷		—	医 师	
向 熔	女	1991.5		
向成杰	女	—	医 师	

1949年前鸦鹊水村私塾人员简表

表12-9

姓 名	出生年月	职 务
向天瑞	清 代	私塾先生
向天银	1890—1962	民国九年开始办私塾
向应儒	1836—1907	在利川兴办私塾学校
向大新	1755—1817	清乾隆末年至嘉庆年间在黄广田办学、习武
向悟道	1820—1895	清咸丰年间在尖龙坪围屋任教私塾
向应熙	1864—1927	清末至民国社年在尖龙坪教私塾
向发若	1876—1931	民国三年开始在松树坡办私塾
向天荣	1925—1994	1945-1950在野猫洞办私塾,1950年以后继续教书
向实若	1868—1945	民国时期私塾先生,人称实大先生
向友道	1824—1923	清末秀才,私塾先生
向发若	—	私塾先生
向连三	1915.3	民国年间私塾先生
向兴义	1917.12	民国年间私塾先生
向弘若	—	私塾先生
汤迪保	1908	新中国成立前夕荆竹园私塾先生
向兴洲	—	私塾先生
向兴燕	1919.3	私塾先生
向崧如	1920.11	私塾先生
杨彬如	—	私塾先生

1950—2013 年鸦鹊水村从事教师工作人员情况一览表

表 12-10

姓 名	性别	出生年月	职务与职称	备 注
高秉江		1961.4	教授	华中理工大学
汤吉炳		1942.10	中学一级校长	
肖世喜		1951.4	小学高级	
苏良权		1955.5	小学高级	
朱祥斌		1955.6	小学高级	
吴登云		—	恩施初中	
向兴松		1938.9	中学教师	
向兰芳	女	1966.7	中学高级	湖北省实验小学
向 达		1981.7	高级讲师	湖北警官学院
张远明		1939.8	—	小学教师
胡贵新		1949.10	—	
胡连海		1941.3	中学高级	恩施市教育局副局长
汤吉舜		1962.9	中学高级	
汤吉柱		1954.9	—	湖北民族学院行政干部
汤克平		1965.1	小学高级	崔坝中村小学任教
范宏翠	女	1962.1	小学高级	崔坝中村小学任教
汤克斌		1970.6	中学一级	龙凤中学任教
胡 敏		1963.3	小学高级	鸦鹊小学副校长
汤 艳		1979.8	小学高级	施州小学任教
胡 欢	女	1987.3	—	崔坝小学任教
汤菲菲	女	1991.12	—	恩施职院任教
朱瑞廷		1962.10	中学高级	
向思霖	女	1987.7	—	恩施三中任教
孙文轩		1958.2	小学高级	
柳德英	女	1964.1	小学高级	
向兴泽		—	—	民办教师
潘相宝		—	—	民办教师
宋 平	女	1967.4	博士生导师	武汉理工大教授
向极兰		1946.4	—	

续表12-10

姓　名	性别	出生年月	职务与职称	备　注
向极远		1947.12	小学校长	
冉传俊		1957.10	小学高级	
冉仕高		1939.1	小学高级	
冉文姗	女	1991.9	—	
向极轼	女	1959.9	小学高级	
向兴斌		1942.9	中学一级	
向玉清	女	1969.1	小学高级	
向天绪		—	—	新中国成立初期小学教师
向极祥		—	—	新中国成立初期小学教师
周发燎		—	—	新中国成立初期小学教师
向极甫		1952.9	中学高级	市特校党委书记
向极梅	女	1946.3	小学高级	
向兴华		1943.3	中学一级	
向　奎		1972.8	中学一级	崔坝中学副校长
向兴杰		1959.3	小学高级	
向兴学		1942.10	小学高级	铺房小学、蕉庄小学校长
向成彪		1967.12	技校副校长	
向红玲	女	1968.2	副教授	湖北民族学院
马朝松		1942.9	—	民办教师
向海欧	女	1969.6	—	来凤任教
彭亚娥	女	1988.8	中学一级	
向春美	女	1981.3	—	幼师
王宗炎		1940.12	—	民办教师
田碧翠	女	1941.2	—	民办教师
向满极	女	1956.9	小学高级	
刘克新		1948.2	小学一级	
向极阶		1938.11	中学一级	
向荣极		1933.11	小学高级	
向成淳		1961.6	小学高级	
向成平	女	1964.4	小学高级	

续表12-10

姓　名	性别	出生年月	职务与职称	备　注
陈正荣		1971.11	小学高级	
王长建		1961.2	小学高级	
向成沛		1976.12	鸦鹊小学校长	
朱志轩		—	小学高级	
向寿红	女	1989.9	—	幼教
向兴俊		1961.10	小学高级	
向成荣		1963.11	—	
向泽极		1945.1	中学一级	
廖先华		1939.9	小学一级	
罗孝忠		1952.5	—	从事学校后勤行政
罗清云		1908.11	—	从事学校后勤行政
向珊极		1940.8	民师高级教师	
向兴介		1928.3	—	
向兴社		1929.2	—	
向兴巧		1936	—	
徐兴华		—	—	
向　前	女	—	—	
向成梅	女	1956.12	小学高级	
李明学		1946.6	小学高级	
向忠极		1942.11	小学高级	
向好极	女	1949.10	—	
向造极		1951.2	小学高级	
向选极		1954.8	小学高级	
向剑极		1967.5	教授	武汉职院教务处长
向　阳		1969.11	—	恩施市第一中学
崔显碧	女	1952.3	小学高级	
肖德荣		1939	小学高级	
谭大才		—	—	湖北水电学校
向　达		—	高级讲师	湖北警官学校
李刚强		1956.2	小学高级	

续表12-10

姓　名	性别	出生年月	职务与职称	备　注
向光耀		1949.7	小学高级	
向成尧		1987.8		红土中学
李刚菊	女	—	—	中学教师
向培极		—	—	中学教师
李朝东		1938.11	—	小学教师
向华极		1944.3	—	小学教师
廖德洲		—	—	小学教师
付尚玲	女	1983.12	—	
向学松		—	—	小学教师
胡宁德		—	—	小学教师
周　曼	女	1988.1	中学一级	
刘奇明		—	—	龙马民族、学校
李　平		1968.5	小学高级	逸夫小学
朱胜兰	女	1987.9	教师	市中心幼儿园
向　琼	女	1984.2	小学二级	市逸夫小学
向曼极		1978.6	小学高级	沙地小学
黄文柱		—	—	
龙世锦	女	—	—	小学教师
向兴松		—	—	小学教师
张发兴		—	小学高级	
谭开然		—	小学高级	
朱俊龙		—	—	
曹明利		—	—	
向玉清	女	—	—	
向　波		1973.12	—	
杨龙姣	女	1986.6	—	
谭光荣	女	—	—	
任生志		—	—	

1984年滚龙坝乡第一届人民代表大会代表

表12-11

姓　名	性别	出生年月	所在选区	选区选民人数	实得票数	备　注
崔辉林		1946.4	尖龙坪	509	400	大队支书
贺声国		1933.12	乡直	110	82	供销社
谭光清		1961.8	乡直	110	79	鸦鹊水小学副校长
向兴介		1928.2	乡直	110	77	鸦鹊水小学教师
燕明春	女	1952.4	滚龙坝	525	312	
向极社		1953.2	滚龙坝	525	297	
崔登忠		1936.1	乡干部	525	327	
黄廷贵		1955.2	乡干部	525	387	
苏良权		1955.5	向家湾小学	387	315	
刘春香	女	1939.9	向家湾	387	243	大队妇联主任
汤迪德		1933.6	向家湾	387	318	
程和权		1946.6	向家湾	387	325	大队支书
朱祥福		1938.3	向家湾	387	265	
向成新		1962.10	向家湾	387	248	大队民兵连长
刘世安		1937.11	卖铧沟	318	241	
朱明剑		1959.10	卖铧沟	318	257	
杨荣泮		1935.10	卖铧沟	318	211	
杨廷选		1945.4	卖铧沟	318	193	大队会计
向成林		1953.6	卖铧沟	318	283	大队支书
向忠极		1942	滚龙坝	525	281	教师
向极荣		1939.2	尖龙坪	509	373	
郑兴元	女	1952.4	尖龙坪	509	381	大队妇联主任
马立新		1952.5	尖龙坪	509	235	
黄树英		1943.12	尖龙坪	509	382	大队会计
冉仕民		1925.2	尖龙坪	509	211	
向兴国		1935.7	尖龙坪	509	249	
胡义社		1948.8	尖龙坪	509	413	
向协成		1943.10	鸦鹊水	436	207	

续表12-11

姓　名	性别	出生年月	所在选区	选区选民人数	实得票数	备　注
陈茂学		1934.11	鸦鹊水	436	290	
罗吉胜		1946.10	鸦鹊水	436	211	
向兴仲		1944.6	鸦鹊水	436	375	大队支书
崔菊远	女	1948.2	鸦鹊水	436	282	大队妇联主任
谭光才		1947.9	乡干部	436	333	乡武装部长
向洁清	女	1938.6	滚龙坝	525	354	
向礼极		1947.9	滚龙坝	525	391	
吕宗顺		1953.7	滚龙坝	525	310	
崔显全		1942.12	滚龙坝	525	385	大队支书

附 录

规章制度

（2012年制定）

一、信访制度

为强化信访责任；方便群众来信上访，践行“有困难找干部，要上访找支书”的诺言，确保依法信访和接访，维护社会稳定。根据《崔家坝镇信访工作制度及工作程序》的通知精神，结合鸦鹊水村实际特制定信访接待制度。

1.信访接待日的确定和相关规定

经村支“两委”研究决定，每月的十五号为全村信访接待日。

在信访接待日当天由村支部书记亲自接待。

其他时间有文书或当班人员接待。

2.信访事项接待、受理、处理程序

认真倾听并记录来访人员的来访时间、事项、主要内容，一般要求信访人员提供文字材料。

根据信访人的要求和职权范围，接待人确定信访事项的受理或不受理，并在十五日内告知信访人，说明情况，口头或书面告知，并及时与上级联系。

对受理的信访事项，根据信访事项的复杂程度，确定办结日期，交信访领导小组研究，确定办理人员。

信访事项办结后，要及时告知信访人。

积极协助镇信访办解决本村范围内的信访事项。

二、群众说事制度

1.值班人员负责日常的随时接待，做好群众信访诉求接待工作，驻组村干部要做到随时随地能够接访和劝访、息访、回访工作，要公示干部去向，以便群众了解和掌握时间前来诉求。

2.在群众信访诉求接待工作中，要做到热情接待，真心诚意“倾听群众诉求、交流感情、广纳善言”，依政策依法做好解释、化解和处理，尽可能地让来访群众更多地了解相关政策法规,变上访为息访,把各类信访事态化解在萌芽和本村。

3.做好群众信访问题诉求登记工作。对群众反映的困难和问题,要及时做好分类登记,认真梳理、妥善处置。

4.针对群众集中说事中反映出来的困难和问题,要及时研究。

5.对违反以上规定造成不良影响的,将按照相关制度严格追究相关责任人的责任。

三、村干部定期走访群众工作制度

为使村支"两委"人员加强对村情、民情构充分了解,及时掌握第一手资料,便于决策和解决实际问题,更好地密切联系群众和为村民服务,经村支部、村委会研究,特制订本工作制度。

1.参加走访对象

村"两委"班子成员。

2.走访内容及方法

看:看村容村貌,看农村生产发展情况,看望困难户必须及时看望家庭。

听:听取村民对村干部、党员、办事人员的意见和要求,了解村干部和办事人员的工作情况和工作作风;听取村民对村整体工作的意见、建议和批评。

送:送去镇委和镇政府的有关要让村民知道的方针政策和村里需要村民做或知晓的事。

查:查党员干部有无违纪现象,以及在村民中有无不良影响;查村民有无违法和违反各种制度规定情况,查村民家庭的环境卫生是否达标。查治安安全情况,有无不安全、不稳定因素。

解:向村民解说有关政策、制度、规定,化解一些因不理解不了解而造成的误解和误会,解决在走访时发现的问题,当场拍板解决的当场拍板解决,不能当场解决的,及时汇报请示。

记:在走访过程中要把看到的、听到的、查到的情况和问题,以及解决的方法记录下来,便于总结和提高。

四、为民服务全程代理制度

为把全村为民服务全程代理工作落到实处,真正起到全程代理的作用,为全体村民排忧解难,急百姓之所急。经村支"两委"决定特制定此规章制度。

1.村支"两委"成员为全村为民服务全程代理成员,书记任组长,主任、办公室值班人员为副组长,其他人员为成员。

2.热情服务,不推诿。任何人在接待群众时必须热情,耐心细致。

3.办公室值班人员在接待申请代理群众时要做好接待记录,为申请代理群众做好解释和材料的准备清单。并将所代理的事件和相关材料转交代理人。

4.代理人员须按照规定的时间将所代理的事件办理完毕,交到申请人手中。

5.为具体落实具体事宜的办理,涉及党组织、合作医疗、工商管理、土地使用内容的代理由办公室人员代理;涉及计划生育的代理由计生专干代理;涉及森林采伐的由兼职管护员代理。

6.所有代理事件除采伐证十五日以外,其余代理事件须在一周时间办理完毕。

五、精神文明创建活动方案

为提高村民的生产生活质量,丰富精神、文化生活特拟以下精神文明创建活动方案。

文明礼仪进农村

开展“全民学礼仪”教育实践活动;组建文明礼仪宣讲队伍,使文明礼仪进农村、进家庭、进校园,引导人们摒弃社会生活中的陈规陋习,懂礼貌、知礼仪、守秩序,形成全社会学礼仪讲礼仪的新风尚。把生活礼仪、社会礼仪、职业礼仪、校园礼仪等作为教育内容,引导人们从身边做起,从自我做起,从点滴小事做起,让文明意识深值人心。

清洁生态美家园

村主道路和骨干路路面平坦、整齐、硬化,村庄街道硬化,村内路旁有成行树木、建有排水沟,主要街道架设路灯,绿树成荫,好像一座座农家花园,沿着村道走走,有一种赏心悦目之感。

在全村开展卫生大扫除活动,对村头、路边等垃圾堆展开清理,彻底解决垃圾围村、垃圾围路等问题,以及确立责任区域,定期清扫,保证家园亮丽。

“做饭不用煤,照明不用电,粪便有去处,方便又省钱”……这是改善农民的生产生活环境的惠民工程,把“一池三改”工程作为重中之重来抓,采取“技术先行,样板带动,入村到户”的方法,推广使用沼气后,既省柴省力,又方便卫生,垃圾定点存放、禽畜圈养,村内再无柴草乱垛、粪土乱堆、垃圾乱倒、污水乱泼、禽畜乱跑“五乱”现象。

文明新风飘万家

实施生态绿化、村容村貌、计划生育、社会治安、组织建设、增收致富、文明风尚、孝亲敬老。开展文明共建活动,通过创建指导、资金帮扶、人力支援和共同开展文展创建活动。开展文明户、卫生户、文明家庭、孝亲敬老之星及好媳妇、好婆婆等群众性精神文明建设评选活动和农村道德评议活动,促进家庭和美、邻里和睦、人际和谐。在农村广泛组织开展平坟清碑活动,大力提倡喜事新办、丧事简办。把移风易俗翁入村规民约,发挥村红白理事会等农民自治组织作用,逐步扭转农村婚丧祝寿大操大办、互相攀比等不良习惯。

农家文化火起来

启动文化信息资源共享、农村电影放映、农村书屋建设、进农村等重点文化惠民工程,宣传栏和公开栏,并定期更换内容;使农民学有场所、乐有去处,农民的文化生活丰富多彩,精神文化需求得到满足。扶持组建一批文娱活动队伍,从提升农村群众文化生活入手,通过自编、自导、自演、说唱的方式反映新农村、新生活、新变化。启动农村电影放映工程,活跃农村文化生活,陶冶人们的情操。

六、平安家庭评选标准

1.学法懂法不违法,创守法之家。热爱祖国,遵守国家法律法规,计划生育,廉洁之家,家庭成员中无违法犯罪行为。

2.男女平等互尊重,创和谐之家。注重保护妇女儿童合法权益,不歧视儿童,善待家人,和睦相处,实现“家庭零暴力”。尊老爱幼,自觉赡养老人,孝敬长辈,强化子女道德教育,形成良好的家风。

3.热爱学习,提高素质,创学习之家。具备较好的学习条件,形成浓厚的学习氛围,家庭成员养成良好的学习习惯,学有所获,学有所成,学有所用。

4.自我防范讲安全,创安全之家。熟知防火、防盗、防抢、防爆、防交通事故等各类知识,增强防范意识,提高自我防范能力,加强防范措施,避免发生各类事故,确保自身及公共安全。

5.崇尚科学树新风,创文明之家。崇尚科学,反对邪教和迷信,远离“黄、赌、毒”。破除陈规陋习,提倡婚事新办、丧事简办、厚养薄葬。

6.勤劳致富讲奉献,创富裕之家。靠科技、靠勤劳、靠智慧、靠诚信发家致富。热心公益事业,致富思源,回报社会。

7.保护环境重环保,创绿色之家。积极参与植树造林、栽种花草、治理环境等环境性公益活动,把爱护环境、保护生态环境、创造优美环境作为家庭生活的重要组成部分,为环境友好型社会建设做贡献。

8.提倡节约惜资源,创节俭之家。从节约“一滴水、一度电、一张纸、一粒米”开始,树立节约意识,倡导节约文化、反对铺张浪费。积极参与各类资源节约活动,为创建节约型村庄做出突出贡献。

9.讲究卫生抓保健,创健康之家。家庭成员积极参与饮水干净、街道干净、庭院干净、居宅干净的“四净”生态活动和爱国卫生活动,加强体育锻炼,预防传染性疾病,提高健康保健水平。

七、“五议五公开”工作制度

民主决策“五议五公开”,是指所有村级重大事项都必须在村支部的领导下,按照“五议五公开”的程序决策实施。“五议”即村民建议、支部会提议、“两委”商议、党员大会审议、村民代表大会决议;“五公开”即程序公开、决议过程公开、决议结果公开、实施方案公开、实施结果公开。

1.准确把握“五议五公开”的主要内容

村民自治章程和村规民约的制定,村发展规划和年度工作计划的审定。

村集体资产购建与处理、集体山林、土地等资源的开发、承包、租赁、流转,费用的收缴和使用,集体经济项目的立项、承包。

村组建设规划、土地征用及补偿分配，宅基地的规划、报批，农村低保户、五保户的确定，镇政府下拨和社会捐赠的救灾、救济、扶贫、助残等款物的分配、发放。

农村公益事业建设承包、经费筹集、组织、实施与管理。

村集体大额资金的使用、支出。

法律规定必须由村民会议讨论通过的事项，按有关法律规定执行。

其他事关村民切身利益和全村经济发展稳定的事项。

村党支部不得对以下事项进行提议：

违反党的路线方针政策的事项；违反国家法律法规的事项；和上级党委、政府决策有冲突的事项；损害国家、集体、他人合法权益的事项；违背群众利益的事项；容易引起矛盾纠纷的事项。

2.严格执行“五议五公开”工作要求

“五议”主要内容

村民建议。对村民最关心、最直接、最现实的村级经济发展和民生等问题，通过个人或者村民小组以书面形式向村支部提出建议。

村支部会提议。对村内重大事项，村支部在充分征求党员、村民代表及广大村民意见和认真调查论证的基础上，集体研究提出初步意见和方案。

村“两委”会商议。根据村支部的初步意见，组织“两委”班子成员充分讨论，科学论证。对意见分歧较大的事项，根据不同情况，可采取口头、举手、无记名投票等方式进行表决，按照少数服从多数的原则形成商议意见。

党员大会审议。将村“两委”商定的重大事项形成方案，提交党员大会讨论审议。召开党员大会审议前3天，把方案发给全体党员，在党员中充分讨论征求村民意见；党员大会审议时，到会党员人数须占党员总数的2/3以上，审议事项经应到会党员半数以上同意方可提交村民代表会议或村民会议表决；党员大会审议后，“两委”要认真吸纳党员的意见建议，对方案进行修订完善，同时组织党员深入农户做好方案的宣传解释工作。

村民代表会议或村民会议决议。党员大会通过的事项，依照有关法律法规规定，在村支部领导下，由村委会主持，召集村民代表会议或村民会议讨论表决。参加会议人数必须符合法律规定，讨论事项必须经全体村民代表或到会村民代表半数以上同意方可决议通过。

“五公开”主要内容

程序公开。村支部必须把“五议五公开”工作流程和工作要求通过村民大会和党务村务公开栏进行公开。

过程公开。“五议”的每一个环节都要通过一定形式商村民公开，要让村民关注的重大事项通过合理化建议、支部提议、“两委”商议、党员大会审议、村民大会决议的议事程序公开透明化。

决议结果公开。经村民代表会议或村民会议决议通过的事项，一律在村级活动场所和村务公开栏公示，公示时间原则上不少于7天。如果发现公示内容有遗漏或不真实的应立即重新公示。

实施方案公开。通过“五议”形成的决议事项，由“两委”制定实施方案，形成方案材料，由“两委”成员、全体党员和村民代表深入群众征求意见，对实施方案做进一步的补充和完善。

实施结果公开。决议事项在村支部领导下由村委会组织实施，实施结果及时向全体村民公示。公示内容要翔实、准确、全面；在公示时要设立意见箱，收集党员群众意见建议；对收集到的群众意见必须在3日内由村委会予以答复；对村委会解释、答复不满意或村委会不能解决的问题，可由党支部组织党员大会审核，把审核结果提交村民代表大会讨论、表决，表决结果作为村级最终处理结果。

八、“双建双带”活动方案

为提高农村基层党建工作水平，促进农村经济社会全面发展，根据上级关于在农村深入开展“双建双带”活动的会议精神，现就全村党的建设中深入开展“双建双带”活动，提出如下意见。

1.指导思想

开展“双建双带”的指导思想是：以邓小平理论和“三个代表”重要思想为指导，深入贯彻中共十七大精神，按照科学发展观的要求，围绕农业产业化经营和农村经济发展，以市场为导向，以资源为依托，以科技为支撑，发挥党员示范引导作用，大力兴办示范基地，发展专业合作经济组织，通过示范带动和多样化的利益联结机制，提高农民进入市场组织化程度，促进农村产业结构调整，带动广大农户致富增收。

2.目标任务

结合上级工作要求及全村实际，开展“双建双带”的工作目标：组织全村60%以上农村党员参与“双建双带”活动，走出一条“一户带一户，一户带一片”的共同致富路子。

3.工作措施

有针对性地扎实开展活动

培养一批带头人。通过加强培训、具体指导、政策扶持，把党员培养成产业化、经营化、规模化的带头人。提高党员自身致富能力，增强致富本领，使全村60%以上农村党员掌握两门以上农业科学技术和致富本领，并通过积极创办实体经济，形成农民致富示范户、示范点、示范基地。

发展一批接班人。把开展“双建双带”活动和党员受教育培训工程相结合，大力提高党员的思想素质、科技文化素质和实际工作能力，着力培养一批懂技术、善经营、会管理的产业化带头人进入村班子。

建设一批示范点。加快农村产业结构调整步伐，进一步明确增加农民收入的总体要求和主攻方向,建立"双建双带"重点产业示范基地,带领群众发展优势产业。加强现有基地的规范建设。

搞好服务,优化环境,制定激励措施。对于重点的"双建双带"基地,联系一名镇级领导驻点,帮助解决发展中的矛盾、困难,提供相关帮助。

4.组织领导

村"两委"班子将把开展农村党员"双建双带"活动纳入村党建工作的重要内容,加强协调与督查工作,落实抓好此项工作,进一步强化责任,激发党员参加"双建双带"活动开展的积极性和主动性,推动"双建双带"活动上水平、出成果。

九、党员干部志愿服务队

为密切联系党群、干群关系,服务于民,经村党支部倡议,党员、干部、入党积极分子等自主报名,成立鸦鹊水村志愿为民服务队:

队　长:向成林

副队长:张　斌

成　员:范中清　李玉兰　向义极　向极波　曹志国　向珍清　刘传新
向成秋　向吉泽　向极提　石青龙　张　仲

十、"一事一议"管理制度

1.村级范围内兴办水利、农田基本建设、修建村级道路和桥梁、植树造林等集体生产、公益事业所需资金和劳务用工,可通过"一事一议"筹集。

2.村级"一事一议"筹资筹劳,遵循"量力而行、群众受益、民主决策、上限控制、使用公开"的原则。

3."一事一议"的审批程序:年初村委会提出预算方案,经村民代表会议讨论通过,报镇政府审核,送市农民负担监督管理部门批准执行。

4.经过审批的筹资筹劳一律填入负担卡,由村委会按卡组织收取,按议定的用途使用。

5."一事一议"筹集的资金属村集体所有,所收资金全部交镇农村财务代理中心代管。

6.村集体生产、公益事业完工后,要及时办理决算,对"一事一议"资金的收支情况要张榜公布,接受群众监督。

十一、便民服务工作制度

1.便民首问责任制要求最先受理服务对象咨询、投诉的工作人员,负责处理、协调和督促有关人员解决问题。不得以任何理由推诿。

2.便民限时办结制要求各部门在受理服务对象的各种申请、办理相关业务时,在资料齐全、手续完备的情况下,经办的工作人员必须在规定的承诺期限内办结。

3.便民服务预约制是在服务对象到机关单位办事时相关经办人员因公外出或请假、别人又无法代为办理的情况下，需进行预约登记，经办人员知悉后主动与服务对象联系，约定办事时间、地点，及时办结相关事项，方便群众办事。

4.便民责任追究制要求在下列情况下造成过错的工作人员需严格按照责任自负、有错必纠、执法必严原则进行追究：一是因接受说情、吃请、受贿、不负责任、不深入调查或利用职权指使他人造成过错的；二是不听从领导或他人意见主观臆断造成过错的；三是未经批准又无正当理由造成重大损失在社会上造成严重影响的。

乡规民约

一、鸦鹊水村村民自治章程（2012 年）

第一章　总　则

第一条　为了保证本村村民依法治村，保证各项工作正常运转，促进文明协调发展，根据《中华人民共和国村民委员会组织法》和国家法律法规及政策的有关规定，结合本村实际制定本章程。

第二条　村民委员会是由村民直接选举产生的群众性自治组织，对村民会议和村民代表会议负责并报告工作。

第三条　村民委员会实施村务管理必须在村支部领导下，在国家法律法规和政策范围内进行，必须体现民主管理和民主监督的原则，实行自我管理、自我教育、自我服务，积极协助政府工作，完成政府布置的各项任务。

第四条　建立民主代表大会制度、村务公开制度、村规民约、财务管理制度、村委会干部廉洁制度，预防违规决策，违规管理，违规审批行为的发生，并明确违规行为发生后的法律责任。

第五条　本章程在广泛征集本村村民意见的基础上，由村民会议讨论通过。

第二章　村民组织

第六条　村民会议是本村最高权力机构，由本村 18 周岁以上村民组成。

村民会议，应当由本村 18 周岁以上的村民过半数参加，

或者有本村三分之二以上的户代表参加，所作决定应当经到会人员的过半数以上通过。村民会议每年至少召开一次。

第七条　受到刑事处罚的村委成员，其职务自然消失。

第八条　村民代表由村民小组推选产生。在每户确定一名 18 周岁以上有选举权和被选举权的户代表中产生，妇女代表要占一定比侧，原则上不低于 30%。

第九条　村民会议除选举、罢免村委会成员等以外的下列重大事项、授权村民代表会议讨论决定：

1.本村建设规划,经济和社会发展规划、年度计划;

2.本村享受务工补贴的人数及补贴标准;

3.村集体经济所得收益的使用;

4.兴办学校、道路、水利等公益事业经费筹集方案;

5.村集体经济项目的立项、承包方案及村公益事业的建设承包方案;

6.村民的承包经营方案;

7.国家计划生育政策的落实方案;

8.宅基地的使用方案;

9.土地征用及各项补偿费用的使用方案(法律另有规定的除外);

10.村民代表会议认为由本村村民代表会议讨论决定的涉及村民利益的其他事项。村民代表会议向村民会议负责。

第十条 村民代表会议一般每半年召开一次,由村委会召集并主持。村委会、上级部门有必要或三分之一以上的村民代表提议、可以随时召开。

第十一条 村民代表会议下设村务公开监督小组,村务公开监督小组成员经村民会议或村民代表会议在村民代表中推选产生,由5—7人组成,村干部及其配偶、直系亲属不得担任村务公开监督小组成员。监督小组在村党支部领导下开展工作,负责村务公开全程监督。

第十二条 村民代表会议制定议事规则,村民代表会议规则(另附)、村委会议事规则及财务管理制度。

第三章 村民委员会

第十三条 村民委员会是在国家法律规定的范围内,由村民实行自我管理,自我教育,自我服务的群众性自治组织,接受镇人民政府的指导、支持和帮助,接受支部的领导。村民委员会由主任、副主任、委员组成,每届任期3年(国家有另行规定除外)。

村民委员会成员由本村18周岁以上的选民担任。

第十四条 村民委员会主任、副主任和委员,由具有选举权的本村村民采用无记名投票方式分别直接选举产生。村委会主任、副主任和委员可以连选连任。

村民委员会成员竞选人,由村民代表会议或5户以上选民联名或村党组织推荐产生,选民也可自荐。实施设岗定位,一票制直接选举。全村18周岁以上选民过半数参加大会的选举有效;竞选人获得参加选举的村民过半数选票才能当选;选举结果当场宣布、并报镇人民政府备案。村民委员会成员缺额时,由村民会议依法补选。

第十五条 村民委员会的选举由村民推选的村民选举委员会主持进行。

第十六条 村民委员会职责

1.向村民会议负责,负责执行村民会议、村民代表会议的决定、决议;

2.组织实施本村经济和社会发展规划,办理本村的公共事务和公益事业;

第十七条　村委会工作制度

村民委员会必须制定本届村委各项工作和事务的相关制度和责任制，主要包括学习制度、会议制度、议事制度、目标责任制度、村务公开制度、财务管理制度。

第十八条　村民委员会成员不脱离生产，可享受定额补贴工资，具体标准由村民代表会议讨论通过，经镇委、镇政府审定并备案。

第十九条　村委会下设治安协调、财经、妇女计生等委员会，每个委员会由3个人组成。负责村内各类事务。

对干部过错行为承担民事责任

第二十条　村委会成员候选人在选民投票选举前，应当向村民公开作出书面承诺，明确表示愿意承担由于对村级重大事项违反村委议事规则或村民宣治章程违反决策，违反管理和违反规定审批给村集体经济造成损失的民事责任。

第二十一条　当选后主任、副主任和委员，按照投票前作出的书面承诺内容，以个人身份分别与村委会签订协议书。

另选他人当选的村委会成员也应根据前款规定与村委会签订协议书。

第二十二条　村委会主任、副主任、委员违反自治章程和村委会、村民代表会议议事规则的有关规定，对下列事项违反决策、违反管理，给村集体造成损失的，承担民事责任：

1.村集体建设项目的确定和发包；

2.土地规划和宅基地的分配和使用；

3.土地征用及各项补偿费的使用方案（法律另有规定的除外）；

4.集体资产出租和其他收益的管理使用；

5.建设资金筹集管理与使用。

第二十三条　村委会主任、副主任及村委会委员因下列行为违反村民代表会议、村委会议事规则和财务管理规定，给村集体经济造成损失的，承担赔偿返还责任：

1.违反规定报销的；

2.以集体资产为其他单位或个人提供担保的；

3.超过接待标准又不能说明理由的；

4.挪用集体资金的；

5.公款私存或违反现金管理规定的；

6.侵占其他集体资产的。

违反村民自治章程的规定，超额报销，挪用公款等。侵占集体资产行为或在工程承包等村务活动；私自接受财务、收受贿赂、构成犯罪的，由司法机关依法处理。

第二十四条　村委会主任代表村民进行对外事务的交往和诉讼活动。

第二十五条　村委会主任或村委会成员集体违规决策、管理、审批给村经济造成损失的，授权村务公开监督小组作为诉讼代表人。

第二十六条　拟定诉讼代表人对村委会主任、副主任及村委会其他成员的违规行为提起民事诉讼前应该充分听取村民代表意见。

第四章　民主管理

第一节　公共卫生、公共（益）事业管理

第二十七条　办好村卫生室，实行合作医疗，开展医疗保险。

第二十八条　组织村民参加养老等保险。

第二十九条　实施义务工，劳动积累工制度，用于村公共建设和公益事业。

第二节　集体经济管理

第三十条　本村集体经济和集体企业，村集体种养殖业，第三产业等经济实体和集体资产，属全体村民所有，由村委会或经济联合社管理，任何组织和个人不得侵占。

第三十一条　集体资产出租。村委会或经济联合社应当采取公开竞标方式确定经营者，其过程和结果向村民公开。

第三十二条　本村区域内所有土地、山林、矿产，除依法被征用外，均属村民集体所有，由村委会统一管理，土地承包者和依法使用者只有使用权，没有所有权。

第三十三条　耕地承包者经村委会同意，可收耕地转给新的承包者，由新的承包者交纳土地承包费，履行合同规定的其他义务。

第三十四条　凡使用集体所有土地，自然资源和各种设施、经村民代表通过，向村委会缴纳承包费或租赁费，使用公用设施的，还要缴纳诉讼费。

第三十五条　为加强村庄建设规划管理，村统一编制村庄规划、经村民代表大会讨论通过后，报镇政府审批实施。村民需要新建、扩建、改建任何建筑物、铺设道路和管线，都必须向村委会提出建设申请，经村委会同意后报镇政府审批，严格服从规划建设管理。

第三节　财务管理

第三十六条　村务管理机构由村主任、财经委员、出纳、民主理财小组组长组成，制定财务管理制度，村设民主理财小组，成员3~5人，由村民代表会议从村务公开监督小组成员中推选产生，村民代表会议时负责报告工作。

第三十七条　严格执行财经纪律，杜绝不合理开支，杜绝贪污和占用公款行为的发生，严格执行收支预算方案，确保当年收支平衡。

第三十八条　村财务管理班子应当以便于村民理解和接受的形式，将集体财务活动情况及有关账目定期如实向村民公开，接受村民监督。

第四节　计划生育管理

第三十九条　办理结婚登记手续男女双方，应同时与村委会签订计划生育合同。

第四十条　对早婚早育，非法B超和两次没有参加环检的对象，又无正当理由的，一律按现行计生政策处理。

第四十一条　已婚育龄妇女到外地暂住半年以上，经与村委会签订《外出对象计划生育合同》，并由二人作担保方可办理计划生育证明书。

第四十二条　对符合条件生育二胎并已结扎的女儿户和已领取独生子女证户在安排宅基地时，同等条件下，优先安排。

第四十三条　对未婚先孕，早婚早育，无准生证生育或计划外超生子女者的罚款和承担的社会抚养费按标准协助主管部门收取。对计划外生育的，取消村集体给予的一切福利待遇。干部出现计划外生育的，按照干部管理权限上报处理，是村主职干部的，采取召开村民代表会议予以罢免。

第四十四条　积极协助镇计生工作。无故刁难、围攻、打骂计生工作人员，视情节进行批评教育或交司法部门依法追究法律责任。

第五节　社会治安综合治理

第四十五条　村委会设立人民调解、治安保卫委员会，建立道路交通社会化管理办公室和村联防队，负责本社会治安综合治理工作。

第四十六条　大力开展普法教育，教育村民遵纪守法，加强安全防范措施，大胆检举揭发各种犯罪活动。

第四十七条　协助政法机关做好易燃、易爆、易毒、枪支、管制刀具等危险物品的管理，严禁赌博和为赌博提供场所、条件。

第四十八条　加强对劳释人员，监外执行人员，劣迹青年的管教和帮扶工作。由村委会指定专人对上述人员进行监督、教育和帮助。外来人员在本村居留的，应向村治保会登记。

第四十九条　村委会在管理本自治事务的同时，应当积极协助镇政府开展工作。保证国家法律、法规和政策在本村的贯彻落实。

第六节　精神文明建设

第五十条　开展尊老爱幼活动，保护老年人、儿童、妇女的合法权益。

第五十一条　各户要做好公共和家庭卫生，实行“门前三包”，坚决杜绝垃圾乱倒，家禽乱放，污水乱泼的现象。

第五十二条　严禁向村内河道排放污水、倾倒垃圾，禁止未经批准在村内主干道两侧堆放物品、占用道路。

第五十三条　持续深入开展公民道德、文明清洁家园建设创“三户”（遵纪守法户、五好家庭户、双文明户），“刹三风”（聚众赌博风；封建迷信风；违规整酒、婚丧事大操大办风）。

第五十四条　实行移风易俗，提倡婚事简办，反对大操大办，铺张浪费，不整违规酒，不进违规整酒门，不送违规整酒情，不帮违规整酒忙。对于违规整酒的：

1.树干部违规整酒的，取消其待遇并依法免职。

2.党员、干部和其他国家公职人员（含离退休、单位聘用人员）违规整酒的，属村支部管辖的由支部给予纪律处分，并记入档案；部门直接领导的由村支部书面上报政府和相关主管部门；党员、干部均不得参加任何人操办的违规整酒事宜，违者依权限给予党纪、政纪处分。

3.村民违规整酒的，三年内不得向村委会申请困难要求帮扶和救助，三年内不审批农村建设用地，是低保取消低保。

4.对违规整酒的村组当年不安排任何经济社会发展项目。

5.对违规整酒的一律记录在案，建档备查。

第五十五条　凡本村适龄青年都要踊跃报名入伍。符合参加民兵条件的青年，必须积极参加民兵组织和训练活动。

第五章　民主监督

第五十六条　村民委员会换届结束后，原村民委员会应将公章、办公场所、办公用具、集体财务账目、固定资产、工作档案、债权债务及其他遗留问题及时移交给新一届村民委员会。移交工作由镇人民政府派员监督。

第五十七条　本村村干部任期届满或离任时必须进行审计。

第五十八条　由镇财经所对离任的村干部进行财务审计。

第五十九条　审计内容包括：

1.集体资产的使用管理情况；

2.财务预决算、财务收支；

3.生产经营和建设项目的发包管理，集体的债权债务；

4.上级划拨和接受社会捐赠的资金、物资使用情况；

5.群众要求和必要审计的其他事项。

第六十条　对被清理者违反国家和本章程的，又需依法给予处理的，应按本章程第十二条、二十三条、二十四条、二十五条的规定，提请有关部门追究民事和刑事责任。

第六章　附　则

第六十二条　违反本章程的村民，在本年度内不选先进、双文明户、五好家庭、遵纪守法户。

第六十三条　本章程的各项罚款，由村委会专项存储，用于本村公益事业，不得挪作他用。

二、爱路护路公约

为保护公路设施，保障公路安全畅通；根据国家关于加强路政管理的各项规定，特制定本乡爱路护路公约，希全村沿公路线人民群众共同遵守。

1.严格遵守国家公路路政管理的各项政策、法规，服从公路主管部门的统一管理。

2.维护公路安全畅通，不准在公路上打场晒粮、摆摊贸易、堆放物料、积肥制坯、挖沟引水;不准在公路留地范围内种植农作物,设置路障;不准在公路界沟两旁二十或三十公尺以内开山采石、烧窑等,不准在公路留地两侧界沟边五米以内修房盖屋、搭棚。

3.切实保护公路一切设施不受损坏。不准随意乱砍滥伐公路行道树;不准涂改,损坏、迁移公路标志;不准损坏桥涵护挂,在附近开荒倒垃圾。

4.严格管教少年儿童,不准在公路上放牧畜和玩耍。

5.对违反公路路政管理规定屡教不改的单位及个人,要给予经济处罚,严重的要追究刑事责任。

三、滚龙乡政府乡规民约(1988年)

在改革之年,为了抓好文明建设,促使社会风气的好转,经乡党委、乡政府认真研究,制定乡规民约,现发至各村、组、户,望认真遵照执行。

1.认真开展“四有”教育,掀起一个“三讲四美三热爱”活动的热潮,积极争创先进单位,五好家庭,先进个人,树立良好的道德风尚和社会美德,抵制和打击歪风邪气,保持安定团结的社会秩序。

2.各农户必须按规定及时完成国家、集体各项合同订购,税收上交提留,集体事业所需的费用,小麦收割后,一次交清结账,不得拖欠。凡不按时缴纳的,加收现金5%。

3.各农户所划责任田,必须按上级下达的耕地面积进行种植,对正常人口的培养,在地面积上本着大稳定,小调整的原则,不得强行侵占,不准乱占耕地,对于超生子女和无手续非法结婚的,一律不调整。

4.不准无原则的争夺土地,山林界更以权势侵占,对田、山的界行不准确的,必须申请领导合理解决,调解结案后,不得以任何理由翻案,如有违背,必须追究当事人的责任,因争田占界造成损失的,当事人承担一切经济责任。

5.积极搞好植树造林,保护好森林资源,严禁乱砍滥伐,如有违背,按《森林法》有关规定进行处罚。

6.凡有打架行凶,视其情节轻重,轻者按治安管理条例,严肃处理,重者负刑事责任。吃恶占势者加重处罚。

7.计划生育按上级有关政策规定执行,凡超生的,必须积极主动采取补救措施,按规定,凡违者按计划生育政策论处。

8.教育事业提倡每个农民集资办学,造福于子孙后代。

7~15周岁的适龄儿童,除无能力者外,入学率要达到100%。

家长必须主动协助老师对在校学生的管理和教育,无论什么情况,学生不允许有辱骂和殴打教师的现象发生,如有违者,家长应承担一切责任。

支持办好农民技术学校,提高科学种田的技术水平。

9.安全卫生,各村组农户,必须随时注意“三防”(防火、防盗、防疾病),经常保持室内外清洁卫生，向不讲安全卫生的户或极少数，个别人要进行严肃批评教育，村组要经常检查。

10.凡是需要公开的群众会议，都得积极参加，加强纪律性，认真听取会议精神，予会不参加者要作检讨。

11.凡故意损坏他人庄稼，以及经济作物，必须赔偿损失，并向他人作赔礼道歉。

12.大力提倡尊老爱幼，男女平等，家庭和睦，勤俭节约，邻里团结，文明礼貌的社会主义道德风尚。

13.信贷要专款专用，信守合同，有借有还，当年还清。

14.村组应开展正常的文娱活动，严禁赌博打牌，不搞封建迷信，违者视其情节进行处理。发扬勤俭办婚事，节俭办丧事的作风。

15.每个农户或个人应爱护公共财产，保护国家和集体的各项工程建设，对水源、矿不得随便损坏污染。

16.村组干部和广大人民群众对以上各条认真遵照执行。

四、村干部岗位职责（2012年修订）

村党支部主要职责

1.贯彻执行党的路线方针政策和上级党组织及本村党员大会的决议。

2.讨论决定本村经济建设和社会发展中的重要问题，需由村民委员会、村民会议或集体经济组织决定的事情，由村民委员会、村民会议或集体经济组织依照法律和有关规定作出决定。

3.领导和推进村级民主选举、民主决策、民主管理、民主监督，支持和保障村民依法开展自治活动。领导村民委员会、村集体经济组织和共青团、妇代会、民兵等群众组织，支持和保证这些组织依照国家法律法规及各自章程充分行使职权。

4.搞好支部委员会的自身建设，对党员进行教育、管理和监督。负责对要求入党的积极分子进行教育和培养，做好发展党员工作。

5.负责村、组干部和村办企业管理人员的教育管理和监督。

6.搞好本村的社会主义精神文明建设和社会治安、计划生育工作。

党支部书记职责

1.负责村党支部的全面工作，主持召集支部委员会会议和支部党员大会，结合本村的实际情况，认真贯彻执行党的路线、方针、政策和上级的指示、决议，将党支部工作的重大问题及时提交支部委员会和支部党员大会讨论。

2.认真抓好党的思想、组织、作风建设，做好思想工作和精神文明建设工作。加强和改善党的领导，发挥党支部战斗堡垒作用，努力提高党在人民群众中的威信，密切联系群众，关心群众，维护国家和集体利益。组织全体党员学习党章和法律法规，认真贯彻落实农村党员干部现代远程教育八项制度，严格按照《全州农村党员干部现代远程教育和电教工作目标管理实施细则》开展远程教育工作。按时召开民主生活会和民主评议会，代表党支部对本村的重大问题，向村委会提出意见和建议，支持村委会工作。

3.发动全体党员积极完成工作、生产、学习等任务；教育党员充分发挥先锋模范作用。

4.检查落实党支部工作计划、决议的执行情况，及时向支部党员大会和上级党组织报告工作，掌握党员思想动态，检查工作和学习情况，发现问题及时解决。

5.坚决从严治党，抓好廉政建设，端正党纪党风，促进社会风气的根本好转。支部副书记协助支部书记工作，支部书记因公外出或请假时，由支部副书记主持党支部的日常工作。

村委会主任职责

1.负责村民委员会的全面工作，根据村民会议讨论的决议，带领村民委员会组成人员，依法正确行使职权，积极完成上级政府下达的各项任务。

2.宣传国家法律、法规和党的路线、方针、政策，教育和组织村民履行法律规定的义务，爱护公共财产，维护村民的合法权益。

3.大力发展文化教育，宣传科技知识，经常组织村民开展学文化、学科学、学法律，管理和协调村委会成员工作。

4.组织村民发展各种形式的合作经济和其他经济，承担本村生产的服务和协调工作，指导农田水利基本建设，依照法律规定，负责管理本村属于村民集体所有的土地，山林和其他财产，教育村民合理利用自然资源，保护和改善生态环境。

5.对村民委员会和村民代表会议负责并报告工作。

6.对村里的重大问题，经村民委员会集体研究后代表村委会向村民代表会议提请讨论决定。负责组织制定和修改村民自治章程，村规民约，提请村民代表会议通过并遵照执行。

7.协助支部书记抓好其他工作。

村委会工作职责

村委会在村党支部的领导下，履行以下主要职责

1.编制并实施本村经济和发展规划及年度计划，管理村级财务。

2.支持和帮助农村合作经济组织依法独立进行经济活动，保障集体经济组织和村民承包经营者的合法权益。

3.按照规划搞好镇村建设，改善村容村貌，发展公益事业，搞好公共卫生，改善居住环境，提高村民健康水平。

4.促进村民团结和家庭和睦，照顾五保户和特困户，依法调解民间纠纷，维护社会治安和生活秩序。

5.宣传贯彻法律、法规和国家政策，教育和推动村民履行纳税，服兵役等依法应尽的义务，执行计划生育的基本国策。

6.办好社会公益事业和福利事业。

7.召集村民会议和村民代表会议，并报告工作；执行村民会议和村民代表会议的决定、

决议。

8.维护村民的合法权益和利益。

村妇联工作职责

1.教育引导广大妇女，增强自尊、自信、自立、自强的精神，全面提高素质，促进妇女人才成长。

2.团结带动全村妇女开展“双学双比”活动，为农村妇女致富提供服务，促进妇女参与经济发展建设。

3.维护妇女、儿童的合法权益。完成妇女、儿童“十一五”时期两个规划中的各项指标和任务。

4.不断深化“五好文明家庭”创建活动。保证我镇“五好文明家庭”工程的落实和实施。

5.完成镇党委和镇妇联下达的各项任务，完成领导交办的其他工作。

妇代会职责

1.宣传党和国家在农村的方针、政策，代表妇女参与民主管理和民主监督。发挥妇女作用，完成村党支部、村委会和上级妇联组织交给的各项任务。

2.发动和组织农村妇女积极开展“双学双比”活动，发展农村商品经济，积极带领妇女投身于农村经济建设，引导妇女走共同富裕的道路。

3.组织开展“文明家庭”活动，提倡男女平等、夫妻和睦、勤俭持家、尊老爱幼、邻里团结的社会主义新风尚。

4.教育农村妇女遵纪守法，维护妇女儿童的合法权益，打击歧视、虐待、侮辱、残害和拐卖妇女、儿童的犯罪活动。向广大妇女宣传法律知识，提高妇女的法制观念；热情关心妇女的恋爱、婚姻、家庭问题，协助调解婚姻家庭纠纷。

5.做好少年、儿童工作，积极开展家庭教育，培养儿童健康成长。

6.配合有关部门积极宣传计划生育政策和妇幼卫生知识，引导妇女实行晚婚、晚育、计划生育、优生优育。配合有关部门积极做好计划生育工作。

7.及时总结树立妇女先进典型，积极向党支部推荐优秀妇女入党，参政议政。

民兵连长职责

1.认真学习贯彻党的路线、方针、政策和上级指示，同指导员一起定期召开民兵干部会议，研究民兵工作，带领民兵完成上级赋予的各项任务。

2.负责民兵连组织建设，具体实施民兵组织整顿、预备役登记、军事训练等工作，落实各项制度。

3.协助指导员对民兵进行政治审查，落实民兵政治教育。

4.负责兵役登记和征兵工作。

5.负责制定民兵连各种战备方案，组织和带领民兵参加战备执勤、维护社会治安。

6.组织和带领民兵参加三个文明建设，积极开展富民强兵活动。

7.战时负责带领民兵参军参战,保卫后方,支援前线。

8.负责抓好武装工作资料整理归档和保管工作。

治保会工作职责

1.宣传教育群众,增强安全防范意识,动员群众积极参与。

2.组织群众搞好治安群防群治,落实综合治理各项措施。

3.协助公安机关查破各类案件,保护好发案现场,对一切危害治安的犯罪分子可强行扭送公安机关。

4.做好流动人口、暂住人口的管理,对重点人口进行列管,并及时向公安机关报告本区域的治安情况。

编辑参考资料

1.《恩施县志》(1840—1982,修订),恩施市地方志编纂委员会编,湖北人民出版社 2015 年 8 月出版。

2.《恩施市志》(1983—2003),恩施市地方志编纂委员会编,湖北人民出版社 2011 年 12 月出版。

3.《中国共产党恩施市组织史资料》(1925.冬—1987.11),中共恩施市委组织部、中共恩施市委党史办公室、恩施市档案局合编,湖北人民出版社 1994 年 1 月出版。

4.《中国共产党恩施市组织史资料》(1987.12—1998.12),中共恩施市委组织部、恩施市史志办公室、恩施市档案局合编,鄂恩图内[2001]字第 29 号。

5.《中国共产党湖北省恩施土家族苗族自治州恩施市组织史资料》(1999.1—2003.12),中共恩施市委组织部、恩施市史志办公室、恩施市档案局合编,鄂恩州新出印[2010]第 004 号。

6.《中国共产党湖北省恩施土家族苗族自治州恩施市组织史资料》(2004.1—2008.12),中共恩施市委组织部、恩施市史志办公室、恩施市档案局(馆)合编,恩州新出印[2012]第 027 号。

7.《恩施市乡镇街道志丛书——芭蕉侗族乡志卷》(1865—2003),恩施市地方志编纂委员会编,中共党史出版社 2011 年 11 月出版。

8.乡村档案室档案,市档案馆相关档案。

中共恩施市委 恩施市人民政府 史志办公室文件

恩市史志文〔2018〕8号

关于批准《鸦鹊水村志》《高拱桥村志》出版发行的通知

《鸦鹊水村志》编委会、《高拱桥村志》编委会：

经审核，《鸦鹊水村志》和《高拱桥村志》修定稿基本达到国家规定的地方志书质量标准规范，同意按880毫米×1194毫米1/16开本、800册印数的印刷计划，交付中国方志出版社出版和发行。

恩施市史志办公室

2018年9月13日

编后记

《鸦鹊水村志》历时3年多编纂，今付梓问世。凝聚着全体编修人员的心血，可谓集体智慧的结晶。

《鸦鹊水村志》是州、市两级村志编修试点之一。2015年初，州地方志办公室、市史志办公室领导到崔家坝镇和鸦鹊水村，商谈编纂事宜，确定由市史志办公室主持编修，崔家坝镇和鸦鹊水村配合，旋即成立编纂委员会。2015年7月13日，《鸦鹊水村志》编纂启动会在鸦鹊水村办公室召开，市史志办公室主任张思楚、副主任兰远辉，崔家坝镇党委书记易发斌、镇长钟迎松及鸦鹊水村委全体干部与会。聘请市水利部门退休干部王本杰为执行主编。

2015年7月起进入编修，至2017年5月，完成送审稿文字32万字，收集图片300余帧。6月，组成由向新坤为主任，张树松、张远虑、薛成功为副主任的11人评审委员会，在崔家坝镇政府2楼会议室举行评审，州地方志办公室、市史志办公室领导亲临会议指导。评委们经过评审认为，《鸦鹊水村志》体例完备，资料翔实，内容丰富，乡土气息浓郁，大量素材取之第一手，是一部集思想性、资料性、知识性、趣味性于一体的村志，通过评审。同时指出，须对部分缺漏、断线、行文等加紧修缮，补充完善。在后期修改阶段，张思楚、唐春温通志审修，就体例、结构、数据等方面提出了宝贵建议和意见。2018年4月至出版阶段，特别邀请魏雪夫对全书进行再次统稿，补充了部分资料，并校审定稿，使其更臻完善。

资料收集和史实查访过程中，得到了市政协退休干部贺孝贵，崔家坝退休教师汤吉炳、向兴耀、向忠极，退休干部向极荣等同志的热心帮助。鸦鹊水村党支部书记向成林等村干部始终将村志编修置于各项工作的重要位置，给予了积极配合。州、市史志专家倾心指导，为提升村志质量，贡献了宝贵意见。在此一并致谢！

编修村志是一件功在当代、惠及后世的事业。鸦鹊水村历史凡700余年，其间，行政区划、体制机构数次调整，人事屡屡变更，特别是1949年前战乱频乃，资料保存有限，亡佚严重，概难查找，给编修工作带来很大困难；又由于编修时间紧，疏误遗漏在所难免。敬望专家、学者斧正，读者指正。

《鸦鹊水村志》编纂委员会

2018年10月